PHILIPP FLEITER

Verbrechen von nebenan

GOLDMANN

Lesen erleben

Buch

Die schlimmsten Verbrechen passieren meist nicht in der Großstadt, sondern direkt nebenan. Wenn die nette Nachbarin angeblich im Urlaub ist, in Wirklichkeit aber einbetoniert unter der Garage liegt oder wenn ein kleines Mädchen plötzlich spurlos vom elterlichen Bauernhof verschwindet, sind das Fälle, die man nicht vergisst. Radiojournalist Philipp Fleiter berichtet schon seit Jahren über Verbrechen und ihre Hintergründe. In seinem Nr. 1-True-Crime-Podcast »Verbrechen von nebenan« spricht er mit verschiedenen Gästen über die spannendsten Kriminalfälle im deutschsprachigen Raum. Jetzt erscheinen seine spektakulärsten Folgen plus zehn bisher unveröffentlichte Kriminalfälle und zahlreiche Experteninterviews erstmals als Buch.

Autor

Philipp Fleiter wurde in Ostwestfalen geboren und wollte als Kind am liebsten »Wetten, dass..?« moderieren. Stattdessen landete er beim Radio und wurde dort schnell zum Experten für Kriminalität. Anfang 2019 startete er den Podcast »Verbrechen von nebenan«, der schnell zu einem der erfolgreichsten deutschen Podcasts überhaupt geworden ist. Wenn Fleiter nicht gerade auf irgendeiner Bühne in Deutschland echte Kriminalfälle präsentiert, lebt er in Gütersloh.

Philipp Fleiter

VERBRECHEN VON NEBENAN

Die spektakulärsten Kriminalfälle aus dem Nr.1-Podcast

Mit 10 neuen Fällen aus Deutschland, Österreich und der Schweiz

GOLDMANN

MIX
Papier aus verantwortungsvollen Quellen
FSC® C014496
FSC www.fsc.org

Penguin Random House Verlagsgruppe FSC® N001967

3. Auflage
Originalausgabe Oktober 2021

Umschlaggestaltung: Uno Werbeagentur, München
Umschlagmotiv: Marina Weigl
Redaktion: Carla Felgentreff
Satz: Satzwerk Huber, Germering
Druck und Bindung: GGP Media GmbH, Pößneck
Printed in Germany
JE · cb
ISBN 978-3-442-14275-0

Besuchen Sie den Goldmann Verlag im Netz

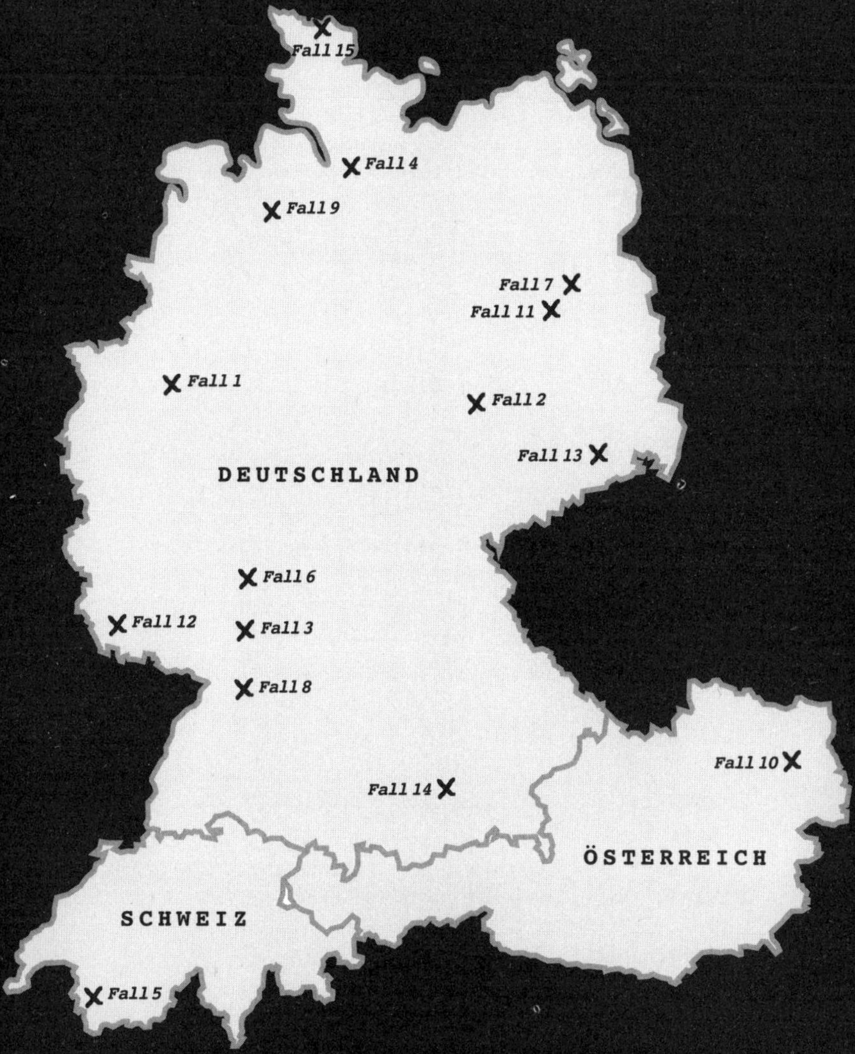
Fall 15
Fall 4
Fall 9
Fall 7
Fall 11
Fall 1
Fall 2
Fall 13
DEUTSCHLAND
Fall 6
Fall 12
Fall 3
Fall 8
Fall 10
Fall 14
ÖSTERREICH
SCHWEIZ
Fall 5

Inhalt

Für Joel

Vorwort

»Alle auf Position«, sagt die Stimme in meinem Ohr, »wir starten.« Äußerlich bin ich ganz ruhig, aber mein Herz klopft so laut, dass ich sicher bin, dass die anderen in diesem stillen Studio es hören müssen. Dann zerschneiden auch schon helle Scheinwerfer die Dunkelheit, und eine große Kamera fährt auf mich zu. Ich begrüße meine unsichtbaren Zuschauer, dann startet der Vorspann, und ich atme tief durch. Das Video wird überlebensgroß auf eine weiß verputzte Backsteinwand geworfen: kurze Szenen, Bilder, ein Gesicht – mein Gesicht. Ich moderiere hier gerade meine erste eigene Fernsehshow. Wenn mir das irgendwer vor einem Jahr erzählt hätte, hätte ich ihn wahrscheinlich für bekloppt erklärt. Die letzten zweieinhalb Jahre sind die wildesten in meinem Leben gewesen, und doch ist alles so schnell gegangen, dass es sich anfühlt, als wäre dieses Leben jemand anderem passiert und nicht mir selbst.

Wie so viele gute (und weniger gute) Ideen beginnt alles mit einem Bier. Ich sitze mit einem Freund zusammen im Biergarten und wir reden über Beziehungen, gemeinsame Bekannte und über die Arbeit. Er fragt mich nach dem »Horrorhaus von Höxter«, einem Kriminalfall, der sich keine 100 Kilometer von unserer Heimat abgespielt hat und über den gerade ganz Deutschland spricht. In meinem Job bei einem Radio-Sender berichten wir in den letzten Wochen über gefühlt nichts anderes. Verbrechen haben mich schon immer fasziniert, aber zu diesem Fall habe ich wirklich jedes Detail verschlungen und fange an zu erzählen. Keiner von uns beiden merkt, wie schnell die Zeit verfliegt. Am Ende sagt mein Kumpel: »Wow, da solltest du was draus machen.« Dieser Satz spukte tagelang in meinem Kopf herum. Zu dieser Zeit im Jahr 2018 habe ich mich seit einigen Monaten in das Medium Podcast verliebt und höre Podcasts beim Sport, beim Kochen oder beim Autofahren. Meistens Talk-Podcasts, bei denen sich zwei Menschen über dies und das und jenes unterhalten. Gibt es so was eigentlich auch über echte Kriminalfälle? Nach einer kurzen Suche in meinem Smartphone finde ich etwa fünf verschiedene deutschsprachige True-Crime-Podcasts. Einige sehr professional und gut recherchiert, andere wild zusammengeschustert aus Spekulation und vielen Ähs, klanglich irgendwo zwischen einem Skype-Call mit schlechter Internetverbindung und Schüler-Radio. Und wieder beginne ich nachzudenken: So schwer kann es doch eigentlich nicht sein, einen eigenen Podcast zu starten, oder? Einigermaßen sprechen kann ich, recherchieren habe ich in meiner Journalismus-Ausbildung gelernt und die passende Technik steht bei uns im Sender sowieso rum. Als ich meinem Chef von meiner Idee erzähle, fragt er mich nur: »Was ist ein Podcast?«, findet meinen Plan dann aber doch ziemlich gut. Und so wird aus einer Idee bei einem Bier ein Projekt, das zu diesem Zeitpunkt nicht mehr als ein Hobby nach der Arbeit ist.

Zweieinhalb Jahre später. Ich habe gerade meine erste eigene Fernsehshow moderiert und sitze am Vorwort meines ersten eigenen Buches. Aus dem Hobby ist mein Hauptjob geworden, und ich arbeite wahrscheinlich so viel, wie noch nie zuvor in meinem Leben. Ich habe das Glück, aus meiner Leidenschaft einen Beruf machen zu können und dafür bin ich unglaublich dankbar. Natürlich bin ich kein Herzchirurg, der Leben rettet, aber ich darf anderen Leuten ein paar spannende Stunden schenken und, wenn es gut läuft, auch mal ein paar Dinge, über die man vielleicht etwas länger nachdenkt. Ich hoffe, dass mir das nicht nur mit meinem Podcast, sondern auch mit diesem Buch hier gelingt. Diese Seiten haben mich ziemlich viele Stunden Arbeit, einige Hektoliter Kaffee und wahrscheinlich viel zu viele Zigaretten gekostet. Ich habe schon öfter gelesen, dass Autorinnen und Autoren ihre Bücher als ihre Babys bezeichnen. Das fand ich früher immer bescheuert, aber jetzt kann ich es verstehen. Nach mehr als einem Jahr Buch-Schwangerschaft ist das Baby jetzt alt genug und läuft hoffentlich in die Welt hinaus: Zu euch auf den Nachttisch, mit in die Bahn oder auf die Liege am Pool. Hoffentlich habt ihr damit genauso viel Spaß wie ich beim Recherchieren und Schreiben.

Erzählt mir gerne, wie euch das Buch gefallen hat, zum Beispiel auf der Instagram- oder Facebook-Seite von »Verbrechen von nebenan«. Jetzt lasse ich euch aber erst mal in Ruhe lesen.

Schöööß,

euer Philipp

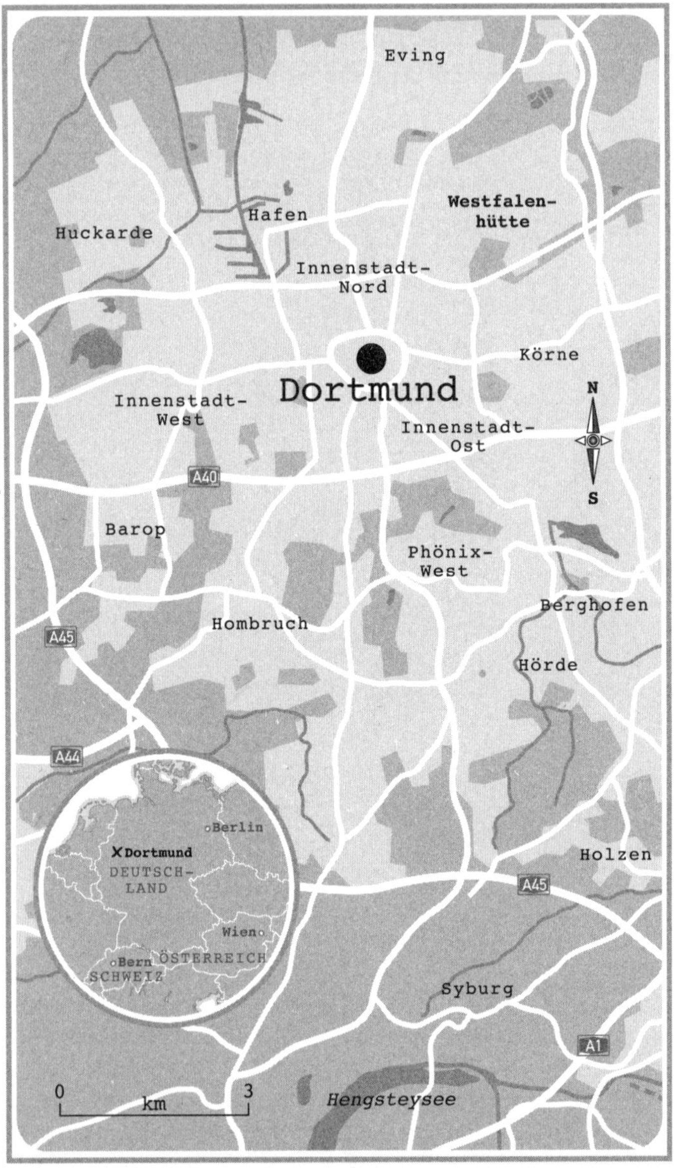
Eving
Westfalen-
hütte
Hafen
Huckarde
Innenstadt-
Nord
Körne
Dortmund
Innenstadt-
West
N
Innenstadt-
Ost
A40
S
Barop
Phönix-
West
Berghofen
Hombruch
A45
Hörde
A44
Berlin
Dortmund
DEUTSCH-
LAND
Holzen
A45
Wien
Bern
ÖSTERREICH
SCHWEIZ
Syburg
A1
0
3
km
Hengsteysee

Fall 1
Ein Leben als Lüge

Fallname: Ein Leben als Lüge
Zeitpunkt: 15.12.2015
Tatbestand: Bankraub

Ein letztes Mal

Es ist kurz vor Weihnachten, als die Lüge, die Hanno M. sein Leben nennt, für immer zerbricht.

Überall auf den Straßen von Hemmerde, das seit 1968 zu Unna gehört, leuchten an diesem 15. Dezember 2015 die Lichter der Weihnachtsdekoration in der Dämmerung. Es ist ruhig hier in dem kleinen 2800-Einwohner-Örtchen, das gefällt dem 32-Jährigen. Er ist das erste Mal hier, sein Ziel hat er sich vorher bei Google Maps ausgeguckt. Irgendwie hat ihm der Ort auf der digitalen Landkarte gefallen, und er wusste: Hier wird es passieren. Schon seit einer halben Stunde geht der schmächtige Mann in der Innenstadt auf und ab, schaut immer wieder verstohlen zu der Volksbank-Filiale an der Hemmerder Dorfstraße. Im Gesicht trägt er fünf Pflaster, um sich wenigstens ein bisschen zu tarnen – eine Sturmhaube wäre zu auffällig. In seine Jackentasche hat er einen Zettel aus dem Rollenspiel Shadowrun gestopft, in seinem Hosenbund steckt eine Pistole, die früher mal seinem Bruder gehört hat. Als er mit der linken Hand über den Griff der Waffe streicht, ist seine Handfläche schweißnass. Er atmet tief durch und zieht seine schwarze Baseballkappe noch ein Stückchen tiefer ins Gesicht. Es geht los.

Um 16:45 Uhr geht der schmächtige junge Mann in der schwarzen Jacke die vier gemauerten Stufen zum Haupteingang der kleinen Volksbank-Filiale hoch, dann öffnet er die Tür, geht an den Geldautomaten vorbei und durch die Glastür in den Schalterraum. Er muss es tun, nur noch dieses eine Mal.

Mareen G. arbeitet erst seit einigen Tagen in der Bankfiliale an der Hemmerder Dorfstraße. Der schlanke, dunkel gekleidete Mann mit den vielen Pflastern im Gesicht fällt der 22-Jährigen sofort auf. Als er auf einen der unbesetzten Schalter zugeht, steht die Bankangestellte von ihrem Bürostuhl auf, um sich um den Kunden zu kümmern. Sie begrüßt den Mann, doch der sagt kein Wort. Schweigend schiebt er ihr einen Zettel über die Theke. Mareen G. schluckt, als sie liest, was da auf dem Blatt Papier steht: »Dies ist ein Überfall – bitte verhalten

Sie sich ruhig. Ich will 10.000 Euro, und ich bin bewaffnet. Wenn Sie den Zettel zu Ende gelesen haben, schieben Sie ihn mir wieder zurück.« Sie dreht sich zu ihrem zwei Jahre älteren Kollegen Björn R. um, der hinter ihr an seinem Schreibtisch sitzt. »Bitte schau dir mal den Zettel an«, sagt sie mit belegter Stimme, während sie versucht, möglichst flach zu atmen.

Der 24-jährige Björn R., der zu diesem Zeitpunkt schon seit zwei Jahren in der Bank in Hemmerde arbeitet, bleibt ganz ruhig und spult das Programm ab, das er gelernt hat. »Der Tresor ist im Keller«, sagt er zu dem Mann mit den Pflastern im Gesicht, »allerdings gibt er das Geld nur mit einer Verzögerung von fünf Minuten heraus. Wenn Sie möchten, können Sie mich nach unten begleiten.«

Doch der Bankräuber schweigt weiter. Also steht R. auf und geht runter in den Tresorraum, während der Räuber mit der schwarzen Baseballkappe hin und her trippelt. Er geht zum Ausgang der Bank und schaut kurz nach draußen, dann kommt er zurück zum Schalter. Seine linke Hand bleibt dabei die ganze Zeit in der Jackentasche und umklammert einen Gegenstand. »Der hat eine Waffe«, denkt Mareen G. in diesem Moment. Mittlerweile sind drei Kunden in die Bank gekommen, keiner von ihnen scheint den Überfall zu bemerken. Bisher.

Ihr Kollege Björn R. kommt wieder zurück. »Ich habe den Zeitmechanismus des Tresors aktiviert, das dauert jetzt einen kleinen Moment«, erklärt er dem Räuber mit den Pflastern im Gesicht. Außerdem muss R. unten den stillen Alarm der Bank ausgelöst haben, zumindest hofft seine 22-jährige Kollegin das. Auch ihre Chefin Martina M., die die Filiale seit mehr als zehn Jahren leitet, ist mittlerweile dazugekommen: »Ist das hier ein Überfall, oder was?«, fragt sie in die Runde. Da klingelt in ihrem Büro das Telefon und die 52-Jährige geht zurück, um den Hörer abzunehmen. Ihre Chefin sagt nur ein Wort, dabei schaut sie den Bankräuber direkt an: »Ja!«

Hanno M. scheint zu ahnen, was das bedeutet: Die Polizei ist am Apparat, um zu überprüfen, ob der Alarm aus Versehen ausgelöst wurde, oder ob die Bank wirklich überfallen wird. Hastig stopft der junge Mann den Zettel mit seinen Forderungen zurück in seine Tasche, dreht sich zum Ausgang und verlässt die Bank. Mareen G. atmet auf, während ihr Kollege Björn R. dem Mann ein paar Schritte hinterhergeht, um zu erkennen, in welche Richtung der Räuber flüchtet. Er sieht gerade noch, wie der Bankräuber etwa 200 Meter entfernt in einen silbernen VW mit Unnaer Kennzeichen springt und davonrast.

»Scheiße«, flucht Hanno M. in dem silbernen VW Up, der eigentlich seiner Oma gehört. Hastig reißt er sich einige der Pflaster vom Gesicht und fährt in Richtung der B1. Kurz vor der Bundesstraße biegt er links ab, dann entscheidet er sich um und fährt doch rechts auf die B1 Richtung Unna-Dortmund. Er muss hier weg – irgendwie. Ein Polizeiwagen rast auf der Gegenspur an ihm vorbei. M. atmet schnaufend aus, das war knapp. Doch keine 30 Sekunden später sieht er den Wagen im Rückspiegel hinter sich. Der Streifenwagen hat auf der Bundesstraße gedreht und kommt ihm immer näher. Hanno M. reißt das Lenkrad herum und biegt von der B1 rechts auf einen Feldweg ab. Kurz rutscht er über ein Feld, dann hat er den Wagen wieder unter Kontrolle. Der VW Up rumpelt mit 100 Stundenkilometern über den schmalen Weg, rechts und links rauschen abgeerntete Felder vorbei.

Hanno M. hört die Sirenen hinter sich, sieht das Blaulicht im Rückspiegel zucken. Seine Hände umklammern das Plastiklenkrad des Kleinwagens jetzt noch fester. Er fährt viel zu schnell auf diesem engen Weg – viel zu schnell, um in der T-Kreuzung direkt vor ihm abzubiegen. Der Wagen rast geradeaus über die Kreuzung und kracht in eine Hecke links neben einem Toreingang. Metall verbiegt sich, Plastik splittert und die Airbags lösen aus. Die Flucht von Hanno M. endet um 16:55 Uhr zwischen Blättern und Ästen – genau wie sein bisheriges Leben.

Ein »normales« Leben – Erster Teil

Hanno M. wird am 25. Februar 1983 in Dortmund als erstes von zwei Kindern geboren. Zwei Jahre später kommt sein jüngerer Bruder zur Welt. Die Jungen wachsen in einer Familie auf, in der Bildung alles ist: Hannos Vater Walter arbeitet als Bildungsreferent bei der katholischen Kirche, seine Mutter Johanna als Lehrerin an einem Dortmunder Gymnasium. Die Eltern erziehen ihre beiden Söhne christlich, manche sagen streng. Hanno selbst sagt, er sei in »stabilsten Verhältnissen aufgewachsen« und sein Elternhaus »war und ist immer noch toll«. Er besucht den Kindergarten, dann eine Dortmunder Grundschule und kommt schließlich auf dasselbe Gymnasium, an dem auch seine Mutter unterrichtet. In der achten Klasse wechselt er auf ein anderes Gymnasium, um nicht von seiner Mutter unterrichtet zu werden. Dort bleibt er in der zehnten Klasse fast sitzen und schafft die Versetzung nur durch die Nachprüfung. In einer Lehrerfamilie macht man Abitur – mit viel Lernen und einem Schnitt von 2,1. Nach der Schule geht Hanno im Auftrag des Erzbistums Paderborn für ein Jahr nach Argentinien, um als »Missionar auf Zeit« auf einem Bauernhof mit Straßenkindern zu arbeiten. Geld bekommt er für seine Arbeit nicht, aber die Zeit wird ihm als Zivildienst anerkannt.

Als er 2003 wieder in Deutschland ankommt, ist die Frage nicht, ob er studiert, sondern nur wo und was. Hanno entscheidet sich für ein VWL-Studium in Kiel, erst mal weg von zu Hause. »Was ich mit dem Studienabschluss machen will, wusste ich nicht«, erzählt er später in einer Vernehmung über das Studium, das er nach vier Semestern abbricht. »Das war fast nur Mathe, und ich kann kein Mathe.« Am liebsten würde er stattdessen Medizin studieren, aber dafür reicht sein Notendurchschnitt nicht. Einfach etwas anderes mit seinem Leben zu machen als zu studieren, kommt in seiner Familie nicht infrage. Seine Eltern wollen, dass er zügig das nächste Studium startet und empfehlen ihm die Wilhelms-Universität in Münster, an der sie auch beide studiert haben. Am Ende wird es Lehramt – eine sichere Bank. Und auch bei seiner Fächerwahl folgt Hanno M. seinen Eltern: Er entscheidet sich für Geschichte (wie seine Mutter) und Deutsch (wie sein Vater). Seine Eltern wollen über sein Studium ständig auf dem Laufenden sein, fragen regelmäßig nach seinen Leistungen und Noten. Ein Arzt wird bei Hanno später eine narzisstische Persönlichkeitsprägung diagnostizieren: Sein schwaches Selbstwertgefühl macht ihn abhängig vom Urteil seiner Eltern. Er darf, nein er *kann* sie nicht enttäuschen. Auch wenn der Preis dafür eine Lüge ist.

Ein »normales« Leben – Zweiter Teil

2005 zieht Hanno nach Münster in eine kleine Wohnung, die Miete übernehmen seine Eltern, außerdem überweisen sie ihm monatlich 300 Euro Taschengeld. Am Anfang läuft alles nach Plan: 2008 soll Hanno nach sechs Semestern seinen Bachelor machen, 2010 dann nach vier Semestern seinen Master – alles in Regelstudienzeit. Aber dann kommen die Bologna-Reformen, die Struktur seines Studiengangs ändern sich. Auf einmal überschneiden sich Veranstaltungen in Hannos Stundenplan, und sein streng getakteter Zeitplan gerät aus dem Konzept: »Mich hat das absolut demotiviert«, erzählt er später. Außerdem leidet er unter Prüfungsangst. Einige Klausuren verhaut er direkt zweimal hintereinander. Den dritten, finalen Versuch das Modul zu bestehen, tritt er aus Angst gar nicht erst an.

Anfangs erzählt er seinen Eltern noch von seinen Problemen in der Uni, aber die meinen nur, dass er seinen Abschluss schaffen muss, weil er ja immer älter wird. Also sagt er irgendwann gar nichts mehr, er »verschwindet hinter seine Matrikelnummer«, wie Stern Crime später schreiben wird.

Stattdessen spielt er nächtelang Rollenspiele, vor allem »Shadowrun« – ein sogenanntes Pen-&-Paper-Rollenspiel, das man nicht am Rechner oder der Konsole, sondern mit anderen am Küchentisch spielt: eine wilde Fantasiewelt in einer dystopischen Zukunft voller Elfen, Trolle und Orks, in der die Spieler in verschiedene Rollen schlüpfen. Die Welt von »Shadowrun« wird von multinationalen Konzernen regiert. Es ist eine Welt, in der die Spieler sich als illegale Söldner irgendwie durchschlagen müssen: »Du hast kein Büro, kein sicheres Zuhause, keinen festen Halt. Du bist, was du aus dir machst. Chaos säen? Gerechtigkeit suchen? Machtgleichgewichte verschieben? Oder einfach möglichst schnell viel Geld verdienen? Alles ist möglich, aber eines solltest du immer bedenken: Stillstand ist der Tod, denn bleibst du stehen, frisst dich das Straßenleben bei lebendigem Leben auf.« So steht es in den Regeln für das Spiel, die bald auch genau so auf das Leben von Hanno M. zutreffen werden.

Seine Lage verschlimmert sich ausgerechnet zu dem Zeitpunkt, als Hanno beschließt, unabhängiger von seinen strengen Eltern zu werden. Er findet einen Nebenjob in einem Callcenter, manchmal nimmt er auch Jobs über eine Zeitarbeitsfirma an. Zwar verdient er jetzt Geld, aber ihm fehlt die Zeit beim Lernen. Hanno fällt durch mehrere Module durch, die er unbedingt für seinen Bachelor-Abschluss braucht. Gleichzeitig bohren seine Eltern immer häufiger nach: »Wie läuft's denn mit dem Bachelor?« Oder: »Müsstest du nicht schon längst fertig sein?« Hanno traut sich nicht, ihnen die Wahrheit zu sagen, er weiß ja, wie sie reagieren werden. Also behauptet er irgendwann im Jahr 2009 einfach, dass er seinen Bachelor in der Tasche hat.

Es ist die erste große Lüge im Leben des Hanno M., auf die noch viele weitere folgen werden. Natürlich weiß er aus der Bibel, dass man nicht lügen darf. Aber er kennt auch die Erwartungen seiner Eltern: »Dieser Abschluss war ihnen einfach total wichtig!«, sagt er. Also gibt er ihnen, was sie hören wollen und erfindet einen Notenschnitt. Die Eltern sind glücklich und gratulieren ihrem Sohn – die bohrenden Fragen bleiben erst mal aus. Sein Studium hat Hanno mittlerweile geschmissen, aber das sagt er seinen Eltern natürlich nicht.

Eine Weile kommt er damit durch, dann geht es wieder los: »Wann machst du denn endlich deinen Master?«, fragen die Eltern. »Bald«, sagt der brave Sohn, der sich in Wahrheit mit Gelegenheitsjobs und dem Geld seiner Eltern über Wasser hält und sein eigenes Scheitern weit von sich weggeschoben hat. Irgendwann Ende 2011 ruft er seine Eltern an und sagt, dass er seinen Master endlich geschafft hat. Die sind glücklich: Endlich startet ihr Sohn, der jetzt fast 30 ist, ins Berufsleben. Seine Mutter will wissen, wo er denn sein Referendariat machen will. »In Rheine«, antwortet Hanno, die 50 Kilometer dorthin will er von Münster aus pendeln – seine Oma hat ihm ihr Auto überlassen. »Super. Dann brauchen wir dir ja kein Geld mehr zu überweisen, wenn du jetzt einen Job hast«, sagt seine Mutter. Hanno schluckt, stimmt aber zu. Was bleibt ihm auch anderes übrig?

Absturz

Die Referendariatsstelle am Gymnasium in Rheine gibt es ebenso wenig wie das Geld, das Hanno dort angeblich verdient. Solange er den Job im Call-Center hat, kommt er über die Runden. Aber dann wird ihm gekündigt, und er kann die Miete für seine Wohnung nicht mehr bezahlen. Natürlich könnte er jetzt seine Eltern anrufen und um Geld bitten, aber wie soll er ihnen das erklären?

Also packt Hanno M. seine paar Sachen zusammen und zieht Anfang 2012 in den Mercedes A-Klasse, den seine Oma ihm überlassen hat. Seine neue Nachbarschaft wird ein Sportplatz an der Sentruper Straße in Münster. Hier kann er in der Sporthalle wenigstens zwischendurch duschen. Irgendwann geht die alte A-Klasse der Oma kaputt – Getriebeschaden. Seine Oma kauft Hanno einen silbernen VW Up, der sein neues Zuhause wird. Mit dem Wagen zieht er um an den Campus Nord in Dortmund-Dorstfeld. Hier kann er in den Duschen der Sportfakultät warm duschen.

In dieser Zeit verdient Hanno sein Geld damit, Pfandflaschen aus Abfalleimern zu fischen. Die Angst, dass ihn dabei jemand erkennen könnte, sitzt immer auf seiner Schulter. Er lebt von 2,50 Euro am Tag, aber wenn er seine Eltern besucht, ist er immer frisch rasiert und trägt seine besten Klamotten.

Hanno geht zur ARGE in Münster, um staatliche Hilfen zu beantragen. Doch die Sachbearbeiter dort behandeln ihn unmenschlich, sagt er später. Im Dezember 2013 sperrt die Bank sein Konto, weil es so tief im Minus ist. Sein »letzter Anker zu einem bürgerlichen Leben« ist weg. Lange dachte er, dass ihm sowieso kein Arbeitslosengeld zusteht, weil er keine abgeschlossene Ausbildung hat, jetzt hat er nicht mal mehr ein Konto, auf das die Hilfen überwiesen werden könnten.

Während sein echtes Leben in sich zusammenbricht, hält er sein äußeres Leben für seine Eltern weiter aufrecht. Sie denken nach wie vor, dass er mitten im Referendariat steckt, während er bis nachts um eins in der Bibliothek der Uni Dortmund sitzt, um sich aufzuwärmen. Um ihn herum brüten Studierende über ihren Büchern und lernen für Prüfungen, Hanno M. versucht einfach nur, die Zeit totzuschlagen.

Aber seine Zeit läuft ab. Seine Mutter weiß genau, wie lange ein Referendariat in NRW dauert, und fragt immer wieder nach, wann er denn endlich fertig ist. Also verkündet er Anfang 2014: »Mama, ich bin fertig!« Und Mama hat auch direkt die passende Stelle für ihn: Im Dortmunder Schiller-Gymnasium wird ein Vertretungslehrer für Geschichte gesucht, für 13 Stunden in der Woche. Als Hanno zum Vorstellungsgespräch geht, klopft sein Herz so laut, dass er denkt, jeder im Raum müsste es hören. Jetzt gibt es kein Zurück mehr.

Hanno kann sein Glück selbst kaum fassen: Niemand fragt ihn nach seinen Noten oder seinem Abschluss, schließlich kennt man hier seine Mutter. Er muss weder seine nicht vorhandenen Zeugnisse vorlegen, noch seine nicht existierende Kontonummer angeben.

Sein rissiges Lügengebäude hält ein weiteres Mal, aber es klopft schon das nächste Problem an die Tür. Er traut sich nicht, zur Bank zu gehen, um ein neues Konto zu eröffnen – aus Angst vor den Fragen, die man ihm dort bestimmt stellen würde. Weil in der Schule zu diesem Zeitpunkt so viele Aushilfslehrer und Lehramtsstudenten eingestellt werden, fällt im Schulsekretariat niemandem auf, dass der neue Kollege Herr M. gar kein Gehalt für seine Arbeit bekommt. Hanno jedenfalls hat kein Interesse daran, danach zu fragen, er hat viel mehr zu verbergen als ein fehlendes Konto. In seinem neuen Job geht es ihm weniger um die Bezahlung, als um die »passende Außendarstellung«: Jeder soll sehen, dass er einen anerkannten Job als Lehrer hat. Und trotzdem: »Je bürgerlicher meine Fassade geworden ist, desto größer sind auch meine Probleme und meine Lügen geworden«, wird er später sagen.

Nach der Schule verdient Hanno M. jetzt ein paar Euro mit Nachhilfe dazu, außerdem hat er seine Eltern nach Geld gefragt. Die beginnen jetzt, ihn wieder zu unterstützen – sie wissen ja, dass man mit einer halben Stelle nicht besonders viel verdient. So kann sich Hanno wenigstens wieder eine Wohnung leisten. Aber schon nach kurzer Zeit ist der Stapel unbezahlter Rechnungen so hoch, dass er sich nicht mal mehr traut, die Briefe zu öffnen. Wieder Flaschen sammeln gehen will er auch nicht: Was ist, wenn jemand den Herrn Lehrer dabei sieht? Mittlerweile haben die Stadtwerke ihm gedroht, ihm wegen unbezahlter Rechnungen den Strom abzustellen, und sein Kühlschrank ist mindestens genauso leer wie sein Portemonnaie.

Der Mumien-Räuber

Also wickelt sich Hanno M. am 2. Dezember 2014 eine Rolle Mullbinden um den Kopf, klappt den Kragen seiner schwarzen Sportjacke nach oben und tritt durch die gläserne Eingangstür der kleinen Volksbankfiliale an der Westerfilder Straße in Dortmund. Es ist 17:24 Uhr – kurz vor Feierabend. Er geht zum Tresen. In seiner linken Jackentasche steckt eine Plastikpistole, die sein Bruder irgendwann mal als 6-Jähriger geschenkt bekommen hat. Ohne ein Wort zu sagen, schiebt er einen Zettel über den Tisch: »In meiner linken Tasche habe ich eine Waffe. Ich möchte 6500 Euro in unterschiedlichen Scheinen. Die Hände da lassen, wo ich sie sehen kann.« Der Bankangestellte dreht sich um und geht zum Tagestresor, nach kurzer Zeit kommt er mit einer Geldkassette zurück. Mit zitternden Händen zählt er die Scheine. Das geht dem Mann mit den Mullbinden im Gesicht nicht schnell genug, er umklammert die Waffe in seiner Jackentasche jetzt noch fester. Den Bankangestellten macht die Ausbuchtung in der Jacke so nervös, dass er sich verzählt und dem Bankräuber 8500 Euro über den Tresen schiebt. Hanno stopft das Geld in die Jacke und verlässt die Bank. Die Mullbinden reißt er sich noch im Auto vom Gesicht, später wird er sie in einem Mülleimer in der Dortmunder Innenstadt entsorgen.

Während die Polizei überall nach dem Räuber mit dem verbundenen Gesicht sucht, räumt Hanno zu Hause das Geld aus dem Überfall in seine Küchenschublade. Und während die Zeitungen vom »Mumien-Räuber« oder vom »Mullbinden-Mann« schreiben, gibt der stille Herr M. wieder Unterricht und korrigiert Klausuren. Einmal geht es in der Klasse darum, wie man eine Bank überfällt. Am wichtigsten sei es, unauffällig zu sein, erklärt Hanno M. seinen Schülern. Man dürfe nicht zu viel Geld erbeuten, das errege zu viel Aufmerksamkeit.

Mit dem Geld aus seiner Schublade kauft Hanno Winterschuhe für sich selbst und Weihnachtsgeschenke für seine Familie. An Weihnachten 2014 sitzen die Eltern Walter und Johanna M. und ihre beiden Söhne unterm Weihnachtsbaum. Es wird das letzte Mal sein.

Im August 2015 ist die Küchenschublade dann leer, und auch Hannos Nebenjob als Nachhilfelehrer, der ihm im Monat immerhin 100 Euro einbringt, endet mit Beginn des neuen Schuljahres. Nicht mal die 186 Euro Miete kann er jetzt noch bezahlen. Sein Lügengebäude beginnt wieder zu wackeln.

Hanno überlegt sogar, seinen Eltern endlich alles zu beichten, da klingelt sein Telefon: Am anderen Ende ist sein zwei Jahre jüngerer Bruder, der ihm erzählt, dass er die ständigen Einmischungen seiner Eltern satthat und nichts mehr mit ihnen zu tun haben will. Jetzt ist Hanno zwar immer noch der Sohn mit dem dunklen Geheimnis, aber auch der einzige, den seine Eltern im Moment haben. Johanna und Walter M. rufen immer häufiger an. Er kann es ihnen nicht sagen, das würden sie nach dem Streit mit seinem Bruder nicht verkraften – da ist sich Hanno sicher.

Seine Eltern erzählen ihm in der Zwischenzeit immer wieder, dass sie sich schon so darauf freuen, mit ihm gemeinsam Weihnachten zu feiern. Er ist doch jetzt alles, was sie haben. Und schon klafft der nächste Riss in dem Lügenkonstrukt, das Hanno M. sein Leben nennt: Irgendwie muss er seinen Eltern jetzt ein paar kleine Geschenke zu Weihnachten kaufen. Nur um den Schein zu wahren. Aber sein letztes Geld sind die paar Cent in seinem Portemonnaie – die reichen noch nicht mal für einen Liter Milch. In seiner Wohnung findet er einen zwei Jahre alten Zettel, den er damals bei einem Kumpel für eine Runde »Shadowrun« ausgedruckt hat: »Dies ist ein Überfall – bitte verhalten Sie sich ruhig. Ich will 10.000 Euro, und ich bin bewaffnet. Wenn Sie den Zettel zu Ende gelesen haben, schieben Sie ihn mir wieder zurück.« Er muss es wieder tun. Nur dieses eine Mal noch. Er steckt den Zettel aus dem Rollenspiel in die eine und die Spielzeugpistole seines Bruders in die andere Tasche seiner Jacke. Dann dreht er noch mal um und klebt sich ein paar Pflaster auf die Haut, die sein Gesicht wenigstens ein bisschen verdecken sollen. Er steigt in den silbernen VW Up seiner Oma. Die Dortmunder Kennzeichen des Autos hat er in den Kofferraum gelegt und stattdessen Nummernschilder aus Unna angeschraubt, die er knapp eine Woche vorher in Schwerte geklaut hat. Eigentlich wollte er die Schilder nutzen, um an einer Tankstelle Sprit zu klauen, jetzt sollen sie aus dem Kleinwagen seiner Großmutter ein Fluchtfahrzeug machen.

Am 15. Dezember 2015 um 16 Uhr fährt Hanno M. in Dortmund los, eine Viertelstunde später parkt er seinen VW wenige Meter von der Volksbank in Unna-Hemmerde entfernt vor einer Pizzeria. Über der Straße glitzern die Sterne der Weihnachtsbeleuchtung.

Das Ende der Lügen

Am Mittwoch, den 17. August 2016, drängeln sich Fotografen und Kamerateams im Saal 129 des Dortmunder Landgerichts. Alle wollen wissen, wie der Mumien-Räuber ohne Mullbinden aussieht. Hanno versteckt sein Gesicht hinter einer roten Mappe aus Papier. Er trägt Jeans und einen grauen Pulli, seine Verteidigerin Arabella Liedtke ist bei ihm. Seine Eltern sind nicht gekommen.

Als vor Gericht die Trümmer des Lügengebäudes von Hanno M. besichtigt werden, ist der schmächtige 33-Jährige fast schon erleichtert: »Das ist ein großer psychischer Druck, der jetzt weg ist«, hat er schon in seiner ersten Vernehmung am Abend seiner Festnahme gesagt. Seine Verteidigerin erklärt vor Gericht, dass ihr Mandant seinen zweiten Banküberfall freiwillig abgebrochen habe, juristisch nennt man das einen freiwilligen Rücktritt. So erzählt es auch ihr Mandant Hanno M. vor Gericht: »Vor mir die Mitarbeiterinnen der Bank voller Angst, hinter mir brave Kunden. Da wusste ich: Das ist falsch, das ist dumm.«

Liedtke schlägt vor, ihren Mandanten zu einer Bewährungsstrafe zu verurteilen. Genau das macht das Gericht sechs Tage später. Hanno M. wird zu zwei Jahren Haft auf Bewährung verurteilt. Das Gericht hält ihm zugute, dass er sofort gestanden, ehrlich bereut und seinen Opfern von sich aus Schmerzensgeld gezahlt hat. »Wir glauben, dass dieser Angeklagte seine Lektion bereits gelernt hat«, sagt der Vorsitzende Richter Helmut Hackmann bei seiner Urteilsverkündung: »Ihn jetzt ins Gefängnis zu schicken, würde ihn nur wieder zurückwerfen.«

Auch für seine Arbeit als Lehrer ohne die dafür nötige Ausbildung wird Hanno M. nicht belangt – zum einen, weil er dafür nie Geld bekommen hat, zum anderen, weil in seiner Schule auch Lehrer ohne Abschluss unterrichten durften. Einige Klausuren seiner Schüler, die er noch zu Hause hatte, hat seine Anwältin zurückgegeben.

Der Mann, dessen letzten sechs Lebensjahre eine einzige Lüge waren, macht eine Psychotherapie. Sein Arzt sagt ihm, dass das Problem im Verhältnis mit seinen Eltern liegt. Er hat mittlerweile einen neuen Job bei einem Baumarkt in Rheda-Wiedenbrück, zu dem er jeden Tag mit der Bahn pendelt. Sein silberner VW Up ist nach der Verfolgungsjagd und dem Crash in der Hecke ein Totalschaden. Die 1500 Euro netto, die Hanno M. damit verdient, Natursteinfliesen in Kartons zu verpacken, nutzt er, um der Versicherung der Dortmunder Volksbank die geklauten 8500 Euro in Raten zurückzuzahlen. Er mag seine neue Arbeit. Wenn ihn jemand fragt, was er beruflich macht, sagt er: »Verpacker.« Mit seinen Eltern hat er sich mittlerweile ausgesprochen. Das härteste Urteil über Hannos Leben bis zum 15. Dezember 2015 fällt er selbst: »Nicht nur meine Verkleidung war lächerlich, mein ganzes Leben war lächerlich«, sagt er. Das ist keine Lüge.

Philipps Fazit

Der Fall Hanno M. ist einer der Fälle, die mein Interesse an True Crime überhaupt erst geweckt haben. Ich kann mich noch genau erinnern, als ich auf einer Zugfahrt an einem Bahnhof zufällig eine Ausgabe der Stern Crime entdeckte und mir spontan gekauft habe, weil mir das schwarz-weiße Cover so gut gefallen hat. In der Ausgabe habe ich dann zum ersten Mal die ganze Geschichte des Mannes gelesen, den ich vorher nur als »Mumien-Räuber« aus den Medien kannte: Alles fängt mit einer Lüge an, die immer größer wird. Am Ende wird das Lehrerkind aus gutem Hause zum Bankräuber. Das fasziniert mich noch heute.

Die Frage, warum jemand zum Verbrecher wird, und ob wir alle vielleicht selber durch eine oder mehrere falsche Entscheidungen auf die schiefe Bahn geraten könnten, beschäftigt mich in meiner Arbeit immer wieder. Für mich war schnell klar, dass der Fall, der meine Leidenschaft für Verbrechen und ihre psychologischen Hintergründe überhaupt erst entfacht hat, unbedingt in dieses Buch muss. In meiner Recherche hatte ich die Chance, zahlreiche Akten, Vernehmungsprotokolle und Zeugenaussagen zu dem Fall auszuwerten und daraus diese Geschichte zu schreiben. Die Geschichte dieses Lebens, in dem sich immer mehr Lügen auftürmen, bis das ganze Konstrukt zusammenbricht, hat für mich nichts an ihrer Faszination verloren. Es ist schön, dass es auch Fälle gibt, die gut ausgehen. Es ist sogar noch schöner, wenn sich damit für mich nach fünf Jahren Leidenschaft für True Crime ein Kreis schließt.

In dieser Fallgeschichte wurden die Namen der Beteiligten aus Gründen der Vertraulichkeit geändert.

Interview mit Strafverteidigerin Arabella Pooth

Arabella Pooth, geborene Liedtke, arbeitet seit 2013 als Strafverteidigerin in Dortmund und hat sich dabei auf besonders schwere Straftaten spezialisiert. Unter anderem war sie die Verteidigerin des sogenannten Mumien-Räubers aus diesem Fall. Außerdem hat sie in mehreren Prozessen Mitglieder sogenannter Clans verteidigt. 2014 promovierte sie an der Ruhr-Uni Bochum und war seitdem immer wieder als Strafrechtsexpertin in Zeitschriften und im TV zu sehen, zum Beispiel auch bei der »Verbrechen von nebenan«-Show auf Sky.

Philipp Fleiter: Du hast damals Hanno M. als Verteidigerin vertreten – wie ist dir der Fall in Erinnerung geblieben?
Arabella Pooth: Den Fall werde ich nie vergessen. Er war einer meiner spannendsten Fälle und gleichzeitig einer meiner größten Erfolge als Strafverteidigerin. In diesem Fall bin ich verteidigungstaktisch von der ersten Sekunde volles Risiko gegangen und habe es nicht bereut. Ich erinnere mich auch sehr gern an Hanno, der mir als sehr intelligenter und freundlicher Mensch in Erinnerung geblieben ist.

In diesem Fall war es eine einzige Lüge, die sich dann zu immer mehr Lügen aufgetürmt hat und schließlich zu den Banküberfällen führte. Ist es wirklich so, dass manchmal nur eine einzige falsche Entscheidung im Leben reicht, um auf der Anklagebank zu landen?
Definitiv! Von einer Sekunde auf die andere kann aus dem netten Familienvater ein Mörder werden. Gerade Tötungsdelikte entstehen nämlich oft aus einer plötzlich auftretenden, subjektiv aussichtslosen Situation, die eskaliert und dann in der Tötungshandlung mündet. Nach der Tat sind die Täter manchmal selbst geschockt über das, was sie getan haben. Sie fühlen sich auch dann, wenn die Tat recht-

lich als Mord zu qualifizieren ist, selbst nicht als Mörder und sind fassungslos, wenn sie den Begriff »Mord« in der Anklageschrift lesen.

Warum bist du Strafverteidigerin geworden?
Verbrechen haben mich schon immer fasziniert. Vor allem die Frage, warum ein Mensch schwere Verbrechen begeht. Deshalb habe ich darüber nachgedacht, forensische Psychiaterin zu werden. Dabei hätte mir aber der sportliche Wettkampf gefehlt, den ich in meinem Leben einfach brauche. Mein Vater hat mir schon während meiner Kindheit vorgeworfen, meine Lieblingsworte seien »aber« und »doch«. Ich wollte immer das letzte Wort haben, wollte nie eine Situation als ausweglos akzeptieren. Mein Vater hat mir damals geraten, mich zu ändern. Ich habe mich aber dazu entschieden, »aber« und »doch« zu perfektionieren und zu meinem Beruf zu machen. Als Strafverteidigerin stehe ich allein mit meinem Mandanten dem übermächtigen Machtapparat des Staates gegenüber. Da muss man schon sehr laut »aber« und »doch« sagen können, um etwas zu bewegen. Das kann ich, und ich liebe es, in einem ausweglosen Fall das einzige Schlupfloch zu suchen, das zum Freispruch führt.

Was fasziniert dich so am Strafrecht, im Gegensatz zum Beispiel zum Sozialrecht?
Im Sozialrecht hat man es, wie im Strafrecht, natürlich auch mit interessanten Menschen und Lebenssachverhalten zu tun, und man hat auch hier die Situation, dass man allein mit dem Mandanten gegen den Staat antritt. Trotzdem können die Fälle, was die Spannung angeht, mit einem Strafverfahren nicht mithalten. Mir ist das Sozialrecht schlicht zu langweilig.

Heute verteidigst du viele Schwerstkriminelle wie Mörder, Totschläger und auch Sexualstraftäter. Hast du manchmal Zweifel, weil du zum Beispiel einen Kinderschänder vertreten musst?
Nein, das habe ich nicht. Ich verteidige unser Rechtssystem und den Täter. Niemals die Tat.

Gibt es für dich Grenzen – also würdest du einen Mandanten ablehnen? Und wenn ja, aus welchem Grund?
Ich verteidige niemanden, der mir zu Beginn des Mandats sagt, dass er von § 31 BtMG Gebrauch machen und Aufklärungshilfe leisten will. Das ist eine Verteidigungsstrategie, von der ich nicht überzeugt bin. Und wenn von Anfang an keine Einigkeit über die Verteidigungsstrategie zustande kommt, lehne ich ein Mandat direkt ab. Das gilt nicht nur für die Fälle des § 31 BtMG, sondern für alle Fälle, in denen die Vorstellungen über die Verteidigungsstrategie zu weit auseinanderliegen. Ansonsten lehne ich Mandate meist ab, weil ich keine freien Kapazitäten habe. Wenn ich einen Fall übernehme, gebe ich einhundert Prozent. Deshalb kann ich nicht jeden Fall annehmen.

In deinem Job hast du täglich mit wirklich schlimmen Taten und Tätern zu tun – gab es einen Moment, in dem du deshalb Angst hattest?
Angst hatte ich nur ein einziges Mal. Ich habe zum ersten Mal einen neuen Mandanten in Haft besucht, der vor vielen Jahren mehrere Frauen vergewaltigt und getötet und auch in der Haft mehrere Frauen angegriffen hat. Sofort habe ich bemerkt, dass er mich sehr eindeutig anstarrt. Dann hat er mir sein aktuelles psychiatrisches Gutachten rübergeschoben, in dem ich gelesen habe, dass er als impulsgestört und brandgefährlich eingestuft wird und seine dringend notwendigen Medikamente verweigert. Für einen Moment habe ich unfassbare Angst gehabt. Dann habe ich mich zusammengerissen und das Mandat trotzdem übernommen.

Hast du Fälle, die dich mehr belasten als andere?
Meine Fälle belasten mich in der Regel nicht. Wenn ich allerdings ausnahmsweise als Nebenklagevertreterin auftrete, wie im Fall Nicole Schalla, sieht das anders aus. Nach meinem ersten Gespräch mit den Schallas habe ich geweint, weil mich ihr Schicksal so berührt hat. Wenn man die Nebenklage vertritt, ist man viel näher dran am Leid der Opfer. Es fällt schwerer, den Fall objektiv und distanziert zu betrachten.

Nicole Schalla wurde 1993 im Alter von 16 Jahren auf dem Nachhauseweg ermordet. Erst nach 25 Jahren finden die Ermittler mithilfe moderner DNA-Technik ihren mutmaßlichen Mörder, der trotz einer Verurteilung wegen Verfahrensfehlern (noch) auf freiem Fuß ist. Du hast Nicoles Eltern in der Nebenklage vertreten und dieser Fall war extrem öffentlichkeitswirksam. Ist das große Medieninteresse in solchen Fällen eher Hilfe oder Hindernis?
Das lässt sich pauschal nicht beantworten. Manchmal lässt sich mit guter Pressearbeit erreichen, dass die Öffentlichkeit auf der Seite des Mandanten steht. Das kann in Einzelfällen sogar im Gerichtssaal hilfreich sein und Einfluss auf das Urteil nehmen. In anderen Fällen geht es eher darum, eine einseitige Berichterstattung zulasten des Mandanten zu durchbrechen, indem man die Ansichten der Verteidigung in die Berichterstattung einfließen lässt. Oft ist die mediale Berichterstattung aber auch sehr hinderlich und bedeutet für den Mandanten – unabhängig vom Ausgang des Verfahrens – das Ende seiner beruflichen Karriere. In solchen Fällen wird man als Verteidiger darauf hinwirken, eine Berichterstattung so weit wie möglich zu vermeiden.

Außerdem hast du bereits mehrfach Mitglieder sogenannter Clans verteidigt – wie ist deine Meinung zu der von den Medien immer wieder berichteten Gefahr, die von solchen Familien-Clans ausgeht?
Ich sage aus voller Überzeugung, dass es diese Gefahr in dem medial behaupteten Ausmaß nicht gibt. Natürlich gibt es spektakuläre Fälle, wie den Diebstahl der Goldmünze aus dem Bode-Museum. Aber erstens ist das eher die Ausnahme und zweitens könnte jede beliebige Einbrecher-Truppe eine solche Straftat begehen. Das hat nichts mit der Zugehörigkeit zu einer bestimmten Familie zu tun. Und schon gar nicht kann man daraus schließen, dass alle Mitglieder einer bestimmten Familie kriminell sind. Manche »Clan-Mitglieder«, die ich verteidige, sind beispielsweise überhaupt nicht vorbestraft.

Wer öffentlich behauptet, sie seien kriminell, muss aufpassen, dass er sich nicht selbst strafbar macht, etwa wegen Verleumdung oder übler Nachrede. Ich mache mir wenig Sorgen wegen »Clan-Kriminalität«, aber ganz erhebliche Sorgen um unseren Rechtsstaat, wenn ich sehe, mit welcher Willkür die Behörden zum Teil gegen Menschen vorgehen, die bestimmten arabischen Großfamilien entstammen. Ist es wirklich notwendig, bestimmte Personen mehrmals täglich rein zufällig einer anlasslosen allgemeinen Verkehrskontrolle zu unterziehen? Nein, das ist reine Schikane. Und ist es in Ordnung, einen Menschen, dem Betäubungsmittelhandel oder Einbruchdiebstahl vorgeworfen wird, über Monate oder gar Jahre auf einer speziellen Sicherheitsstation in Einzelhaft zu sperren? Nein, das ist nicht verhältnismäßig. Und muss man wegen eines drei Jahre zurückliegenden Geldwäschevorwurfs bei jemandem mit einem Panzerfahrzeug vorfahren und die Tür einrammen, um sein Haus zu durchsuchen? Nein, das würde bei einem Herrn Meier, Müller oder Schulze wahrscheinlich selbst dann nicht passieren, wenn ihm ein Mord vorgeworfen wird. Eine solche Ungleichbehandlung darf in einem Rechtsstaat nicht stattfinden.

Nach wie vor ist der Frauenanteil in deutschen Gerichten, Kanzleien und Staatsanwaltschaften nicht so hoch. Ist es für dich eher ein Vor- oder ein Nachteil, eine Strafverteidigerin unter vielen Männern zu sein?

Weder noch. Die Hauptsache ist, dass man sich selbst in seiner Haut wohlfühlt. Ich werde mit Rock, High Heels und rotem Lippenstift genauso ernst genommen wie meine männlichen Kollegen. Ich glaube, das liegt daran, dass ich mich in meiner Rolle als Frau sehr wohl fühle und das auch ausstrahle. Ein Mann darf sich in meiner Gegenwart gern wie ein Mann benehmen. Er darf mir die Tür aufhalten und er muss mich nicht mit Handschlag begrüßen, wenn seine Religion ihm das verbietet. Ich fühle mich trotzdem, vielleicht sogar gerade deshalb respektiert. Ich möchte mich nicht wie ein Mann benehmen, und ich möchte auch nicht wie ein Mann behandelt werden.

Wie gehst du damit um, wenn du vor Gericht scheiterst?
Ich will zwar immer gewinnen, aber ich bin auch eine gute Verliererin. Wenn ich vor Gericht scheitere, beschäftigt mich das nur dann längere Zeit, wenn ich das Urteil wirklich für falsch halte. Lange beschäftigt hat mich beispielsweise das erstinstanzliche Urteil im Fall der Schießerei in Oer-Erkenschwick. Das Gericht wollte erstinstanzlich nicht anerkennen, dass mein Mandant in einem Fall in Notwehr gehandelt hat und in einem anderen Fall das Unrecht durch einen Täter-Opfer-Ausgleich wiedergutgemacht hat, und hat ihn zu einer nicht mehr bewährungsfähigen Freiheitsstrafe verurteilt. Das war rechtlich falsch und damit ungerecht. Erst in der Revision habe ich es geschafft, dass das Urteil geändert wurde. Bis dahin hatte ich etliche schlaflose Nächte.

Du bist für deine Mandanten immer erreichbar, deine Handynummer ist öffentlich. Kann man dann überhaupt abschalten?
Natürlich habe ich keinen klassischen Nine-to-five-Job, bei dem ich nach getaner Arbeit abschalten kann. Abschalten kann ich am besten in der Badewanne und selbst aus der musste ich schon rausspringen, weil ein Mandant festgenommen wurde. Ich habe auch schon einmal einen Urlaub für einen Mandanten abgebrochen. Mein Beruf ist meine Leidenschaft. Ich kann mit voller Überzeugung sagen, dass es keinen einzigen Tag gab, an dem ich morgens aufgestanden bin und keine Lust hatte zu arbeiten. Wenn mein Handy klingelt, ärgere ich mich nicht, sondern ich freue mich auf einen spannenden Fall.

Sind vor dem Gesetz wirklich alle gleich oder kann man sich mit mehr Geld auch einfacher aus Verfahren »herauskaufen«?
Leider haben gut situierte Menschen deutlich bessere Chancen vor Gericht. Wer es sich leisten kann, beauftragt sofort mit der ersten Vorladung zur Beschuldigtenvernehmung einen sehr guten Strafverteidiger, der das Verfahren vom ersten Moment an steuert und oft in der Lage sein wird, es in diesem frühen Stadium zu beenden. Wenn zu viel belastendes Material vorhanden ist, kann er gleichwohl in vielen Fällen

aushandeln, dass das Verfahren gegen Zahlung einer Geldauflage eingestellt wird. Wer kaum Geld zur Verfügung hat, wird keinen Anwalt beauftragen und sich möglicherweise bei der Polizei um Kopf und Kragen reden. Bei schwereren Straftaten bekommt zwar jeder unabhängig von seiner finanziellen Situation einen Pflichtverteidiger gestellt. Viele gute Strafverteidiger werden aber in umfangreichen Verfahren wegen der schlechten Bezahlung nicht als Pflichtverteidiger tätig. Im Verfahren kann es außerdem nötig sein, teure Privatgutachten einzuholen, um das Gericht von seiner Unschuld zu überzeugen. So war es beispielsweise im Kachelmann-Prozess, wenn ich mich recht erinnere. Vor Gericht herrscht also definitiv eine Zweiklassengesellschaft.

Wann ist ein Urteil gerecht?
Das ist für einen Strafverteidiger leicht zu beantworten. Ein Urteil ist immer dann gerecht, wenn das Gesetz richtig angewendet wurde und das Urteil nach den Spielregeln der Strafprozessordnung zustande gekommen ist.

Was ist für dich als Anwältin schlimmer: Ein Unschuldiger, der zu Unrecht verurteilt wird, oder ein Schuldiger, der zu Unrecht freigesprochen wird?
Unschuldig im Gefängnis zu sitzen ist in meiner Vorstellung eine der furchtbarsten Situationen, die einem Menschen im Leben widerfahren können. Ein solcher Fehler darf einem Staat nicht unterlaufen, so etwas darf ein Staat einem Menschen nicht antun. Deshalb sind mir zwanzig Schuldige auf freiem Fuß lieber als ein einziger Unschuldiger in Haft.

Wie gehst du damit um, wenn du für einen Mandanten einen Freispruch erwirkst und derjenige in Freiheit dann ein schweres Verbrechen (wie einen Mord begeht)? Belastet dich das?
Natürlich würde mich das in gewisser Weise belasten. Aber ich würde mich nicht schuldig fühlen, nur weil ich meinen Job richtig und gut gemacht habe.

Glaubst du aus deiner eigenen Erfahrung, dass es Verbrecher gibt, die nie wieder freikommen sollten?
»Nie wieder« würde ich so nicht sagen. Menschen, die aufgrund einer psychischen Erkrankung oder aufgrund ihrer Persönlichkeitsstruktur nicht aufhören können, schwerste Straftaten wie Tötungs- oder Sexualdelikte zu begehen, sollten so lange in einer Maßregelvollzugsklinik oder in der Sicherungsverwahrung untergebracht werden, bis sie nicht mehr gefährlich sind. Bei den meisten Menschen ist dies ab einem gewissen Alter anzunehmen. Bereits ab dem 40. Lebensjahr sinkt nämlich die Gefahr, dass jemand Straftaten begeht. Spätestens im Rentenalter geht von den meisten Menschen keine Gefahr mehr aus.

Warum, glaubst du, sind viele Menschen so sehr von Verbrechen fasziniert?
Die meisten Menschen finden es spannend, sich zu gruseln und zu fürchten. Wenn man sich mit Verbrechen beschäftigt, indem man Bücher darüber liest, Filme schaut oder einen True-Crime-Podcast wie »Verbrechen von nebenan« hört, kann man sich dieser spannenden Illusion von Gefahr hingeben, ohne sich selbst in eine reale Gefahrensituation begeben zu müssen.

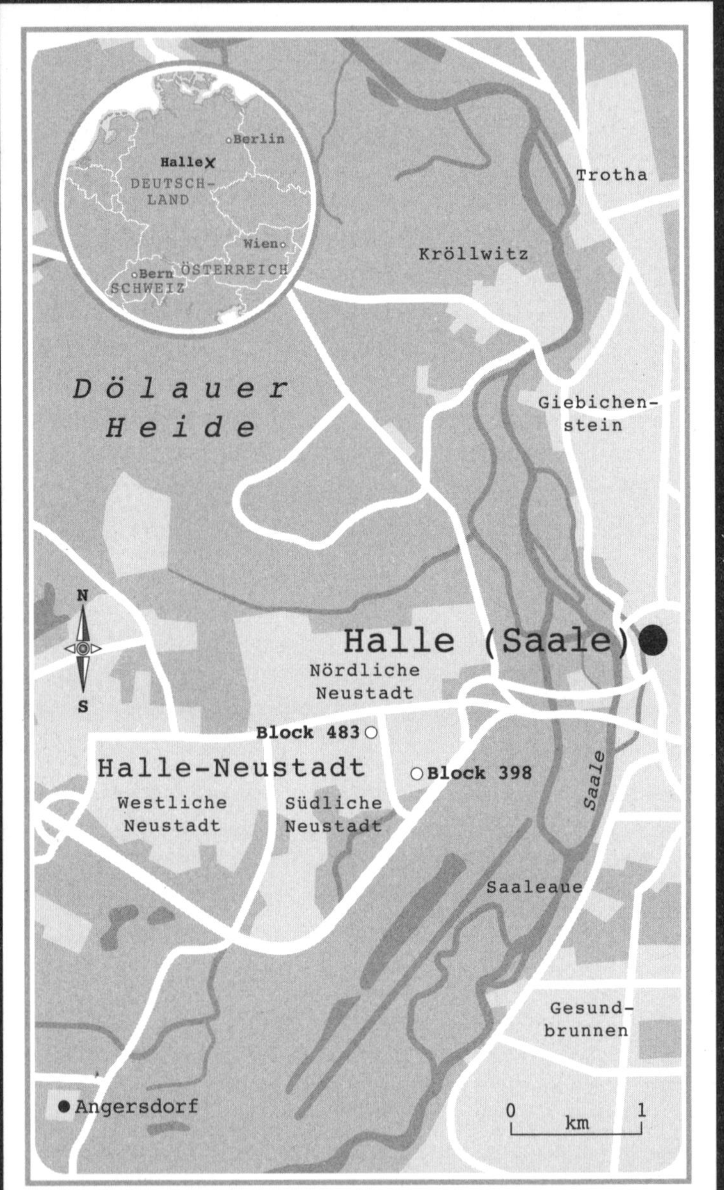

Berlin
Halle
DEUTSCH-
LAND
Wien
Bern
ÖSTERREICH
SCHWEIZ
Trotha
Kröllwitz
Dölauer
Heide
Giebichen-
stein
N
S
Halle (Saale)
Nördliche
Neustadt
Block 483
Halle-Neustadt
Block 398
Westliche
Neustadt
Südliche
Neustadt
Saale
Saaleaue
Gesund-
brunnen
Angersdorf
0
km
1

Fall 2
Der Kreuzworträtsel-Mord

Fallname: Der Kreuzworträtsel-Mord
Zeitpunkt: 15.1.1981
Tatbestand: Mord

Ein Kind verschwindet

Am letzten Tag im Leben des 7-jährigen Lars Bense liegt Schnee auf den grauen Betonbauten, die die DDR-Regierung stolz als »Sozialistische Stadt der Chemiearbeiter« bezeichnet. Halle-Neustadt im heutigen Sachsen-Anhalt ist eine am Reißbrett geplante Schlafstadt für die Arbeiter der benachbarten Chemiewerke Buna und Leuna, die von oben so aussieht, als hätte ein sehr großes Kind seine grauen Bausteine einfach auf einem Acker liegen lassen. »Chemie ist Wohlstand« heißt die Losung der DDR-Führung und die wird umgesetzt – ohne Rücksicht auf Verluste. 90.000 Menschen leben in dieser Stadt, in der die Straßen keine Namen haben.

Lars Bense wohnt zusammen mit seiner Mutter und seiner 12-jährigen Schwester in Block 483, einem sechsgeschossigen Klotz mit orangenen Balkonen und ein paar Bäumen davor. Lars ist ein fröhlicher, aufgeweckter Junge mit leuchtenden Augen, der in die erste Klasse der Polytechnischen Oberschule in Halle-Neustadt geht. Sein Vater arbeitet wie die meisten hier bei den Chemiewerken. Er wohnt nicht bei seiner Familie, sondern in einer Junggesellenwohnung einige Kilometer entfernt. Für Lars ist es schwer zu verstehen, warum seine Eltern nicht zusammenleben. Mit seinem Vater hat er nur gelegentlich Kontakt.

Es ist der Nachmittag des 15. Januar 1981, Lars freut sich schon: Seine Mutter hat ihm an diesem Donnerstag endlich erlaubt, zusammen mit seiner Schwester zum Stadtteilzentrum »Treff« zu gehen, wo seine Freunde schon auf ihn warten. Im Kino des Zentrums läuft heute der japanische Zeichentrickfilm »Däumelinchen« in der DEFA-Fassung.

600 Meter sind es von der Wohnung der Benses im ersten Stock bis zum Stadtteilzentrum, den größten Teil geht Lars zusammen mit seiner Schwester. Vorbei an der großen Kaufhalle und der Poliklinik. Als das Stadtteilzentrum schon in Sichtweite ist, verabschiedet sich Lars gegen 15:30 Uhr von seiner Schwester – die letzten Meter will der 7-Jährige alleine laufen. Er wird dort niemals ankommen.

Die Suche

Als Lars zum Abendessen immer noch nicht zurück ist, hält es seine Mutter nicht mehr aus: Sie sucht nach ihrem Sohn, schaut auf den nahe gelegenen Spielplätzen nach und telefoniert die Eltern von Lars' Freunden ab. Niemand hat den Jungen gesehen. Gegen 20 Uhr geht sie auf das 4. Volkspolizeirevier Halle-Neustadt, das genau gegenüber ihrer Wohnung liegt. Die Polizisten versuchen zuerst, die Frau zu beruhigen. Es sei doch normal, dass Kinder zwischendurch mal die Zeit vergessen. Aber Lars' Mutter bleibt hartnäckig: Ihr Sohn sei noch nie so lange weg gewesen, außerdem ist es kalt und dunkel draußen. Irgendwann geben die Polizisten nach und starten eine erste Suchaktion. Mehrere Schutzmänner durchsuchen die Gegend zwischen der Wohnung der Benses und dem Stadtteilzentrum, befragen Lars' Freunde und schauen auf Spielplätzen, Hinterhöfen und in Kellern nach. Unterstützt werden die Volkspolizisten von einer Gruppe freiwilliger Helfer. Aber sie finden nicht die geringste Spur.

So langsam kommt der Verdacht auf, dass hier etwas Schreckliches passiert ist.

Gegen Mitternacht wird Lars' Mutter mit einem Polizeiwagen auf das Kreisamt der Volkspolizei gebracht, wo sie ganz offiziell eine Vermisstenanzeige bei der Kriminalpolizei aufgeben muss. Eine Eilfahndung wird ausgelöst. Aber auch als die Nacht in Ha-Neu, wie Halle-Neustadt damals genannt wird, vorbei ist, bleibt Lars Bense verschwunden. Die Suche wird ausgeweitet. In den riesigen Plattenbauten der Stadt gibt es Hunderte Versteck-Möglichkeiten wie leere Treppenhäuser oder einsame Flure mit leeren Abstellkammern. Die Polizisten befragen Zeitungsausträger, Taxifahrer und Angestellte des Kinos im Stadtteilzentrum »Treff«. Keiner von ihnen hat Lars irgendwo gesehen. Also werden am 16. Januar 1981 einige Büros im Volkspolizeirevier freigeräumt und eine Ermittlungskommission gegründet. Die Polizei glaubt, dass Lars einem Verbrechen zum Opfer gefallen ist.

Und das ist ein großes Problem: In drei Monaten wird sich die SED im Ost-Berliner Palast der Republik zu ihrem X. Parteitag treffen, bei dem 2700 Delegierte erwartet werden. Alle fünf Jahre organisiert die Staatspartei der DDR hier ein ganz großes Schaulaufen der Funktionäre. Dieses Mal soll ein großer Wirtschaftsplan beschlossen und Erich Honecker nach zehn Jahren im Amt als Generalsekretär des Zentralkomitees der Partei bestätigt werden. Hier will sich die DDR-Führung von ihrer besten Seite zeigen. Ein verschwundener Junge in Halle-Neustadt, der vielleicht sogar einem Verbrechen zum Opfer gefallen ist, passt da nicht ins Bild. Also macht die SED-Bezirksleitung Druck: Der Fall Lars Bense muss so schnell wie möglich aufgeklärt werden.

Die Leitung der Ermittlungsgruppe übernimmt der damals 52-jährige Hauptmann Siegfried Schwarz. Er ist ein erfahrener Ermittler, der seit ihrer Gründung für die Volkspolizei arbeitet. Bei seinen Vorgesetzten macht er sich nicht immer beliebt: Hauptmann Schwarz ist ein schlagfertiger Mann mit spitzer Zunge, eine Eigenschaft, die in der DDR ziemlich schnell Probleme machen kann. Er hat im Fall Lars Bense schnell den Verdacht, dass der Junge ermordet worden sein könnte.

In Abstimmung mit der SED-Bezirksleitung und der Parteiführung in Berlin entscheiden sich die Ermittler zu einem zu dieser Zeit äußerst ungewöhnlichen Schritt: Am 17. Januar, also schon zwei Tage nach dem Verschwinden von Lars Bense, erscheint in der Tageszeitung »Freiheit« ein Artikel mit der Überschrift »Volkspolizei bittet um Mithilfe«. Solche offiziellen Fahndungsaufrufe der Polizei in den Medien hat es bisher in der DDR kaum gegeben. Der Sozialismus muss unter allen Umständen weiter als friedlich und menschenfreundlich gelten. Kriminalität entsteht laut der SED-Führung aus schlechten gesellschaftlichen Verhältnissen. Die gibt es vielleicht im Westen, aber sicher nicht in der Deutschen Demokratischen Republik. Aus Sicht des Regimes haben die Menschen in der DDR absolut keinen Grund zu morden. Deshalb werden gerade Kapitaldelikte wie Mord oder Entführung zu diesem Zeitpunkt in der DDR mit einem größtmöglichen Einsatz von Personal und Ressourcen und den kleinstmöglichen Informationen für die Öffentlichkeit aufgeklärt. Eine Vermisstenanzeige in einer regionalen Zeitung wie der »Freiheit« mit einer Auflage von einer halben Million Exemplaren ist deshalb damals etwas absolut Außergewöhnliches.

Währenddessen suchen die Polizisten auch im Untergrund der Stadt: Halle-Neustadt ist unter der Erde durchzogen von einem Netz von Versorgungsgängen und -schächten, die Kollektoren genannt werden. Hier finden die Fahnder zwar verstecktes Diebesgut und Hehlerware, aber keine Spur von Lars. Mehr als 100 Personen, die am 15. Januar bei der Kinovorführung von »Däumelinchen« im Stadtteilzentrum waren, werden befragt. Außerdem durchsuchen die Ermittler die Gewässer der Gegend, wie die Angersdorfer Teiche oder den Kirchteich. Vielleicht ist Lars ja ins Eis eingebrochen? Außer alten Kinderschuhen, benutzten Taschentüchern und weggeworfenen Fahrkarten finden sie nichts. Trotzdem wird alles protokolliert und abgeheftet, nach wenigen Tagen füllen die Akten zu dem Fall Lars Bense ein komplettes Zimmer.

Während der Druck bei der Ermittlungskommission immer weiter steigt, wird Familie Bense in der Wohnung direkt gegenüber immer verzweifelter. 30 Jahre nach dem Fall erinnert sich Siegfried Schwarz in einer ARD-Doku, dass er zu dieser Zeit oft am Fenster seines Büros steht und zur Wohnung der Familie rüberschaut, die ihren Sohn und Bruder seit Tagen nicht mehr gesehen haben.

Das Kind im Koffer

Erst zwei Wochen nach seinem Verschwinden taucht Lars Bense wieder auf. Es ist der 28. Januar 1981 auf der Bahnstrecke zwischen Halle und Leipzig, nahe der Stadt Schkeuditz. Der 19-jährige Uwe Theuerkorn, Streckenläufer der DDR-Reichsbahn, ist an diesem kalten Tag wie immer auf seinem Kontrollgang entlang der Schienen unterwegs. Zwischen ausgemusterten Betonschwellen macht er eine ungewöhnliche Entdeckung: Im Schnee liegt ein verbeulter brauner Pappkoffer. Theuerkorn ist neugierig. Vielleicht sind Jeans aus dem Westen in dem Koffer oder Geldscheine? Die würde er natürlich wegpacken und niemandem von seinem Fund erzählen. Trotzdem will er erst mal vorsichtig sein und öffnet den Koffer mit einem Schraubenschlüssel, ohne ihn zu berühren: »Anscheinend hab ich früher zu viele Kriminalromane gelesen«, erinnert er sich später.

Als Erstes sieht er den Oberschenkel. Zwischen Plastiksäcken schimmert hell die Haut eines Jungen hervor. Theuerkorn drückt mit dem Schraubenschlüssel vorsichtig auf das Bein. Vielleicht ist ja noch Leben in dem Jungen? Ist es nicht.

Streckenläufer Theuerkorn ist völlig schockiert. Er hält einen Güterzug an, der auf dem Gleis nebenan fährt. Der Triebfahrzeugführer verständigt den Fahrdienstleiter und kurze Zeit später ist die Polizei vor Ort. Das Kind im Koffer ist Lars Bense, das steht für die Ärzte vom Leipziger Institut für Gerichtliche Medizin und Kriminalistik sehr schnell fest. Durch die kalten Temperaturen ist der kleine Körper kaum verwest.

Lars Bense ist durch stumpfe Gewalteinwirkung auf den Kopf und massive Stichverletzungen in die Brust getötet worden. Außerdem gibt es deutliche Hinweise darauf, dass der 7-Jährige vor seinem Tod sexuell missbraucht wurde. An seiner Kleidung finden sich jede Menge Haare, Fasern und andere Spuren. Der Mörder hat seine Leiche in Plastik eingewickelt und in den Koffer gepackt. Wahrscheinlich um zu verhindern, dass Blut aus dem Koffer läuft, hat er ihn außerdem mit zerknüllten nassen Zeitschriften und Zeitungen ausgestopft. Die Ermittler finden unter anderem Ausgaben der Tageszeitung »Junge Welt«, des Frauenmagazins »Für Dich« und gleich mehrere Exemplare der Zeitung »Freiheit«, in der vor Kurzem der Suchaufruf nach Lars Bense veröffentlicht wurde. Alle Zeitungen und Zeitschriften stammen aus dem Januar.

Ermittlungsleiter Schwarz lässt den Koffer und die Zeitungen nach Halle bringen, um sie dort untersuchen zu lassen. Leider geben die Zeitungen keinen Hinweis darauf, wo sie gekauft wurden, aber die Ermittler finden eine andere Spur: In allen Zeitungen entdecken sie ausgefüllte Kreuzworträtsel. Sechs Kreuzworträtsel sind komplett ausgefüllt, in manchen stehen nur wenige kurze Wörter wie Ei, Arena und

Moskwa – immer in derselben Handschrift. Führen diese Buchstaben zum Mörder von Lars Bense?

Das Versprechen

Siegfried Schwarz hat jetzt eine besonders schlimme Aufgabe vor sich. Der vierfache Vater muss Lars' Eltern informieren. Der Vater regiert wütend und schreit: »Wenn ich das Schwein kriege, dann mach ich ihn kalt«. Frau Bense ist gefasster als ihr Mann, sie fragt den Ermittler nur: »Wie geht es jetzt weiter?« In diesem Moment gibt Hauptmann Schwarz den Eltern ein Versprechen: »Familie Bense, sie können sich darauf verlassen: Egal wie lange es dauert, eins verspreche ich Ihnen: Der Mörder ihres Sohnes wird gefunden und seiner gerechten Strafe zugeführt.« Dabei hat er zu diesem Zeitpunkt bis auf ein paar hingekritzelte Buchstaben nicht die geringste Spur.

Für einen »Polizeiruf 110« aus dem Jahr 1986 stellt Schauspieler Ernst-Georg Schwill den Fund von Lars' Leiche nach

Zunächst versuchen die Ermittler deshalb, den Besitzer des Koffers zu finden, der ein auffälliges Innenfutter hat. Hunderte Schaulustige drücken sich an einem Schaufenster des Centrum-Kaufhauses am Hallenser Marktplatz die Nasen platt – in dem Schaufenster ist neben einem Fahndungsplakat auch der Koffer ausgestellt, in dem die Leiche von Lars Bense gefunden wurde. Das allerdings dürfen die Ermittler nicht dazuschreiben. Auf dem Plakat ist nur von einer schweren Straftat die Rede. Sexueller Missbrauch an Kindern ist in der damaligen DDR ein absolutes Tabuthema, über das nie öffentlich gesprochen wird. Der Theologe und Missbrauchs-Experte Christian Sachse spricht später in einem Interview mit dem MDR von einem »staatlich betriebenem Schweigen« einer »Tabuisierung, die vom ganzen Staatsapparat eingehalten« wurde. Daran müssen sich auch die Ermittler der Mordkommission halten. Für die Bevölkerung soll es unbedingt so aussehen, als ob sexueller Missbrauch in der DDR so gut wie gar nicht existiert. Wahrscheinlich gibt es auch deshalb trotz vieler neugieriger Menschen vor dem Schaufenster keinen einzigen verwertbaren Hinweis. Allerdings hofft die Polizei, dass sich vielleicht auch der Täter den Koffer im Schaufenster noch mal genauer anschauen will. Deshalb wird in dem Schaufenster eine versteckte Kamera installiert, die einen möglichen Verdächtigen, der vielleicht ein bisschen zu lange vor dem Fenster steht, aufzeichnet. Aber auch das passiert nicht.

Bleibt die Befragung von allen potenziellen Verdächtigen im Umkreis. Insgesamt überprüfen die Ermittler Tausende Personen in Halle-Neustadt und dem gesamten Saale-Kreis, darunter 100 Bekannte der Familie Bense, 200 polizeilich bekannte Pädophile, mehr als 250 vorbestrafte Sittlichkeitsverbrecher und rund 1000 Menschen, die sich regelmäßig am Versorgungszentrum beim Stadtteilzentrum aufhalten. Es ist die verzweifelte Suche nach der Nadel im Heuhaufen.

Das Rätsel

Als die Ermittler zwei Wochen vor dem SED-Parteitag immer noch keine Erfolge vorweisen können, macht die Parteiführung Druck: Der Vorgesetzte von Siegfried Schwarz wird am 27. März 1981 zum Chef seiner Bezirksbehörde zitiert. Mittlerweile ist es zwei Monate her, dass die Leiche von Lars Bense gefunden wurde, und immer noch gibt es nicht die geringste Spur von seinem Mörder. Die SED-Führung will Erfolge sehen und weist die Ermittler deshalb an, das zeitaufwendige Überprüfen von potenziellen Verdächtigen einzustellen. Stattdessen soll sich die Polizei auf die Kreuzworträtsel aus dem Koffer konzentrieren.

Schriftsachverständige haben die Kreuzworträtsel untersucht und sind dabei zu zwei Ergebnissen gekommen: Alle Rätsel wurden von einer Person ausgefüllt, und diese Person hat eine sehr ungewöhnliche Handschrift. So finden sie zum Beispiel beim großen A zwischen dem linken senkrechten Strich und dem oberen Bogen immer wieder eine kleine Lücke, eine »Schreibunterbrechung« nennen es die Experten. Ähnliches finden sie auch bei anderen Buchstaben und auch das große Z ist auffällig: Es hat in der Mitte einen kleinen Querstrich.

Kriminalpsychologen glauben, dass es sich um die Handschrift einer Frau mittleren Alters handelt. Aber eine Frau wäre körperlich höchstwahrscheinlich gar nicht dazu fähig, dem Jungen so schwere Verletzungen zuzufügen. Also kann die Person, die die Kreuzworträtsel ausgefüllt hat, nicht der Mörder sein. Aber sie kennt den Mörder, da ist sich Ermittler Siegfried Schwarz sicher. Jetzt müssen die Ermittler diese Person nur noch irgendwie finden. Die Parteiführung sagt den Ermittlern ihre Unterstützung zu.

Was jetzt folgt, ist die weltweit größte Auswertung von Schriftproben. Insgesamt werden die Ermittler weit mehr als eine halbe Million Proben sammeln und vergleichen – aber das wissen sie jetzt noch nicht. Die Suche gestaltet sich äußerst mühsam: Hunderte Polizisten und freiwillige Helfer klappern nach und nach die Haushalte in Halle-Neustadt ab, klingeln an den Türen und bitten die Menschen, den folgenden Satz in großen Druckbuchstaben aufzuschreiben: »Ein zweitägiges Kolloquium, das am Dienstag in Berlin begann, befasst sich mit Karl-Friedrich Schinkels Werk und dessen Bedeutung für die DDR.« Später stellen die Ermittler ihr Verfahren um und fragen nur noch nach einzelnen Wörtern, die besonders viele Buchstaben aus den Lösungswörtern der Kreuzworträtsel enthalten, zum Cello, Dame, Gage oder Raps.

Offiziell ist die Teilnahme freiwillig und die meisten Bürger machen bereitwillig mit. Einige weigern sich, vor allem Parteifunktionäre der SED. »Sie fanden, sie seien ohnehin über jeden Zweifel erhaben«, sagt Ermittler Schwarz später in einem Interview mit dem Tagesspiegel. Aber der hartnäckige Hauptmann lässt nicht locker: Wer sich weigert, wird registriert. Und so geben irgendwann auch die Parteibonzen ihre Schriftproben ab. Bis zum Herbst hat man 20.000 Bewohner von Halle-Neustadt, also rund ein Fünftel der Bewohner überprüft – ohne Erfolg. Wenn es in diesem Tempo weitergeht, werden die Ermittler noch mehr als zwei Jahre brauchen, bis sie alle Neustädter überprüft haben.

Also muss die Parteiführung eingreifen: In den Ministerien werden Dokumente überprüft, wie zum Beispiel 250.000 Personalausweis-Anträge und 40.000 Anmeldungen von PKW. Gleichzeitig durchwühlen die Jungpioniere bergeweise Altpapier. Die 6- bis 7-jährigen Mitglieder der DDR-Kinderorganisation sammeln in Halle-Neustadt insgesamt 60 Tonnen Altpapier, die die Ermittler dann nach gelösten Kreuzworträtseln durchsuchen. Und auch das Ministerium für Staatsicherheit schaltet sich ein. Stasi-Mitarbeiter ackern sich durch Tausende Mitarbeiterakten von verschiedenen Betrieben aus der Region. Selbst mittlerweile Verstorbene werden überprüft, ihre Angehörigen werden um alte Schriftproben gebeten.

Und die Ermittler greifen zu weiteren Tricks: Die Tageszeitung »Freiheit« druckt ein Kreuzworträtsel und fordert ihre Leser dazu auf, die richtigen Lösungen ausgefüllt zurückzuschicken. Es gibt zehn Ost-Mark zu gewinnen. 11.000 Leser machen mit, aber die gesuchte Handschrift mit den auffälligen As und Zs ist nicht dabei.

Die Arbeit ist anstrengend und extrem monoton. Immer wieder schmuggeln Vorgesetzte heimlich gefälschte Schriftproben unter die Stapel, die der gesuchten Handschrift extrem ähnlich sehen – einfach nur um zu überprüfen, ob ihre Mitarbeiter nach den monatelangen Untersuchungen und Vergleichen immer noch aufmerksam sind.

Während ihrer Suche nach dem Mörder von Lars Bense gelingt es den Fahndern immerhin, nebenbei 16 weitere Straftaten aufzuklären, darunter gleich mehrere Diebstähle. Außerdem finden sie heraus, dass Angestellte der Stadtreinigung Benzin für ihre Dienstwagen für ihre Privatautos abgezweigt haben. Eine Spur zum Kreuzworträtsel-Mörder finden sie aber nicht.

Die Lösung

Das ändert sich erst am 10. November, da ist Lars Bense fast zehn Monate tot. An diesem Tag ist bei der Überprüfung der Schriftproben in Halle-Neustadt Block 398 dran. Er liegt hinter der Wohnung der Benses, keine 400 Meter entfernt. In dem fünfgeschossigen grauen Block ist unter anderem eine Frau G. gemeldet. Allerdings ist die 50-Jährige nicht zu Hause, sie arbeitet als Saisonkraft in einem Café am Strand des Ostseebades Wustrow, rund 400 Kilometer entfernt. Also rufen die Ermittler aus Halle-Neustadt ihre Kollegen vor Ort zu Hilfe. Die nehmen eine Schriftprobe von der Kellnerin und schicken sie wie vereinbart nach Halle. Dort kommt sie am Freitag, den 13. November, an und bleibt erst mal liegen. Erst am darauffolgenden Dienstag überprüft ein Sachverständiger die Schriftprobe aus Wustrow. Dann ruft er die Kollegen dazu. Adolf Döling, einer der damaligen Ermittler und damals Oberstleutnant erinnert sich zwanzig Jahre später in einer Doku noch genau an den Moment: »Mit dem ersten Blick hab ich erkannt, jawoll – das ist sie!« Er rennt sofort zum Leiter der Einsatzgruppe. Die Ermittler rufen bei den Kollegen an der Ostsee an. Doch Frau G. ist nicht mehr in Wustrow, sie ist gerade auf dem Weg nach Werder an der Havel, einer Kleinstadt bei Potsdam. Dort will sie mit ihrer 18-jährigen Tochter Urlaub machen.

Noch in der gleichen Nacht rasen zwei Autos mit insgesamt vier Ermittlern von Halle nach Werder. Es regnet. Sie kommen morgens um 5:30 Uhr an, treffen die beiden Frauen unter der angegebenen Adresse und nehmen sie mit nach Halle.

Sowohl Mutter als auch Tochter sind völlig überrascht. Noch auf der Autofahrt bestätigt die Mutter, dass der gesuchte braune Koffer ihr gehört. Sie habe ihn vor ihrer Abreise nach Wustrow in ihrem Keller gelassen. Und sie bestätigt, dass sie die Kreuzworträtsel ausgefüllt hat. Und doch kann sie nicht die Täterin sein: Sie kann beweisen, dass sie am 11. Januar zum letzten Mal in ihrer Wohnung in Halle-Neustadt gewesen ist, seitdem lebt sie in ihrer Zweitwohnung an der Ostsee. Ihre Tochter Kerstin sollte sich in der Zwischenzeit um die Wohnung kümmern.

Aber auch Kerstin hat zum Tatzeitpunkt ein Alibi: Sie arbeitet seit dem 13. Januar, also zwei Tage vor dem Verschwinden von Lars Bense, wieder in ihrem Job als Kellnerin in einem Erholungsheim im Kurort Friedrichroda im Thüringer Wald. In der Zwischenzeit ist sie nur noch sehr selten zurück in die Wohnung ihrer Mutter nach Halle-Neustadt gefahren. Denn ihr Freund, der 19-jährige Matthias S., den sie schon aus Halle-Neustadt kennt, arbeitet ebenfalls in dem Erholungsheim. Sie verbringen ihre Freizeit zusammen in Friedrichroda, nur manchmal begleitet Matthias Kerstin nach Halle, um in der Wohnung der Mutter nach dem Rechten zu sehen. Dann wohnen sie zusammen wie ein Ehepaar in der Wohnung in Block 398, nur 400 Meter von der Wohnung von Familie Bense entfernt. Deshalb hat Matthias auch die Schlüssel für die Wohnung von Kerstins Mutter.

In der Befragung erinnert sich Kerstin, dass sie Mitte Januar gemeinsam mit Matthias in Halle war. Am 13. Januar musste sie zum Arbeiten zurück nach Friedrichroda. Ihr Freund hatte noch frei und blieb deshalb ein paar Tage länger in Halle-Neustadt. Das bestätigt auch ihr Chef, der Leiter des Heimes in Friedrichroda. Könnte das die Spur sein, nach der die Ermittler seit zehn Monaten fieberhaft suchen?

In der Vernehmung erzählt Kerstin dann noch mehr: Ihr Freund Matthias habe ihr immer wieder von sexuellen Fantasien erzählt, in der grausame Misshandlungen eine große Rolle spielen. Jetzt sind sich die Ermittler sicher: Sie sind auf der richtigen Spur.

Matthias S. wird am 17. November 1981 an seiner Arbeitsstelle in Friedrichroda festgenommen. In dem Erholungsheim spricht sich die Nachricht herum wie ein Lauffeuer: Seine Kollegen vermuten zuerst, Matthias wäre wegen eines Diebstahls festgenommen worden, der sich kurz vorher in dem Heim ereignet hatte. Dass der ruhige und zurückhaltende junge Mann etwas viel Schlimmeres getan haben könnte, können sie sich nicht mal vorstellen.

Währenddessen bringen die Ermittler Matthias S. nach Halle. Dort wird er sofort verhört: Oberstaatsanwalt Winfried Wölfel beschreibt ihn später als »jungen, gut aussehenden Mann«, der bei der gesamten Vernehmung ruhig und höflich bleibt. Bis tief in die Nacht befragen ihn die Polizisten, ohne wirklich voranzukommen. Doch irgendwann bricht der Widerstand von Matthias S.: Als die Ermittler ihm auf den Kopf zusagen, dass er der Mörder von Lars Bense sein muss, wird er für einen Moment ganz still. Dann sprudelt es nur so aus ihm heraus. Offenbar belasten ihn die Gedanken und Erinnerungen seit Monaten und bohren sich in sein Gewissen. Jetzt kann er endlich auspacken. Erst sind es nur einzelne Worte, dann Satzfetzen. Erst zusammenhangslos, dann setzt sich langsam Stück für Stück die Geschichte eines Mordes zusammen. Die Ermittler bitten Matthias S., sein Geständnis aufzuschreiben. Er nimmt einen großen Schluck aus seiner Kaffeetasse. Und schreibt.

Das Geständnis

Alles beginnt mit einem Zufall. Matthias S. und Lars Bense begegnen sich an diesem 15. Januar 1981 vor dem Kino im Stadtteilzentrum »Treff«. Die beiden kennen sich nicht, haben sich nie gesehen. Aber der zarte Junge fällt Matthias S. sofort ins Auge. Je länger er den 7-Jährigen anschaut, desto stärker wird sein Wunsch, den Jungen anzufassen, ihn zu küssen. Irgendwie schafft er es, Lars den Kinobesuch auszureden und ihn mit Spielzeugautos in die Wohnung in Block 398 zu locken. Er weiß, dass seine Freundin Kerstin 170 Kilometer entfernt in Friedrichroda ist und ihre Mutter sogar 400 Kilometer weiter nördlich in Wustrow. Die Wohnung ist leer.

Dort angekommen, zwingt er Lars, sich auszuziehen, dann missbraucht er ihn. Als er fertig ist, schießt ihm auf einmal ein Gedanke in den Kopf, den er vorher völlig verdrängt hat: Was, wenn der Junge ihn verrät? Er muss das Kind irgendwie loswerden, also geht er in die Küche und holt einen Hammer. Immer wieder schlägt er Lars auf den Kopf, bis der sich nicht mehr rührt. Dann trägt er den schmalen Körper ins Bad und legt ihn in die Wanne. Aber Lars atmet noch. Also ersticht er den Jungen und packt ihn anschließend erst in eine Plastiktüte und dann in den braunen Koffer. Die herumliegenden Zeitschriften und Zeitungen benutzt er, um den Koffer auszustopfen. Jetzt muss er die Leiche irgendwie loswerden.

Mit dem Koffer spaziert er zum Bahnhof und steigt um 18 Uhr in den Zug nach Leipzig. Irgendwo bei Kilometer 107,4 auf der Strecke zwischen Halle und Leipzig wirft er den Koffer mit Kind aus dem fahrenden Zug. Die beiden Tatwaffen entsorgt er in einem Müllcontainer an seinem Wohnblock. Danach lebt er sein Leben weiter, als wäre nichts gewesen.

Ein Mord mit vielen Opfern

Hauptmann Siegfried Schwarz kann jetzt endlich das Versprechen einlösen, dass er Familie Bense vor acht Monaten gegeben hat. Dafür muss er nur über die Straße gehen. Als er Lars' Vater erklärt, dass sie den Mörder seines Sohnes gefunden haben, dreht dieser völlig durch: »Gebt mir den her, den mach ich kalt«, schreit er. Er ist schon damals alkoholkrank und wird den Tod seines Sohnes nicht verkraften. Seine

Frau dagegen bleibt ganz still. Lars' Vater wird von diesem Tag an den Rest seines Lebens unter dem Mord an seinem Sohn leiden, der ihn noch tiefer in seine Alkoholabhängigkeit rutschen lässt. Er stirbt auf den Tag genau am 13. Jahrestag des Mordes, am 15. Januar 1995.

Aber auch für die Familie des Mörders, die auch in Neustadt wohnt, beginnt jetzt die schlimmste Zeit ihres Lebens: Matthias' Eltern, die ihr einziges Kind sehr behütet aufgezogen haben und ihm immer alles geschenkt haben, was er sich gewünscht hat, können die Vorwürfe nicht fassen. Schon am Tag nach der Verhaftung seines Sohnes taucht Matthias' Vater bei der Staatsanwaltschaft auf. Zuerst glaubt er, Matthias würde eines Diebstahls beschuldigt. Als er erfährt, dass sein Sohn der gesuchte Kreuzworträtselmörder von Neustadt ist, bricht er zusammen.

Es dauert nicht lange, bis sich die Nachricht in ganz Halle verbreitet hat. Sogar die Tageszeitung »Freiheit« meldet: »Tötungsverbrechen in Halle-Neustadt ist aufgeklärt«, wenn auch eher versteckt auf der zweiten Seite. Längst weiß jeder in der Stadt, dass Matthias S. der Mörder von Lars Bense ist. Und während ihr Sohn in Untersuchungshaft auf seine Strafe wartet, beginnt die Bestrafung für die Eltern sofort. Beide melden sich bei der Arbeit krank, trauen sich bald nicht mal mehr zum Einkaufen auf die Straße. Jeder weiß, dass ihr Sohn einen 7-jährigen Jungen ermordet hat. Die Behörden besorgen beiden einen neuen Wohnort und neue Arbeitsstellen. Trotzdem wird Matthias' Vater die Tat seines Sohnes nie verarbeiten und begeht einige Jahre später Suizid.

Schicksal

Der Prozess gegen Matthias S. beginnt im Sommer 1982 vor dem Bezirksgericht in Halle. Der 19-Jährige ist wegen Mordes in Tateinheit mit sexuellem Missbrauch angeklagt. In dem Prozess kommt unter anderem heraus, dass ihm schon als Kind das erste Mal Tötungsfantasien durch den Kopf gegangen sind. Damals ist er dabei, als sein Großvater auf seinem Bauernhof Schweine schlachtet. Das Blut und vor allem die Macht über Leben und Tod faszinieren ihn seitdem.

Seine Ex-Freundin Kerstin sagt gegen Matthias aus. Sie erzählt, dass sie ihm vor dem Sex Geschichten über kleine Jungen erzählen musste, um ihn zu erregen. Ihr gegenüber soll Matthias auch davon geschwärmt haben, wie schön es wäre, ein Kind zu töten. Kerstin, die später ein Buch über den Fall schreibt, erinnert sich so an ihr Wiedersehen mit Matthias S.: »Ich konnte nicht anders, ich musste einfach zu ihm hinschauen. Er sah ganz anders aus, fürchterlich aufgequollen, was angeblich an den Medikamenten lag (…) Ich weiß nicht, ob er überhaupt gemerkt hat, dass ich da war. Es war das letzte Mal, dass ich ihn gesehen habe. Diesen Menschen will ich nie wiedersehen.«

Im Juni 1982 verurteilt das Gericht Matthias S. zu lebenslanger Haft und erkennt ihm seine Ehrenrechte als Bürger ab, also zum Beispiel das Recht zu wählen und alle seine Funktionen auf wirtschaftlichem oder kulturellem Gebiet. Das ist damals in der DDR noch so üblich.

Nachdem Matthias S. zehn Jahre in Haft verbracht hat, wird sein Fall noch mal neu aufgerollt. Mittlerweile ist die Mauer ebenso gefallen wie die DDR, und das wiedervereinigte Deutschland bemüht sich, das Recht in West und Ost anzugleichen. Hier spielt das Alter von Matthias S. eine Rolle: Zur Tatzeit war er noch 18 Jahre alt und hätte deshalb in der Bundesrepublik im Gegensatz zur DDR noch nach Jugendstrafrecht verurteilt werden können. Also fällt am 20. Mai 1992 ein neues Urteil gegen den Mörder von Lars Bense. Matthias S. wird ein zweites Mal verurteilt, und zwar zur Höchststrafe nach Jugendstrafrecht: Zehn Jahre Haft mit anschließender Sicherungsverwahrung. Weil er die zu diesem Zeitpunkt schon abgesessen hat, wird Matthias S. ins Landeskrankenhaus für Forensische Psychiatrie Uchtspringe in Sachsen-Anhalt verlegt. Dort bleibt er bis 1996 und lebt danach in einem betreutem Wohnprojekt.

1999 wird er endgültig entlassen und lebt danach mit seiner neuen Frau und deren Sohn aus einer früheren Beziehung in Magdeburg.

Er stirbt im Alter von 50 Jahren am 15. Januar 2013, also auf den Tag genau 32 Jahre nach dem Mord an Lars Bense.

Philipps Fazit

Was den Kreuzworträtselmord besonders tragisch macht, ist, dass er neben dem völlig unschuldigen Lars Bense noch weitere Opfer gefordert hat. Lars' Vater kann den Tod seines Sohnes nie überwinden und stirbt exakt 13 Jahre nach dem Mord an Lars. Auch der Vater des Täters Matthias S. kann mit der Tat seines Sohnes nicht leben und begeht Suizid.

Solche Geschichten begegnen mir bei meinen Recherchen häufiger: Ein einzelner Mord führt oft zu vielen weiteren Opfern in der Familie und im Freundeskreis des Getöteten, aber auch des Mörders. Besonders schlimm ist es, wenn der Tod eines geliebten Menschen so sinnlos erscheint wie im Fall des kleinen Lars. Der 7-Jährige war einfach zufällig zur falschen Zeit am falschen Ort und traf dort auf einen jungen Mann, dessen Tötungsfantasien sich nach Jahren Bahn brachen.

Besonders macht diesen Fall aber auch die unglaublich hartnäckige Arbeit der Ermittler. Um den Mörder des kleinen Lars zu finden, wurde wirklich alles in Bewegung gesetzt. Ein derartiger Polizeieinsatz, in dem man Tonnen von Altpapier durchwühlt und heimlich Behördenschreiben untersucht, wäre in unserem heutigen Deutschland so gar nicht mehr möglich. Und doch bin ich sehr froh, in dieser offenen und liberalen Demokratie zu leben, in der wir über Verbrechen an Kindern sprechen und schreiben dürfen (und müssen).

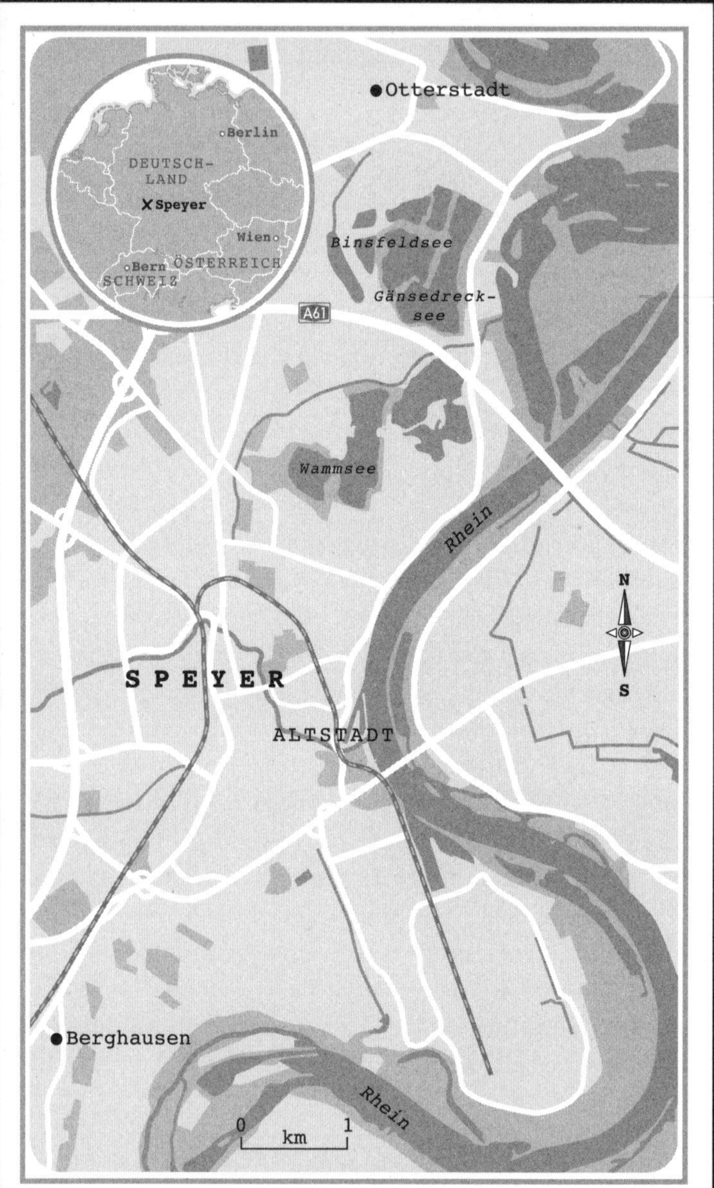
Otterstadt
Berlin
DEUTSCH-
LAND
Speyer
Wien
Bern
ÖSTERREICH
SCHWEIZ
Binsfeldsee
Gänsedreck-
see
A61
Wammsee
Rhein
N
S
SPEYER
ALTSTADT
Berghausen
Rhein
0
km
1

Fall 3
Graue Gangster

Fallname: Graue Gangster
Zeitpunkt: 16.6.2009
Tatbestand: Entführung

Freitag, 19. Juni 2009 – Chiemsee

Seit Tagen halten sie ihn jetzt schon gefangen.

Wie lange genau, das weiß James Amburn nicht – sie haben ihm seine Armbanduhr abgenommen, und hier unten im dunklen Keller verschwimmen Tag und Nacht zu einer einzigen dunklen Masse. Er hat den grauhaarigen Mann mit der Brille angefleht, ihm wenigstens eine Zigarette zu geben, normalerweise raucht er 90 Zigaretten am Tag. Sein Herz schlägt immer schneller, und das liegt nicht nur am Nikotinentzug. Mit zitternden Fingern zündet er sich seine erbettelte Marlboro an und nimmt einen tiefen Zug. Sie haben ihn tatsächlich nach draußen gelassen, auf die Terrasse vor den türkis verzierten Fensterrahmen. Zigarettengestank im Wohnzimmer geht dann doch zu weit, selbst für Entführer. Noch ein tiefer Zug unter dem Vordach, das ihn wenigstens ein bisschen vor dem strömenden Regen schützt. Verstohlen schaut Amburn sich um: Zwei der Männer haben ihn nach draußen begleitet und lassen ihn nicht aus den Augen. Beide sind deutlich älter als er.

Der eine ist Roland K., 74. Er sieht trotz Brille und Halbglatze drahtig aus. Der andere ist Willi D. Er ist der Jüngste der Entführerbande. Mit seinen raspelkurzen Haaren wirkt er jünger und sportlicher als die 60 Jahre, die in seinem Pass stehen.

Sollte er es einfach versuchen? In die eine Richtung sieht er nur Wiesen und Felder, vielleicht könnte er um das Haus auf die Straße rennen? Irgendwo in dieser verregneten Einöde muss es doch Nachbarn geben, bei denen er Hilfe holen kann. Aus dem Augenwinkel beobachtet er seine Entführer. Wahrscheinlich sind beide trotz ihres Alters sogar fitter als er, die vielen Zigaretten, die er in seinem Leben geraucht hat, fordern ihren Tribut. Aber was wäre die Alternative? Die wollen ihn umbringen, da ist er sich sicher. Lebend kommt es aus dem Albtraum mit den türkisen Fensterrahmen nicht mehr raus. Seine Zigarette ist aufgeraucht. Jetzt oder nie.

Mit einem Satz ist James Amburn runter von der Terrasse, bevor seine Entführer überhaupt reagieren können. Er sprintet um das Haus und springt über den hölzernen Gartenzaun, während er hinter sich Schreie hört. Weg, nur weg hier. In etwa 500 Metern sieht er ein Haus, das kann er schaffen. Mit dem Adrenalin im Blut spürt er seine verkrampften Lungen nicht mehr. Da steht ein Mann vor dem Nachbarhaus. Amburn kann sein Glück kaum fassen. Er vergisst für einen Moment seine Verfolger und den Regen, der ihn schon jetzt bis auf die Unterhose durchnässt hat. Schnaufend bleibt er vor dem Nachbarn stehen, versucht sich verständlich zu machen, aber es kommt kaum mehr als ein Keuchen heraus. Die Wörter »Entführung!« und »Polizei!« gehen im Husten und Röcheln unter.

Der Nachbar schaut ihn mit gerunzelter Stirn an, sieht sein wirres Haar und seine klatschnasse Kleidung. Wieder hört James Amburn die Rufe seiner Entführer hinter sich, jetzt versteht er endlich, was sie schreien: »Hey, halt den fest, das ist ein Einbrecher!« Der Nachbar schaut erst auf Roland K. und Willi D., die mit rudernden Armen angelaufen kommen, dann wieder auf James Amburn. Er packt Amburn und hält ihn fest. Wenige Augenblicke später sind auch seine beiden Verfolger da. Sie bedanken sich höflich bei ihrem Nachbarn, der den vermeintlichen Einbrecher für sie gestoppt hat, dann dreht man Amburn den Arm auf den Rücken und führt ihn zurück zum Haus. Zurück in sein Kellerverlies.

Dezember 1999 – Naples, Florida

James Amburn lehnt sich in seinem breiten Bürostuhl zurück. »Machen Sie sich keine Gedanken!«, sagt er mit seinem eigentümlichen Akzent zu Roland und Sieglinde K. Das Ehepaar hat gerade 680.000 Dollar bei Amburn investiert, Geld aus dem Verkauf ihrer kleinen Baufirma. Bis zu zwölf Prozent Zinsen bei einer Laufzeit von drei Jahren hat James Amburn ihnen versprochen.

Der Mann, der am liebsten blütenweiße Hemden und breite Hosenträger trägt, hat einen guten Ruf hier im Rentner-Paradis Naples am Golf von Mexiko. Roland und Sieglinde K. staunen über die mit

Marmor verkleidete Lobby und die Springbrunnen von Amburns Firma »European American Funding« und bewundern die alten Ölschinken mit den englischen Jagdszenen an den Wänden. Das deutsche Rentnerpaar kommt aus einem 4000-Einwohner-Dorf am bayrischen Chiemsee und hat sich erst vor wenigen Jahren für 130.000 Dollar ein Haus in Florida bauen lassen, um dem kalten deutschen Winter zu entkommen.

James Amburn lebt schon seit Anfang der 1990er Jahre hier in Naples. Er wird 1953 als Kind einer deutschen Mutter und eines amerikanischen Soldaten geboren, noch heute ist sein Akzent eine Mischung aus breitem amerikanischen Englisch und Pfälzer Dialekt. Immer wieder ziehen seine Eltern mit ihm zwischen Deutschland und den USA hin und her, bis Amburn mit 16 entscheidet, dass er in den Vereinigten Staaten bleiben will. Seitdem schlägt er sich alleine durch: Erst studiert er Wirtschaft, dann Jura – beide Studiengänge bricht er ab. In New York arbeitet er zehn Jahre an der Wall Street, bis seine Broker-Firma 1987 bei einem Börsencrash pleitegeht. Danach betreibt Amburn ein Altersheim in North Carolina, bis es ihn nach Naples verschlägt. Hier spezialisiert er sich als Steuerberater auf Kunden aus Deutschland – ohne die nötige Lizenz oder auch nur den passenden Abschluss dafür. Aber Steuern langweilen ihn, viel lieber sammelt er von seinen Kunden Geld für große Bauprojekte ein, so wie von Roland und Sieglinde K. Und der Anlageberater mit den breiten Hosenträgern hat noch mehr Tipps für das Unternehmerehepaar. Um Steuern zu sparen, hilft Amburn den beiden, eine Strohfirma auf den Bahamas zu gründen: »Bogey Limited«. Auf der Gründungsurkunde prangt ein buntes Siegel und zwei beeindruckende Titel: Roland K. wird President von »Bogey Ltd.«, seine Frau Sieglinde, genannt Sigi, ist ab jetzt Vice President.

Freitag, 31. Dezember 2002 – Naples, Florida

Roland und Sieglinde K. sind rundum zufrieden. James Amburn hat ihre Zinsen in den letzten drei Jahren immer pünktlich überwiesen, teilweise sogar vor den vereinbarten Terminen. Die beiden sind heute wieder in Amburns Marmorpalast, um ihr Darlehen zurückzuholen. Breit grinsend schiebt ihnen James Amburn einen Scheck über den Schreibtisch: »Ich würde mich natürlich freuen, wenn Sie weiter im Geschäft bleiben könnten. Vielleicht sogar mit noch besseren Zinsen – der Boom ist ja noch nicht vorbei.«

Das Ehepaar will sich kurz draußen im Foyer beraten: Zwischen Marmor, verzierten Kaminen und antiken Ölgemälden müssen Roland und Sigi K. nicht lange überlegen. Nach zwei Minuten sind sie wieder bei Amburn im Büro, Herr President und Frau Vice President wollen mehr. Sie geben James Amburn das Geld zurück, er soll die 680.000 Dollar für weitere fünf Jahre anlegen.

2007 – Speyer

Statt auf im Wind wehende Palmen schaut James Amburn jetzt auf Kirchturmspitzen. Er hat das Rentnerparadies Naples gegen die Barockstadt Speyer in der Pfalz getauscht und ist gemeinsam mit seiner vierten Ehefrau und ihrer Tochter zurück nach Deutschland gezogen. Die Geschäfte in den USA liefen seit 2005 immer schleppender, jetzt läuft gar nichts mehr: »Es war, als hätte jemand einen Lichtschalter umgelegt. Da habe ich mich mehr auf mein Geschäft in Deutschland konzentriert, wo es nicht um Immobilien ging.« Er gründet eine neue Firma, die für große Kunden digitale Werbesysteme mit Großbildschirmen entwickeln soll. Aber ein Deal nach dem anderen platzt, und plötzlich fehlen ihm 80 Millionen. Nur vorübergehend natürlich, der 55-Jährige hat schon längst wieder das nächste große Ding im Auge.

Amburn hat für alles eine Erklärung.
Er braucht nur jemanden, der ihm zuhört.

Februar 2009 – Naples, Florida

Roland K. und seine Frau Sigi hören James Amburn schon lange nicht mehr zu. Am Anfang haben sie ihrem Anlageberater noch geglaubt, dass die Zinsen bald wieder fließen, aber seit dem letzten Jahr hat sich etwas verändert. Die schlechten Nachrichten der Finanzkrise sind auch im sonnigen Florida angekommen. Von den ehemals 100 Angestellten, die noch vor einigen Jahren durch den Marmorpalast vom Amburns »European American Funding« wuselten, ist nur noch Sekretärin Helga übrig. Der Chef selbst ist längst ausgeflogen, man kommuniziert nur noch schriftlich.

Nach einigen Recherchen hat das Ehepaar herausgefunden, dass sie nicht die einzigen Opfer von James Amburn sind. Da ist zum Beispiel der Unternehmer Willi D., der früher für Amburn gearbeitet hat und immer noch auf eine Provision von 690.000 Dollar wartet. Oder das Ärztepaar Gerhard und Iris F. aus dem Örtchen Schliersee in den Alpen. Der bekannte Orthopäde und die ehemalige Anästhesistin haben 300.000 Dollar bei Amburn angelegt, auch für sie hat er eine Firma in einer Steueroase gegründet.

Mit dem Truck von Willi D. holen die Rentner stapelweise Akten und Papiere aus der ehemaligen Firmenzentrale von James Amburn und schließen sie in einem bewachten Lagerraum ein. Sie sammeln Beweise gegen den Mann, der ihnen ihrer Meinung nach ihr Geld gestohlen hat. Nach vielen Stunden Aktenlektüre finden sie heraus: James Amburn hat mehrere Millionen Dollar auf seine Konten bei der UBS und der Credit Suisse in der Schweiz überwiesen. Ihr Geld, da sind sich die Rentner sicher. Roland K. nimmt sich in Florida einen Anwalt, damit James Amburn in den USA gesucht wird. Doch der Anwalt reagiert nicht gerade begeistert: »Da sind Verträge zwischen einer Offshore-Firma und einem in Florida ansässigen Unternehmen geschlossen worden, und das Geschäft ist geplatzt. Sorry, aber da haben wir wenig in der Hand.«

Dr. Gerhard F. sucht in der Zwischenzeit nach Alternativen, um an das Geld zu kommen. Er schaut sich im Internet die Seiten von verschiedenen Geldeintreibern an, einer davon heißt »Inkasso Brutal«. Aber James Amburn ist wenig beeindruckt. In einem Brief schreibt er den Rentnern: »Macht das Fass nicht auf. Ihr wisst nicht, wie tief es ist. Ihr wisst, dass Ihr das Finanzamt betrogen habt!«

Es wird Zeit für Plan B.

Dienstag, 16. Juni 2009 – Speyer

Es ist kurz nach 21 Uhr, die Glockenschläge des Speyerer Doms sind gerade verhallt. James Amburn kommt von einem Besuch in der Weinstube Elwetritsche in der Altstadt und schließt gerade die Tür seiner 160-Quadratmeter-Wohnung auf, als er hinter sich Schritte hört. Vom Treppenaufgang kommen zwei alte Bekannte auf ihn zu, die schon auf ihn gewartet haben: Roland K. und Willi D. »Was soll das?«, fragt Amburn überrascht, dann beschließt er, seinen Gästen wenigstens ein Weißbier anzubieten. Amburn bittet die ehemaligen Kunden in seine mit Antiquitäten vollgestellte Wohnung, aus deren Fenstern man den mächtigen Dom und die alten Stadtmauern sehen kann. Gemeinsam mit Willi D. nimmt er auf der schwarzen Ledercouch Platz und zündet sich eine Zigarette an. Roland K. will lieber am Fenster sitzen, er hat es mit den Bronchien und verträgt den Zigarettenrauch nicht. Die drei Männer plaudern miteinander und James Amburn entspannt sich wieder.

»Willi, hol doch mal die grüne Mappe aus dem Auto«, sagt Roland K. zu seinem Begleiter. Willi D. geht zu dem Audi A8, den Roland K. 500 Meter von Amburns Wohnung entfernt geparkt hat. Schon vor acht Tagen hat er diesen Parkplatz ausgesucht und bei der Gelegenheit auch Fotos von Amburns Wohnung gemacht, aber das kann der natürlich nicht wissen. Als Willi D. zurückkommt, hat er keine Mappe dabei, dafür aber eine Sackkarre, eine körpergroße leere Kiste und eine Rolle silbernes Klebeband aus dem Baumarkt. Kurze Zeit später ist James Amburn eingewickelt und verstaut.

Die beiden Rentner stecken ihn in die Kiste, die sie aus vier Kartons gebastelt und mit einem Fliegengitter zum Luftholen präpariert haben. Gegen 22 Uhr schieben sie die 1,90 Meter hohe Kiste auf der Sackkarre über das Kopfsteinpflaster der Altstadt. Dabei kommen sie wahrscheinlich auch an der Polizeiwache vorbei, aber Amburns Schreie verstummen hinter den Holzwänden. Fünfmal haben die Rentner ihm das Klebeband um den Kopf gewickelt und ihm nur ein Nasenloch zum Atmen freigelassen.

Gemeinsam wuchten Roland K. und Willi D. die Kiste mit dem gefesselten Amburn in den A8 und rasen los. Sie haben noch etwa 500 Kilometer vor sich.

Mittwoch, 17. Juni 2009 – Chiemsee

James Amburn spürt ein Ziehen in der Brust.

Auf der Fahrt zum Haus von Roland und Sieglinde K. hat er versucht abzuhauen. Beim ersten Stopp hatten ihn die beiden älteren Herren aus der Kiste geholt und die Fesseln gelockert. Als das Auto das zweite Mal anhielt, wollte er seine Chance nutzen und ging mit einer Brechstange auf die Rentner los. Ein aussichtsloser Kampf: Nach wenigen Sekunden haut ihm Roland K. dermaßen eine runter, dass ihm zwei Rippen brachen.

Amburn sitzt auf dem Klappbett im Keller des Hauses und will unbedingt eine Zigarette. Oben ist Roland K. zu seiner Frau Sigi ins Ehebett gekrabbelt, eine Etage drunter schläft Willi D. im frisch bezogenen Gästebett. Im Kellerverlies unter der Garage ist es nicht ganz so gemütlich. Das einzige Fenster ist von innen mit Styropor verkleidet und von außen mit Brettern vernagelt. Hilferufe sind zwecklos.

Amburn hat keine Ahnung, wie lang er schon hier unten in der Dunkelheit sitzt, seine Uhr hatten sie ihm ja abgenommen. Irgendwann darf er zumindest ein bisschen Tageslicht sehen. In der Garage sind mehrere Stühle aufgebaut, einer davon ist für ihn. Mittlerweile ist ein weiteres Pärchen dazugestoßen, das James Amburn noch aus Florida kennt. Jetzt sitzen sie alle im Halbkreis um ihn herum: Willi D., sportliche 60 Jahre alt und der 74-jährige Gastgeber Roland K. mit seiner siebten Ehefrau, der stillen, 79-jährigen Sigi. Als Letztes stoßen der 66-jährige Dr. Gerhard F. mit den weißen Koteletten und seine drei Jahre jüngere und etwa 40 Kilo leichtere Ehefrau Iris dazu. Das Ärztepaar konnte erst nachmittags kommen, sie hatten daheim in Schliersee noch die Handwerker im Haus. Dafür haben sie Kuchen mitgebracht, vom Winklstüberl im Leitzachtal – der beste Kuchen in ganz Oberbayern. Während die beiden Frauen Sieglinde und Iris sich um den Kaffee kümmern, legen ihre Männer James Amburn verschiedene Zettel vor, auf denen sie das zusammengerechnet haben, was der Finanzmakler ihnen ihrer Ansicht nach schuldet. 2,4 Millionen Dollar für das Gastgeberpaar K., 350.000 Dollar für das Ärztepaar F. und 690.000 Dollar für Willi D. »Wenn du wieder behauptest, dass du kein Geld hast, bringe ich dich um«, knurrt ihn Roland an. In der Garage liegt eine geladene Pistole. Amburn unterschreibt. »Das Geld bekomme ich niemals zusammen«, denkt der ehemalige Finanzberater, während er versucht, möglichst ruhig und professionell zu wirken. Irgendwie muss er jetzt Zeit gewinnen. Fieberhaft geht er seine Geschäftskontakte durch, bis ihm ein Schweizer Bankier einfällt, von dem er sicher weiß, dass er gerade im Urlaub ist. Er schickt dem Mann ein Fax und bittet ihn darum, das Geld so schnell wie möglich an seine Gläubiger zu überweisen. Nachdem das Papier im Faxgerät verschwunden ist, spricht Amburn das Ärztepaar an, weil er sich bei den beiden die größten Hoffnungen macht: »Lasst ihr mich jetzt gehen?« Die beiden Ärzte schütteln den Kopf.

Während unten die Tür zu Amburns Kellerverlies zufällt, gibt es oben Kaffee und den besten Kuchen in Oberbayern.

Freitag, 19. Juni 2009 – Chiemsee

Die werden ihn umbringen, da ist sich James Amburn mittlerweile sicher.

Roland K. und Willi D. haben ihn nach seinem Fluchtversuch angeschrien, auch weil das Geld aus der Schweiz immer noch nicht da ist. Amburn hat eine Idee. Ihm fällt ein, dass er noch ein Konto bei der Credit Suisse hat. Da sind zwar nur 75.000 Euro drauf, aber das können seine Entführer ja nicht wissen, Credit Suisse klingt schließlich nach großem Geld. Er erklärt der Bande, dass er seine Call-Optionen in der Schweiz verkaufen und das Geld auf ihre Konten überweisen könnte. Roland K. und Willi D. sind einverstanden. Sie lassen Amburn auf Englisch ein Fax für seine Schweizer Bank aufsetzen, in dem er darum bittet, die Call-Optionen für seine Policen zu verkaufen, die an der ICE, der Intercontinental Exchange, gehandelt werden: »Sell.Call.Pol.Ice«.

Roland K. hat Amburn erlaubt, die Telefonnummer seines Hauses am Chiemsee für Rückfragen anzugeben. Kurze Zeit später klingelt das Telefon. Am anderen Ende ist ein Bankberater der Credit Suisse, der ein bisschen verwirrt wirkt: »Hören Sie, ich hab hier ein Fax von Ihnen, aus dem werde ich überhaupt nicht schlau.« Amburn atmet tief durch, jetzt darf er keinen Fehler machen: »Bitte lesen Sie das doch mal als ein Wort.« Der Bankberater versteht immer noch nichts, also wiederholt Amburn die Anweisung langsam und deutlich, während seine Entführer neben ihm sitzen. Der Schweizer Broker schaut sich die Buchstaben noch mal ganz genau an: Call Police. Nach einer kurzen Pause sichert er Amburn zu, sich so schnell wie möglich darum zu kümmern.

Samstag, 20. Juni 2009 – Chiemsee

Ein lauter Knall zerreißt die nächtliche Stille im einsam gelegenen Haus von Roland und Sieglinde K. am Chiemsee.

Ein Spezialeinsatzkommando der Polizei sprengt die Hintertür des Hauses, weitere Polizisten brechen durch das Wohnzimmerfenster.

Schreie, Scherben, laute Schritte. Ein Mitarbeiter von James Amburn in Speyer hat seinen Chef als vermisst gemeldet, und durch den Hinweis des Schweizer Brokers konnte die Polizei mit Hilfe der Faxnummer ziemlich schnell das Versteck der Entführer ausfindig machen. Nach zwei Minuten haben sie Amburn in seinem Kellerverlies entdeckt und ins Krankenhaus gebracht. Die Beamten verhaften Willi D., Roland K. und seine Ehefrau Sieglinde. Als einer der Polizisten Sieglinde K. zu einem Einsatzfahrzeug führt, sieht es ein bisschen so aus, als würde er einer alten Dame über die Straße helfen. Wenige Stunden hält der Arzt Dr. Gerhard F. in seinem schwarzen Hyundai gerade an einer Kreuzung nahe seiner Praxis im oberbayrischen Hausham, als ihm aus einem anderen Auto jemand mit einer Kelle winkt, auf der »Halt Polizei« steht. Der Arzt fährt rechts ran und lässt sein Fenster herunter: »Was ist los, war ich zu schnell?« In diesem Moment öffnet sich plötzlich die Beifahrertür und ein Mann setzt sich neben ihn: »Sie sind verhaftet.«

Montag, 8. Februar 2010 – Landgericht Traunstein

Ganz Deutschland spricht über die Rentner-Gang, die ihren Finanzberater entführt hat. Nicht nur einmal schwingt zwischen den Schlagzeilen so was wie Bewunderung mit. Udo Krause, der Verteidiger des Hauptangeklagten Roland K., erklärt damals der Süddeutschen Zeitung: »Natürlich sagt jeder, so kann man das nicht machen. Aber dass endlich mal so ein Vermögensberater an die Kandare genommen wird, das finden viele gut.« Die Staatsanwaltschaft nicht. Sie nennt die Entführung von James Amburn ein Femegericht, und hat Roland K, Sieglinde K., Willi D. und Iris F. wegen gemeinschaftlicher Geiselnahme und gefährlicher Körperverletzung angeklagt. Nur das Verfahren gegen den Arzt Gerhard F. wurde eingestellt, aus gesundheitlichen Gründen, denn er leidet an Diabetes und Herzproblemen. Nach fast acht Monaten in U-Haft im Münchner Gefängnis Stadelheim wird Gerhard F. entlassen. Aber ihr gemeinsames Opfer hat auch Ärger mit der Justiz: Die Staatsanwaltschaft Kaiserslautern hat Ermittlungen gegen James Amburn eingeleitet – wegen des Verdachts auf Untreue. Amburn gibt sich vor dem Prozess selbstbewusst: »So wird wenigstens von Amts wegen meine Unschuld bewiesen. Ich bin das Opfer. Nicht der Täter.« Doch als während des Prozesses immer mehr belastendes Recherchematerial zu Tage tritt, rutscht Amburn in seinem perfekt sitzenden Nadelstreifenanzug schweigend auf seinem Stuhl hin und her.

Der Hauptangeklagte Roland K. schweigt nicht. Immer wieder springt er auf und wedelt mit Akten, während sein zu großes Jackett und seine etwas zu langen Haare flattern. Das Kellerverlies, in das er James Amburn drei Tage und drei Nächte lang eingesperrt hatte, nennt er »Notgästezimmer«, die Beschimpfungen und Bedrohungen seines Opfers »Verhandlungen«. Als der Vorsitzende Richter Karl Niedermeier ihn fragt, ob es richtig sei, dass er James Amburn gewaltsam entführt habe, antwortet Roland K. polternd: »Gewaltsam mit Ein-

Vor dem Traunsteiner Landgericht würdigen sich die Angeklagten Roland K., Wilhelm D., Sieglinde D. und Iris F. 2010 keines Blickes

schränkungen!« Irgendwann verdreht Richter Niedermeier die Augen: »Es sind Millionen Geschädigte der Bankenkrise. Jetzt nehmen Sie zur Kenntnis, dass Sie hier der Angeklagte sind und nicht der Herr Amburn.«

Seine Frau, die sonst so stille Sigi, die meist nur nickt, wenn ihr Mann spricht, sagt vor Gericht: »Wenn ich gewusst hätte, dass wir alle im Gefängnis landen, hätte ich das Haus verlassen.«

Dienstag, 23. März 2010 – Landgericht Traunstein

Als das Urteil fällt, sind die vier Angeklagten zwischen 61 und 80 Jahre alt. Alle schauen mit verkniffenen Augen zum Vorsitzenden Richter Karl Niedermeier, der von einem »spektakulären Fall von Selbstjustiz« spricht. Das Gericht verurteilt den Haupttäter Roland K. wegen Geiselnahme und gefährlicher Körperverletzung zu sechs Jahren und seinen Komplizen Willi D. wegen Freiheitsberaubung, Nötigung und gefährlicher Körperverletzung zu vier Jahren Haft. Die beiden Ehefrauen Iris F. und Sieglinde K. kommen mit 21 und 18 Monaten Haft auf Bewährung davon. Willi D. wird als Deutsch-Amerikaner ein Jahr nach dem Urteil in die USA abgeschoben. »Jetzt sitzt er in seiner Luxusvilla in Florida«, sagt Iris F. mit Tränen der Wut über ihren ehemaligen Komplizen. Auch mit den anderen Mitgliedern der Rentner-Gang hat das Ärztepaar keinen Kontakt mehr, seitdem der Hauptangeklagte Roland versucht hat, die Prozesskosten auf sie abzuwälzen.

Bei Geld hört die Freundschaft auf.

Philipps Fazit

Was für eine Geschichte!

Eine Gruppe von harmlosen Rentnern, die von einem fiesen Spekulanten aufs Kreuz gelegt wurde, und sich jetzt zurückholen will, was ihnen zusteht. Das klingt wie das Drehbuch einer lustigen ZDF-Komödie, und das ist es auch: 2013 feiert der Film »Mein Vater, seine Freunde und das ganz schnelle Geld«, der lose auf der Entführung von James Amburn beruht, Premiere im Zweiten Deutschen Fernsehen.

Aber die Wahrheit ist meistens eben keine Komödie: Vor allem der Haupttäter Roland K. ist kein freundlicher Opi, der vom bösen Finanzhai James Amburn in die Ecke gedrängt wurde, und kein Robin Hood, der für Opfer von windigen Finanzgeschäften kämpft: Bereits in den 1960ern sitzt er für einige Zeit im Gefängnis und wird später zu Geldstrafen verurteilt, unter anderem wegen Körperverletzung und Fahren ohne Führerschein. Nicht mal einen Monat, bevor er James Amburn entführt, legt sich Roland K. in einem Flieger im britischen Luftraum mit einem Mitpassagier an. Wegen einer Nichtigkeit würgt er den Mann und zerreißt ihm das Hemd. Und auch wenn James Amburn die Rentner in dubiose Geschäfte getrieben hat, ist er für mich genauso getrieben – und zwar von der verzweifelten Hoffnung, doch noch das große Geld zu machen. Genau deshalb finde ich diesen Fall so spannend: Jeder Täter ist gleichzeitig auch irgendwie Opfer. Es gibt nicht nur Schwarz und Weiß – im Verbrechen und im echten Leben.

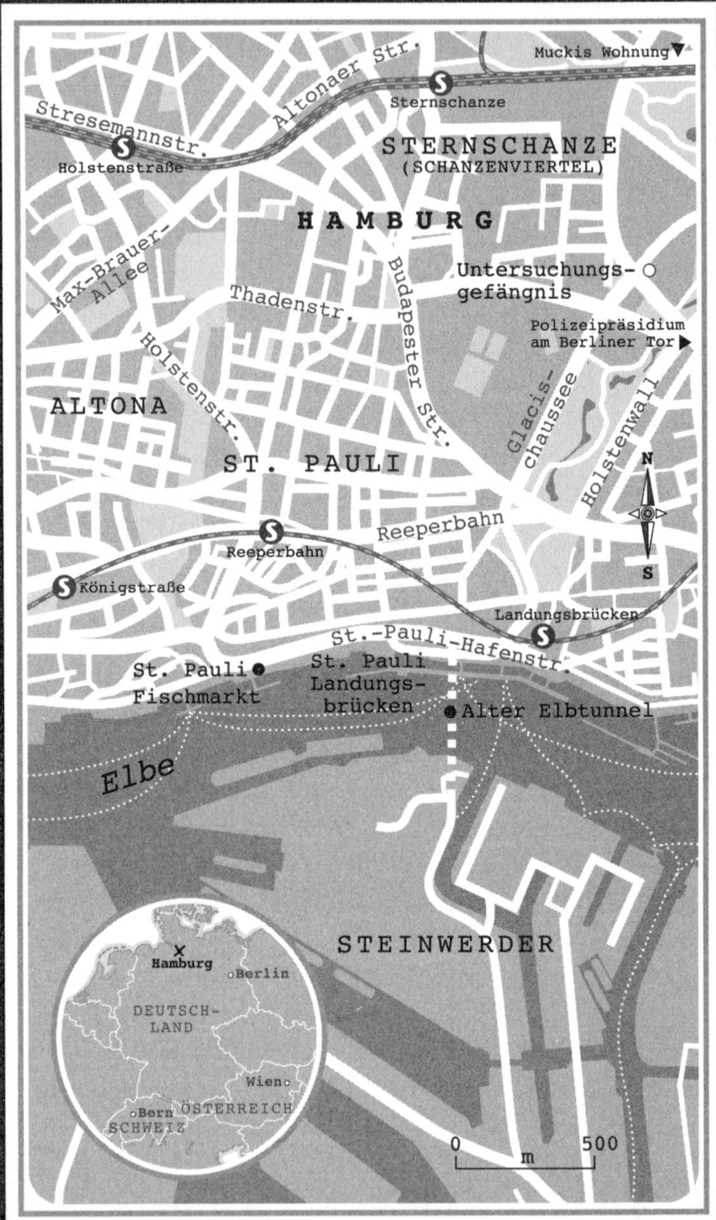

Muckis Wohnung
Altonaer Str.
Sternschanze
Stresemannstr.
Holstenstraße
STERNSCHANZE
(SCHANZENVIERTEL)
HAMBURG
Max-Brauer-Allee
Budapester Str.
Untersuchungsgefängnis
Thadenstr.
Polizeipräsidium am Berliner Tor
Holstenstr.
ALTONA
Glacischaussee
Holstenwall
ST. PAULI
N
S
Reeperbahn
Reeperbahn
Königstraße
Landungsbrücken
St.-Pauli-Hafenstr.
St. Pauli Fischmarkt
St. Pauli Landungsbrücken
Alter Elbtunnel
Elbe
STEINWERDER
Hamburg
Berlin
DEUTSCHLAND
Wien
Bern
ÖSTERREICH
SCHWEIZ
0
m
500

Fall 4
Der St.-Pauli-Killer

Fallname: Der St.-Pauli-Killer
Zeitpunkt: 29.6.1986
Tatbestand: Mord

Die letzte Vernehmung

Das Frühstück im Hamburger Untersuchungsgefängnis am Holstenglacis, von den Häftlingen Dammtor genannt, ist an diesem 29. Juli 1986 karg wie immer: Um Punkt 7 Uhr gibt es Graubrot, Margarine, Marmelade, dünnen Knast-Kaffee. Und für den wohl berühmtesten Auftragskiller Hamburgs ein besonderes Extra: eine Linie Koks, die er aus einem Döschen Hautcreme zaubert. Nach dem Frühstück zerbricht Werner Pinzner ein Fieberthermometer und schluckt die hochgiftigen Quecksilberkügelchen. Pinzner will sichergehen, dass er diesen Tag nicht überlebt. Und er ist nicht der Einzige, der heute sterben wird.

Kurze Zeit später sitzt Werner Pinzner in einer Polizei-Limousine, auf dem Weg zum Polizeipräsidium in einem Hochhaus am Berliner Tor. Er trägt eine Lederjacke und hat einen braunen Umschlag dabei.

Gleichzeitig fährt am Hamburger Maienweg ein zweites Auto mit demselben Ziel los. In dem Wagen sitzen Werner Pinzners Ehefrau Jutta und seine Anwältin Iris Öhm. Gegen 10 Uhr treffen sie alle in Zimmer 418 des Hamburger Polizeipräsidiums aufeinander: Werner und Jutta Pinzner, Pinzners Verteidigerin Iris Öhm, zwei Polizisten, die Schreibkraft Gitta Berger und der Hamburger Staatsanwalt Wolfgang Bistry. Es ist ein sehr heißer Tag. Die Luft in dem Büro riecht nach abgestandenem Kaffee und kaltem Zigarettenrauch. Aber es ist etwas anderes, das Jutta Pinzner die Schweißperlen auf die Stirn treibt. »Kann mal jemand das Fenster aufmachen?«, brüllt ihr Mann. Werner Pinzners trübe Augen über dem mächtigen Schnurrbart verraten nicht die kleinste Gefühlsregung. Es ist ganz genau 10:20 Uhr, als der Hamburger Staatsanwalt Wolfgang Bistry die Vernehmung eröffnet. Auch Bistry schwitzt, denn er erwartet heute ein sensationelles Geständnis des St.-Pauli-Killers Werner Pinzner.

Fünf Morde hat der schon gestanden, mit einem schmalen Lächeln auf dem Gesicht: »Töten ist für mich so, als wenn ich einen Furz lasse.« Dies soll Pinzners letzte Vernehmung sein. Immer wieder hat er mit weiteren schmutzigen Geheimnissen geprotzt, heute will er weitere Morde gestehen. Und er will töten, hier mitten im Herzen der Hamburger Justiz. Aber das ahnt Staatsanwalt Bistry zu diesem Zeitpunkt noch nicht: Er räuspert sich, dann schaut er Pinzner direkt in die Augen: »So, dann schießen Sie mal los.«

Und genau das tut der St.-Pauli-Killer. Plötzlich hat er einen Revolver in der Hand: »Meine Herren, das hier ist eine Geiselnahme.« Dann drückt er ab.

Ein Gangsterleben

Der Mann, der später als St.-Pauli-Killer eine ganze Stadt in Angst und Schrecken versetzt, wird als Werner Pinzner am 27. April 1947 in Hamburg-Bramfeld in eine typische Mittelstandsfamilie geboren. Sein Vater ist Rundfunkmechaniker, seine Mutter arbeitet als Filialleiterin in einem Lebensmittelmarkt. Schon in der Schule ist der kleine Werner ein schwieriges Kind, prügelt sich immer wieder. Er verlässt die Schule ohne Abschluss und macht dann das, was zu dieser Zeit viele junge Männer machen: Er fährt zwei Jahre zur See. Aber auch das bringt ihn nicht auf den richtigen Pfad zurück. Pinzner säuft, wird mehrfach wegen Körperverletzung verurteilt und verprügelt sogar seine eigenen Eltern. »Er ist ein typisches Produkt der antiautoritären Erziehung«, erzählt einer seiner Mitschüler später.

Gerade volljährig will sich Werner Pinzner nach seinem Wehrdienst bei der Bundeswehr verpflichten lassen, doch dieser Plan scheitert an seinen Vorstrafen. Pinzner schlägt sich mit Gelegenheitsjobs durch: bei einer Schiffsreederei, in einer Kupferhütte, als Fliesenleger oder im Fleischgroßhandel. Aber normale Jobs liegen ihm nicht. Im Dezember 1969, im Alter von 22 Jahren, unternimmt er mit Tabletten einen Suizidversuch, der allerdings scheitert. Ein Jahr später, mit 23, landet Werner Pinzner das erste Mal für kurze Zeit im Gefängnis, für relativ harmlose Delikte wie Körperverletzung und Unfallflucht. Es ist nur ein kurzer Aufenthalt hinter Gittern und es wird nicht sein letzter sein.

Ein Gutachter schreibt damals, Pinzner sei »bei mäßiger Begabung ein ichbezogener, hemmungsloser (...) Schlägertyp, ohne Bindung.«

Nachdem Pinzner wieder frei ist, heiratet er. 1971 bekommt seine Ehefrau, eine Angestellte, Tochter Birgit. Doch die Ehe der beiden wird schnell wieder geschieden. Im Jahr 1974 lernt Pinzner in der Disco »Big Ben« in Hamburg-Barmbek die wichtigste Frau seines Lebens kennen: Jutta. Sie ist eigentlich das genaue Gegenteil vom lauten, brutalen Werner, eine schüchterne junge Frau mit großen Augen, die Schreibarbeiten in einer Bank erledigt. Sie ist sehr behütet aufgewachsen. Bürgertum trifft auf Berufsverbrecher. Erst nennt Jutta Werner ihn »Mucki« oder »mein Abenteuer«, später »Geilus« und »Mein Gott«.

Am 29. August 1975, da ist er 28, wird Pinzner vom Gelegenheitsgangster zum Schwerkriminellen. Gemeinsam mit zwei anderen Männern überfällt er einen Supermarkt. Die Männer machen 1500 Mark Beute, und einer von Pinzners Komplizen erschießt den Marktleiter. Einen Monat später wird Werner Pinzner festgenommen und zu einer zehnjährigen Haftstrafe verurteilt. Es ist sein zweites Mal im Knast. Die ersten neun Jahre seiner Haftstrafe sitzt er in der Hamburger JVA Fuhlsbüttel, genannt Santa Fu, ab. Dort heiratet »Mucki« dann auch im Herbst 1976 seine zweite Frau Jutta, die geduldig draußen auf ihn wartet.

In Santa Fu kommt Pinzner auch das erste Mal mit Kokain und Heroin in Kontakt. Die Drogen werden sein Benzin. Im Jahr 1983 wird Pinzner in den offenen Vollzug in der JVA Vierlande in Hamburg-Neuengamme verlegt. Der Strafvollzug in Hamburg ist zu dieser Zeit äußerst liberal: Pinzner kann das Gefängnis tagsüber verlassen und hat wie jeder Häftling ein eigenes Schließfach in der JVA, das nie durchsucht wird. So gelingt es Werner Pinzner, sich einen Revolver der Marke Arminius zu besorgen, den er tagsüber mit sich trägt und abends brav in seinem Schließfach einschließt.

Hier im Gefängnis lernt Pinzner einige wichtige Männer aus dem Hamburger Rotlichtmilieu kennen. Diese Kontakte sind es, die aus dem Häftling Werner Pinzner den berüchtigten St.-Pauli-Killer machen. Er selber beschreibt seine Haft als die Zeit, in der er sich endgültig für eine Verbrecherkarriere entscheidet. »Ich saß neun Jahre im Zuchthaus und bin jeden Tag gestorben«, erzählt er später in einer Vernehmung. Aus seiner Sicht ist es der Staat, der ihn zum Monster gemacht hat. »Durch diese jahrelange Unterstellung bin ich so weit gekommen, dass ich mir gesagt habe: Da kannste es auch wirklich machen.«

Krieg auf dem Kiez

Der Hamburger Kiez ist in dieser Zeit ganz anders als heute: Statt Touris und Junggesellenabschieden rollt Mitte der 1980er Jahre ein Krieg über die Reeperbahn. Noch bis in die 1970er hinein ist dieses Viertel eine ganz eigene Welt aus Neonlicht und falschen Versprechungen: Wenn es Streit gibt, wird das von einer Art Kiez-Gericht geregelt, das eigene Urteile spricht. Die schlimmste Strafe ist das St. Pauli-Verbot. Schusswaffen sind damals verpönt, Streit wird »mit der guten alten Faust« geregelt.

Anfang der 1980er Jahre beginnt der Frieden auf St. Pauli zu bröckeln. Ein Gespenst geht zwischen den Table-Dance-Bars, Stundenhotels und Puffs um: AIDS. Immer mehr Freier fürchten sich vor dem Virus, das durch Sex übertragen werden kann, und bleiben zu Hause. Gleichzeitig kommt neben Sex mit Drogen noch eine weitere Ware auf den Kiez. Damit wird der Konkurrenzkampf unter den Zuhältern immer größer, man schließt sich zu Banden zusammen.

Die erste Bande ist die sogenannte GmbH, benannt nach den Anfangsbuchstaben ihrer Gründer Gerd Glissmann, Michael Luchting (genannt der schöne Mischa), Walter Vogel, (wegen seiner Föhnfrisur bekannt als Beatle) und Harry Voerthmann. Die vier machen jeden Monat Hunderttausende Mark Gewinn und zeigen ihren Reichtum ganz offen mit dicken Autos und teuren Uhren. Ihr Hauptquartier ist in der Silbersackstraße 3, von dort aus kontrollieren sie die Geschäfte auf dem Kiez.

Aber die GmbH bleibt nicht die einzige Bande: Einige junge Zuhälter, viele von ihnen erst Anfang 20, schließen sich zur sogenannten Nutella-Bande zusammen. Den Namen bekommen sie von ihren älteren Rivalen, die die jungen Männer anfangs belächeln und meinen, dass die erst mal ein paar Nutella-Brote essen sollen, um groß und stark zu werden. Doch die Nutella-Bande arbeitet sich hoch, und kurze Zeit später ist der Kiez fein säuberlich aufgeteilt: Die eine Seite kontrolliert die GmbH, die andere die Nutella-Bande. Jede Gruppe beschäftigt etwa 1000 Prostituierte.

Alles ist friedlich – bis zum Oktober 1982. Am Eros-Center gibt es eine Prügelei zwischen der Freundin von Nutella-Boss Jürgen »Angie« Becker und einer Prostituierten der GmbH. Dabei holt sich Beckers Freundin ein blaues Auge. Als die Nutella-Bande deshalb Schadenersatz fordert und damit gegen den Kiez-Kodex verstößt, eskaliert die Situation. Am 22. Oktober 1982 um kurz nach 1:30 Uhr nachts fallen im »Salon Bel Ami« im Eros-Center Schüsse. Zurück bleiben mehr als 60 Patronenhülsen und zwei Leichen von Mitgliedern der Nutella-Bande: Klaus Breitenbacher, genannt »SS-Klaus«, und Jürgen »Angie« Becker, der sich für das blaue Auge seiner Freundin rächen wollte. Nur ein Mitglied der GmbH schafft es lebend aus dem »Bel Ami«. Der Ex-Kampfsportler Thomas Born, bekannt als Karate-Tommy, wird von den Killern der Nutella-Bande in den Bauch getroffen. Trotz Schusswunde kann er die Tür des Lokals auftreten und abhauen. Ab da herrscht Krieg auf dem Kiez.

Und genau in dieser aufgeheizten Zeit taucht eine weitere schillernde Person auf der Reeperbahn auf: Peter Nusser, den alle Wiener-Peter nennen, obwohl er nicht aus der österreichischen Hauptstadt, sondern aus dem Bundesland Kärnten kommt. Der ehemalige Seemann ist 1972 als absoluter Nobody aus Berlin nach Hamburg gezogen und hat als Kellner auf dem Kiez angefangen. Wo sich bei anderen Kiezgrößen die Muskeln unter den aufgeknöpften Hemden spannen, ist Nussers wichtigste Waffe sein Verstand. Während andere Zuhälter poltern und schreien, tritt der Mann mit der missglückten Günter-Netzer-Frisur zurückhaltend auf. Aber auch leise Worte können tödlich sein: Schon 1981 soll Wiener-Peter einen Killer beauftragt haben, um seinen ehemaligen Geschäftspartner Chinesen-Fritz loszuwerden.

Nusser, der gerne Pelzmäntel und dicke Goldketten trägt, schließt sich der dritten Gang auf dem Kiez an, der sogenannten Chikago-Gruppe. Ihr Hauptquartier ist das ehemalige Eiscafé Chikago am Hamburger Hans-Albers-Platz. Die Bande hat erkannt, dass sich nur mit Prostitution nicht mehr das große Geld verdienen lässt, und steigt groß ins Drogengeschäft ein. Wiener-Peter gilt dabei als besonders skrupellos. Er räumt rücksichtlos jeden aus dem Weg, der ihm im Geschäft mit Drogen oder Prostitution Konkurrenz macht. Und weil er sich dabei nicht seinen Pelzmantel schmutzig machen will, braucht er dafür einen Auftragskiller: Werner Pinzner.

Die beiden lernen sich 1984 kennen, als Pinzner schon im offenen Vollzug ist. Nach einem Tipp von Nusser überfällt Pinzner bei einem Freigang am 18. Juni 1984 gemeinsam mit zwei Komplizen einen ADAC-Geldboten im Hamburger Stadtteil Hammerbrook. Dabei erbeuten die Männer rund 70.000 Mark Bargeld und zahlreiche Schecks. Als die Polizei nach den Räubern fahndet, sitzt Werner Pinzner schon wieder in seiner Zelle. Der Überfall wird erst Jahre später aufgeklärt.

Einen Monat später wird aus dem Räuber ein Auftragsmörder: Wiener-Peter hat den ersten Auftrag für den St.-Pauli-Killer.

Der 65-jährige ehemalige Kieler Bordellbesitzer Jehoda Arzi erpresst seine Ex-Frau und seine Tochter mit deren Bordell-Vergangenheit. In ihrer Not wenden die beiden Frauen sich an Wiener-Peter, und der schickt Werner Pinzner. Der ist zwar immer noch im Knast, hat aber an diesem Wochenende Hafturlaub und soll Arzi »eine beipulen«, das Opfer also ordentlich verprügeln oder ihm den Finger abhacken. Nicht töten, nur drohen. Aber Werner Pinzner, den mittlerweile alle nur noch Mucki nennen, will es auf seine Art machen: »Ich geh hoch und knall ihn weg.« Folter reicht ihm nicht, er entscheidet sich für Mord.

Am Samstag, den 7. Juli 1984, nimmt er den BMW seiner Frau Jutta und fährt mit einem Komplizen von Hamburg nach Kiel-Mettenhof. Im Kofferraum hat er eine Maschinenpistole: »Falls die Bullen uns verfolgen«, sagt er lächelnd zu seinem Komplizen. In Kiel klingelt Pinzner im Blaumann als Handwerker verkleidet an der Wohnung in der Hochhaussiedlung, in der Jehoda Arzi zurückgezogen mit seiner neuen Frau lebt. Arzi öffnet in Unterhemd und Socken die Tür, er hat nicht mal Zeit, sich zu wundern. Die beiden Killer drängen Arzi in die Wohnung und Pinzner schießt ihm direkt ins Herz. Während Yehoda Arzi auf dem hellen Wohnzimmerteppich verblutet, sperrt Pinzners Komplize Arzis schreiende Frau in der Küche ein. Danach flüchten die beiden in Jutta Pinzners BMW zurück nach Hamburg. Noch am selben Tag geht Mucki Pinzner abends wieder zurück in seine Zelle in der JVA Neuengamme, als wäre nix gewesen. Die Tatwaffe, seinen Arminius-Revolver, schließt er in seinem Schließfach ein. Er weiß, dass diese persönlichen Schließfächer nie kontrolliert werden. Für den Mord an Jehoda Arzi bekommt Mucki Pinzner 20.000 Mark, die er direkt in Koks investiert. Der Schnee macht ihn noch hemmungsloser. Drei Tage nach dem Mord an Jehoda Arzi wird Werner Pinzner aus der Haft entlassen – er gilt als resozialisiert.

Die Karriere des Killers

Mucki ist jetzt 37 und zieht zu seiner Frau Jutta. Die beiden leben gemeinsam mit Pinzners Tochter Birgit aus erster Ehe in einer Wohnung. Drinnen stehen die Drogen auf dem Wohnzimmertisch, draußen wird gearbeitet. Während Jutta zur Arbeit in die Bank und Tochter Birgit zur Schule geht, ist Werner Pinzner in seinem neuen Job unterwegs: als St.-Pauli-Killer. Seine Waffe, einen Revolver Kaliber 38, den er »seinen Freund« nennt, hat er immer dabei, erinnert sich seine Tochter später.

Knapp zwei Monate nach dem ersten Mord tötet der St.-Pauli-Killer das nächste Mal: Sein zweites Opfer wird Peter Pfeilmeier, genannt

Bayern-Peter. Der ist unter anderem Teilhaber des Bordells »Hammer Deich« und wird durch seinen Kokain-Konsum immer unberechenbarer. Als er im Koks-Rausch mehrfach Freier in seinem eigenen Laden verprügelt, reicht es seinem Geschäftspartner. Pfeilmeier ist zu einem wirtschaftlichen Risiko geworden. Der Geschäftspartner schaltet Wiener-Peter ein. Der wittert seine Chance, die Anteile von Pfeilmeier zu übernehmen. Dafür soll Pinzner den Mann ausschalten. Sein Auftraggeber verspricht ihm dafür 15.000 Mark und Anteile an einem der Bordelle. Das ist Pinzners Chance, selbst groß ins Rotlichtmilieu einzusteigen. Mit seinem Revolver will er sich in der Kiez-Hierarchie hochschießen. Jeder soll seinen Namen kennen.

Pinzner gaukelt Pfeilmeier ein großes Drogengeschäft vor – eine Falle. Aber die Gier nach Koks ist stärker als Pfeilmeiers Vorsicht. Und so fährt Pfeilmeier am 12. September 1984 seinen eigenen Mörder durch Hamburg. Er selbst sitzt am Steuer seines Pontiac Firebird, Pinzner direkt hinter ihm auf der Rückbank und sein Komplize auf dem Beifahrersitz. Ziellos kurven sie durch die Stadt, denn Werner Pinzner weiß einfach nicht, wohin er sein nichtsahnendes Opfer lotsen soll. Er braucht einen ruhigen Ort, um Pfeilmeier zu töten. Schließlich landen die Männer auf einem abgelegenen grauen Garagenhof am Hirsekamp im Nordosten Hamburgs. Als Pfeilmeier gerade den Motor abgestellt hat, erschießt ihn der St.-Pauli-Killer von hinten. Ob sein Opfer den Schuss wohl noch gehört habe, fragt er seinen Komplizen danach scherzhaft. Für Mucki Pinzner ist Töten ein Job wie für andere Maschinen zusammenschrauben: »Es war mein Geld, was mich da motiviert hat. Einzig und allein mein Geld«, sagt er später über seine ersten Morde und nennt sich selbst den »Killer der Nation«.

Mit seinem nächsten Opfer ist Werner Pinzner sogar befreundet: Dietmar Traub, Spitzname Lackschuh, führt gemeinsam mit Wiener-Peter das »Palais D'Amour«. Doch auch Lackschuh nimmt immer mehr Koks und wird unzuverlässig. Irgendwann wickelt er Drogendeals ohne seinen Geschäftspartner Wiener-Peter ab – das ist sein Todesurteil. Als Traub wegen seiner Geschäfte nach München muss, schickt ihm Peter Nusser seinen Killer Mucki Pinzner hinterher. Wieder täuscht der ein Rauschgift-Geschäft vor und lockt Lackschuh so Ende November 1984 in den Riemelinger Forst bei München. Traub stirbt durch einen Kopfschuss. Sein Vermögen und seine Bordellanteile fallen an Wiener-Peter.

Mit jedem toten Zuhälter wächst die Angst auf dem Kiez: Immer mehr Männer aus dem Milieu tragen schusssichere Westen, keiner geht mehr ohne Waffe aus dem Haus. »Egal wie schnell du läufst, eine Neun Millimeter läuft schneller«, heißt es damals auf der Reeperbahn.

Pinzner legt in der Zwischenzeit einen Killer-Kurzurlaub ein: Der Wiener-Peter hat auf seine Yacht nach Ibiza eingeladen. Seinen Bekannten stellt Wiener-Peter Mucki Pinzner mit den Worten vor: »Das ist mein Killer vom Dienst.« Alle lachen. Aber das ist kein Scherz.

Neben Koks nimmt Mucki Pinzner mittlerweile auch immer häufiger Heroin, was seine sowieso schon kaum vorhandenen Hemmungen weiter schwinden lässt. Sein Chef Wiener-Peter nutzt währenddessen die Morde an seinen Konkurrenten aus, um seine Macht auf dem Kiez weiter auszubauen. Aber das geht nicht lange gut. Kurz vor Ostern 1985 bekommt er Besuch. Waldemar Dammer, ehemaliger Kickboxer und Zuhälter, will sein Geschäft ausbauen, und da ist der Wiener-Peter ihm im Weg. Gemeinsam mit zwei Komplizen taucht Dammer im »Palais D'Amour« auf und fordert Anteile an dem Bordell. Wiener-Peter lehnt natürlich ab, also schlagen ihn die drei Männer zusammen – vor den Augen seiner Prostituierten. Diesen Gesichtsverlust kann Peter Nusser natürlich nicht akzeptieren. Also wählt er die Nummer des St.-Pauli-Killers. Für eine Pauschale von 60.000 Mark soll Mucki Pinzner Dammer und seine beiden Schläger aus dem Weg räumen.

Vier Wochen lang wartet Werner Pinzner vergeblich auf die passende Gelegenheit. Sein Chef wird langsam ungeduldig und erzählt ihm, dass Ostern eine Besprechung von Waldemar Dammer und seinen beiden Schlägern stattfinden soll.

Also fährt Pinzner am Ostermontag, den 8. April 1985, gemeinsam mit einem ebenfalls bewaffneten Komplizen zu Dammers Haus in Hamburg-Schnelsen. Die beiden Killer klingeln, und Dammer lässt sie rein, man kennt sich schließlich auf dem Kiez. Aber es läuft nicht wie geplant: Die beiden Schläger, die Wiener-Peter verprügelt haben, sind nicht da. Stattdessen ist Dammers Geschäftspartner Ralf Kühne, genannt Corvetten-Ralf, bei Dammer. Pinzner überlegt gerade, ob er trotzdem zuschlagen soll, da fängt sein Komplize einen Streit an und beginnt zu schießen. Corvetten-Ralf, der nur zufällig zu Besuch ist, stirbt im Wohnzimmer, sein Geschäftspartner Waldemar Dammer sinkt tödlich getroffen in seinem grauen Jogginganzug an seinem Schreibtisch zusammen. Nach dem Mord prahlt Pinzner: In Schnelsen gab's »Fünf aus 38«, also fünf Schüsse aus seinem 38er Revolver. Und das obwohl nicht er, sondern sein Komplize geschossen hat.

Auch wenn Mucki Pinzner mit seinen Morden angibt wie andere mit ihrem Sommerurlaub, kommt die Polizei ihm damals nicht auf die Spur. Noch nicht. Aber die Ermittler bekommen natürlich mit, dass die Angst auf dem Kiez immer größer wird: Einer der damaligen Schläger von Waldemar Dammer erinnert sich später in einer Doku: »Ich bin sogar mit meiner Knarre aufs Scheißhaus gegangen.«

Normalerweise wechseln Profikiller ihre Waffe nach jedem Mord, um Spuren zu verwischen. Genau das macht Pinzner nicht, er nutzt die Kugeln seines Arminius-Revolvers Kaliber 38 wie eine Visitenkarte. So ist den Ermittlern relativ schnell klar, dass die Morde an Jehoda Arzi in Kiel, Peter Pfeilmeier in Hamburg und Dietmar Traub in der Nähe von München irgendwie zusammenhängen müssen. Also gründet die Polizei eine Soko innerhalb der neuen Fachdirektion 65. Diese Hamburger Polizeieinheit gibt es zu diesem Zeitpunkt erst wenige Jahre. Sie ist die Erste in Deutschland, die sich auf organisierte Kriminalität spezialisiert hat – von der die Behörden in Deutschland vorher immer behaupteten, dass es sie hier gar nicht gäbe.

Nach kurzer Zeit hat die Soko Mucki Pinzner im Visier und lädt ihn im Herbst 1985 zu einer Befragung aufs Revier. Man hat ihn zu diesem Zeitpunkt bereits als Mörder von Arzi, Pfeilmeier und Traub in Verdacht, kann ihm aber noch nichts beweisen. Während des Gesprächs greift Pinzner immer wieder in die Tasche seiner Jogginghose. In ihr steckt sein »Freund«, der Arminius-Revolver, mit dem er mindestens drei Menschen erschossen hat. Während er mit den Polizisten plaudert, spielt er unter dem Tisch immer wieder am Abzug der Waffe, nach der die Ermittler gerade so dringend suchen. Er drückt nicht ab. Die Ermittler können ihm nichts beweisen und müssen ihn gehen lassen.

Für Pinzners Auftraggeber wird die Befragung trotzdem zum Problem, denn Wiener-Peter muss natürlich befürchten, dass Pinzner irgendwann doch erwischt wird und dann plaudert. Es werden Pläne geschmiedet, Mucki zu erschlagen, durch den Fleischwolf zu drehen und den Kampfhunden des Zuhälters Hunde-Helmut zum Fraß vorzuwerfen. Währenddessen setzen die Ermittler das Rotlichtmilieu mit dauernden Razzien und Kontrollen unter Druck, bis endlich jemand auspackt. Zwei Prostituierte geben den entscheidenden Tipp: Werner Pinzner ist der gesuchte St.-Pauli-Killer.

Zugriff

Dienstag, 15. April 1986, Steilshooper Straße 77: Die Ermittler bereiten sich vor der Zwei-Zimmer-Wohnung von Pinzner auf die Verhaftung vor. Schon am Tag vorher sind Mucki und seiner Frau Jutta die vielen Autos aufgefallen, die am Straßenrand vor dem Haus stehen. Hier im Wohnzimmer verbringen die Pinzners die meiste Zeit auf dem Bett aus dunklem Cordsamt. Auch Tochter Birgit und der Familienhund, ein schwarzer Mastino – ein riesiges Kalb mit hängenden Lefzen – schlafen auf dem Bett. Pinzner will lieber sterben, als verhaftet zu werden, Jutta kann ihn gerade noch davon abhalten, sich im Bad mit einer Überdosis Drogen umzubringen.

An diesem Morgen ist Jutta zur Apotheke gegangen, als es an der Tür klingelt. Mucki Pinzner sitzt gerade in der Wanne, also wickelt er sich ein Handtuch um und geht zur Tür. Draußen steht ein Mann, der behauptet, eine Beule in Pinzners silbernen 3er-BMW gefahren zu haben. Als Werner Pinzner aus der Haustür tritt, geht alles ganz schnell. Mehrere Männer drücken ihn zu Boden. Fotos zeigen den muskulösen Mucki, der nur mit einem Handtuch um die nackten Hüften von sechs Männern des mobilen Einsatzkommandos abgeführt wird. Auf seinem Sofa finden die Ermittler die Mordwaffe, einen geladenen Revolver der Marke Arminius, Kaliber .38 mit Rechtsdrall. Auch Wiener-Peter und ein Komplize werden an diesem Tag festgenommen.

Ein normaler Kriminalfall wäre an dieser Stelle so gut wie vorbei. Aber das ist kein normaler Fall. Nur drei Stunden nach seiner Festnahme sagt Werner Pinzner zum Staatsanwalt der Soko, Wolfgang Bistry: »Ich stehe nackt vor Ihnen. Ich habe achtmal gemordet und werde alles sagen, wenn ich noch einmal 24 Stunden alleine mit meiner Frau sein kann.« Bistry will sehen, was sich machen lässt. Aber die Hoffnung, dass Pinzner auspacken könnte über alles, was da auf dem Kiez

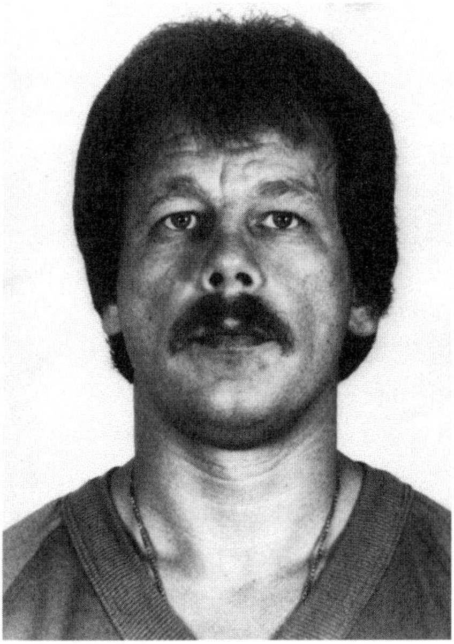

Werner »Mucki« Pinzner auf einem Polizeifoto von Juli 1986

abgeht, elektrisiert die Ermittler. Sie wollen unbedingt mehr erfahren, also behandeln sie Mucki Pinzner, so schreibt es Stern Crime später, »nicht wie einen Mörder, sondern wie einen Gast«. Er darf Interviews aus der Zelle geben, bekommt Essen aus dem schicken Hotel Atlantic geliefert und darf sich fast unbegrenzt mit seiner Anwältin treffen. Und diese Anwältin namens Iris Öhm spielt in diesem Fall eine wirklich unglaubliche Rolle.

Die Verteidigerin

Das Leben von Iris Öhm verläuft ganz anders als das Leben des Mannes, der mal ihr berühmtester Mandant werden wird: Sie wird 1947 als zweites von fünf Kindern in Nienburg an der Weser, einer Kleinstadt in Niedersachsen, geboren. Ihre Eltern sind überzeugte Mitglieder der Neuapostolischen Kirche und leben etwas zurückgezogen am Stadtrand, Iris' Vater ist sogar Laienprediger. Für Iris bedeutet die Religion ihrer Eltern zu dieser Zeit: Kein Radio, kein Fernsehen und kein Kino. Lesen ist okay, aber nur, was ihre Eltern ihr erlauben. Als Iris 14 ist, wird ihre Schwester schwanger und aus der Familie verstoßen. Dadurch zieht sich Familie Öhm noch weiter zurück, Kontakte zu den Nachbarn gibt es kaum noch. Iris fühlt sich vernachlässigt, ihre Mutter kümmert sich aus ihrer Sicht nur um ihre drei Brüder.

1966 macht Iris Abitur, kurze Zeit später stirbt ihr Vater an Krebs. Ihre erste Beziehung hat sie erst mit 23. Mit ihrem Studium löst sich Iris Stück für Stück von ihrer Religion. 1974, also mit 27, besteht Iris Öhm ihr zweites juristisches Staatsexamen. Erst arbeitet sie als angestellte Anwältin, später macht sie sich selbstständig.

1976 lernt sie die Pinzners kennen. Werner Pinzner muss sich damals wegen Verstoßes gegen das Betäubungsmittelgesetz verantworten und braucht eine Anwältin. Werner Pinzner sei für sie ein »ganz normaler Mandant« gewesen, erinnert sie sich später. Trotzdem verteidigt sie ihn und andere Verbrecher so verbissen, als würde sie nicht gegen die Staatsanwaltschaft, sondern gegen die strenge Erziehung und die schwere Moral ihrer Vergangenheit kämpfen. Schnell steigt sie als Verteidigerin zu einer Instanz im Kiez auf, als eine der wenigen Frauen, die dort akzeptiert werden. Iris Öhm ist es auch, die erreicht, dass Werner Pinzner 1983 in den offenen Vollzug nach Hamburg-Neuengamme verlegt wird, was ihm seinen ersten Mord noch aus der Haft überhaupt erst möglich macht. Und jetzt, nach Pinzners Festnahme am 15. April 1986 wittert sie das große Geld: Noch am selben Tag schließt sie einen Deal mit einem Fotoreporter ab, der ihr 15.000 Mark für exklusive Infos und Fotos vom St.-Pauli-Killer bietet. Mucki Pinzner gefällt seine neue Rolle als Star: Er diskutiert mit seiner Anwältin darüber, ob Götz George wohl der geeignete Schauspieler wäre, um ihn in einem Film über sein Leben zu verkörpern.

Mehr als 70 Mal besucht Iris Öhm ihren berühmten Mandaten in knapp drei Monaten, fast immer sind die beiden bei den Besuchen allein. Manchmal verlässt Öhm Pinzners Zelle mit hochrotem Kopf, einige munkeln sogar, dass die beiden eine Affäre haben sollen. Auch Ehefrau Jutta Pinzner ist eifersüchtig auf die Anwältin, vor allem weil die ihren Mann ungestört besuchen kann. Bei ihren Besuchen bringt Iris Öhm ihrem Mandanten auch immer wieder etwas mit. Am 11. Juli 1986 schreibt Mucki in sein Tagebuch: »Iris war um 9 da. Hat mir drei Gramm H mitgebracht. Am Montag soll Gamaskry + 2 Gramm Weiße Dame kommen.« »H« steht dabei für Heroin, »Weiße Dame« ist zu dieser Zeit auf der Reeperbahn der Name für Koks und »Gamaskry« ist das Kiez-Wort für Revolver.

Iris Öhm besorgt in einer Kiezkneipe einen Revolver der Marke Smith & Wesson, Kaliber 9 mm. Dann trifft sie sich mit Jutta Pinzner zu einer – so wird es das Gericht später nennen – Rockprobe: Jutta Pinzner probiert aus, wie sie die Waffe am besten unter ihrem Rock verstecken kann. Auf der Toilette zieht sie die Waffe unter dem Rock hervor und lässt sie in ihrer Handtasche verschwinden. Jutta Pinzner ist sich unsicher, sie spielt mit dem Gedanken, sich in der Badewanne mit dem Föhn umzubringen, aber Iris Öhm redet ihr das aus.

Das große Finale kommt erst noch – am 29. Juli 1986. Für diesen Tag hat Pinzner nur ein einziges Wort in sein Tagebuch notiert: »Präsidium!« Es ist der Tag der Vernehmung durch Staatsanwalt Wolfgang Bistry im Hamburger Polizeipräsidium.

Das letzte Protokoll

Bistry und Iris Öhm kennen sich noch aus Studienzeiten, vielleicht hat sie deshalb eine Art Vertrauensvorschuss bei ihm. Jedenfalls werden Jutta Pinzner und Iris Öhm nicht durchsucht, bevor sie den Vernehmungsraum in Zimmer 418 des Polizeipräsidiums am Berliner Tor betreten. Außerdem sind die beiden Polizisten, die an diesem Tag die Vernehmung bewachen sollen, unbewaffnet. Beide haben ihre Waffen in einem Nebenraum eingeschlossen, damit sie ihnen während der Vernehmung nicht entrissen werden können. Sie ahnen ja nicht, dass längst eine andere Waffe im Raum ist.

Während Iris Öhm Staatsanwalt Bistry in ein Gespräch über ihren Hund und Richterstellen in Schleswig-Holstein verwickelt, bittet Jutta Pinzner, auf die Toilette gehen zu dürfen. Sie darf, begleitet von einem der Polizisten. Der wartet vor der Tür der Kabine und hat schon da ein schlechtes Gefühl, wie er sich später erinnert.

In der Kabine holt Jutta Pinzner den in ein Handtuch gewickelten Revolver aus ihrem Slip und versteckt ihn in ihrer offenen Handtasche, so wie sie es vorher mit der Anwältin geübt hat. Als sie wieder in das Zimmer kommt, hängt sie ihre Handtasche offen über die Stuhllehne, direkt neben ihren Ehemann Werner.

Der poltert herum: Er will, dass das Fenster geöffnet wird, dann verlangt er nach Kaffee und etwas zu essen. Die Polizisten rollen mit den Augen. Jutta Pinzner schwitzt jetzt noch stärker. Als Staatsanwalt Bistry die Vernehmung mit den Worten »Schießen Sie mal los« gerade starten will, springt der St.-Pauli-Killer auf, mit dem Revolver in der Hand.

Gitta Berger, die damalige Protokollantin, erinnert sich später noch ganz genau an diesen Moment: »Ich hab gedacht, das ist keine echte Waffe, die der da hat – wo soll der die herhaben?«

Aber die Waffe ist echt und das wird sich schon sehr bald zeigen. Werner Pinzner zielt mit dem Revolver auf die beiden Polizisten und schreit: »Das ist eine Geiselnahme! Wir haben drei Stunden, ihr geht raus.« Als die Polizisten das gerade tun wollen, wird Pinzner hektisch: »Du setzt dich wieder hin!«, herrscht er einen der beiden Polizisten an.

Aber auch Staatsanwalt Wolfgang Bistry ist aufgestanden und geht einen Schritt auf Pinzner zu. Vielleicht will er ihn beruhigen. Mucki Pinzner schießt ihm einfach in den Kopf. Die beiden Polizisten springen auf, wollen aus dem Raum stürmen. Der St.-Pauli-Killer feuert, aber er trifft sie nicht. Beide schaffen es unversehrt aus dem Zimmer, schreien auf dem Flur: »Achtung, Pinzner ist bewaffnet!«.

Drinnen lässt Pinzner seine Ehefrau und seine Anwältin die Tür mit einem Schreibtisch verbarrikadieren. Er nimmt das Telefon vom Schreibtisch des toten Staatsanwalts und ruft seine Tochter Birgit an, die beiden unterhalten sich kurz. Sein letzter Satz ist: »Ich liebe dich«, dann legt er auf.

Die Protokollantin Gitta Berger kauert mittlerweile zitternd unter einem Schreibtisch. Sie muss zusehen, wie der St.-Pauli-Killer Patronen aus der Tasche holt und seinen Revolver nachlädt. Gitta Berger zählt jede einzelne Kugel: Es sind genug, um alle Personen im Raum zu erschießen. Werner Pinzner brüllt die Schreibkraft an und befiehlt ihr, unter dem Tisch hervorzukommen. Dann wird er ganz leise, beugt sich zu seiner Ehefrau Jutta und flüstert ihr etwas ins Ohr. Jutta Pinzner kniet sich vor ihm hin, öffnet ihren Mund und schaut ihrem Ehemann direkt in die Augen.

Gitta Berger ahnt, was jetzt kommt. Sie will ihren Kopf wegdrehen, doch Pinzner herrscht sie an: »Du guckst zu!« Dann drückt er ab. Als Jutta Pinzners Leiche auf den Boden zusammensackt, setzt ihr Mann sich neben sie, steckt sich den Revolver ebenfalls in den Mund und schießt.

Später werden die Ermittler den braunen Umschlag öffnen, den Mucki Pinzner aus dem Gefängnis mitgebracht hat. In dem Kuvert steckt ein Foto des St.-Pauli-Killers, auf dem steht: »Ich werde noch mal hinlangen. Die Schweine haben mich ja so geflachst. Viele Grüße Mucki.«

Trauriges Ende

Drei Menschen sind tot – gestorben in einem Gebäude, das die Hamburger eigentlich beschützen soll. Aber war der große Abgang wirklich Muckis einziges Motiv für das Blutbad? Auf dem Kiez erzählt man sich, dass Pinzner nicht einfach nur Suizid begehen wollte – das Ganze war ein Auftrag: Wenn der St.-Pauli-Killer erst Staatsanwalt Bistry und dann sich selbst tötet, sollte seine Tochter Birgit von den Kiez-Bossen mit einer Monatsrente von 1800 Mark bis an ihr Lebensende versorgt werden. Das kann aber nie bewiesen werden.

Auf dem Kiez knallen jedenfalls nach dem Tod des St.-Pauli-Killers die Sektkorken. Alles, was Werner Pinzner über seine Auftraggeber, Komplizen oder Opfer hätte sagen können, liegt jetzt zwei Meter unter der Erde. Bei der Beerdigung von Werner und Jutta Pinzner auf einem Friedhof in Lübeck schwingt Werners damals 15-jährige Tochter Birgit die Urne, während aus einem Kassettenrekorder »In the Ghetto« von Elvis Presley schallt.

Neben Werner und Jutta Pinzner und Staatsanwalt Wolfgang Bistry sind am 29. Juli 1986 im Hamburger Polizeipräsidium auch mehrere politische Karrieren gestorben. Die laxe Hamburger Justiz hat es überhaupt erst möglich gemacht, dass Werner Pinzner sich während seiner ersten Haft eine Waffe besorgen und damit morden konnte und dass er während seiner zweiten Haft laufend mit harten Drogen versorgt wurde. Auch deshalb hat das Ganze Konsequenzen: Die Hamburger Justizsenatorin und der Innensenator der Hansestadt müssen zurücktreten. Bei den Bürgerschaftswahlen knapp drei Monate nach dem Blutbad des St.-Pauli-Killers verliert die regierende Hamburger SPD ihre absolute Mehrheit und wird nur noch zweitstärkste Kraft. Außerdem werden nach der Tat im Eingangsbereich des Hamburger Polizeipräsidiums Sicherheitsschleusen installiert. Sie stehen noch heute in dem Gebäude am Berliner Tor.

Pinzners Anwältin Iris Öhm wird nach dem Blutbad im Polizeipräsidium wegen Beihilfe zum Mord angeklagt. Der Prozess gegen sie beginnt am 15. Februar 1988. Warum sie einem mehrfachen Mörder geholfen hat, an Drogen und sogar an eine Waffe zu kommen, kann sie in dem Prozess selbst nicht so richtig erklären: »Ich habe auf Weisung von Herrn Pinzner alles stehen- und liegen lassen«, erklärt sie vor Gericht. Außerdem habe ihr Jutta Pinzner so unglaublich leidgetan. Vielleicht auch, weil Iris Öhms eigene Ehe zu diesem Zeitpunkt nicht so glücklich ist und sie sich deshalb so gut mit der Frau des St.-Pauli-Killers identifizieren kann. Ein Gutachter sagt über sie aus, dass sie sich so aufopferungsvoll um Werner Pinzner gekümmert hat, wie damals um ihren an Krebs erkrankten Vater. Am Ende habe sie ihre eigene Familiengeschichte und den Fall des St.-Pauli-Killers nicht mehr auseinanderhalten können.

In erster Instanz wird Iris Öhm wegen Beihilfe zum Mord zu fünf Jahren und neun Monaten Haft verurteilt. Das Gericht hält ihr zugute, dass sie wahrscheinlich vorher nicht wusste, dass Werner Pinzner nicht nur sich selbst und seine Frau Jutta töten würde, sondern auch den Staatsanwalt Wolfgang Bistry. Der Richter wendet sich in der Urteilsbegründung direkt an Iris Öhm: »Staatsanwalt Bistry ist tot ... Sie haben für seinen Tod eine Reihe von Ursachen gesetzt ... Ohne Ihr Zutun hätte der Mörder Werner Pinzner seine Tat nicht ausführen können.«

In zweiter Instanz wird die Strafe von Iris Öhm auf sechseinhalb Jahre Haft erhöht. Aber auch die Auftraggeber des St.-Pauli-Killers bekommen ihre Strafe: Wiener-Peter und zwei weitere Komplizen von Werner Pinzner werden im Februar 1989 wegen schweren Raubes, gemeinschaftlich begangenen Mordes, Anstiftung und Beihilfe zum Mord ebenfalls verurteilt. Alle drei bekommen lebenslange Haftstrafen. Aber nicht nur für Wiener-Peter ist die »gute alte Zeit« auf dem Kiez vorbei. Die Polizei räumt auf und nimmt viele Zuhälter und Drogenbosse fest. Der endgültige Todesstoß für die deutschen Rotlicht-Größen kommt aus dem Osten: Als die Mauer fällt, drängen viele Banden aus Osteuropa auf die Reeperbahn und verdrängen die letzten der alten Kiez-Bosse.

Peter Nusser alias Wiener-Peter kommt Anfang Februar 2001 aus der Haft frei und zieht zunächst zurück in seine alte Heimat Österreich. Heute lebt er mit neuem Namen auf Ibiza. Auf Fotos zeigt er seinen immer noch ziemlich ausschweifenden Lebensstil: Rennboote, hübsche Frauen, Hummer und Champagner. Braun gebrannt grinst er auf den meisten Fotos zufrieden in die Kamera. Laut eigener Aussage verdient er sein Geld mit der Entwicklung von Apps. Über die alten Zeiten auf dem Kiez will er nicht mehr reden.

Muckis Tochter Birgit Pinzner hat ihre angeblich versprochene Rente von den Kiez-Bossen nie bekommen. Sie lebt ein sehr kurzes und schmerzhaftes Leben. Schon als Kind hatte ihr Vater sie gezwungen, Drogen zu nehmen. Birgit wird früh schwanger und dann heroinabhängig. Obwohl ihr Vater immer verhindern wollte, dass sein »Prinzesschen« auf dem Strich landet, geht auch Birgit irgendwann anschaffen. Sie stirbt im Mai 2003 mit gerade mal 32 Jahren, schwer drogenabhängig und völlig verarmt.

Pinzners ehemalige Anwältin Iris Öhm verbringt von ihren sechseinhalb Jahren Haft knapp zwei Drittel in Kliniken und als Freigängerin, das letzte Drittel der Haft wird ihr erlassen. Ihre Anwaltszulassung wird ihr für nur fünf Jahre entzogen, noch in der Haft arbeitet sie wieder. Später zieht sie aus Hamburg weg und nimmt den Namen ihres neuen Mannes an. Heute ist sie Mitte 70 und lebt in einem Haus in Süddeutschland. Sie ist wieder fest in die Neuapostolische Kirche integriert. Als Stern Crime sie 2019 nach einem Interview fragt, droht sie mit rechtlichen Schritten und bricht das Gespräch nach kurzer Zeit ab.

Philipps Fazit

Diese Geschichte hat wirklich alles: Sex, Drogen und Tod. Für mich fühlt sich der Fall des St.-Pauli-Killers wie eine Zeitreise in eine Welt an, in der die Nacht neonpink leuchtet und es überall nach Zigarettenqualm riecht. Eine Welt, in der jeder Zuhälter einen lustigen Spitznamen hat. In den Erinnerungen der wenigen Überlebenden klingen sogar Prostitution und Drogenhandel nach »guter alter Zeit«.

Aber hinter der ganzen Fassade fasziniert mich eine Frage ganz besonders: Wie schafft es ein mittelmäßig erfolgreicher, mittelmäßig aussehender Mann wie Werner Pinzner, dass ihm zwei Frauen überallhin folgen? Die eine bis auf die Anklagebank, die andere sogar bis in den Tod? Ich glaube, das liegt an den Gegensätzen: Auf der einen Seite der brutale Kiez-Killer. Für den der nächste Mord nur ein paar Tausend Mark entfernt ist. Auf der anderen Seite die brave Bankangestellte Jutta oder die religiös erzogene Iris, die sich immer angepasst hat. Haben wir nicht alle schon mal davon geträumt, aus unserer eigenen, spießigen Welt auszubrechen und einfach ein ganz anderes Leben zu führen? Genau das tun diese beiden Frauen, denn viel größer könnten die Gegensätze und damit der Tabubruch zwischen ihnen und Werner Pinzner wahrscheinlich gar nicht sein. In der Wissenschaft gibt es einen Begriff dafür, dass sich vor allem Frauen in Verbrecher verlieben: Hybristophilie. Sie führt dazu, dass Serienmörder teilweise säckeweise Fanpost und Liebesbriefe in den Knast bekommen, oder dass es einem Mann wie Werner Pinzner gelingt, eine gestandene Anwältin dazu zu bringen, ihm eine Waffe ins Polizeipräsidium zu schmuggeln. Bevor wir sie dafür verurteilen, sollten wir uns selber fragen, wie weit wir zu gehen bereit sind, um aus unserem eigenen Spießer-Alltag zu entkommen. Genau diese Frage macht den Fall des St.-Pauli-Killers Werner Pinzner zu den Fällen, die mich in meinem Podcast an meisten fasziniert haben.

Interview mit Rechtsmediziner Prof. Dr. Klaus Püschel

Prof. Dr. Klaus Püschel wurde 1952 in Grammendorf geboren. Er war von 1991 bis 2020 Leiter des Hamburger Institutes für Rechtsmedizin. In seiner Laufbahn arbeitete er an zahlreichen spektakulären Kriminalfällen mit, unter anderem untersuchte er den Leichnam des ehemaligen Ministerpräsidenten von Schleswig-Holstein, Uwe Barschel, und war auch am Fall des St.-Pauli-Killers Werner Pinzner beteiligt. Er hat bereits mehrere Bücher veröffentlicht, unter anderem »Die Toten können uns retten« im Quadriga-Verlag.

Philipp Fleiter: Professor Püschel, Sie haben damals am Fall des St.-Pauli-Killers mitgearbeitet. Wie konnte es so weit kommen, dass ein Auftragskiller im Hochsicherheitstrakt des Hamburger Polizeipräsidiums einen Staatsanwalt erschießt?
Klaus Püschel: Vielleicht war die Polizei damals ein bisschen blauäugig oder von Jagdeifer getrieben, aber natürlich muss man sich fragen, wie es sein kann, dass ein Serienkiller im Innersten der Polizei an eine Waffe kommen kann. Das hatte ja dann auch politische Konsequenzen.

Lassen Sie uns ein wenig über Ihren Berufsstart sprechen: Warum haben Sie sich als Mediziner dazu entschlossen, Ihre Arbeit nicht den Lebenden, sondern den Toten zu widmen?
Meine Arbeit *ist* für die Lebenden. Ich habe in Hannover studiert, und der Hochschullehrer, der uns damals das Fach Rechtsmedizin beigebracht hat, war ein faszinierender Typ, der den Beruf des Rechtsmediziners ganz toll dargestellt hat. Davon war ich so begeistert, dass ich gedacht habe: Das möchte ich auch machen.

Sie haben mal gesagt: »Man lernt durch die Toten für die Lebenden« – wie meinen Sie das?

Das gilt zum Beispiel für Medizinstudenten, die die Anatomie des menschlichen Körpers von Toten lernen. Das gilt aber noch viel stärker für die Krankheitslehre: Durch die Untersuchung der Organe können wir erkennen, wie Krankheiten funktionieren und was genau zum Tod von Menschen führt. Das gilt natürlich auch für die »Krankheit« Gewalt. Durch die Untersuchungen lernen wir, wie die Täter arbeiten und wie die Tat abgelaufen ist. Wenn wir uns zum Beispiel Mucki Pinzner anschauen – es ist sehr wichtig, dass man einen Serienkiller stoppt. Und dazu gehört eben auch eine gerichtsmedizinische Untersuchung, um seine Handschrift zu erkennen. Oder nehmen Sie den plötzlichen Kindstod. Nur durch umfangreiche Untersuchungen von toten Babys konnten wir herausfinden, wie man mit Kindern im ersten Lebensjahr umgehen muss, um einen plötzlichen Kindstod zu verhindern.

Riecht der Tod wirklich so furchtbar, wie man immer hört oder liest?

Er riecht. Ob er furchtbar riecht, da würde ich mal drei Fragezeichen hinter machen. Ich zum Beispiel finde es furchtbar, einem Raucher gegenüber zu sitzen oder ein zu starkes Parfüm zu riechen. Da nehme ich lieber die natürlichen Ausdünstungen von Verstorbenen in Kauf. In der Rechtsmedizin müssen wir ganz genau riechen: Fäulnis hat einen bestimmten Geruch, Vergiftungen haben einen bestimmten Geruch, oder auch Diabetes. Und das wollen wir ja ganz bewusst wahrnehmen. Manche sind halt spezialisiert auf gute Gerüche beim Essen und ich bin spezialisiert auf Gerüche im Zusammenhang mit dem Tod.

Viele Experten gehen davon aus, dass eine große Anzahl an Morden in Deutschland nicht entdeckt werden. Brauchen wir mehr rechtsmedizinische Untersuchungen?
Auf jeden Fall! Meine Empfehlung ist schon lange, jeden Toten zu untersuchen, um die exakte Todesursache festzustellen. Für mich ist das eine ganz normale Methode der Qualitätssicherung: Wenn wir den Tod verhindern oder aufschieben wollen, dann müssen wir uns die Toten ganz genau angucken. Wenn Sie Schmerzen im Knie haben, dann führen Ärzte mehrere Untersuchungen durch, sie bekommen Medikamente oder eine OP – man tut also alles für dieses Knie. Aber beim Tod, dem schlimmsten Schaden, den man sich vorstellen kann, guckt keiner mehr hin.

Warum, glauben Sie, ist das so?
Weil wir ein gestörtes Verhältnis zum Tod haben – zumindest aus meiner Sicht. Der Tod wird aus unserem Leben ausgeblendet, wir schieben ihn weg, statt ihn als Möglichkeit zu nehmen, Diagnosen und Therapien zu verbessern. Es gibt eine unheimliche Scheu, auch nur über dieses Thema zu sprechen.

Erinnern Sie sich an einen konkreten Fall, der zuerst nach einem natürlichen Tod aussah, sich dann aber doch als Mord herausgestellt hat?
Da gibt es Beispiele ohne Ende. Sie können also davon ausgehen, dass auf jedes entdeckte Tötungsdelikt mindestens ein nicht entdecktes kommt. Erst kürzlich hatten wir den Fall einer älteren Dame mit verschiedenen Vorerkrankungen, die tot auf dem Fußboden ihrer Wohnung gefunden wurde und auch schon etwas länger dort lag. Da wird dann meist vorschnell ein natürlicher Tod diagnostiziert. Erst hier im Institut für Rechtsmedizin haben wir festgestellt, dass die alte Dame durch Gewalteinwirkung am Hals gestorben ist. Ihre Mörderin wurde gerade zu einer lebenslangen Haftstrafe verurteilt.

Schlimm, dass so was immer noch passiert …

Was heißt »immer noch«? Die Sektionsquote in Deutschland geht immer weiter zurück und das Interesse, Tote exakt zu untersuchen, lässt immer mehr nach. Ich habe hier in Hamburg jahrelang dafür gekämpft, dass mehr Tote gründlich untersucht werden. Das ist aber politisch und gesellschaftlich nicht gewollt.

Wie stark hat sich die Arbeit in der Gerichtsmedizin in den 40 Jahren Ihrer Karriere verändert?

Wir sind immer besser geworden (lacht). Durch die modernen Bildgebungsverfahren können wir bei Toten viele Befunde erheben, ohne dass man sie aufschneiden muss. Auch die Methoden der Toxikologie sind wesentlich besser geworden, wir können mittlerweile auch kleinste Mengen von Gift im Körper nachweisen. Und dann sind da noch die DNA-Untersuchungen: Heute können wir selbst die kleinste Hautschuppe unter einem Fingernagel einem möglichen Täter zuordnen. Es gibt also sehr gute Methoden, man muss sie nur nutzen.

Sie beschäftigen sich den ganzen Tag mit dem Tod – was machen Sie, um mal Abstand zu gewinnen?

Warum sollte ich Abstand gewinnen? Meine Arbeit ist total interessant und wichtig, und ich will sogar noch näher ran. Natürlich gibt es auch Phasen, wo ich über ganz andere Dinge nachdenke, jetzt zum Beispiel darüber, wie ich gleich mit meinen Enkelkindern joggen gehe. Ich sage immer, dass ich zum Glück in meinem Leben noch nie arbeiten musste, sondern immer Dinge machen konnte, die mich interessiert haben.

Können Sie nach Feierabend einen Krimi wie den Tatort schauen, ohne sich über die fachlichen Fehler aufzuregen?

Klar, ich weiß ja, dass das Fiktion ist. Es gibt nur wenige Situationen, wo ich mich ärgere, vor allem wenn den Zuschauern Falschinformationen präsentiert werden: Es gab mal einen Tatort, in dem eine Kommissarin mit dem Blut eines HIV-Infizierten in Kontakt gekommen war. Sie ist dann die ganze Zeit am Rhein entlanggejoggt und hat darüber gegrübelt, ob sie jetzt an AIDS sterben muss. Dabei wusste man damals schon, dass man, wenn man zum Beispiel das Blut eines HIV-Infizierten in eine Wunde bekommt, Medikamente einnehmen muss, aber nicht HIV-positiv werden kann. Und das weiß eigentlich auch jede Kriminalbeamtin. So was ärgert mich.

Ist Gerichtsmediziner heute eine Art »Trend-Beruf«?
Auf jeden Fall. Aber während im Fernsehen, in Büchern oder Filmen die Rolle von Rechtsmedizinern oft sehr groß dargestellt wird, wird das Fach Rechtsmedizin in der Praxis nur wenig gefördert. Das ist schon ein deutlicher Widerspruch zwischen Anspruch und Realität.

Gibt es einen Mythos über Tote, der Ihnen immer wieder begegnet, aber einfach nicht stimmt?
Ein Beispiel ist das Thema Scheintod. So was gibt es heute in der Praxis eigentlich überhaupt nicht mehr, und trotzdem grübeln viele Menschen darüber nach, ob ihnen das vielleicht auch passieren könnte. Davor muss aber keiner Angst haben, die Diagnose, die Ärzte am besten können, ist die Diagnose Tod.

Warum glauben Sie, sind so viele Menschen von Verbrechen fasziniert?
Ich denke, dass das Thema Tod und Verbrechen für viele Menschen wichtig ist und das einfach eine Art ist, sich damit auseinanderzusetzen – wie eine Katharsis. Interessant finde ich, dass Tod und Gewalt in Filmen und Büchern allgegenwärtig sind und wir uns in der Realität sehr wenig damit beschäftigen und uns sogar davon fernhalten. Und es ist natürlich auch etwas, das Spannung erzeugt und Langeweile bekämpft – einfach ein Zeitvertreib.

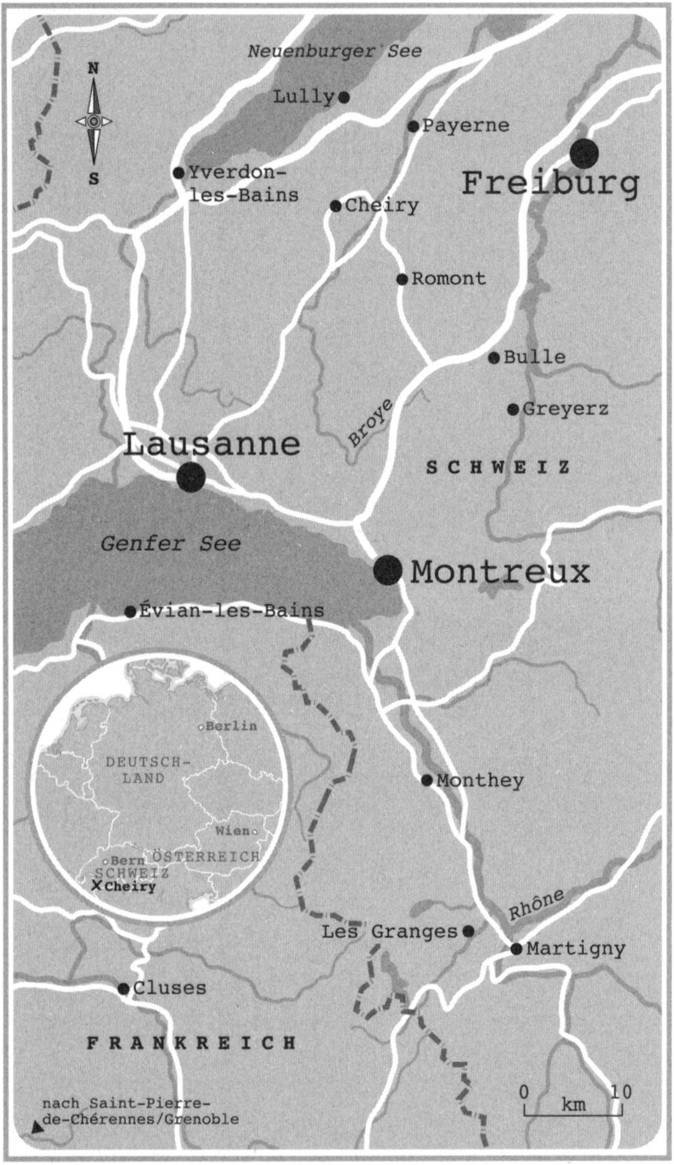

Neuenburger See
N
S
Lully
Payerne
Freiburg
Yverdon-
les-Bains
Cheiry
Romont
Bulle
Greyerz
Broye
Lausanne
SCHWEIZ
Genfer See
Montreux
Évian-les-Bains
Berlin
DEUTSCH-
LAND
Wien
Bern
ÖSTERREICH
SCHWEIZ
X Cheiry
Monthey
Rhône
Les Granges
Martigny
Cluses
FRANKREICH
0
10
km
nach Saint-Pierre-
de-Chérennes/Grenoble

Fall 5
Der Tod der Sonnentempler

Fallname: Der Tod der Sonnentempler
Zeitpunkt: 30.9.1994, 4. & 5.10.1994, 23.12.1995, 22.3.1997
Tatbestand: Mord, Anstiftung zum Mord

Fegefeuer

Der Abend in dem Schweizer Bauerndorf Cheiry im Kanton Freiburg beginnt mit Wein und endet mit dem Tod. Es ist die Nacht zum 5. Oktober 1994 um kurz nach Mitternacht. In der Trattoria »La Lembaz« sitzt der Gemeindevorsteher des Dorfes gerade mit den Männern der freiwilligen Feuerwehr gemütlich zusammen, als der Alarm reinkommt: Es brennt auf dem Hof »Les Rochettes«, dort wo sich seit einiger Zeit diese etwas seltsamen Ökos treffen. Viel Kontakt haben die Dorfbewohner mit den komisch gekleideten Menschen auf dem Hof nie gehabt. Vielleicht sind es Drogendealer oder einfach nur Ökobauern, munkelt man hier im Dorf. Aber jetzt brennt es. Kurze Zeit später ist die Feuerwehr vor Ort und kommt erst mal nicht auf das Gelände, sowohl der Haupteingang als auch die Garage sind verriegelt. Sie müssen die Türen aufbrechen.

Das hölzerne Wirtschaftsgebäude direkt hinter dem weißen mit Wein bewachsenen Bauernhaus steht bereits lichterloh in Flammen. Niemand kann sich zu diesem Zeitpunkt auch nur vorstellen, welches Grauen hinter den Mauern des alten Bauernhauses wartet. Als Erstes finden die Feuerwehrleute die Leiche des Hofbesitzers und Biobauern Alberto Giacobino. Er liegt erschossen mit einem Plastiksack über dem Kopf auf dem Bett in seinem Schlafzimmer. An der Tür des Zimmers klebt eine Tonbandkassette. Auch die Polizei ist mittlerweile vor Ort und geht zuerst von einem sehr ungewöhnlichen Suizid aus. Aber dann machen die Ermittler eine seltsame Entdeckung: Im Keller des Bauernhauses finden sie einen Raum mit einem Tisch, auf dem eine goldene Rose steht. In dem Raum liegen eine kaputte Brille und mehrere Koffer. Als ob hier eine größere Gruppe gemeinsam in den Urlaub fahren will. Aber wo ist die Reisegruppe? Und warum finden die Ermittler Blutspuren in dem Raum?

Der damals 29-jährige Kriminalinspektor Thomas Walter versucht, sich draußen vor dem Haus einen Überblick zu verschaffen. Dabei fällt ihm auf, dass der Keller des Bauernhauses viel kleiner ist, als der oberirdische Teil des Gebäudes. Sofort machen sich Walter und seine

Kollegen auf die Suche. Sie untersuchen die Kellerräume genauer und klopfen dabei Wände und Böden ab. Dabei stoßen sie auf das dunkle Geheimnis des Hofes: Die Ermittler finden versteckt in der hellen Holzverkleidung eine Geheimtür, die durch einen dunklen Gang in mehrere geheimen Räume führt. Sie kommen in eine Kapelle, die komplett mit blutrotem Samt verkleidet ist, am Boden ist ein Drudenfuß eingelassen. An der Wand hängt ein Bild von einem Mann mit Bart, das ein bisschen aussieht wie ein kirchliches Gemälde von Jesus Christus. Genauso blutrot ist der Boden des benachbarten Spiegelsaals im Keller des Bauernhauses. Überall hängen Spiegel an den Wänden, sogar die Rednerpulte in der Mitte des Raumes sind verspiegelt.

Aber das ist bei Weitem nicht die verstörendste Entdeckung, die die Polizisten machen. In einem dunklen Tempelraum finden sie noch mehr Leichen, insgesamt sind es 23 Tote. 18 von ihnen sind auf dem Fußboden des Gottesdienstkellers in einem Kreis angeordnet wie Sonnenstrahlen auf einer Kinderzeichnung, mit den Füßen nach innen. Die Leichen tragen weiße Roben und goldene Gewänder, die teilweise in Blut getränkt sind. Neben einer der Leichen liegt ein Schwert und

Insgesamt 23 Leichen birgt die Feuerwehr aus dem abgebrannten Hof in Cheiry

in einer Ecke des Kellers drei Gewehre. Wieder finden die Ermittler in einer Vase auf dem Boden eine goldene Rose. Der Ortsvorsteher von Cheiry sagt später dem SPIEGEL: »Es war grauenhaft. Man kann nicht glauben, dass so etwas passiert auf der Welt.«

Und das sind nicht die einzigen Leichen, die in dieser Nacht gefunden werden. Drei Stunden später meldet die Autobahnpolizei bei Martigny im Schweizer Kanton Wallis, etwa 100 Kilometer von Cheiry entfernt, einen Brand. Die lodernden Flammen sind in der dunklen Nacht bis weit ins Rhonetal zu sehen. In dem kleinen Feriendorf Granges-sur-Salvan, das zur 1000-Einwohner-Gemeinde Salvan gehört, brennen am Hang drei Chalets. Als die Kripo dort eintrifft, sind von den großen Gebäuden fast nur noch schwarz verkohlte Trümmer übrig. Doch dann entdecken die Ermittler, dass die Ruine ein Massengrab ist. Die Polizei findet insgesamt 25 Leichen in den Trümmern, darunter fünf Kinder. Insgesamt 48 Todesopfer hat diese Nacht gefordert. Viele der Toten, so schildert es ein Feuerwehrmann, hatten einen glücklichen Ausdruck auf dem Gesicht. Vielleicht liegt das auch daran, dass im Blut aller Opfer später Rückstände von Drogen und Medikamenten gefunden werden, die Halluzinationen auslösen. Aber längst nicht alle sind freiwillig in den Tod gegangen: In Cheiry hatten mindesten zehn der Leichen Plastiksäcke über dem Kopf, ihre Hände waren gefesselt. Unter den Toten von Cheiry sind auch Robert Ostiguy, der Bürgermeister der ostkanadischen Stadt Richelieu, und seine Ehefrau Francoise. Ihre Freunde in Kanada sind sich sicher, dass sie nie die Absicht hatten zu sterben. Außerdem gehören die beiden im Gegensatz zu den meisten anderen Toten nicht zur mysteriösen Sekte der Sonnentempler.

Das Fundament des Tempels

Über diese Sekte ist zu diesem Zeitpunkt öffentlich so gut wie nichts bekannt. Aber die Gruppe, die viele Nachbarn damals als harmlose vegetarische Spinner abtun, hat einige dunkle Geheimnisse. Und alle haben ihren Ursprung bei den beiden Sektenführern Jo Di Mambro und Luc Jouret.

Auf Bildern aus dieser Zeit sieht Jo Di Mambro immer ein bisschen aus wie eine schlechte Kopie des Las-Vegas-Entertainers Liberace. Sein auftoupiertes Haar ist viel zu dicht, um echt zu sein, er trägt eine auffällige 80er-Jahre-Brille und einen dünnen Schnurrbart. Seinen wachsenden Bauchumfang kaschiert er gerne mit glitzernden Umhängen und Capes. Geboren ist er am 19. August 1924 als Joseph Léonce Di Mambro in der französischen Gemeinde Pont-Saint-Esprit, die mitten zwischen Weinbergen am Fluss Rhône liegt. Er ist das erste von drei Kindern einer streng katholischen Familie. Sein Vater, ein Bauarbeiter, stammt eigentlich aus Norditalien und seine Mutter, eine Näherin, aus dem südfranzösischen Nîmes. Di Mambro macht eine Ausbildung zum Uhrmacher und Goldschmied und heiratet mit 20 kurz vor Ende des Zweiten Weltkriegs seine Freundin Jeannine.

Schon als junger Mann begeistert er sich für Esoterik. 1956 wird er mit Anfang 30 Mitglied der Organisation AMORC, dem sogenannten alten mystischen Orden vom Rosenkreuz. Die Organisation sieht sich als Nachfolger der legendären Rosenkreuzer aus dem 17. Jahrhundert und bezieht sich außerdem oft auf uralte ägyptische Traditionen. Ein mystischer Mix, den Di Mambro später auch in seiner eigenen Sekte nutzen wird.

Ab Mitte der 1960er Jahre betreibt Di Mambro gemeinsam mit seiner Ehefrau ein Uhrgeschäft in seiner Heimatstadt Pont-Saint-Esprit. Doch 1971 wird er in Frankreich wegen Betrugs angeklagt und zieht deshalb über die Schweizer Grenze in die Nähe von Genf. Hier gründet er 1973 eine Yoga-Schule. Er beginnt, Anhänger um sich zu scharen, die bald auch bei ihm wohnen. Die kommen aus allen Schichten, sind oft aber gut gebildet und ziemlich vermögend: Geschäftsleute, Künstler, Physiker, Zahntechniker oder Ärzte.

In dieser Zeit gerät auch ein junges Mädchen namens Dominique Bellaton in die Fänge von Di Mambro. Dominique gilt damals als labil, und ihre Mutter fragt deshalb eine Bekannte nach Rat. Die empfiehlt ihr ihren Schwiegersohn, einen angeblicher Psychiater, der sich um Jugendliche in Schwierigkeiten kümmert und ihnen Jobs und Wohnungen besorgt. Dieser Schwiegersohn ist Jo Di Mambro. Im Jahr 1981, mit Anfang 20, wird Dominique schwanger. Der Vater des Kindes ist Sektenführer Jo Di Mambro, der seine Geliebte schnell zur Wiedergeburt einer Königin erklärt. Das Baby, ein Mädchen namens Emmanuelle, erklärt er zur Wiedergeburt Gottes, geboren nach unbefleckter Empfängnis. Und weil Gott in der Vorstellung von Sektenführer Di Mambro männlich ist, muss Emmanuelle nach seiner Logik ein männliches Wesen im weiblichen Körper sein. Das Mädchen muss seine Haare kurz tragen.

In dieser Zeit begegnet Jo Di Mambro einem Mann, der ihm hilft, seine Sekte und damit seinen Einfluss weiter zu vergrößern, dem belgischen Arzt Luc Jouret. Jouret ist nicht nur optisch das genaue Gegenteil des auffälligen Di Mambro: schlank, fast schon dürr und mit dunklen, tief liegenden Augen. Er wird am 18. Oktober 1947 in Kikwit in der damaligen Kolonie Belgisch Kongo geboren. Religion spielt in der Familie Jouret nie eine große Rolle, Lucs Vater ist überzeugter Atheist. In den 1950er Jahren kehren seine Eltern mit ihm zurück in ihre Heimat und Jouret studiert Medizin an der Freien Universität in Brüssel. Hier engagiert er sich bei einer kommunistischen Jugendgruppe. Später springt er auf die andere Seite des politischen Spektrums und schließt sich dem rechtsradikalen »Erneuerten Orden des Tempels« an. Im Alter von 33 Jahren geht Jouret 1976 mit seinem Uni-Abschluss in der Tasche zum Militär. Unter anderem arbeitet er dabei als Sanitäter im Kongo. Schon in seiner Militärzeit fängt Jouret an, sich immer weiter von der Schulmedizin zu entfernen. Er beobachtet Naturheiler in China, Indien und auf den Philippinen und beginnt 1981 schließlich, in einem kleinen Dorf in Frankreich, nahe der luxemburgischen Grenze, als Heilpraktiker zu arbeiten. Nachbarn von damals beschreiben ihn als klugen, gewissenhaften Arzt. Wenn Jouret mit weicher leiser Stimme über gesunde Ernährung und die Kraft des Universums doziert, hängen seine Anhänger ihm an den Lippen.

1984 beschließen er und Di Mambro, gemeinsame Sache zu machen und gründen zusammen eine neue Sekte: Den Sonnentemplerorden »Ordre International Chevaleresque De Tradition Solaire«. Dabei mischen die beiden Sektengründer Esoterik, Umweltschutz und angeblich uralte Traditionen. Während sich der exzentrische Jo Di Mambro als geheimnisvoller Großmeister im Hintergrund hält, wird der gebildete Luc Jouret mit seinen schlanken Fingern und guten Manieren als angeblicher Wunderheiler das Aushängeschild des Ordens. So gründet Jouret zum Beispiel im kanadischen Skiort Morin Heights in der Nähe von Montreal den amerikanischen Ableger des Ordens. Die kanadische Provinz Quebec sei, so erzählt er es seinen Anhängern, einer der wenigen Orte auf der Welt, die den Weltuntergang überleben würde. Auch hier findet er weitere Anhänger, vor allem aus dem wohlhabenden Schichten der Gesellschaft, die zwar viel Geld aber wenig Sinn in ihrem Leben gefunden haben. Der SPIEGEL nennt Jouret später den »ruhelosen Heiland der Heillosen«. Immer wieder jettet er zwischen Kanada, seiner alten Heimat Belgien und der Schweiz hin und her und besucht andere Gurus in Indien. Jouret hält Vorträge und veröffentlicht Kassetten und Videos mit seinen Theorien. Auf seiner Visitenkarte bezeichnet er sich selbst als »Experte in der Welt des Seins«.

Sein Geschäftspartner und Mit-Guru Jo Di Mambro sieht sich selbst als Wiedergeburt von gleich mehreren mystischen Personen wie dem ägyptischen Gott Osiris, Moses und einem Ritter aus dem Mittelalter. In Wirklichkeit kümmert er sich im Hintergrund vor allem um die Finanzen der Sekte. Denn während die Sektenmitglieder ihren irdischen Bedürfnissen entsagen sollen, leben die beiden Sektengründer ein äußerst luxuriöses Leben. Jouret und Di Mambro besitzen teure Immobilien überall auf der Welt: Im kanadischen Quebec, in Frankreich, der Schweiz, in Australien und auf der Karibik-Insel Martinique. Finanziert wird das Ganze durch ihre Anhänger, die große Teile ihres Vermögens an die Sekte spenden. Ein ehemaliges Sektenmitglied sagt später in einem Interview über Luc Jouret: »Alles, was ihn interessierte, waren Geld und Mädchen. Er hat zehn Frauen aus unserer Gruppe dazu überredet, mit ihm nach Kanada zu kommen. Und er hat sie alle ruiniert.« So bringt Jouret zum Beispiel einen Bauern dazu, seinen kompletten Besitz zu verkaufen und den Erlös von umgerechnet 200.000 Euro an die Sonnentempler zu spenden. Die anderen Mitglieder der Sekte überweisen ihr Geld wöchentlich an ihre Großmeister. Insgesamt soll so in der ganzen Zeit eine Summe von 20 Millionen Franken (etwa 18,5 Millionen Euro) auf die Konten von Di Mambro und Jouret geflossen sein. Wer kein Geld übrig hat, zahlt für sein Ticket in eine bessere Welt mit Arbeitsstunden. Dafür, so gaukelt es die Sekte ihren Mitgliedern vor, werden sie Teil eines ganz besonderen Geheimbundes, der seine Ursprünge im mittelalterlichen Templerorden sieht.

Während sein Komplize Luc Jouret Naturverbundenheit und Nächstenliebe predigt und sogar Ameisen ausweicht, um sie nicht zu zertreten, geht der gedrungene Jo Di Mambro andere Wege. Er inszeniert sich in seiner Templer-Kutte als Retter des Abendlandes, verbunden mit einer zutiefst rassistischen Ideologie, in der Angehörige der weißen Herrenrasse allen anderen Völkern überlegen sind. Für seine Inszenierungen schreckt Di Mambro auch vor den billigsten Tricks nicht zurück. Um die angeblichen Zeichen von spirituellen Wesen zu erschaffen, auf die seine Anhänger so sehnsüchtig warten, nutzt er Elektronik und Spezialeffekte. So besitzt er zum Beispiel ein Schwert, das angeblich dem mystischen König Artus gehört hat, und mit dem er Blitze schießen kann. In Wirklichkeit hat er in der Tasche seiner schwarzen Kutte eine Fernbedienung versteckt, die mit Hilfe von Elektronik kleine Lichtblitze erzeugt. Der füllige Großmeister liebt die große Show.

Götterdämmerung

In einem Werbevideo für die Sekte tanzen Ende der 1980er Jahre bunt gekleidete Kinder und Erwachsene durch ein Gewächshaus und singen zu kitschigen Synthie-Sounds von einer besseren Welt im Einklang mit der Sonne und der Natur. Es ist die große Zeit der Sonnentempler, die zu diesem Zeitpunkt fast 500 Mitglieder in Frankreich, der Schweiz, Kanada, den USA, Spanien und auf der Karibik-Insel Martinique haben.

Meist beginnt der Kontakt mit den potenziellen Mitgliedern ganz harmlos, zum Beispiel über Yoga-Kurse und Vorträge. Irgendwann werden die Menschen Teil einer Kommune, und ohne es zu merken, geraten sie immer schneller in den Bann der Sekte. »Es gab immer Aktivitäten (..) Wir hatten ein ausgefülltes, abwechslungsreiches Leben. (...) Deshalb merkt man nicht, wie man ganz langsam immer mehr indoktriniert wird. Man ist völlig eingelullt, man vergisst die Welt um sich herum – die Familie, einfach alles«, erzählt ein ehemaliges Mitglied der Sonnentempler später im Schweizer Fernsehen.

Doch mit Beginn der 1990er Jahre beginnt die glitzernde Fassade der beiden Sekten-Gurus Jo Di Mambro und Luc Jouret immer weiter zu bröckeln. Als Erstes fliegen die Taschenspielertricks von Großmeister Jo Di Mambro auf. Es ist seine eigene Tochter, die öffentlich darüber spricht, mit welchen ganz irdischen Spezialeffekten ihr Vater sich als mystischer Heilsbringer inszeniert. Für viele seiner Gefolgsleute bricht eine Welt zusammen, als sie erkennen, dass ihr Meister nicht mehr ist als ein mäßig begabter Kirmes-Zauberer.

Di Mambro ist bis auf die Knochen blamiert, außerdem beginnen sich auch die Behörden für ihn zu interessieren: In der Schweiz wird wegen Betruges gegen ihn ermittelt. Einige Angehörige von Sektenmitgliedern, die Di Mambro ihr gesamtes Vermögen überschrieben haben, erstatten Anzeige. Andere fordern ihr Geld zurück, so wie der Schweizer Biobauer Alberto Giacobino – der Mann, der später gemeinsam mit 22 anderen Sektenmitgliedern auf seinem Hof in Cheiry sterben wird.

Aber auch Luc Jouret bekommt Ärger mit den Behörden. Er wird 1993 im kanadischen Quebec verhaftet, als er verbotenerweise versucht, drei Handfeuerwaffen inklusive Schalldämpfer zu kaufen. Die Medien in Kanada stürzen sich auf die Geschichte, und Jourets makelloser Ruf als friedliebender Naturfreund ist damit zerstört.

Während die Macht der Sonnentempler also schrumpft, werden die Botschaften ihrer beiden Führer immer schriller: Schon von Anfang an hatte der angeblich drohende Weltuntergang in der Sekte eine große Rolle gespielt. Dabei ist der Tod für die Sonnentempler nicht das Ende, sondern der Anfang eines neuen Lebens. Eine ganz besondere Rolle spielt dabei der Doppelstern Sirius, der hellste Punkt am Himmel: »Sirius verkörperte für ihn eine künftige Welt, die wir erzeugen würden«, erzählt ein Sektenaussteiger später in einer Dokumentation. »Das heißt, Sirius war, wie wenn unser Bewusstsein diesen Planeten befruchten würde (...) Wir waren Auserwählte.« Eigentlich soll die Mitgliedschaft bei der Sekte den Sonnentemplern also einen friedlichen Übergang ermöglichen. Doch spätestens ab 1994 werden die Zukunftsvisionen der Sonnentempler immer apokalyptischer: Luc Jouret predigt in seinem blütenweißen Gewand mit dem roten Templerkreuz auf dem Rücken vom Tod als »Insel der aufgehenden Sonne«. Nur durch einen gemeinsamen Tod könnten die Mitglieder der Sekte dem Weltuntergang auf der Erde entkommen und auf dem Stern Sirius wiedergeboren werden. »Transit« nennen die beiden Sektenführer Di Mambro und Jouret den geplanten Massenselbstmord.

Am 24. September 1994 ruft die Sekte ihre wichtigsten Mitglieder zu einer Versammlung ins Novotel im französischen Avignon. Es geht um die Neuausrichtung des Ordens. Was dort genau besprochen wird, lässt sich nicht mehr rekonstruieren. Aber kurz zuvor erklärt Sektenchef Luc Jouret im Schweizer Radio: »Wir sind jetzt da angelangt, wo wir hinwollten. Die Stunde der Offenbarung ist gekommen, es ist die Stunde der Apokalypse.«

Apokalypse

Die Apokalypse beginnt fünf Tage später: Am 29. September 1994 landet der Schweizer Sonnentempler Joel Eggers in einem Flieger aus der Schweiz am Flughafen von Montreal in Kanada. Der hagere 36-Jährige hat einen Auftrag, für den er seit Monaten trainiert hat. Er bringt den Tod in die Touristenstadt Morin Heights. Hier haben die beiden Führer der Sonnentempler-Sekte Luc Jouret und Jo Di Mambro ein großes Anwesen gekauft, das als kanadische Zentrale der Sekte dient. Aktuell lebt hier aber nur das Hausmeisterpaar Nicky und Antoine Dutoit. Ein freundliches, dunkelhaariges Paar, dass sich um die Zentrale kümmert, wenn die Sektenführer nicht da sind.

Beide sind jahrelang treue Mitglieder der Sonnentempler-Sekte gewesen, aber es ist zum Zerwürfnis gekommen. Die Dutoits wollen aus der Sekte aussteigen und gehen dafür auf Konfrontationskurs mit ihrem Führer Di Mambro. Drei Monate vorher hat das Ehepaar Dutoit ein Baby bekommen, dessen Geburt sie stolz mit einer Zeitungsanzeige bekannt gegeben haben. Christopher Emmanuel heißt der Kleine, und dieser Name wird für die Dutoits ihr Todesurteil. Das Paar hat ihren Sohn nämlich nach Emmanuelle, der Tochter von Sektenführers Jo Di Mambro und seiner Geliebten benannt, dem angeblich heiligen Kind, dem sich Außenstehende nicht mehr als zehn Meter nähern dürfen – um die kosmische Aura des Kindes nicht zu stören. Dass jemand sein Baby nach diesem besonderen Kind benennt, macht Di Mambro so wütend, dass er Christopher Emmanuel Dutoit zum Antichristen erklärt, zum Sohn des Teufels. Damit ist die komplette Familie Dutoit ohne ihr Wissen so gut wie tot.

Das Urteil vollstrecken soll Joel Eggers, der Tempelritter. Einen Tag nach seiner Ankunft in Kanada richtet Eggers mit zwei Helfern die komplette Familie. Vater Antoine Dutoit, ein gemütlicher Mann mit Schnurrbart und bisher Di Mambros Mann für Spezialaufträge, wird mit 50 Messerstichen ermordet – ein Stich für jedes Sektenmitglied, das in den nächsten Tagen sterben soll. Mutter Nicky Dutoit stirbt durch insgesamt 14 Messerstiche: Acht Stiche im Rücken symbolisieren die acht Gesetze der Sonnentempler, die sie verletzt haben soll. Außerdem jeweils ein Stich in jede Brust, weil sie aus Sicht der Sekte den Antichristen geboren und gestillt hat. Auch das drei Monate alte Baby Christopher Emmanuel wird erstochen. Andere Mitglieder der Sekte helfen, die Spuren des Dreifachmordes zu verwischen, während der Auftragsmörder Joel Eggers zurück in die Schweiz fliegt.

In der Nacht zum 4. Oktober nehmen zwei der Helfer von Eggers Beruhigungsmittel und setzen das Anwesen mit Hilfe von Zeitzündern in Brand. Kurze Zeit später findet die kanadische Polizei in der völlig ausgebrannten Zentrale die beiden Leichen der Helfer und die drei toten Körper der Familie Dutoit. Die Helfer tragen Anhänger aus Silber, in denen die Initialen der Sekte, T und S (für Temple Solaire, also Sonnentempler) und die apokalyptischen Reiter eingraviert sind. Fünf Menschen sind tot, aber das ist nur der erste Teil des Auftrags von Tempelritter Joel Eggers.

In der Schweiz gelandet fährt er in den Kanton Wallis. In Granges-sur-Salvan, einem Ortsteil der 1000-Einwohner-Gemeinde Salvan besitzen die beiden Sektenführer Jouret und Di Mambro ein weiteres Chalet am Berghang. Dort installiert Eggers Fernzünder, genau wie in dem Bauernhaus im 100 Kilometer entfernten Cheiry. Beide Häuser sollen exakt zeitgleich in Flammen aufgehen.

In diesen letzten Tagen der Sekte empfinden ihre beiden Gründer Luc Jouret und Jo Di Mambro nur noch Hass füreinander: Jouret hortet Medikamente – hat er also so kurz vor der von ihm angeblich so sehr gewünschten Reise zum Stern Sirius Zweifel? Sein ehemaliger Geschäftspartner Jo Di Mambro geht währenddessen völlig in seiner Rolle als geistiger Führer der Sekte und mystisches Wesen auf. Ein Aussteiger und ehemaliger Vertrauter von Di Mambro sagt über dessen letzten Tage: »Ich bin sicher, dass sich sein Gehirn völlig verwirrt hat und er zum Schluss völlig an die Person geglaubt hat, die er selbst erfunden hatte.« Für Bedenken ist es jetzt ohnehin zu spät.

Das große Massaker der Sonnentempler beginnt in der Nacht zum 5. Oktober 1994 in Cheiry. Die 23 Sektenmitglieder, die sich auf dem Bauernhof in Cheiry versammelt haben, sind als Erstes an der Reihe. Sie werden mit einem Giftcocktail betäubt und dann erschossen. Einige sterben freiwillig, aber mindestens sieben Sektenmitglieder werden hingerichtet.

Danach starten mindestens zwei Autos von Cheiry ins etwa 100 Kilometer entfernte Salvan im Kanton Wallis. Wer in den beiden Wagen sitzt, wird nie geklärt. Die Ermittler gehen davon aus, dass Sektengründer Jo Di Mambro und sein Tempelritter Joel Eggers dazugehören. Hier in Salvan steht drei Stunden später das nächste Massaker an.

Einmal noch hat der »große Meister« Jo Di Mambro die Fäden in der Hand. Das Töten lässt er andere machen. Die Ermittler gehen später davon aus, dass sein Komplize Luc Jouret und sein treuer Tempelritter Joel Eggers die meisten Sonnentempler erschießen. Jouret selbst hat als Heilpraktiker und Arzt für sich und seine engsten Vertrauten eine sanftere Todesart ausgewählt: einen tödlichen Medikamentencocktail. Seine Leiche wird später zusammen mit der seiner Freundin in einem Zimmer der drei ausgebrannten Chalets in Salvan gefunden.

Sein Komplize, der ehemals große Meister der Sonnentempler Jo Di Mambro stirbt neben seiner aktuellen Geliebten. Im selben Zimmer finden die Ermittler außerdem zwei weitere Kinder, eines davon Di Mambros eigene Tochter Emmanuelle, das kosmische Kind der Sekte. Alle vier sind tot.

Auch die Leichen von Emmanuelles Mutter Dominique Bellaton und des Auftragsmörders Joel Eggers werden in den verbrannten Trümmern gefunden. Insgesamt sterben in der Schweiz und in Kanada 53 Menschen. Die meisten von ihnen, weil sie zwei Männern blind gefolgt sind: Luc Jouret und Jo Di Mambro.

Das Feuer brennt weiter

Die Ermittlungen ergeben, dass von den 53 toten Sonnentemplern in der Schweiz und in Kanada mindestens 37 nicht freiwillig gestorben sind. Die Gerichtsmediziner finden in allen Leichen das bei südamerikanischen Naturvölkern als Pfeilgift eingesetzte Kurare. Zusätzlich wurden die meisten Sonnentempler erschossen, einige Leichen weisen bis zu neun Kopfschüsse auf – jeder einzelne davon wäre tödlich gewesen. Trotzdem ist der Massenmord an mindestens 37 Menschen für die Schweizer Behörden kein Grund, die Sekte der Sonnentempler zu verbieten: Das Justiz- und Polizeidepartement in Bern erklärt kurz nach den Massakern auf Anfrage des SPIEGEL, dass es in die Schweiz eine lange Tradition der Glaubensfreiheit gibt, die man wegen solcher Vorfälle nicht über Bord werfen könne.

Und so geht der Tod bei den Sonnentemplern weiter um: 14 Monate nach den Massakern in der Schweiz und in Kanada sterben weitere Sonnentempler, dieses Mal in Frankreich.

Die Behörden glauben zu diesem Zeitpunkt, dass die Gefahr vorbei ist, die Köpfe der Sekte sind schließlich beide tot, aber sie irren sich. Am 23. Dezember 1995 findet die Polizei auf einem Parkplatz in einem abgelegenen Wald 30 Kilometer südwestlich der Stadt Grenoble vier verlassene Autos. In einem der Wagen finden die Ermittler die Zeichnung eines Kreises, auf der verschiedene Positionen eingetragen sind. Es dauert nicht lange, bis die Polizei entdeckt, was die Skizze darstellen soll: Die Polizisten finden insgesamt 16 völlig verkohlte Leichen, darunter auch kleine Kinder. Jemand hat die Toten um eine Feuerstelle herum kreisförmig angeordnet, auf dem Waldboden liegt ein Strauß weiße Rosen. Zwei der Sonnentempler aus der Gruppe haben alle anderen erschossen, angezündet und sich am Ende selbst getötet.

Einer der mutmaßlichen Täter ist ein französischer Gendarm. Laut Staatanwaltschaft Grenoble haben er und sein Komplize »methodisch die anderen erschossen« und sich dann mit den Dienstpistolen des Gendarms selbst getötet. Gegen die beiden mutmaßlichen Täter wurde vorher bereits ermittelt – sie sollen bei den Massenmorden von Cheiry und Salvan knapp ein Jahr zuvor geholfen haben, allerdings konnten die Ermittler ihnen nichts nachweisen. Und so blieben die beiden auf freiem Fuß, bis sie in Frankreich wieder töteten. Die Untersuchungen ergeben, dass mindestens zwei der Opfer sich gewehrt haben – sie wollten nicht sterben. Wer die Sektenmitglieder in den einsamen Wald gerufen und zum gemeinsamen Tod gedrängt hat, wird nie geklärt.

Die Kritik an den Schweizer Ermittlungsbehörden wird immer lauter, denn die hatten schon seit anderthalb Monaten beobachtet, dass sich die überlebenden Mitglieder der Sonnentempler auf einmal wieder verstärkt trafen und austauschten. Der damalige Untersuchungsrichter André Piller sagt dazu später in einer Dokumentation trocken: »Treffen von Leuten sind nicht verboten.« Außerdem glauben die Behörden damals, dass die gemeinsamen Treffen den Sektenmitgliedern dabei helfen, ihre schlimmen Erlebnisse zu verarbeiten. Ein tödlicher Fehler.

Mitte März 1997, also 20 Monate nach der Todesnacht in der Schweiz leben immer noch einige Sonnentempler in der kanadischen Provinz Quebec. Die Polizei vor Ort fürchtet ein neues Massaker, denn unter den übrig gebliebenen Sektenmitgliedern sind einige, die öffentlich bereuen, bei den ersten beiden Transits nach Sirius nicht dabei gewesen zu sein. Im Gegensatz zu ihren Schweizer Kollegen erkennt die kanadische Polizei darin eine große Gefahr. Schon länger rechnen die Ermittler mit einem weiteren Massaker, aber bisher ist nichts passiert.

Am 22. März 1997 erfüllen sich dann ihre schlimmsten Befürchtungen: Die Feuerwehr wird zu einem Brand in dem Dörfchen Saint-Casimir 80 Kilometer südwestlich von Quebec City gerufen. Dort brennt ein Landhaus. In den Trümmern entdecken die Feuerwehrleute fünf Leichen. Für ihre Reise in den Tod haben sie sich die Tagundnachtgleiche zum Frühlingsbeginn ausgesucht, eines von nur zwei Daten im Jahr, in der Tag und Nacht genau gleich lang sind.

Aber die kanadische Polizei findet noch mehr: In einem Nebengebäude des Landhauses entdecken sie drei Jugendliche zwischen 13 und 16, die Kinder eines der toten Sonnentempler-Paare. Das Mädchen und die zwei Jungen wurden von ihren eigenen Eltern unter Drogen gesetzt, aber sie haben überlebt. Sie erzählen den Ermittlern, dass sich ihre Eltern mit drei weiteren Sonnentemplern zum Sterben verabredet haben. Offenbar war das schon der zweite Versuch eines »Transits«, nachdem beim ersten Mal etwas schiefgelaufen war.

Die fünf Toten von Saint-Casimir werden die letzten Opfer der Sekte bleiben. Es scheint, als sei nach 74 Toten der Fluch der Sonnentempler endlich gebrochen.

Philipps Fazit

Die Zutaten, mit denen Sekten potenzielle Mitglieder ködern, sind seit Jahrzehnten die gleichen: »Wir gegen den Rest der Welt«, gemischt mit einem großen Schluck »Sinn des Lebens« und am Ende meist ein Spritzer »Das Ende ist nah«. Immer wieder berichten Sektenaussteiger von psychischem Druck, Gehirnwäsche und auch körperlicher Gewalt. In diesem Fall geht die Sekte noch viel weiter: Die beiden Gurus Jo Di Mambro und Luc Jouret mit ihren ziemlich irdischen Bedürfnissen und Problemen schaffen es, ihre Anhänger so abhängig zu machen, dass sie ihnen bis in den Tod folgen. Bei denen, die nicht freiwillig mitkommen, hilft die Sekte nach. Viele der Hinterbliebenen haben erst durch den Tod ihrer Brüder, Tanten, Väter und Nichten erfahren, dass diese Mitglieder der Sonnentempler waren – so sehr hat die Sekte auf ihre Geheimhaltung geachtet. Es muss furchtbar sein, bis heute nicht zu wissen, was am Ende zum Tod von all diesen Menschen geführt hat. Vor allem die beiden letzten Massaker im Dezember 1995 in Frankreich und im März 1997 in Kanada machen mich fassungslos. Spätestens da hätten die Behörden ahnen müssen, dass eine Mitgliedschaft bei den Sonnentemplern tödlich sein kann.

Frankreich hat sein Sektengesetz mittlerweile verschärft, die Schweiz beruft sich weiterhin auf den hohen Wert der Religionsfreiheit. Für die Familien der Opfer ist das nur ein schwacher Trost: Rosemarie Jaton, die ihren Bruder, ihre Schwägerin, ihren 18-jährigen Neffen und ihre 16-jährige Nichte an die Sekte verloren hat, kämpft seit mehr als 25 Jahren dafür, dass die Massaker der Sonnentempler endlich lückenlos aufgeklärt werden. 2019 sagt sie der Aargauer Zeitung: »Es gibt bis heute keine Gerechtigkeit für die Opfer. Ich habe meine Zeit verschwendet.«

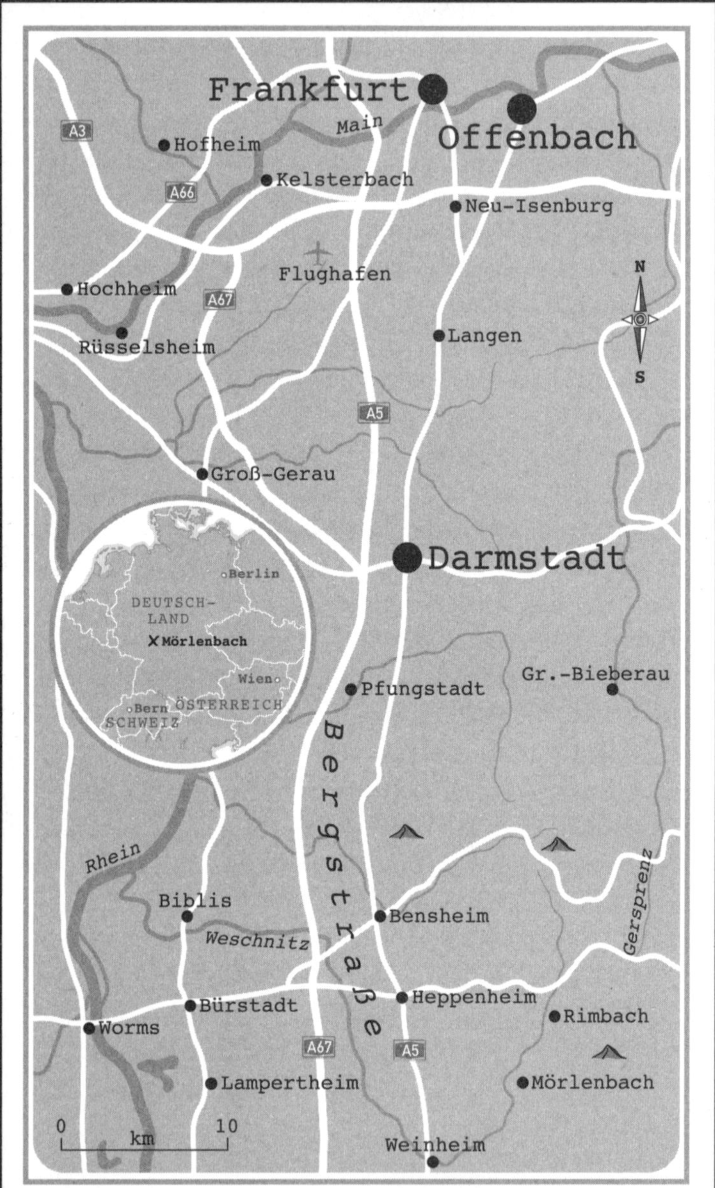

Frankfurt
Offenbach
Main
A3
Hofheim
A66
Kelsterbach
Neu-Isenburg
Flughafen
Hochheim
A67
Rüsselsheim
Langen
N
S
A5
Groß-Gerau
Darmstadt
Berlin
DEUTSCH-
LAND
Mörlenbach
Wien
Bern
ÖSTERREICH
SCHWEIZ
Pfungstadt
Gr.-Bieberau
Bergstraße
Rhein
Gersprenz
Biblis
Bensheim
Weschnitz
Heppenheim
Bürstadt
Rimbach
Worms
A67
A5
Lampertheim
Mörlenbach
0
10
km
Weinheim

Fall 6

Der Kindermord von Mörlenbach

Fallname:	Der Kindermord von Mörlenbach
Zeitpunkt:	31.8.2018
Tatbestand:	Mord

Das Ende einer Familie

Dr. Dr. Werner H. bekommt, was er will. Immer. Zwei Doktortitel, einen in Medizin und einen in Zahnmedizin. Eine gut laufende Facharzt-Praxis für Mund-Kiefer-Gesichts-Chirurgie in Weinheim an der badischen Bergstraße. Ein großes, weiß verklinkertes Haus, dass auf einem Hügel in der kleinen hessischen Gemeinde Mörlenbach im Odenwald thront wie eine Burg. Vor dem Haus ein Ferrari, ein Motorrad und ein Motorboot. Eine hübsche, schlanke Frau und zwei zauberhafte, gut erzogene Kinder. In dieser Nacht zum 31. August 2018 wird diese scheinbar perfekte Familie für immer zerstört. Werner H. wird sie selber zerschlagen. Mit einem 22 Zentimeter langen Zimmermannshammer.

Das Ehepaar Werner und Christiane H. findet in dieser Nacht einfach keinen Schlaf. Tagsüber haben sie mit ihren Kindern, dem 13-jährigen Anton und seiner drei Jahre jüngeren Schwester Emilia, einen Ausflug nach Frankfurt gemacht. Im Ausgeh-Viertel Sachsenhausen geht die Familie bei »Apfelwein Wagner« essen, wo seit 1931 Apfelwein serviert wird und wo Vater Werner schon während seines Studiums gerne gesessen hat. Er bestellt einen Handkäs. Als sie wieder zu Hause sind, spielen die beiden Kindern noch ein bisschen in dem riesigen Garten, während die Eltern auf der Terrasse Bier trinken. Christiane H. überweist Anton und Emilia Geld für ihre Zeugnisse, dann schickt sie die beiden gegen 23 Uhr mit einem Gutenachtkuss ins Bett. Anton schaut sich auf seinem Tablet noch Motorboote und Rennwagen an, dann schläft auch er irgendwann ein. Seine Eltern sind immer noch hellwach. Beide stehen im Schlafanzug in der Küche und trinken Bier.

Es ist 0:30 Uhr, als Mutter Christiane am Küchentisch sagt: »Unser Ende ist gekommen.« Sie packt einen Rucksack für die Nachbarn: Fotos der Kinder auf mehreren Festplatten, EC-Karten mit den dazugehörigen PINs, 1700 Euro in bar und Schriftverkehr mit Behörden. Dann legt sie noch einen Zettel in den Rucksack: »Die Schildkröten sind noch draußen im Garten. Bitte kümmert euch drum.« Sie ist auf das Ende vorbereitet.

Während Christiane H. zu den Nachbarn geht, um den Rucksack vor die Haustür zu legen, geht ihr Ehemann Werner die Treppe des Hauses hoch zu den Kinderzimmern. Neben dem Zimmermannshammer hat er ein Jagdmesser dabei, das er von seinem Vater geerbt hat. Als Erstes öffnet Werner leise die Tür zum Schlafzimmer seines Sohnes Anton. Der 13-Jährige schläft, als sein eigener Vater ihm das erste Mal mit dem Hammer auf den Kopf schlägt. Anton ist mit 1,85 Meter ziemlich groß für sein Alter, genauso groß wie sein Vater. Der Junge wacht auf und wehrt sich, der Vater und der Sohn kämpfen minutenlang einen schrecklichen Kampf. Aber Anton hat mit seinen 75 Kilo gegen Werners 160 Kilo kaum eine Chance. 25 Mal lässt Dr. Dr. Werner H. den Zimmermannshammer auf den Kopf seines Sohnes krachen. Danach schneidet er ihm mit einem Jagdmesser den Hals auf, zum Schluss rammt er Anton das Messer ins Herz.

Bevor er sich in das nebenan liegende Zimmer von Antons 10-jähriger Schwester Emilia aufmacht, muss der massige Werner erst mal zehn Minuten verschnaufen. Dann ist auch seine Tochter an der Reihe. Das 40 Kilo schwere, zierliche Mädchen wehrt sich nicht so stark wie ihr Bruder. Auch auf ihren Kopf schlägt ihr Vater bis zu 25 Mal mit dem Hammer ein, außerdem sticht er dem Mädchen viermal in Hals und Brust. Werner H. legt den Hammer und das Jagdmesser auf das Waschbecken im Elternschlafzimmer, als er sich das Blut seiner Kinder von den Händen wäscht. Auf der Treppe nach unten trifft er seine Frau Christiane. Er sagt ihr, sie soll sich von den Kindern verabschieden. Es ist Zeit für den zweiten Teil des Plans.

Ein scheinbar perfektes Leben

Die Fassade der perfekten Familie H. hat schon lange vor dieser Nacht zum 31. August 2018 Risse bekommen. Erst ganz feine, dann immer breitere. Aber Dr. Dr. Werner H. gibt sich jahrelang alle Mühe, diese

Risse zu verstecken. Bis der massige Mann am Ende alles zerschlägt, bevor es jemand anderes tut.

Werner selbst wächst in gutbürgerlichen Verhältnissen im niedersächsischen Dörfchen Sögel im Emsland auf. Sein Vater, den er sehr bewundert, war Pilot im Zweiten Weltkrieg. Danach hat der Vater studiert und eröffnete eine Drogerie. Werners Mutter ist eine sehr pflichtbewusste Frau und gläubige Katholikin. Nur einen einzigen Tag fehlt sie in all den Jahren bei ihrer Arbeit als Lehrerin: Als Werner geboren wird. Beide Eltern arbeiten viel. Sie haben wenig Zeit, aber viel Geld. Mit acht oder neun, so erinnern sich Freunde von früher in einem Gespräch mit Stern Crime, lädt Werner seine Kumpels in die Eisdiele ein. Wo andere Kinder mit dem Fahrrad hinfahren, fährt der kleine Werner mit einem Taxi. Den Taxifahrer bezahlt er mit einem Hundertmarkschein. Schon damals zeigt der Junge gerne, was er hat: Gönnerhaft leiht er seinen Freunden eine Angel aus. Er besitzt fast ein Dutzend.

Als er 13 ist, gibt es den ersten feinen Riss in dem bis dahin scheinbar perfekten Leben von Werner H. Sein Vater stirbt an Lungenkrebs, und er ist ab sofort der Herr im Haus. Seine Mutter nennt er von da an nur noch »die Alte« und kommandiert sie herum wie eine Angestellte. Die weiß sich irgendwann nicht mehr zu helfen und steckt ihren einzigen Sohn ins Internat. Dort setzt sich der Junge schnell durch. Wenn es sein muss, auch mit den Fäusten. Schon damals bekommt Werner H., was er will – mit allen Mitteln. Bei einem Angelwettbewerb in seiner Heimatstadt Sögel hat Werner als Einziger fast den ganzen Eimer voller Fische. Erst als die anderen Teilnehmer genauer hinschauen, erkennen sie, dass die Fische schon länger tot sind. Werner H. hat sie in einem Fischgeschäft gekauft und in dem Eimer mitgeschmuggelt, damit er den Wettbewerb gewinnt.

Mit ähnlichen Methoden geht er auch den Rest seines Lebens an: Weil sein mittelmäßiges Abitur nicht für ein Medizinstudium reicht, klagt er seinen Studienplatz ein. Werner promoviert und hängt noch ein Zahnmedizinstudium in Frankfurt hintendran. Während andere Studenten in WGs leben, gönnt Werner H. sich ein schickes Apartment mitten in Frankfurts Ausgeh-Viertel Sachsenhausen. Statt mit dem Fahrrad fährt er mit seinem Mercedes zur Vorlesung.

In Frankfurt lernt Werner auch seine erste Frau Claudia kennen, ebenfalls Zahnärztin. Die beiden heiraten und bekommen eine Tochter. Gemeinsam leben sie in Beerfelden im Odenwald, und Claudia H. übernimmt in Südhessen die Zahnarztpraxis ihres Vaters. Werner eröffnet Ende 1998 etwa 30 Kilometer entfernt seine eigene Praxis in Weinheim an der badischen Bergstraße. 250 Quadratmeter mitten in der City, allein die Technik kostet eine halbe Million Euro. Auf dem Praxisschild prangen seine zwei Doktortitel. »Ein Senkrechtstart«, wie er selber sagt. Werner H. macht mit seiner Familie teure Urlaube, fährt einen schicken Wagen. Er arbeitet sechs Tage die Woche, damit er zeigen kann, was er hat.

Im Jahr 2000 tritt dann eine neue Frau in sein Leben: Christiane arbeitet in seiner Praxis als Assistenzärztin. Sie ist zwölf Jahre jünger als er, zierlich und schlank. Keine laute Frau. Eine, die nicht widerspricht und sich von dem Geld und Glanz des Dr. Dr. H. gerne blenden lässt.

Schon länger hatte Werner H. geplant, sich in Mörlenbach, zehn Kilometer von seiner Praxis entfernt, ein Haus zu bauen. 276 Quadratmeter Wohnfläche auf einem 1300 Quadratmeter großen Grundstück am Hang. Das Haus hat einen Spitzboden, eine Sauna und drei Kinderzimmer, jedes mit eigenem Badezimmmer und Zugang zum Balkon. 2003 zieht Werner H. in dieses Haus, seine eigene Burg. Nur eben nicht mit seiner Ehefrau Claudia und seiner Tochter, sondern mit seiner neuen Freundin Christiane. Die beiden bekommen zwei Wunschkinder. Im Jahr 2004 wird Sohn Anton geboren, 2007 Tochter Emilia. Erst 13 Jahre nach der Trennung lässt Werner sich von seiner ersten Frau Claudia scheiden. Seine Ex-Frau habe er »kaltgestellt«, wie er es später einem Gutachter erzählt. Ab dem Moment der Trennung von Claudia weigert sich Werner H., für seine Tochter aus erster Ehe Unterhalt zu zahlen. Und Werner H. bekommt immer, was er will.

2014 heiraten Werner und Christiane. Auf dem Hochzeitsfoto strahlt die Familie um die Wette: Werner im grauen Sakko, das seinen massigen Bauch nur wenig kaschiert, Christiane im kurzen grauen

Glitzerkleidchen mit Stiefeln bis zu den Knien. Die beiden Kinder stehen auf dem Bild zwischen ihren Eltern: Tochter Emilia etwas verschüchtert im pinken Rock, Sohn Anton strahlend im Hemd mit passender Krawatte. Sie sind die braven Vorzeige-Kinder, die sich ihre Eltern immer gewünscht haben. Sonntags mäht Werner mit dem Rasenmäher-Trecker immer das Gras auf der Wiese vor dem Haus. Auf seinem Schoß sitzt der kleine Anton. Der König zeigt dem Prinzen sein Reich. Danach führt Papa Werner seinem Sohn seine ferngesteuerten Modellautos vor und lässt sie über die Straße vor dem Haus jagen, bis die Nachbarn sich über die Ruhestörung beschweren.

2018 ist Anton 13 Jahre alt und ein erfolgreicher und ziemlich ehrgeiziger Tennisspieler. Von sich aus fragt er seine Eltern, ob er zweimal die Woche zum Training darf, er wird sogar badischer Jugendmeister. Als Anton bei einem Turnier nur im Doppel und nicht im Einzel spielen soll, staucht sein Vater den Organisator zusammen: Entweder lässt er Anton im Einzel spielen oder Werner nimmt seine beiden Kinder aus dem Verein. Auch Antons 10-jährige Schwester Emilia spielt Tennis. Sie ist aber lange nicht so ehrgeizig wie ihr Bruder. Wenn sie trainiert, sitzen ihre Kuscheltiere, die alle Namen haben, auf der Bank und schauen zu. Sie ist das Nesthäkchen, ein verträumtes Mädchen, das später Tierärztin oder Balletttänzerin werden will.

»Anton war im Prinzip mein Sohn, Emilia hat viel mit der Mama gemacht«, so sieht es Vater Werner. Vater und Sohn lieben dieselben Dinge: Autos, Motorräder und schnelle Boote. Anton weiß genau, dass der Ferrari, in dem sein Vater ihn und seine Schwester jeden Tag zur Schule bringt, 300.000 Mark kostet. Manchmal fahren sein Vater und er gemeinsam auf den Hockenheimring, um den Drehzahlmesser des Sportwagens so richtig nach oben zu jagen.

Solange Anton das perfekte, wohlerzogene Kind ist, erfüllt ihm Vater Werner jeden Wunsch. Doch dann macht Anton einen Fehler – zumindest in den Augen seines Vaters. Irgendwann als Kind pinkelt Anton sich aus Angst Hosen und Schuhe voll. Diese Geschichte erzählt Werner später Antons bestem Freund, obwohl sein Sohn ihn anfleht, das nicht zu tun. Am Ende rennt Anton verzweifelt auf sein Zimmer.

Christiane H. folgt ihrem Mann. Bevor sie spricht, schaut sie immer zuerst Werner an. Den Kontakt zu ihren Eltern hat sie abgebrochen. Er wollte es so, und sie gibt ihm, was er will. Weil Werner H. einen Schuhfetisch hat, trägt sie meistens hohe Absätze. 2800 Paar stehen in den Regalen im Keller, darunter Stiefel aus Mailand für fast 3000 Euro. Jedes Paar trägt Christiane H. fein säuberlich in eine Excel-Tabelle ein. Auf die Schuhkartons klebt sie Fotos des Inhaltes. Alles soll sauber und ordentlich sein. Ihrem eigentlichen Job als Zahnärztin geht sie kaum noch nach, sie kümmert sich um die beiden Kinder. »Sie war folgsam bis zum Schluss«, so wird sie der Vorsitzende Richter später beschreiben. Jeder soll sehen, dass es Familie H. gut geht: In den Garagen des Hauses stehen Autos von Audi und Porsche, außerdem ein Motorrad und ein Motorboot – dasselbe Modell wie es die Hauptfigur in der Serie »Flipper« fährt. Zum 50. Geburtstag least sich Werner H. einen Ferrari. Auch beim Urlaub spart der Doppel-Doktor nicht: Jedes Jahr geht es mit der gesamten Familie für sechs Wochen nach Dubai, in das Burj Al Arab, das laut Selbstbeschreibung »exklusivste Hotel der Welt«. Ein 200-Suiten-Klotz aus Beton, Glas und Blattgold, das sich auf einer künstlichen Insel wie ein erhobener Mittelfinger in den persischen Golf reckt. Das gefällt Dr. Dr. H.

Risse in der Fassade

2004 entstehen die ersten größeren Risse im perfekten Leben des Doppel-Doktors – erst ganz langsam, dann immer schneller. Alles beginnt mit dem Ärger mit der kassenzahnärztlichen Vereinigung KZV. Deren Aufgabe ist es, die Honorare für die gesetzlich versicherten Patienten von Werner H. zu überweisen. Aber die Vereinigung misstraut dem Doktor. Die KZV glaubt, dass Werner H. zu viel Geld in Rechnung gestellt hat. In Deutschland ist genau festgelegt, wie viel er als Zahnmediziner für jede einzelne Leistung abrechnen darf, sowohl bei Kassen- als auch bei Privatpatienten. Dr. Dr. Werner H., der so viel arbeitet, um seiner Familie all diesen Luxus bieten zu können, findet das schreiend ungerecht. Schließlich hängt er sich viel mehr rein als seine Kollegen, also müsste er auch mehr Geld bekommen. Mit dieser Meinung ist er nicht alleine: Viele Deutsche Zahnärzte empfinden dieses deutsche System der Gleichmacherei als unfair. Es gibt immer wieder Klagen oder Prozesse deswegen. Aber die wenigsten ziehen deshalb in den direkten Krieg mit der KZV. Dr. Dr. H. schon. Der Streit zwischen ihm und der KZV schaukelt sich über acht Jahre hoch, bis die KZV 2012 einen Schritt weiter geht: Sie fordert die aus ihrer Sicht zu viel gezahlten Honorare von Werner H. zurück. Der sieht sich im Recht und schaltet einen Anwalt ein. Die Forderung der kassenzahnärztlichen Vereinigung wird abgewiesen. Ein Werner H. bekommt immer, was er will.

Aber jetzt hat er sich einen mächtigen Feind gemacht. Die KZV schaut sich seine Abrechnungen jetzt noch mal ganz genau an und entdeckt 2014 weitere Unregelmäßigkeiten. Also behält sie rückwirkend für die aus ihrer Sicht zu viel bezahlten Honorare mehr als eine halbe Million Euro ein und zahlt Werner H. keine Honorare mehr aus, sondern will im Gegenteil noch mehr Geld von ihm zurück. Die Rückforderung lässt die KZV als Sicherungshypothek auf das Wohnhaus der Familie H. ins Grundbuch eintragen. Außerdem zeigt sie Dr. Dr. H. wegen Betruges an.

Weil Werner H. immer bekommt, was er will, lässt er sich davon natürlich nicht beeindrucken. Zu Ehefrau Christiane sagt er, sie solle sich keine Sorgen machen, dann würde er sein Geld eben mit den Privatpatienten verdienen. Aber das Geld reicht nicht: Schon 2015 kann Werner H. die Sozialabgaben der Mitarbeiter seiner Praxis nicht mehr bezahlen. Gleichzeitig schließt er im Mai den Leasingvertrag für seinen dritten Ferrari ab, für 4400 Euro im Monat. Insgesamt zahlt er zu diesem Zeitpunkt 150.000 Euro im Jahr allein an Leasingraten für seine drei Sportwagen. Egal, was seine Gläubiger fordern, Werner H. lebt sein Leben einfach weiter wie bisher. »Überbordender Konsum« nennt es sein späterer Insolvenzverwalter Professor Harald Hess.

Der tritt im Herbst 2015 in das Leben von Werner H. und wird ihm schnell zum Endgegner in einem Kampf, den er nicht mehr gewinnen kann. Zu dieser Zeit belaufen sich die fehlenden Sozialabgaben für die Mitarbeiter der Praxis in Weinheim auf rund 7000 Euro. Die Krankenkassen, die diese Beiträge treuhänderisch einziehen sollen, beantragen die Insolvenz für Dr. Dr. Werner H. Vom Amtsgericht bestellter Insolvenzverwalter wird Professor Harald Hess, ein pflichtbewusster Jurist mit grauem Haarkranz und randloser Brille. Ein älterer Mann, der seit Jahrzehnten Insolvenzen begleitet und sogar Fachbücher über das Thema geschrieben hat. Der SPIEGEL beschreibt ihn als einen Mann, »der in die Akten guckt, nicht in die Köpfe«.

Hess arbeitet präzise das Standardvorgehen bei einer Privatinsolvenz ab, so wie er es wahrscheinlich schon Hunderte Male zuvor getan hat. Am Anfang eines solchen Verfahrens gehört es zu den Pflichten eines Insolvenzverwalters, sich einen Überblick über die Finanzen des Schuldners zu verschaffen. Doch ein Dr. Dr. Werner H. lässt sich nicht in seine Bücher gucken. Er blockt die Zusammenarbeit mit Hess komplett ab, macht ihm nicht mal die Tür auf. Hess versucht es mit Worten, rät Werner H., die 7000 Euro für die fehlenden Sozialabgaben – also knapp anderthalb Monate Ferrari fahren – einfach zu begleichen. Damit wäre die Sache erledigt. Aber da ist nichts zu machen. Ein Dr. Dr. Werner H. lässt sich von niemandem sagen, was er zu tun hat.

Dieses Mal allerdings trifft der Doppel-Doktor auf einen Gegner, der sich das nicht gefallen lässt. Als Familie H. gerade nicht zu Hause ist, lässt Hess die Haustür von einem Schlüsseldienst öffnen und sucht sich die Unterlagen, die er braucht, einfach selbst zusammen. Außerdem lässt er die Post für die Familie H. zu sich umleiten.

Währenddessen überschreibt Werner H. das Haus seiner Eltern in Sögel auf seine beiden Kinder Anton und Emilia, um es vor einer möglichen Pfändung zu schützen. Auch sein Anwalt hat ihm geraten, die Schulden bei der Krankenkasse einfach zu bezahlen und die drohende Insolvenz so zu stoppen. Doch dafür ist es inzwischen zu spät: Am 23. Dezember 2015 eröffnet Harald Hess offiziell das Insolvenzverfahren gegen Dr. Dr. H. Am nächsten Tag liegen deutlich weniger Geschenke für Anton und Emilia unter dem Weihnachtsbaum als sonst.

Insolvenzverwalter Hess hat ja die Post der Familie auf sich umgeleitet hat, also sind auch die Pakete der Verwandten bei ihm gelandet statt bei den Kindern. Familie H. nennt Professor Hess ab da nur noch »den Plünderer«. Jetzt beginnt der Krieg.

Wettrüsten

Immer mehr Gläubiger melden sich bei Harald Hess, mehr als 50 sind es mittlerweile. Aus den ursprünglich 7000 Euro Schulden bei der Krankenkasse, wegen denen Hess beauftragt wurde, sind mittlerweile Forderungen von mehr als zweieinhalb Millionen Euro geworden. Die Risse in der perfekten Familienfassade werden immer größer. Aber Werner H., der Koloss, macht in diesem Sturm einfach weiter. Als ihm Konten gesperrt werden, eröffnet er einfach neue. Auf den Rechnungsbögen für die Privatpatienten gibt er einfach die Kontoverbindungen von Anton und Emilia an, weil er hofft, dass er das Geld so an den Gläubigern vorbeischleusen kann. Aber Hess kommt ihm auf die Schliche. Am 11. April 2016 wird die Praxis von Dr. Dr. Werner H. geschlossen und der Arzt den Räumen verwiesen. Ab jetzt hat er gar keine Einnahmen mehr. Vom Luxusleben zu Hartz IV im Schnelldurchlauf.

Familie H. versucht, einige Wertgegenstände zu verkaufen, ein von Michael Schuhmacher signierter Rennfahrerhelm bringt bei Ebay 1000 Euro. Dort verkauft Vater Werner auch reparierte Elektronikgeräte, um wenigstens ein bisschen Geld in die Kasse zu bekommen. Statt zum Tennis-Training zu gehen, mäht Sohn Anton bei den Nachbarn den Rasen, um sich so seinen neuen Laptop zu finanzieren. Aber das reicht nicht. Am Morgen des 13. September 2016 steht Harald Hess zusammen mit acht Polizisten vor dem Haus der Familie H. Die Kinder sind in der Schule, während der Insolvenzverwalter das geliebte Motorboot von Vater Werner H. pfändet. Auch die teuren Sportwagen nehmen die Männer mit, seine Modellautos und sogar die Schuhsammlung von Mutter Christiane.

Wenige Zeit später dann der nächste Riss in der Familienfassade: Die Gerichtsvollzieherin steht vor der Tür, denn Werner H. weigert sich standhaft, eine Vermögensauskunft abzugeben. Der ehemals erfolgreiche Zahnarzt tobt, will die Frau nicht ins Haus lassen. Zwei Polizeibeamte müssen den 160-Kilo-Mann an sein eigenes Treppengeländer ketten. Erst dann geben Werner und seine Frau Christiane der Gerichtsvollzieherin die gewünschten Informationen.

Doch diesen kleinen Sieg will Dr. Dr. H. seinen Gegnern nicht gönnen. Schon am nächsten Tag schreibt er der Gerichtsvollzieherin, dass er unter dem Einfluss von Tabletten gestanden habe und ihr Dokument deshalb rechtlich nichts wert sei.

Auch Mutter Christiane tippt gegen die Insolvenz an: Sie schreibt Beschwerden, legt Widerspruch ein, gibt Stellungnamen ab. Insgesamt acht Mal fordert die Familie die Auswechslung des »Plünderers« Professor Harald Hess. Ohne Erfolg.

Ein Psychiater verschreibt Christiane H. Beruhigungsmittel, unter anderem den Angstlöser Tavor. Mit anderen über die drohende Pleite ihrer Familie sprechen darf sie nicht, so will es ihr Ehemann. Einmal sagt sie Nachbarn »Wir gehen durch die Hölle«. Doch schon klingelt wieder ihr Handy und sie muss sich verabschieden. Spätestens ab 2017 streitet sich das Paar immer häufiger. Christiane kommen so langsam Zweifel an der Vorgehensweise ihres Mannes: »Spätestens 2017 wollte ich Mörlenbach am liebsten aufgeben. Meine Kinder hätten, so wie sie waren, überall Anschluss gefunden«, erzählt sie später. In Sögel, dem Heimatort von Werner H., in dem er seinen Kindern das Haus seiner Eltern überschrieben hat, gibt es freie Stellen. Beide könnten wieder als Zahnmediziner arbeiten. Wenn ihr Ehemann jetzt in eine Privatinsolvenz gehen würde, müssten sie sechs Jahre lang einen Teil ihrer Gehälter abgeben, danach würde ihnen der Rest erlassen und die Familie wäre schuldenfrei.

Aber so leicht will ihr Ehemann nicht klein beigeben. Werner H. bekommt, was er will. Immer. Wenn die ihn aus dem Haus haben wollen, dann müssen sie ihn schon raustragen, meint der Doppel-Doktor. Sein Sohn Anton sagt, er würde sich dann danebenlegen. Später wird

Anton seinen Vater fragen, wie hoch eigentlich der Balkon an seinem Schlafzimmer sei und ob es reiche, von dort aus zu springen, um sein Leben zu beenden. »Nein«, antwortet sein Vater, ganz Mediziner, »das würde nur zu schweren Verletzungen führen.« Seit einiger Zeit hat Anton unter seinem Kopfkissen ein Messer versteckt. Er will sich gegen die Feinde der Familie verteidigen, wenn sie kommen, um ihn zu holen. Anton kann nicht ahnen, dass sein schlimmster Feind aus der eigenen Familie kommt.

Der Anfang vom Ende

Werner H. hat zu dieser Zeit nachts oft einen Traum, der immer wiederkommt. Er sieht Anton und Emilia, die langsam aus dem Haus der Familie gehen. Jeder trägt ein kleines Köfferchen. Auf der anderen Seite der Straße steht der Plünderer. Insolvenzverwalter Hess grinst in diesem Traum, als wollte er sagen: »Euch hab ich's gezeigt.« Und dieser Traum rückt immer näher in Richtung Realität: Die Bank hat das Haus der Familie H. zwangsversteigern lassen, für 575.000 Euro. Der 31. August 2018 wird der letzte Tag in ihrer weißen Burg auf dem Hügel werden, dann muss die Familie ausziehen oder das Haus wird zwangsgeräumt. Davor will die Familie aber noch einen Ausflug machen, rund 500 Kilometer nach Norden.

In Werners alter Heimat Sögel im Emsland besucht Dr. Dr. H. mit seiner Familie wie jedes Jahr die Kirmes im Ort. Es wird ihr letzter großer Auftritt zwischen Würstchenbuden, Dosenwerfen und Zuckerwatte. Ein letztes Mal die Familienfassade voller Risse und Sprünge aufrechterhalten, wenigstens für diesen Familienausflug: Vater Werner geht wie immer voran, an seiner Seite seine schöne Ehefrau Christiane, wie immer top gekleidet. Die beiden Kinder Anton und Emilia folgen ihren Eltern, wie immer leise und gut erzogen. Im Haus seiner Eltern steckt Werner H. das alte Jagdmesser ein, das ihm sein Vater vererbt hat. Dann fahren die vier ein letztes Mal zurück nach Mörlenbach.

Immer noch versuchen Werner und Christiane alles, um die Räumung ihres Hauses abzuwenden und werden dabei immer verzweifelter. Die beiden beantragen Vollstreckungsschutz beim zuständigen Amtsgericht Fürth im Odenwald, um die Zwangsvollstreckung noch irgendwie abzuwenden. Als Begründung geben die beiden an, ihre Kinder Anton und Emilia würden sich umbringen, wenn sie aus dem Haus ausziehen müssten. Am 28. August, also drei Tage vor der drohenden Zwangsräumung, ruft Christiane H. beim zuständigen Richter Marc Hoffmann an. Er betreut den Fall der Familie schon seit drei Jahren und noch mehr Aktenordnern, aber es ist das erste Mal, dass die beiden persönlich miteinander sprechen. »Es war ein vernünftiges Gespräch, ruhig, völlig normal, sie weinte nicht«, erzählt der Amtsrichter später. Christiane H. sagt ihm, dass sie einfach nicht weiß, wohin sie gehen soll. Er schlägt ihr vor, zum Sozialamt zu gehen. Das würde sie nicht schaffen, sagt ihm die Zahnärztin am Telefon. Der Amtsrichter versucht, sie irgendwie zu trösten und sagt ihr, dass das Leben auch ohne Haus irgendwie weitergeht – nach dem Krieg hätten ja auch viele Leute neu anfangen müssen. Da ist es einen Moment still in der Leitung. Schließlich sagt Christiane H.: »Vielleicht ist das ja unser Krieg gegen die Kassenzahnärztliche Vereinigung.« Kurze Zeit später kommt die Antwort auf den Antrag der Familie aus dem Fax: »Räumungsdurchsetzung« steht auf dem Papier. Christiane H. legt Widerspruch ein, doch auch der wird abgewiesen.

Am 30. August 2018 ruft Mutter Christiane noch mal bei Richter Hoffmann an, dieses Mal deutlich weniger ruhig. »Es wird ja weitergehen«, sagt ihr der Richter. »Nein«, antwortet die Frau, »in zwei Wochen fängt für die Kinder schon wieder die Schule an.« Die Vorstellung der öffentlichen Demütigung schmerzt die Frau, die immer so auf ihr Auftreten geachtet hat, sehr. Sie weint. Danach beginnt sie verzweifelt, verschiedene Hessische Behörden mit Faxen zu bombardieren: Das Oberlandesgericht in Frankfurt am Main, das Landgericht Darmstadt und sogar das hessische Justizministerium. Irgendwer muss der Familie doch helfen, die Räumung zu verhindern.

Währenddessen sitzt Dr. Dr. Werner H. im Keller und durchsucht das Internet nach den Wirkungsweisen verschiedener Gifte und Beruhigungsmittel. Es ist Krieg und das Ehepaar H. sucht sich seine Waffen. Beide schlucken an diesem Abend des 30. August 2018, nachdem sie von dem Familienausflug in das Frankfurter Apfelwein-Lokal zurück sind, Beruhigungsmittel und trinken Bier. Um 0:30 Uhr beschließen sie am Küchentisch, dass sie den Krieg beenden wollen. »Der einzige Gedanke war, wie wir aus dem Leben gehen können. Die Kinder fanden bei diesen Plänen nicht statt«, sagt Werner H.

Feuer

Dr. Dr. Werner H. steigt mitten in der Nacht die Treppe des Hauses hinab, das er im Morgengrauen räumen muss. Er hat gerade seinen Sohn und seine Tochter umgebracht. Seiner Frau macht er mit einer Geste deutlich, dass sie sich jetzt von ihren Kindern verabschieden kann. Als Erstes geht sie zu Anton. Der bewegt sich zu diesem Zeitpunkt nicht mehr. Sie deckt ihn zu. Im Zimmer nebenan drückt Christiane den Teddy ihrer 10-jährigen Tochter ganz fest an sich, bevor sie ihn der toten Emilia in die Arme legt.

Christiane H. will, dass es jetzt zu Ende geht. Sie fordert Werner auf, auch sie zu töten, notfalls mit demselben Hammer wie ihre Kinder. Doch der sagt, so was schaffe er nicht noch mal. Er hat sich einen leiseren Tod für sich und seine Frau überlegt. Während Christiane H. sich im Schlafzimmer umzieht, bereitet ihr Ehemann alles vor. Werner H. bekommt immer, was er will, auch noch in seinem letzten Kampf. Er geht in die Garage. Vor Kurzem standen hier noch Ferraris und Porsche, heute nur ein einsamer grauer Golf. Den hat ein Nachbar der Familie geliehen, nachdem ihre Autos gepfändet wurden.

Werner H. startet den Motor und lässt ihn laufen. Danach bindet er im Keller die Tür der Ölheizung mit einem Kabelbinder fest und stellt mehrere Benzinkanister davor. Er verschüttet überall im Haus Benzin. Im Wohnzimmer, in der Küche, auf dem Dachboden und auf den Betten und den Schlafanzügen seiner toten Kinder. Er wirft einen brennenden Grillanzünder in das Zimmer seines Sohnes Anton, danach einen in das Zimmer von Emilia. Sonst zündet er nichts an – nur die Zimmer der Kinder brennen.

Dann setzt sich Werner H. gemeinsam mit seiner Frau in den Golf in der Garage, der Motor läuft noch immer. »Der Deal mit meinem Mann war eigentlich, dass wir entweder alle sterben oder keiner«, sagt Christiane H. später einer Sozialarbeiterin in der JVA. Werner H. hat noch 20 bis 30 Tabletten des Schlafmittels Dormicum aus seiner alten Praxis, aus der Zeit, als er noch jeden Tag viel Geld verdient hat. Die Tabletten schluckt er jetzt. Seine Frau nimmt noch mehr Beruhigungsmittel, außerdem einen Angstlöser. Beide spülen ihre Tabletten mit Bier hinunter, während sich die Abgase des Golfs in der Garage verteilen. Gegen 6:30 Uhr schläft das Ehepaar ein und will nie wieder aufwachen.

Nicht mal eine Stunde später steht die Feuerwehr vor dem Haus der Familie. Nachbarn haben sie gerufen, weil sie den Rauch bemerkt haben. Der Ruß hat den weißen Klinker über den Fenstern der Kinderzimmer dunkel verfärbt.

Die Feuerwehrleute haben den Brand in dem Haus schnell unter Kontrolle, aber was sie im Obergeschoss finden, ist schlimmer, als sie es sich vorstellen konnten. Die Leichen von Anton und Emilia liegen immer noch in ihren Betten, erst erstochen und dann verbrannt. Dann entdecken sie die Eltern im Golf in der Garage.

Beide sind durch die vielen Tabletten etwas benommen, aber sie leben noch. Bei seinem großen Plan, sich mit den Autoabgasen sanft umzubringen, hat Dr. Dr. H. den Katalysator des Wagens vergessen. Dadurch hat der Auspuff des Golfs praktisch gar kein tödliches Kohlenmonoxid ausgestoßen. »Dass es bei einem Wagen mit Katalysator mit Selbstmord nicht klappt, müsste eigentlich jedem Mediziner bekannt sein«, sagt später ein Rechtsmediziner vor Gericht.

Sowohl an der Kleidung von Werner H., als auch an der seiner Frau werden Blutspuren gefunden. Christiane H. hat neben dem Schlüssel und ihrem Handy auch ein Feuerzeug in der Tasche ihrer Pyjamahose. Noch im Krankenhaus werden die beiden das erste Mal vernommen. Dabei besteht Dr. Dr. H. darauf, mit seinen zwei Doktortiteln angesprochen zu werden. Über seine unfassbare Tat berichtet er mit kurzen, präzisen Sätzen: »Es waren tolle Kinder, ich habe mich schon schwergetan.« Als diese Aufzeichnung später im Verfahren vorgespielt wird, bleibt es im Gerichtssaal lange Zeit ganz still.

Das Haus von Familie H. nach dem Brand

Noch einmal der ganz große Auftritt

Der Prozess gegen Werner H. und seine Frau Christiane beginnt am 22. März 2019 vor der 11. Strafkammer des Landgerichts Darmstadt. Dr. Dr. Werner H. trägt seine grauen Haare ordentlich gescheitelt, das karierte Hemd spannt über seinem massigen Bauch. Über die Schultern hat er seinen blauen Pulli geschwungen, als sitze er nicht auf der Anklagebank, sondern in einer Strandbar auf Sylt. Er sieht älter aus als seine 59 Jahre. Seine Ehefrau Christiane ist auch optisch das komplette Gegenteil ihres Mannes: klein, zierlich und komplett in Schwarz gekleidet, als wollte sie sich in ihrer Kleidung verstecken. Das, was man von ihr sieht, scheint jünger als 46. Manchmal schaut Werner H. zu ihr rüber, doch sie schaut nie zurück.

Die Staatsanwaltschaft wirft den beiden gemeinschaftlichen Mord aus Heimtücke vor. Elf Prozesstage und drei Monate lang versucht das Landgericht Darmstadt, die unglaubliche Frage zu klären, warum ein Ehepaar seine eigenen Kinder tötet. Auch der forensische Gutachter Henning Saß, der vorher im NSU-Prozess Beate Zschäpe begutachtet hat, kann die Frage nicht eindeutig beantworten. Weder bei Werner H. noch bei seiner Frau Christiane gibt es laut seiner Ansicht Hinweise auf psychiatrische Erkrankungen oder krankhafte psychische Störungen. Beide sind voll schuldfähig. Dr. Dr. Werner H. beschreibt sich selbst vor Gericht als »eher egozentrisch, egoman«. Saß nennt ihn eine »akzentuierte Persönlichkeit«. Zum einen zeichnet sich der Doppeldoktor durch Leistungsfähigkeit und Zielstrebigkeit aus. Auf der anderen Seite schildern ihn Zeugen als rechthaberisch und dominant, fordernd und konfrontativ. Mitgefühl hat er für die Menschen um ihn herum eher weniger. Und dann taucht da dieser Insolvenzverwalter in seinem Leben auf, dieser »Plünderer«, wie ihn die Familie nennt. Er lässt sich nicht von Werner H.s zwei Doktortiteln beeindrucken oder von den Sportwagen in seiner Garage. Er stellt sich dem Doppel-Doktor entgegen, der immer bekommt, was er will. Alles Folgende empfindet der bis dahin erfolgreiche Kieferchirurg als Angriff gegen seine perfekte Familienfassade, als persönlichen Krieg gegen ihn selbst. »Es ist sicher so, dass hier in unheilvoller Weise Lebenssituation und Persönlichkeit verhakelt waren«, erklärt Gutachter Dr. Henning Saß.

Auch der Tatablauf scheint vor Gericht nicht so ganz eindeutig. In seiner allerersten Vernehmung hatte Werner H. noch erklärt, die gesamte Familie habe am Abend des 30. August in dem Frankfurter Restaurant gemeinsam beschlossen, sterben zu wollen. Alle seien damit einverstanden gewesen, auch der 13-jährige Anton und die 10-jährige Emilia: »Wir haben den Wunsch der Kinder umgesetzt. Wir haben die

Kinder getötet.« Als der Polizist noch mal nachfragt, ob er mit »wir« auch seine Ehefrau Christiane meint, antwortet Dr. Dr. H. belehrend: »Wir sind auch Oralchirurgen, meine Frau kann das.« Nur weil es so schnell gehen musste, hätten die beiden eine so »dilettantische Leistung« abgelegt. Auf der Aufnahme von der ersten Vernehmung klingt es, als würde Werner H. von einer gemeinsamen Wohnzimmerrenovierung sprechen. Dabei geht es um den Mord an seinen eigenen Kindern.

Am zweiten Verhandlungstag erzählt der Kieferchirurg dann eine ganz andere Version der Geschichte: Plötzlich will er den Tod seiner beiden Kinder ganz alleine beschlossen und ausgeführt haben, seine Frau habe von nichts gewusst. Christiane H. bestätigt vor Gericht die zweite Aussage ihres Mannes. Sie sagt, dass sie wegen der Tabletten Erinnerungslücken habe und sich nur noch daran erinnern kann, wie ihr Mann plötzlich nachts auf der Treppe mit dem blutigen Messer vor ihr stand. Durch seine ausholende Bewegung erklärt sie auch die Blutspritzer, die die Spurensicherung später auf ihrer Kleidung gefunden hat. Obwohl sie spätestens ab da weiß, dass ihr Ehemann ihre Kinder ermordet hat, folgt sie ihm laut eigener Aussage und setzt sich zu ihm ins Auto, um mit ihm gemeinsam Selbstmord zu begehen. Alles andere aus dieser Nacht sei durch die Tabletten wie in einem Schleier.

An diesen Erinnerungslücken zweifelt aber nicht nur Gutachter Dr. Saß, sondern auch die Staatsanwaltschaft. Oberstaatsanwalt Klaus Tietze-Kattge geht sogar noch weiter: Er glaubt, dass das Ehepaar gar nicht die Absicht hatte, sich in dieser Nacht selbst zu töten. Da beide ausgebildete Ärzte sind, hätten sie wissen müssen, dass die von ihnen eingenommene Menge Tabletten nicht für einen Suizid ausreicht. Und ein Tüftler und Autofreak wie Werner H. müsste doch eigentlich auch wissen, dass man sich mit einem Auto mit Katalysator nicht durch die Abgase das Leben nehmen kann. Der Oberstaatsanwalt glaubt, dass es den beiden nur darum ging, der ganzen Welt die aus ihrer Sicht Schuldigen an ihrer schlimmen Situation zu präsentieren: Die »Neider« der KZV mit ihren falschen Forderungen und den Insolvenzverwalter Professor Harald Hess, den »Plünderer«, der ihnen ihr Leben Stück für Stück weggenommen hat. Er spricht davon, dass die beiden die Tat in

Arbeitsteilung erledigt haben. So wie andere Paare gemeinsam einen Urlaub planen, sollen die beiden also zusammen einen Plan aufgestellt haben, um ihre Kinder zu töten. Nur damit die Eltern sich als Opfer stilisieren können.

Am 19. Juli 2019 fällt das Urteil gegen das Ärztepaar: Werner H. wird wegen zweifachen Mordes und schwerer Brandstiftung zu lebenslanger Haft verurteilt, außerdem stellt das Gericht bei ihm die besondere Schwere der Schuld fest. Seine Ehefrau Christiane wird wegen Beihilfe zum Mord und wegen schwerer Brandstiftung zu zwölf Jahren Haft verurteilt. Die Vorstellung, dass die beiden ihre Kinder gemeinsam getötet haben, ist auch für das Gericht undenkbar: »Dass eine Mutter das tut«, sagt der Vorsitzende Richter Volker Wagner, »das ist so fern jeder Vorstellung. Diese Überzeugung konnten wir nicht finden.« Das Gericht glaubt, dass die Mutter die Tat durch ihre Untätigkeit mitverübt hat, aber eben ohne selbst Hand an ihre Kinder zu legen. Für Richter Wagner ändert das aber nichts am schrecklichen Ergebnis der Nacht zum 31. August 2018 in dem weißen Klinkerhaus in Mörlenbach: »Anton und Emilia sind tot. Getötet durch die Hände ihres Vaters, eines Arztes, und tätiger Mithilfe ihrer Mutter.«

Eine Stunde lang dauert die lebhafte Urteilsbegründung des Richters. Dr. Dr. Werner H. und seine Frau Christiane nehmen seine Worte zur Kenntnis, regungslos, wie versteinert. Am Ende lehnt sich der Richter nach vorne und spricht Christiane H. direkt an. Er und alle Menschen im Saal stellen sich wahrscheinlich gerade dieselbe Frage: Warum hat Christiane H. nicht einfach die Kinder genommen und ist gegangen – bevor es zu spät war? »Die Kinder würden noch leben – ohne ihren Vater. Die Kinder sind tot – durch ihren Vater und mithilfe ihrer Mutter«, sagt Wagner. Dann schaut er Christiane H. ins Gesicht: »Ich weiß nicht, wie Sie damit umgehen.«

Sowohl Werner, als auch seine Ehefrau Christiane H. legen gegen das Urteil des Landgerichts Darmstadt Revision ein. Am 28. Juli 2020 urteilt der BGH über den Fall. Die Revision von Dr. Dr. Werner H.

wird als unbegründet verworfen. Sein Urteil wird damit rechtskräftig. Bei dem Urteil seiner Frau sieht es etwas anders aus: Der BGH überweist den Fall zurück an das Darmstädter Landgericht, das für Christiane H. teilweise neue Strafen festsetzen muss, wobei die neue Gesamtstrafe die bisherige Haftstrafe von zwölf Jahren nicht überschreiten darf. Vielleicht klärt sich dann auch eine Frage, die im ersten Verfahren nicht beantwortet wurde: Bei der Durchsuchung des Hauses nach der Tat entdeckten die Polizisten im Büro von Mutter Christiane H. ein gemaltes Kinderbild. Eine düstere Szene, die aus heutiger Sicht wie ein grausamer Blick in die Zukunft wirkt: Auf dem Bild steht eine Frau vor einem brennenden Haus. Sie hat zwei Messer in ihrem Rücken. Das Bild hat der Vorsitzende Richter Volker Wagner im ersten Prozess hochgehalten und die Eltern gefragt: »Wer hat das gemalt? Anton? Emilia?« Dr. Dr. Werner H. und seine Frau Christiane haben geschwiegen.

Philipps Fazit

Wenn Eltern ihre eigenen Kinder töten, gehört das wohl zu den schlimmsten Verbrechen, die wir uns vorstellen können. Das zu zerstören, was wir am meisten lieben, sprengt wahrscheinlich die Vorstellungskraft von fast allen von uns. Dabei ist es interessant, sich die Unterschiede zwischen Müttern und Vätern anzuschauen: Mütter töten ihre Kinder häufig direkt nach der Geburt. Das sind meist die Fälle, in denen die Frauen ihre Schwangerschaft verdrängt oder vor ihrem Umfeld versteckt haben. Direkt nach der Geburt sind sie dann komplett überfordert und haben nur einen Gedanken: »Das Kind muss weg.« Je älter das Kind wird, desto größer ist die Wahrscheinlichkeit, dass es vom eigenen Vater getötet wird. Dabei gibt es dann mehrere mögliche Motive: Oft spielt Rache an der Mutter oder die falsch verstandene Vorstellung der perfekten Familie eine Rolle: »Wenn ich das Kind nicht haben kann, dann soll es auch niemand sonst haben«, ist dann oft der Gedanke der mordenden Väter. Oder der Vater wird aus falsch verstandener Fürsorge zum Mörder: »Ohne mich wird es meinem Kind so schlecht gehen, dass ich sein Leben lieber selber beende.« All das sind Gedanken, die kaum einer von uns auch nur zu denken bereit wäre. Und doch fühlt sich für mich in diesem Fall etwas seltsam vertraut an: Kennen wir nicht alle in unserem Umfeld einen Dr. Dr. H.? Jemandem, dessen einziger Antrieb Geld, Macht und Prestige ist – ohne Rücksicht auf Verluste? Solche Menschen finden immer jemanden, der ihnen folgt. Und das, obwohl es in diesem Fall so viele Möglichkeiten gegeben hätte, einfach aus diesem Abwärtsstrudel auszusteigen. Werner H. hätte Privatinsolvenz anmelden können und wäre nach wenigen Jahren wieder schuldenfrei gewesen. Seine Frau Christiane H. hätte die Kinder nehmen und ihren Mann verlassen können. Doch keiner von beiden ist ausgestiegen, stattdessen sind jetzt zwei unschuldige Kinder tot – ermordet von ihren eigenen Eltern. Dass die Liebe oder die Abhängigkeit so weit gehen, macht mich immer noch fassungslos.

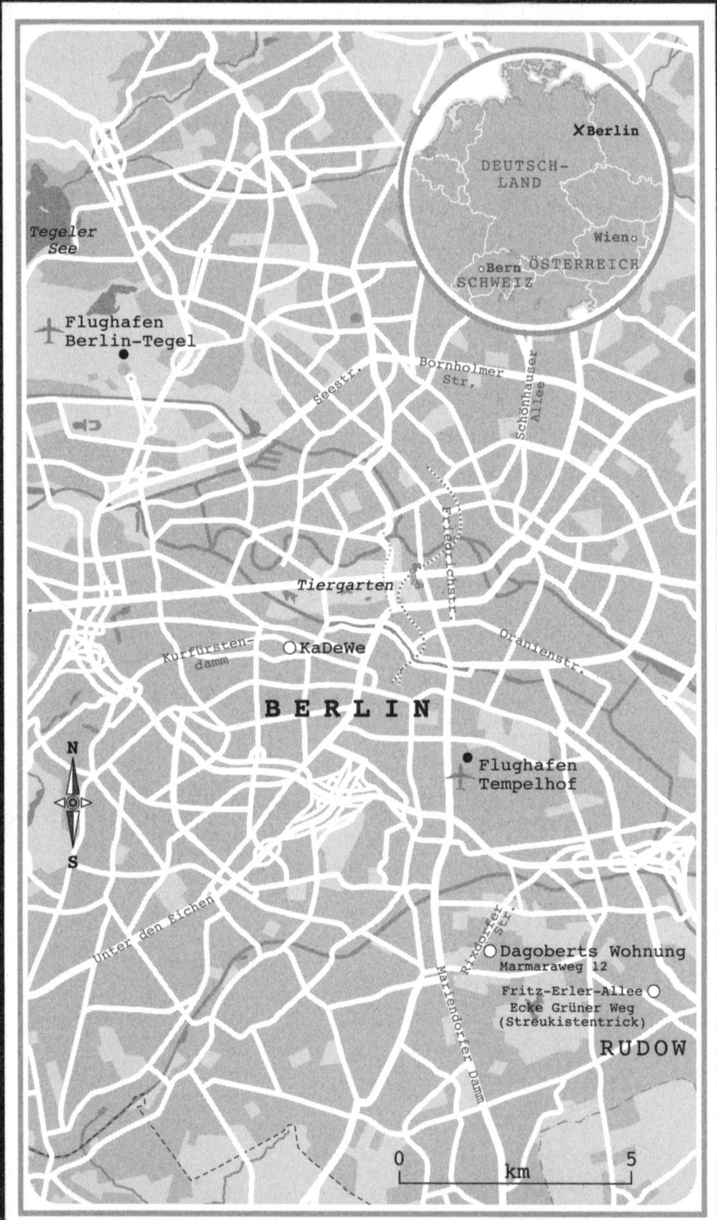

Berlin
DEUTSCH-LAND
Wien
Bern
ÖSTERREICH
SCHWEIZ
Tegeler See
Flughafen Berlin-Tegel
Seestr.
Bornholmer Str.
Schönhauser Allee
Friedrichstr.
Tiergarten
Oranienstr.
Kurfürstendamm
KaDeWe
BERLIN
N
S
Flughafen Tempelhof
Unter den Eichen
Rixdorfer Str.
Dagoberts Wohnung
Marmaraweg 12
Mariendorfer Damm
Fritz-Erler-Allee
Ecke Grüner Weg
(Streukistentrick)
RUDOW
0
km
5

Fall 7
Dagobert

Fallname: Dagobert
Zeitpunkt: 10.5.1988 – 22.4.1994
Tatbestand: Erpressung

Das Paket

Berlin-Schöneberg am 2. Juni 1988: Die Sonne geht gerade unter und taucht die Wolkenfetzen am Himmel in ein tiefes Orange. Obwohl es schon Abend ist, schwitzt der Mann unter seinem Lederblouson. Er hat versucht, seine Nervosität mit Wodka Lemon wegzuspülen, aber das funktioniert heute nicht. Dieser Ort ist riskant für ihn, das weiß er. Eigentlich sind die Bahngleise viel zu nah an seinem Arbeitsplatz, die Autowerkstatt liegt keine 300 Meter vom Gleisbett entfernt. Tagelang hat er nach passenden S-Bahn-Strecken gesucht, aber er hat keinen besseren Ort gefunden. In der Nacht hat er kaum geschlafen, seine Gedanken kleben wie Kleister in seinem Kopf. Jetzt duckt er sich in das Gebüsch am Fuße des Bahndammes, in der Nähe von Kilometerstein drei. Gleich muss die S-Bahn kommen, er hört schon ihr Rattern, immer lauter und lauter. Er traut sich kaum, den Kopf zu heben, nur die Teleskopantenne seines Funkgerätes ragt aus dem Gestrüpp. Jetzt! Die S-Bahn Richtung Frohnau rast direkt an ihm vorbei. Er brüllt in sein Funkgerät, der Fahrtwind des Zuges klatscht in sein Gesicht. Das war's. Der Zug ist weg, in der beginnenden Dunkelheit sieht er nur noch die roten Schlusslichter der S-Bahn. Vorsichtig klettert er aus dem Gebüsch. Hat alles geklappt? Für einen kurzen Moment war er sich so sicher, aber jetzt kriecht die Angst in ihm hoch. Er sucht das leere Gleisbett ab. Nichts. Aus der Angst wird Panik, der Instinkt siegt über den Verstand. Er muss weg hier, bloß weg – sonst kriegen sie ihn. Die Mischung aus Alkohol und Adrenalin in seinem Blut lässt ihn mehr stolpern als laufen. Da ist ein Zaun. Er klettert darüber und bleibt dabei mit dem Fuß hängen, als ein lauter Knall die Stille zerreißt.

Scheiße. Ein Schuss hat sich aus seiner Pistole gelöst. Das hätte ihn umbringen können. Jetzt bereut er die vielen Wodka Lemon, mit denen er sich den ganzen Nachmittag Mut angetrunken hat. Keuchend und schnaufend rettet er sich in ein Gebüsch. So langsam kann er wieder klarer denken. Das wäre fast in die Hose gegangen. Andererseits: Wenn das Ganze nicht klappt, kann er sich sowieso die Kugel geben. Er beschließt, noch eine S-Bahn abzuwarten. Mühsam reißt er sich zusammen und stolpert zurück zu seinem Versteck am Fuße des Bahndammes. Sein Funkgerät, das er in seiner Panik weggeworfen hat, liegt noch im Kies. Da kommt auch schon die nächste Bahn. Als der Zug kurz vor seinem Versteck ist, brüllt er wieder in das Funkgerät. Und wieder rauscht der Zug in einer Wolke aus Staub und Lärm an ihm vorbei. Dann sieht er es: Etwa 15 Meter von seinem Versteck entfernt blitzt auf den Gleisen etwas Helles auf, in der beginnenden Dunkelheit kaum zu erkennen. Könnte es wirklich das sein, was er denkt? Seine Angst und sein Misstrauen sind wie weggeblasen – er klettert den Bahndamm hoch und rennt auf das Paket zu. Als er das raschelnde Papier in den Händen hält, durchflutet Glück seinen ganzen Körper. Er rennt so schnell wie noch nie in seinem Leben. Durch Gärten, über Zäune, durch mannshohe Brennnesseln. Da ist die Werkstatt, endlich! Jetzt muss er seinen Fluchtinstinkt unterdrücken, langsam gehen, normal wirken. Auf der Laderampe einer Spedition sieht er ein paar spielende Kinder. Er ist fast angekommen, da winkt ihm plötzlich jemand zu. Zum Glück nur ein paar Bekannte, die gerade in einer offenen Garage werkeln. Keinem fällt das Paket unter seinem Arm auf, als er freundlich zurückwinkt.

Als sich das Tor der Autowerkstatt an der Schöneberger Naumannstraße schließt, atmet der Mann tief durch. Er hat es geschafft, das Paket in seiner Hand ist der Beweis. Eine Ecke des Packpapiers ist aufgerissen, wahrscheinlich durch das Rauswerfen bei voller Fahrt. Unter der Ecke quellen Banknoten hervor. Tausendmarkscheine. Insgesamt 500 davon stecken in dem Paket. 500.000 Mark – dafür müsste er 20 Jahre arbeiten. Jetzt gönnt er sich doch noch einen Wodka. An diesem Abend wird in der Autowerkstatt in Berlin-Schöneberg eine deutsche Verbrecher-Legende geboren: Dagobert, der Kaufhauserpresser.

Der Berliner Junge

Der Mann, den später ganz Deutschland als Dagobert kennt, kommt am 14. März 1950 als Arno Funke in Berlin zur Welt und wächst in Rudow auf, einem Außenbezirk der damals noch recht ländlich ist. Wo heute die Betonblöcke der Gropiusstadt stehen, erstrecken sich in Arnos Kindheit weite Felder. Er ist das sechste Kind seiner Eltern, sehr wahrscheinlich ungeplant: Seine Mutter, eine Norwegerin, ist bei seiner Geburt schon weit über 40 und seine Geschwister wesentlich älter als er. Arno ist ein aufgewecktes Kind, das gerne Streiche spielt. Am liebsten klettert er auf den Schornstein seines Elternhauses, um von dort aus mit einem selbst gebastelten Fernglas die Nachbarschaft zu beobachten – zumindest so lange, bis seine Mutter ihn erwischt. Seinen Vater beschreibt er selbst in seiner Autobiografie als strengen Mann: Wenn sein Sohn nicht spurt, legt er ihn übers Knie. Aber noch mehr als die Schläge auf den Hintern schmerzt Arno, dass sein Vater sich mehr für sein Bier und seine Lottoscheine interessiert, als für seinen jüngsten Sohn. Als Arno zehn ist, trennen sich seine Eltern, und er zieht mit seiner Mutter nach Neukölln. Von der ländlichen Idylle von Rudow verschlägt es die Funkes in eine Einzimmerwohnung im Hinterhof mit Außentoilette. Für Arno fühlt sich das wie ein Gefängnis an und er zieht sich immer mehr zurück. Mit 14 bastelt er das erste Mal an elektrischen Schaltungen, außerdem interessiert er sich für Chemie. Trotzdem ist er kein guter Schüler, er kann sich einfach nicht lange konzentrieren. Zeitweise besucht er die heute berüchtigte Rütlischule in Neukölln. Nachdem er bereits zweimal sitzengeblieben ist, verlässt er die Schule nach der 7. Klasse. Er beginnt eine Lehre als Fotograf, die er aber abbricht. Die zweite Lehre als Schilder- und Lichtreklamehersteller schließt er mit 19 ab. Er zieht ins ostwestfälische Bielefeld, lebt dort in einer Einzimmerwohnung an der vielbefahrenen August-Bebel-Straße und arbeitet für eine bekannte Limonadenfirma. Diese Zeit beschreibt er später als eine der glücklichsten in seinem Leben und Bielefeld als »riesigen Abenteuerspielplatz«. Trotzdem zieht er nach anderthalb Jahren in Ostwestfalen zurück nach Berlin. Die nächsten zehn Jahre hält er sich mit verschiedenen Jobs über Wasser: Als Schildermaler, Diskjockey und als Bauhelfer in Norwegen. Eigentlich würde er gerne mit seiner Kreativität Geld verdienen und versucht sich als Pressefotograf und Kunstmaler. Am Ende landet er als Lackierer in der Werkstatt seines Kumpels Heiner und verziert dort Autos und Motorräder. Er lebt ein einfaches Leben, hat nie viel Geld, trinkt zu viel.

Als der inzwischen fast 38-Jährige Arno Funke sich an einem kühlen Märzmorgen 1988 mit hämmernden Kopfschmerzen aus seinem zerwühlten Bett quält, stößt er mit den Füßen gegen leere Bierflaschen, die über den Schlafzimmerfußboden rollen. In der Küche stapeln sich dreckige Teller, leere Schnapsflaschen und Fast-Food-Verpackungen. Seit zwei Jahren hat Arno Funke das Gefühl, dass er endlich etwas in seinem Leben ändern muss, aber ihm fehlt die Kraft. Ständig versucht er, irgendwie ein paar Mark zu verdienen, aber sobald er etwas Geld überhat, werden die Scheine direkt in Schnaps- oder Bierflaschen investiert. Statt große Kunst auf die Leinwand malt er kitschige Totenköpfe oder Schriftzeichen auf Kotflügel von Autos. Er kommt sich vor wie ein Marathonläufer, der rennt und rennt, ohne das Ziel zu kennen. Seit einem Jahr spürt er kaum noch gute Gefühle, so beschreibt er die Situation selbst. Zu diesem Zeitpunkt arbeitet Arno schon seit acht Jahren in der Autowerkstatt in Schöneberg und hantiert so gut wie jeden Tag mit giftigen Farben und Lösungsmitteln – ohne sich zu schützen. »Als Seiteneinsteiger war mir überhaupt nicht bewusst, wie ungesund das Zeug ist. Außerdem war ich ja jung, da kann man schon einiges ab«, erinnert er sich später. Durch die giftigen Dämpfe wird sein Gehirn geschädigt. Laut einem späteren Gutachten ist das einer der Auslöser für seine Depression.

Der Bastler

Der Moment, der Arno Funkes Leben für immer verändern soll, ist gekommen, als er in der Mittagspause in einem großen Berliner Kaufhaus einkaufen geht. Kurz vorher hat er mit dem Gedanken gespielt, sich mit einer Pistole, die er mal einem Arbeitskollegen abgekauft hatte, das Leben zu nehmen. Aber selbst dafür fehlt ihm der Mut. Er beschließt, ganz neu anzufangen, aber dafür braucht er Geld. An der Kasse der Lebensmittelabteilung fällt sein Blick auf die mit Münzen und Scheinen prall gefüllte Kassenschublade. Da macht es in seinem Kopf klick. Wie viel nimmt so ein Kaufhaus wohl an einem Wochenende ein? 300, 400.000 Mark vielleicht? Das könnte seine Probleme lösen, denkt er sich. Ein großer Kaufhauskonzern kann so eine Summe sicher verschmerzen. Aber wie kommt er an das Geld? Er will keine direkte Konfrontation, also kein Überfall. Dann Erpressung. Nur wie? Er könnte Lebensmittel vergiften, doch das würde auch Unschuldige treffen. Trotzdem muss er irgendwie ein Zeichen setzen, damit der Konzern auch wirklich zahlt. Arno Funke denkt an eine Kindheit zurück, in der er so gerne mit seinem Chemiebaukasten gespielt hat. Vielleicht eine Bombe? Die müsste dann aber nachts hochgehen, außerhalb der Öffnungszeiten des Kaufhauses, schließlich soll niemandem etwas passieren. Er beginnt also, Bücher über Bombenbau zu wälzen, und kauft sich seine »Zutaten« in Bastler- und Elektronikgeschäften. Als Ziel hat er sich das wohl berühmteste Kaufhaus Deutschlands ausgesucht: das KaDeWe.

Seit 1907 ist das riesige Kaufhaus aus neoklassizistischem Eisenbeton am Wittenbergplatz das Symbol des Konsums in Berlin. Tausende Menschen schlendern hier jeden Tag mit vollgepackten Einkaufstüten durch die Abteilungen, fahren auf Dutzenden Rolltreppen rauf und wieder runter, um noch mehr zu kaufen. Zu diesem Zeitpunkt gehört das KaDeWe zur Hertie-Gruppe, damals noch eine der größten Kaufhausketten in Deutschland. Arno Funke hat sein Ziel gefunden: Ein Anschlag in diesem Promi-Kaufhaus würde für großen Aufruhr sorgen – sicher mehr als eine Attacke auf einen Discounter.

Der erste Versuch

Am 10. Mai 1988 ist es so weit.

Auf der Fahrt in die Berliner City schwitzt Arno Funke vor Aufregung. Die selbst gebastelte Bombe hat er in eine Plastiktüte gestopft. Wenn mir jetzt einer ins Auto fährt, fliege ich gleich mit in die Luft, denkt er. Aber er schafft es mitsamt seiner explosiven Tüte sicher bis ins KaDeWe. Dort versteckt er die Bombe hinter einem Haufen Plastikkisten in der Spielwarenabteilung und fährt nach Hause. Auf dem Nachhauseweg wirft er noch das Erpresserschreiben in den Briefkasten der Berliner Hertie-Zentrale: Er fordert 500.000 Mark von dem Konzern. In dieser Nacht kann er kaum schlafen.

Am nächsten Morgen wartet er im Radio auf die Nachricht, dass es im KaDeWe eine Explosion gab – nichts. Also fährt er zum Kaufhaus, um zu überprüfen, ob die seine Forderung überhaupt bekommen haben. Direkt neben dem Haupteingang klebt im rechten Schaufenster ein bierdeckelgroßer Punkt – das vereinbarte Signal. Hertie will zahlen, auch wenn die Bombe in dieser Nacht nicht hochgegangen ist.

Für die Übergabe hat sich der Bastler Arno Funke etwas Besonderes überlegt: eine Unterwasser-Seilwinde, die den wasserdichten Lösegeld-Behälter nach der Übergabe auf einem Bootssteg unter Wasser ziehen soll. Als passenden Übergabeort wählt er das ehemalige Gelände der Berliner Bundesgartenschau an der Mohriner Allee – heute bekannt als Britzer Garten. Von da aus will er den Geldboten per Funkgerät knapp 20 Kilometer quer durch die Stadt an die Havelchaussee im Stadtteil Wilmersdorf lotsen. Am Steg des Restaurantschiffes »Alte Liebe« soll dann die eigentliche Lösegeldübergabe stattfinden.

Was Arno Funke noch nicht weiß: Trotz der Drohungen in dem Erpresserschreiben hat Hertie die Polizei eingeschaltet, und die hat dem Konzern geraten, erst mal zum Schein auf die Forderungen einzugehen. Also wird der Geldbote wie vereinbart nachts um drei in den Park an der Mohriner Allee geschickt. Der versteht dann aber die aufgezeichnete Nachricht über Funk nicht richtig, und die Polizei findet die Übergabestelle an der Havelchaussee erst am nächsten Morgen – die erste Übergabe platzt. Als Arno davon in der Zeitung liest, ist er enttäuscht: Sein schöner Plan hat nicht funktioniert. Jetzt will er den Druck auf das KaDeWe erhöhen.

Der zweite Versuch

Zwei Wochen später, am 25. Mai 1988, steht Arno Funke wieder im Kaufhaus des Westens. Dieses Mal hat er sich als Handelsvertreter verkleidet, die Bombe steckt in seinem Aktenkoffer. In der Sportabteilung stellt er den Koffer ab und drückt einen versteckten Schalter, der die Bombe aus dem Koffer unter ein Regal rollen lässt. Alles läuft nach Plan: In der Nacht explodiert die Bombe, niemand wird verletzt. Jetzt steht er wieder vor dem Problem der Lösegeldübergabe. Dieses Mal verzichtet er auf zu viel technischen Schnickschnack, der am Ende nicht funktioniert.

Die Übergabe startet am 2. Juni 1988. Als der Geldbote pünktlich um 20:30 Uhr den Treffpunkt im Berliner Stadtteil Marienfelde erreicht, bekommt er über Funk die Anweisung, im nahe gelegenen Bahnhof Bukower Chausse um 20:43 Uhr die S-Bahn in Richtung Frohnau zu nehmen. Kurz hinter dem damaligen Bahnhof Papestraße bekommt der Geldbote per Funk die Nachricht: »Hier spricht der Erpresser! Werfen Sie das Geld jetzt raus! Werfen Sie das Geld jetzt raus!«

Um 20:55 Uhr landet ein Päckchen mit 500.000 Mark im Gleisbett der S-Bahn, und der Aushilfslackierer Arno Funke wird zum erfolgreichen Kaufhauserpresser.

Geld macht nicht glücklich

Während sich Arno Funke über seinen neuen Reichtum freut, ist ihm die Polizei schon auf der Spur: Eines der spielenden Kinder, die Arno auf seinem Weg von den S-Bahngleisen zur Werkstatt gesehen haben, kann der Polizei eine Beschreibung des Mannes mit dem Päckchen unterm Arm geben. Einige Tage später prangt ein Phantombild auf allen Titelseiten der Zeitungen. Es gibt 25.000 Mark Belohnung für Hinweise, die zur Festnahme des Erpressers führen.

Arno haut ab. Mit seinen Kumpels macht er fünf Wochen Urlaub, eine Motorradtour, die ihn über Frankreich und Spanien bis nach Ibiza führt. Als er wieder nach Berlin kommt, hat sich der Staub, den er mit seiner Erpressung aufgewirbelt hat, wieder ein wenig gelegt. Nur einmal wird es knapp für ihn: Eine seiner Ex-Freundinnen hält ihm eines Tages das Phantombild unter die Nase und fragt ihn direkt, ob er was mit der Sache zu tun hat. Irgendwie schafft Arno Funke es, sich nichts anmerken zu lassen und streitet alles ab. Die Ex-Freundin glaubt ihm. Danach fährt er extra nach Frankfurt und Bonn, um das Lösegeld umzutauschen. Er gibt es für Kleidung, Essen im Restaurant und für Urlaube aus. Erst geht es nach Südkorea, einige Wochen später fliegt Arno dann mit einem Kumpel auf die Philippinen. Dort lernt er eine Philippina namens Eva kennen und die beiden verlieben sich. Nur drei Wochen später holt er Eva nach Berlin. Kurze Zeit später heiraten die beiden in Manila, am 27. August 1990 wird ihr Sohn Christoph geboren. Arno Funke sucht sich eine Werkstatt in Bohnsdorf, am südlichen Rand von Berlin in der Einflugschneise des Flughafens Schönefeld, und arbeitet wieder mehr an seinen Kunstprojekten. Sein Gesundheitszustand bessert sich allerdings nicht wirklich, und auch das Geld aus der KaDeWe-Erpressung wird mit jedem Urlaub und jedem Familienausflug weniger.

Vier Jahre nach seiner ersten Erpressung hat sich das Land, in dem Arno Funke lebt, komplett verändert: Deutschland ist wiedervereinigt und West-Berlin ist keine Insel innerhalb der DDR mehr. Auf die Wende in seinem Leben wartet der 42-Jährige dagegen immer noch. Das Geld, das Arno einen beruflichen Neustart ermöglichen sollte, ist so gut wie weg, und er ist immer noch kein gefeierter Künstler. Auch seine Frau findet keinen Job – trotzdem soll es sein 2-jähriger Sohn mal besser haben als er. Und irgendwann ist da wieder dieser Gedanke: Was wäre, wenn er noch einmal … nur noch dieses einzige Mal.

Eine Legende wird geboren

Der Gedanke wird zum Plan, als er auf einem Flohmarkt ein altes Nachtsichtgerät aus Sowjetbeständen entdeckt. Am 12. Juni 1992 fährt er mit seinem alten Mercedes von Berlin nach Hamburg. Dieses Mal hat er sich den Karstadt-Konzern als Erpressungsopfer ausgesucht. Er steuert die Karstadt-Filiale in der Hamburger Mönckebergstraße an, eine der schicksten Einkaufsstraßen der sowieso schon ziemlich schicken Hansestadt. In einer großen Bodenvase in der Porzellanabteilung versteckt Arno Funke seine Bombe. »Das Ding ist so hässlich, das gehört sowieso weggesprengt«, findet er.

Als er am nächsten Tag zu Hause in Berlin die Nachrichten im Radio hört, fällt ihm die Kaffeetasse aus der Hand: Es wird zwar über seinen Anschlag in dem Hamburger Kaufhaus berichtet, aber der letzte Satz lässt ihn zusammenzucken: »Eine Gruppe gegen Konsumterror hat sich zu dem Anschlag bekannt. Es entstand ein Schaden von 200.000 Mark« – Trittbrettfahrer haben seinen Anschlag für sich beansprucht. Arno Funke beschließt, in seinem nächsten Erpresserbrief eine Sprengstoffprobe mitzuschicken, damit direkt klar ist, dass er der wahre Bombenleger ist. Eine Million Mark soll Karstadt ihm zahlen. Aber wie soll der Konzern signalisieren, dass sie auf seine Forderung eingehen? Am besten über eine Anzeige im Hamburger Abendblatt in der Rubrik »Grüße und Glückwünsche« – nur mit welchem Text? Es muss etwas Eindeutiges, aber nicht zu Auffälliges sein. Während er an seiner Schreibmaschine sitzt, fällt sein Blick auf den Turnbeutel, den er sich extra für die Geldübergabe gekauft hat. Es ist ein pinker Stoffbeutel mit dem Logo der Zeichentrickserie »Ducktales« und einem Bild der Serienfigur Dagobert Duck. Einmal in Geld schwimmen wie die reichste Ente der Welt – das wäre doch was! Jetzt weiß Arno Funke, was in der Anzeige im Hamburger Abendblatt stehen soll, mit der der Karstadt-Konzern ihm seine Zahlungsbereitschaft signalisieren soll: »Dagobert grüßt seine Neffen.« Und so hat Deutschlands bekanntester Kaufhauserpresser plötzlich einen Namen.

Immer wieder Dagobert

Die Geldübergabe soll am 15. Juli bei Bad Doberan in Mecklenburg-Vorpommern stattfinden. Wieder hat Dagobert sich einen Zug für die Lösegeldübergabe ausgesucht. Der Bote soll die Million in einem Kasten am Ende eines bestimmten D-Zuges von Rostock nach Berlin verstauen. Der Kasten ist außen am Zug mit vier Elektromagneten befestigt, die per Funk ein- und ausgeschaltet werden können. So will Dagobert den Kasten an einer bestimmten abgelegenen Stelle, an der er bereits wartet, abwerfen und so die Kohle einsacken. Aber der Abwurf klappt nicht, weil der Geldbote den Kasten am Zug festbindet: Kein Geld für Dagobert. Der schickt weitere Briefe, in denen er immer verzweifelter klingt: »Auch mir macht die Erpressung keinen Spaß, aber ich habe keine andere Wahl. Meine Situation ist verzweifelt, die Alternative ist Suizid (...) Ich werde dieses Mal keine Bombe legen. Bei einem weiteren Fehlschlag würde ich unter Zugzwang kommen, und eine weitere Explosion wäre unvermeidlich.«

Die zweite Geldübergabe findet am 14. August 1992 in Reinbek in der Nähe von Hamburg statt, auf der Bahnstrecke Hamburg-Berlin. Die Sonne hat sich hinter den Wolken verzogen und Platz gemacht für den typischen Hamburger Nieselregen. Der Zug kommt, aber später, und er fährt langsamer als sonst. Dagobert hat sich in der Böschung versteckt, sein vorher bei Karstadt gekauftes Fahrrad hat er mit schwarzer Sprühfarbe umlackiert. Als der Zug an ihm vorbeirattert, drückt er den Auslöser und das am letzten Waggon befestigte Paket fällt auf die Gleise. Endlich!

Dagobert sprintet gerade los, um das Paket zu holen, da sieht er im Augenwinkel, dass der Zug etwa 100 Meter weiter abbremst. Mehrere Dutzend Polizeibeamte springen aus den Waggons, und ein lauter Knall zerreißt die Stille des Waldstücks an den Bahngleisen. Aber Dagobert hat das Geldpaket schon von den Schienen geschnappt und ist schon wieder bei seinem Fahrrad. Mit den Ermittlern dicht auf den Fersen tritt er wie ein Verrückter in die Pedale – und kann sich in einem nicht abgeschlossenen Geräteschuppen in Sicherheit bringen. Das Geldpaket versteckt er im Boden des Schuppens, damit er es abholen kann, wenn sich die Aufregung gelegt hat. Als er einige Tage später zurückkehrt, traut er seinen Augen nicht: Die beiden dicken Geldpakete sind gefakt, nur die obersten Tausender sind echt, der Rest ist wertloses Papier. Gerade mal 4000 Mark hat er sich mit der aufwendigen Aktion ergaunert, das deckt nicht mal die Ausgaben für die Technik.

Jetzt muss Dagobert Druck machen, er will zeigen, dass er es ernst meint. Am 9. September 1992 explodiert in der Abteilung für Autozubehör bei Karstadt in Bremen nachts ein Brandsatz. Durch den Brand und die Sprinkleranlage des Kaufhauses entsteht ein Schaden von rund sechs Millionen Mark. Trotzdem: So richtig ernst nimmt die Polizei Dagobert nicht. Ein Ermittler erzählt in einem Interview mit einer Hamburger Zeitung, er glaube nicht, dass der Erpresser dazu fähig wäre, eine Bombe während der Öffnungszeiten eines Kaufhauses zu zünden.

Als der Tüftler Arno Funke das liest, will er der Polizei das Gegenteil beweisen: Nicht mal eine Woche nach seinem Anschlag in Bremen nimmt sich Dagobert die Karstadt-Filiale in Hannover vor. In einem Stoffschrank in der Haushaltswarenabteilung explodiert am 15. September gegen 18 Uhr eine kleine Rohrbombe. Dagobert schaut sich die Explosion von der Rolltreppe aus an. Niemand wird verletzt, nur eine Verkäuferin und eine Kundin klagen später über leichtes Ohrensausen. Arno Funke ist sich sicher: Jetzt wird Karstadt zahlen. Aber das Ganze ist schwieriger als gedacht, der erste Übergabe-Versuch in Berlin scheitert.

Am 29. Oktober 1992 ist die Polizei ihm so nah wie noch nie: Auf einem Rasenstück auf Höhe der Berliner Gervinusstraße 7, direkt hinter dem Bahnhof Berlin Charlottenburg, hat Dagobert sein Fahrrad an einer Laterne abgestellt. Wieder mal soll das Geld aus einem fahrenden Zug abgeworfen werden. Gerade als Dagobert sich das Paket holen will, hört er Rufe aus dem Zug und rennt weg, zurück zu seinem Fahrrad.

Doch auf dem Rasenstück wartet bereits ein Polizist in Zivil auf ihn, der die Lage sofort durchschaut. Beide rennen auf die Straßenlaterne zu, unter der das Fahrrad steht. »Halt, stehen bleiben, Polizei!« schreit der Ermittler, aber den Gefallen tut Dagobert ihm nicht. Er ist eine Sekunde früher als der Polizist am Fahrrad, springt auf und tritt in die Pedale. Der Ermittler versucht, nach ihm zu greifen, und dann passiert das, was die Presse später hämisch die »Hundekot-Arie« nennen wird: Er rutscht aus. Ob nun nasses Laub oder ein Hundehaufen der Auslöser war, Fakt ist: Dagobert ist wieder mal davongekommen, und fast ganz Deutschland lacht über die Trotteligkeit der Polizei.

Ein Serientäter?

Doch die Ermittler sind viel näher an Dagobert dran, als der denkt. Die Hamburger und die Berliner Polizei gründen gemeinsam die Sonderkommission Dagobert. Eine der wichtigsten Mitarbeiterinnen dieser Kommission ist die Kriminalpsychologin Claudia Brockmann, die ein immer detaillierteres Bild des Menschen hinter der Kultfigur Dagobert zusammenstellt: Der Gesuchte ist sehr überzeugt von seinen technischen Fähigkeiten, denn sein erster Erpresserbrief an Karstadt wurde abgeschickt, *bevor* die Bombe in der Filiale Mönckebergstraße explodierte. Außerdem sind sich die Ermittler ziemlich sicher, dass Dagobert identisch mit der Person ist, die im Jahr 1988 erfolgreich 500.000 Mark vom KaDeWe erpresst hat: »Uns war klar, dass er kein Geld kriegen durfte«, erinnert sich Claudia Brockmann später: »Wenn er durchkommt, wird er in ein paar Jahren wieder auf dieses Erfolgsmodell zurückgreifen und die nächste Bombe legen. Dann haben wir einen Serientäter geschaffen.« Also kommen bei den Übergaben ab jetzt Papierschnipsel statt echtem Geld zum Einsatz. Das ist riskant: Was ist, wenn der Erpresser irgendwann doch Ernst macht, weil er kein Geld bekommt? Diese Frage beschäftigt Claudia Brockmann. Die blonde Polizeipsychologin vom Hamburger LKA erstellt ein Täterprofil von Dagobert.

Weil er einem seiner Briefe einen Bomben-Bauplan beigelegt hat, um zu beweisen, wozu er fähig ist, glaubt sie, dass Dagobert zwar ein fähiger Tüftler, sonst aber ziemlich unsicher ist. Ihm ist es wichtig, was andere von ihm denken: Claudia Brockmann vermutet, dass hinter Dagobert ein einsamer, wahrscheinlich arbeitsloser Mann steckt, für den die Tüftelei sein Lebensinhalt ist. Deshalb braucht er eine Legitimation für sein Handeln. Das lässt sich auch aus einigen seiner Briefe herauslesen, wie aus dem Schreiben nach dem gescheiterten Übergabeversuch am 15. Juli in Bad Doberan: »Auch mir macht diese Erpressung keinen Spaß, aber ich habe keine andere Wahl.« Wenn also wieder eine Bombe explodiert, ist nicht er als Bombenbauer schuld, sondern Karstadt, weil der Konzern nicht zahlt, oder die Polizei, weil sie die Übergabe verhindert.

Die Ermittler müssen es so aussehen lassen, als würde ein technischer Fehler von Dagobert dazu führen, dass die Übergabe scheitert. Dann würde er, da sind sie sich sicher, einen Aufschub akzeptieren und sie hätten mehr Zeit für die Ermittlungen. Denn Zeit spielt bei dieser Jagd eine entscheidende Rolle. Bei vielen Serientätern wird der Radius, in dem sie operieren, mit der Zeit, in der nach ihnen gefahndet wird, immer kleiner. Vielleicht können sie sich die Reisen an Orte, die nicht mit ihnen in Verbindung stehen, nicht mehr leisten. Oder ihre Angst vor der Entdeckung wird mit dem wachsenden Fahndungsdruck immer größer. Jedenfalls ziehen sich viele Serientäter dorthin zurück, wo sie sich auskennen.

Bei Dagobert ist es genauso. Auch wenn die Anschläge überall in Deutschland stattfinden, für die Übergabe des Lösegeldes wählt Dagobert immer wieder Berlin, auch beim nächsten Mal: Es ist der 19. April 1993 in Neukölln-Britz. Dagobert hat sich etwas Neues einfallen lassen, nachdem das Abwerfen des Lösegelds aus fahrenden Zügen so oft nicht funktioniert hat. »Ich wusste, dass ich meine Taktik bezüglich der Geldübergabe ändern musste. Ich brauchte dringend eine neue Idee, denn die Eisenbahn war ausgereizt. Etwas völlig Neues musste her. Etwas, das die Polizei auf dem linken Fuß erwischte.«

Und genau das wartet jetzt auf einem Parkplatz in Neukölln an der Ecke Fritz-Erler-Allee/Grüner Weg. Wieder ist der Lösegeldbote wie bei einer Schnitzeljagd quer durch die Stadt gehetzt. Nachdem er in einem Schließfach im Bahnhof Zoo einen Schlüssel und diese Adresse gefunden hat, steht er jetzt vor einer Streusandkiste in einer Nische des Parkplatzes. Mit dem Schlüssel lässt sich das Vorhängeschloss an der Streusandkiste problemlos öffnen. In der Kiste selbst ist nichts als Streusand und ein Zettel: »Geld reinlegen, Klappe verschließen und verschwinden!« Der Geldbote, natürlich ein Polizist in Zivil, zweifelt kurz: Der Boden der Kiste ist stabil, außerdem ist die Nische so eng, dass man die Kiste nicht so ohne Weiteres rausbekommt. Außerdem ist in dem Geldbeutel ein Peilsender versteckt. Da soll Dagobert mal sehen, wie er an das Geld kommen will, ohne erwischt zu werden – denn der Parkplatz wird natürlich von der Polizei beobachtet. Der Bote legt das Geld in die Kiste, schließt das Vorhängeschloss ab und entfernt sich von dem Parkplatz. Gerade mal zwei Minuten später zeigt der Peilsender in dem Geldbeutel an, dass das Geld sich bewegt, obwohl die Kiste immer noch verschlossen auf ihrem Platz steht – unter den Augen von Dutzenden Polizisten.

Der ganz große Zaubertrick

Die Vorbereitungen für diesen Trick beginnen schon Wochen vor der geplanten Übergabe. Dagobert studiert die Pläne der Berliner Kanalisation, bis er die passende Stelle gefunden hat: ein abgelegener Gullydeckel in einer kleinen Nische am Rande eines Parkplatzes in Neukölln. Unter dem Gullydeckel führt die schmale Röhre nach hundert Metern in einen gemauerten Tunnel, in dem ein Erwachsener aufrecht stehen kann. Durch feuchte und stickige Tunnel und Kammern geht es von da aus kilometerweit unter der Stadt durch bis zu einem Regenwasserbecken in Gropiusstadt. Es ist die perfekte Fluchtroute.

Während die Polizei weiter glaubt, dass auch die nächste Übergabe wieder mit der Bahn stattfindet, macht sich am 16. April 1993 ein

Mann mit Gummistiefeln, rotem Bauhelm und blauem Arbeitsanzug auf den Weg. In seiner Verkleidung als Handwerker sperrt Dagobert als Erstes die »Baustelle« ab. Es ist ein Freitagmittag, die meisten Nachbarn sind bei der Arbeit, die Kinder in der Schule. Der falsche Bauarbeiter hat freie Bahn. Er hievt den 80 Kilo schweren Kanaldeckel in seine mitgebrachte Schubkarre und verschließt das Loch mit einer Holzplatte und einer dünnen Schicht Beton. Jetzt muss er warten, bis der Beton getrocknet ist.

Montag, 19. April 1993, es sind nur noch wenige Stunden bis zur Übergabe. Arno Funke hat sich einen Transporter gemietet, er muss zum Baumarkt. Aus Brettern, Beschlägen und Dachpappe zimmert er eine Streusandkiste zusammen, die er mit brauner Farbe auf alt trimmt. Nachdem die Kiste an ihrem Platz in der Nische über dem Kanalrohr steht, wischt sich Arno Funke zufrieden den Schweiß von der Stirn. Die falsche Streusandkiste sieht so aus, als habe sie schon immer an dieser Stelle gestanden. Jetzt muss er sie nur mit Granulat füllen. Und einem kleinen Extra – einem Zettel mit der Anweisung: »Geld reinlegen, Klappe verschließen und verschwinden!«

Am Abend kommt das große Finale. Während oben Dutzende Polzisten aus sicherer Entfernung die verschlossene Streusandkiste mit dem Lösegeld nicht aus den Augen lassen, schleicht Dagobert sich von unten durch den Regenwasserkanal an, bis er direkt unter der Kiste steht. Nur noch ein paar Schrauben im Kistenboden und die dünne Betonschicht trennen ihn von dem Geld. Er muss jetzt ganz leise sein. Vorsichtig stemmt er sich mit der Schulter gegen den Beton, bis er es knacken hört. Mit zitternden Fingern löst er die Schrauben aus dem Holzboden der Kiste, da rieselt ihm schon der Streusand entgegen. Sekunden später hat er eine weiß-blaue Plastiktüte in der Hand, in der sich ein Paket befindet, das sich irgendwie viel zu steif und zu eckig anfühlt. Als Arno Funke das Paket mit seinem Schraubenzieher aufsticht, würde er am liebsten laut schreien: Es enthält nur weiße Papierschnipsel. Kurze Zeit später sitzt er nass und stinkend in seinem Wagen, aus seiner Wut ist Verzweiflung geworden. Entweder er schmeißt jetzt alles hin oder er zeigt den Ermittlern endgültig, dass er keinen Spaß versteht.

Es knallt wieder

Die nächste Bombe explodiert einen Monat später, am 18. Mai 1993, um 18 Uhr im Untergeschoss der Karstadt-Filiale in Bielefeld. Doch der Schaden bleibt gering, weil sich das Benzin der Brandbombe nicht richtig entzündet. Gleichzeitig bastelt Dagobert wieder an einer neuen spektakulären Übergabe: ein Mini-U-Boot, in das exakt 1000 Tausendmarkscheine passen. Der Geldbote soll die Scheine an einem Bootssteg am kleinen Wannsee in Berlin in das U-Boot legen und es einschalten. Dann soll das Boot sinken und das Geld auf einem vorher einprogrammierten Weg sicher zu Dagobert bringen.

Aber auch dieser Plan funktioniert nicht: Erst hüpft das nur 50 Zentimeter lange Mini-U-Boot bei einem Testlauf »wie ein Delfin auf dem Wasser«, dann ist das Wetter zu schlecht. So scheitert auch diese Übergabe, wie insgesamt noch 17 weitere.

Dagobert fühlt sich nicht ernst genommen, er beschließt die Ermittler zu überraschen: Am 6. Dezember 1994 betritt am Vormittag ein Mann mit dicker Hornbrille in einem dunklen Trenchcoat die Karstadt-Filiale am Berliner Hermannplatz. Es sind nur wenige Kunden in dem Laden, die Angestellten langweilen sich hinter ihren Kassen. In der Kofferabteilung betritt der Mann einen ziemlich versteckt liegenden Fahrstuhl und platziert hinter der Abdeckung der Fahrstuhllampe eine kleine Rohrbombe. Er öffnet die Fahrstuhltür und sieht nach, ob irgendjemand in der Nähe ist, der den Fahrstuhl benutzen will. Alles leer. Dann macht er die Bombe scharf. Jetzt muss alles schnell gehen. Nur noch 18 Sekunden bis zu Explosion. Als Dagobert schon auf dem Weg nach draußen ist, erschüttert ein dumpfer Knall das Kaufhaus. Er hat gerade seine sechste Bombe gezündet.

Und er hat auch schon eine Idee für die nächste Übergabe – es geht zurück zu den Wurzeln, oder besser gesagt zu den Schienen: Mittlerweile hat sich die Lösegeld-Summe auf 1,4 Millionen Mark erhöht. Funke will endlich Geld sehen, zu Hause kommt die Familie mit dem Putzfrauen-Gehalt seiner Frau kaum über die Runden. »Nicht einmal für ein neues Fahrrad für das Kind war genügend Geld da«, erinnert sich später eine Nachbarin der Funkes. Auch mit der Miete für seine Wohnung und für seine Laube (die eigentlich seine Werkstatt ist), kommt Arno Funke in Rückstand. Schließlich muss er Sozialhilfe beantragen, und das schmerzt sein Ego gewaltig.

Am 22. Januar 1994 soll es endlich so weit sein. Der Winter fühlt sich in diesem Jahr eher wie ein verregneter Sommer an, so ungewöhnlich warm ist es an diesem Tag. Wieder sitzt Dagobert versteckt im Gebüsch an den Bahngleisen, dieses Mal an einer stillgelegten Bahnstrecke an der Rudolph-Wissel-Brücke in der Nähe von Schloss Charlottenburg in Berlin. Um Punkt 19:45 Uhr empfängt er das Signal, auf das er gewartet hat. Der Geldbote hat das Paket wie vereinbart in sein selbst gebautes Schienenfahrzeug gelegt, das einige Kilometer weiter bereitstand. Jetzt muss er nur noch den roten Knopf drücken, und die Mini-Lore setzt sich in Bewegung. Fünf Minuten später wäre das Geld bei ihm, das hat sich Dagobert genau ausgerechnet. Aber nichts passiert. Er wartet. Als das Geld nach einer Viertelstunde immer noch nicht da ist, beschließt er, sich aus dem Staub zu machen.

Keine Sekunde zu früh, schon wirbeln die Lichtkegel von Taschenlampen durch die Dunkelheit. Der Geldbote hat das Schienenfahrzeug wie vereinbart gestartet, aber nach knapp 800 Metern ist die Lore auf den vermoosten alten Schienen entgleist. Dagobert geht mal wieder leer aus.

Entenjagd

Das Katz- und Mausspiel zwischen Dagobert und der Polizei dauert inzwischen schon rund anderthalb Jahre. So langsam wird er immer nervöser, und darauf hat die Polizei natürlich gewartet. Die Ermittler haben einen Plan, um die Ente zu fangen: Offiziell zieht sich die Polizei aus den Verhandlungen um das Lösegeld zurück. Ein angeblicher Karstadt-Angestellter wird zu Dagoberts Ansprechpartner. Doch der ist in Wirklichkeit der ehemaliger SEK-Leiter Klaus Springborn.

Er schafft es, Dagobert immer mehr Informationen über ihn selbst zu entlocken, ohne dass der das merkt.

Als Erstes aber muss Springborn Dagobert dazu bringen, überhaupt mit ihm zu reden, bisher hat der Erpresser nämlich nur vorher aufgezeichnete und mit einem Stimmverzerrer verfremdete Tonbandbotschaften abgespielt. Bei einem der Anrufe sagt Springborn direkt zu Beginn des Telefonates, dass er noch eine wichtige Botschaft für Dagobert hat. Als die Tonbandbotschaft abgespielt ist, fragt ihn der falsche Karstadt-Mitarbeiter, ob Dagobert damit einverstanden ist, auch in Zukunft über Zeitungsanzeigen zu kommunizieren. Der denkt kurz nach und sagt dann kurz und knapp mit verstellter Stimme: »Ja.«

Das ist der erste Durchbruch für die Ermittler: Dagobert hat mit ihnen gesprochen. Dank des Täterprofils von Psychiaterin Claudia Brockmann schafft es Ermittler Springborn, nach und nach Dagoberts Vertrauen zu gewinnen. Er hält sich in den Gesprächen höflich und verständnisvoll zurück, um die Unsicherheit des Erpressers nicht zu provozieren. Außerdem schließt die Psychiaterin aus Dagoberts wiederholten Erwähnungen über seine verzweifelte Lage, dass der Erpresser das Bedürfnis hat, sich über seine Gefühle auszutauschen. Genau das ermöglicht Springborn ihm. Die beiden scherzen miteinander und verstehen sich immer besser.

Irgendwann schlägt Dagobert wieder einen Zeitpunkt für eine Übergabe vor, an dem die Berliner Polizei einen Großeinsatz hat. Das muss der Ermittler natürlich verhindern, weil die Polizei zu dem Zeitpunkt gar nicht genug Leute hätte, um den Übergabeort vernünftig zu überwachen. Also versucht Ermittler Springborn es mit einem Trick: Er behauptet, dass ausgerechnet an diesem Wochenende seine Tochter heiraten würde, und bittet Dagobert um ein paar ruhige Tage. Dagobert stimmt zu. In einem Interview mit Stern Crime erinnert sich die Psychiaterin Claudia Brockmann später: »Sie dürfen die Einsamkeit eines solchen Täters nicht unterschätzen. Er hat nur sich. Er hat Angst, er plant und tüftelt und kann mit niemandem darüber sprechen.« Außer mit dem Mann, den er für einen Karstadt-Angestellten hält.

Mittlerweile sind die Ermittler dazu übergegangen, Telefonzellen zu überwachen. Zu dem Zeitpunkt hat in Deutschland noch kaum einer ein Handy, also geht die Polizei davon aus, dass Dagobert seine Erpresseranrufe von einer Telefonzelle irgendwo in Berlin absetzt. Da Ermittler Springborn es geschafft hat, mit Dagobert feste Zeiten abzumachen, zu denen er anruft, muss die Polizei jetzt nur noch zu bestimmten Uhrzeiten alle möglichen Telefonzellen in dem Gebiet überwachen, in dem sie Dagobert vermutet, nämlich im Süden von Berlin. Der Aufwand ist unglaublich: Einmal überwacht die Berliner Polizei knapp 4000 Telefonzellen, aber genau an diesem Tag benutzt Dagobert zufällig eine andere Telefonzelle als sonst.

Am Dienstag, den 19. April 1994, frisst Dagobert dann endlich den Köder, den die Ermittler ihm hingeworfen haben. Wieder einmal ruft er den vermeintlichen Karstadt-Mitarbeiter an, um über die nächste Lösegeldübergabe zu verhandeln. Es soll wieder so laufen wie ganz am Anfang, das Geldpaket soll aus einem fahrenden Zug geworfen werden. Springborn spricht mit ihm über das Wetter und lässt sich die Straßennamen für die geplante Übergabe in aller Ruhe buchstabieren. So schafft er es, den Erpresser knapp drei Minuten lang in der Leitung zu halten. Das reicht den Ermittlern, um den Anruf zurückzuverfolgen. Dagobert ruft aus einer Telefonzelle in der Bülowstraße in Berlin-Schöneberg an. Kurze Zeit später sind Polizisten vor Ort, aber Dagobert ist schon weg.

Doch dieses Mal hat er eine Spur hinterlassen. Der Mann, den Dagobert aus der Telefonzelle gescheucht hat, um seinen Erpresseranruf zu machen, kann den Ermittlern eine ziemlich gute Beschreibung geben. Das Phantombild geht wenige Stunden später an alle Polizisten in Berlin. Am nächsten Tag, gegen 11 Uhr vormittags sind zwei Polizisten in Zivil auf der Potsdamer Chaussee unterwegs. Einer von ihnen hat eine ganz persönliche Rechnung mit Dagobert offen: Es ist der Polizist, der am 29. Oktober 1992 in Charlottenburg ganz kurz davor war, den flüchtenden Dagobert festzuhalten, dann aber ausgerutscht ist und zur deutschlandweiten Lachnummer wurde. Genau dieser Polizist macht gemeinsam mit seinem Kollegen an diesem

Vormittag eine interessante Entdeckung. Direkt neben ihrem Zivilfahrzeug hält ein weißer Daihatsu Cuore mit einem zerlegten Mountainbike hinter dem Fahrersitz. Das kommt den Ermittlern verdächtig vor, denn sie wissen, dass Dagobert schon mehrfach mit einem Mountainbike flüchten konnte. Sie sehen sich den Mann hinter dem Lenkrad genauer an: Er passt auf die Beschreibung, die sie gestern bekommen haben. Der Wagen hat das Nummernschild LUK-U 701, kommt also aus der brandenburgischen Stadt Luckenwalde. Als die Beamten das Kennzeichen überprüfen, fällt ihnen noch etwas Seltsames auf: Das Auto ist ein Mietwagen und eigentlich nur bis morgen ausgeliehen. Doch der Besitzer hat die Mietdauer heute kurzfristig verlängert. Vielleicht weil die eigentlich für heute geplante Geldübergabe verschoben wurde? Die Ermittler der Sonderkommission haben da so ein Gefühl im Bauch. Über die Mietwagenfirma kommen sie an die Personalien des Mannes hinter dem Steuer: Arno Funke, wohnhaft in einer Drei-Zimmer-Dachgeschosswohnung im Marmaraweg 12 in Berlin-Tempelhof. Verheiratet, ein Sohn und arbeitslos. Passt alles auf das Täterprofil von Psychiaterin Claudia Brockmann. Noch in der Nacht bringen die Ermittler heimlich Peilsender an dem Wagen an.

Am Freitag, den 22. April 1994, verlässt Arno Funke um 9 Uhr morgens das Haus, kurz nachdem er sich von seiner Frau und seinem Sohn verabschiedet hat, die den Bus in die Stadt nehmen. Sein alter Mercedes hat einen Motorschaden und er kein Geld für die Reparatur, deshalb hat er den weißen Daihatsu Cuore gemietet. Auf der Suche nach einer freien Telefonzelle fährt er nach Treptow. Erst beim zweiten Versuch findet er eine an der Hagedornstraße. Er schaut in den Rückspiegel: Dieser schwarze Wagen war doch eben schon hinter ihm, oder? Jetzt bloß nicht durchdrehen! Arno Funke wischt sich den Schweiß von der Stirn. Um 10:14 Uhr tippt er mit zitternden Fingern die Nummer ein, die er mittlerweile auswendig kann. Nach kurzem Tuten meldet sich am anderen Ende der Leitung der Mann, den Arno Funke für einen Karstadt-Mitarbeiter hält und der in Wirklichkeit der ehemalige

SEK-Chef Klaus Springborn ist. Die beiden telefonieren rund zweieinhalb Minuten, dann hängt Arno Funke auf und tritt in die warme Frühlingssonne.

Plötzlich hört er Reifen quietschen. Zwei Männer in dunklen Lederjacken springen aus dem Wagen und rufen: »Halt, stehen bleiben, Polizei!« Sie werfen sich auf ihn, reißen ihm seine Jacke weg und drücken ihn an eine Hauswand. Der bekannteste Erpresser Deutschlands wehrt sich nicht. Als hinter seinem Rücken die Handschellen zuschnappen, sagt er das, was wahrscheinlich zu diesem Zeitpunkt auch jeder der Ermittler denkt: »Endlich.«

Dagomanie

Die Jagd nach dem Erpresser, die die Polizei zwischen zehn und 30 Millionen Mark, unzählige Überstunden und seitenweise Spott der Presse gekostet hat, ist vorbei.

Sofort stürzen sich die Medien auf den Fall: Dagobert ist nicht nur Deutschlands bekanntester, sondern wahrscheinlich auch Deutschlands beliebtester Erpresser. Der SPIEGEL beschreibt die Zeit bis zu seiner Festnahme als »Dagomanie«. Es gibt T-Shirts zu kaufen, auf denen steht: »Ich bin Dagobert«. Im Jugendradio des damaligen Ostdeutschen Rundfunks Brandenburg läuft das Telefonquiz »Fang den Dagobert«. Die Gewinner können ein Pfund Karstadt-Kaffee gewinnen, die Verlierer werden zu Polizisten ernannt.

Dagoberts Frau Eva muss vor dem ganzen Presserummel mit ihrem Sohn zu den Nachbarn flüchten. Gleich mehrere Klatschzeitschriften bieten ihr riesige Summen für ein Exklusiv-Interview. Am Ende bekommt die Zeitschrift »Superillu« den Zuschlag – für 91.000 Mark.

Auch über einen Dagobert-Film wird bereits verhandelt, ein Studio bietet zwei Millionen Mark für Filmrechte an Arno Funkes Lebensgeschichte.

Am 17. Januar 1995 beginnt in Saal 500 des Moabiter Landgerichts der Prozess gegen Arno Funke alias Dagobert. Der Saal ist gerappelt voll. Schnell werden noch zusätzliche Stühle geholt, damit alle Journalisten einen Sitzplatz bekommen.

Als Arno Funke in Anzug und Schlips den Saal betritt, ist es ein bisschen so, wie wenn ein Hollywoodstar endlich auf dem roten Teppich seiner Filmpremiere auftaucht: Fotoapparate klicken, Kameramänner drängeln und die Scheinwerfer blenden. Viele Medien finden es fast schade, dass der David namens Arno Funke am Ende gegen Goliath verloren hat. Gisela Friedrichsen beschreibt Funke als einen Menschen, der immer wieder versucht hat, »aus einem tiefen, schwarzen Loch wieder hochzukommen und damit gescheitert ist«.

Eine Strafe bekommt er trotzdem: Am 14. März 1995 wird Arno Funke wegen schwerer räuberischer Erpressung zu sieben Jahren und neun Monaten Haft verurteilt. Die Staatsanwaltschaft geht in Revision, und in zweiter Instanz wird Dagobert ein Jahr später sogar zu neun Jahren Haft verurteilt. Außerdem muss er dem Karstadt-Konzern 2,5 Millionen Mark Schadensersatz zahlen. Insgesamt sitzt Arno Funke sechs Jahre und sieben Monate in der JVA Plötzensee in Berlin

Arno Funke im Jahr 2019, genau 25 Jahre nach seiner Festnahme

ab. »Die Mitgefangenen behandeln mich gut«, erzählt Funke damals dem SPIEGEL in einem Interview, »und von draußen kriege ich an die 20 Briefe pro Woche. Da ist richtige Fan-Post dabei. Es gibt sogar Arbeitsangebote – für die Zeit danach.« Noch in der Haft schreibt er sein erstes Buch »Mein Leben als Dagobert«.

Im August 2000 wird Arno Funke wegen guter Führung vorzeitig entlassen. Anfangs kann er nirgendwo auf die Straße gehen, ohne dass jemand ihm zuwinkt oder seinen Namen ruft.

2013 geht er für RTL ins Dschungelcamp und kocht für VOX beim »Perfekten Dinner« mit.

Heute arbeitet er als Karikaturist für Satirezeitschriften, designt Wahlplakate für die Partei die Linke. In einem Interview zu seinem 70. Geburtstag sagt er 2020: »Mit einer gewissen Verwunderung habe ich natürlich den Hype wahrgenommen, völlig verblödet bin ich nun auch nicht. Es existiert wohl so ein unterschwelliger Anarchismus in der Bevölkerung, eine klammheimliche Freude über bestimmte Sachen, die eigentlich nicht erlaubt sind. Es ist schon merkwürdig, aber nun bin ich ein Teil der deutschen Geschichte geworden.«

Philipps Fazit

Man kann von Arno Funke alias Dagobert halten, was man will, aber mit seiner Einschätzung hat er absolut recht: Er *ist* ein Teil der deutschen Geschichte geworden, so wie fast jeder, der ein Verbrechen mit einer gewissen medialen Reichweite begeht. Aber in seinem Fall würde ich sogar noch weitergehen. Viele meiner Hörerinnen und Hörer haben mir nach der Folge über Dagobert geschrieben, dass sie die ganze Zeit mitgefiebert haben, ob der Erpresser es endlich schafft, an sein Geld zu kommen. Ehrlich gesagt: Mir ging es ganz genauso. Obwohl Arno Funke mit seinen Bomben-Basteleien viele Menschen in Gefahr gebracht hat, wirkt er in Interviews reflektiert, humorvoll und ja – sehr sympathisch. Eine Hörerin erzählte mir, dass sie sich Anfang der 1990er Jahre auch ein »Ich bin Dagobert«-Shirt gekauft hat. Ich habe sie dann gefragt, wo sie arbeitet, und ihre Antwort hat mich ziemlich überrascht: »In einer Bank.« Der kleine Anarchist in uns allen wünscht sich halt manchmal, dass die Kleinen es den Großen mal so richtig zeigen. Und in Dagoberts Fall spielt neben seinem Auftreten sicher eine große Rolle, dass bei seinen Erpressungen niemand wirklich zu Schaden gekommen ist – außer vielleicht das Ego der Ermittler. Dagobert hat seine Taten bereut, seine Strafe abgesessen und sich ein neues Leben aufgebaut. Von seinen Jobs als Karikaturist, Autor und auch als Dschungelcamp-Teilnehmer bezahlt er seine Schulden beim Karstadt-Konzern. Und wenn ihm sein Prominenten-Status dabei hilft, finde ich das überhaupt nicht verwerflich. Arno Funke selbst hat mal gesagt, dass er geschnappt wurde, sei das Beste, was ihm je passiert sei. Nur so habe er sein ziemlich verkorkstes Leben in den Griff bekommen können. Da würde ich ihm hundertprozentig zustimmen.

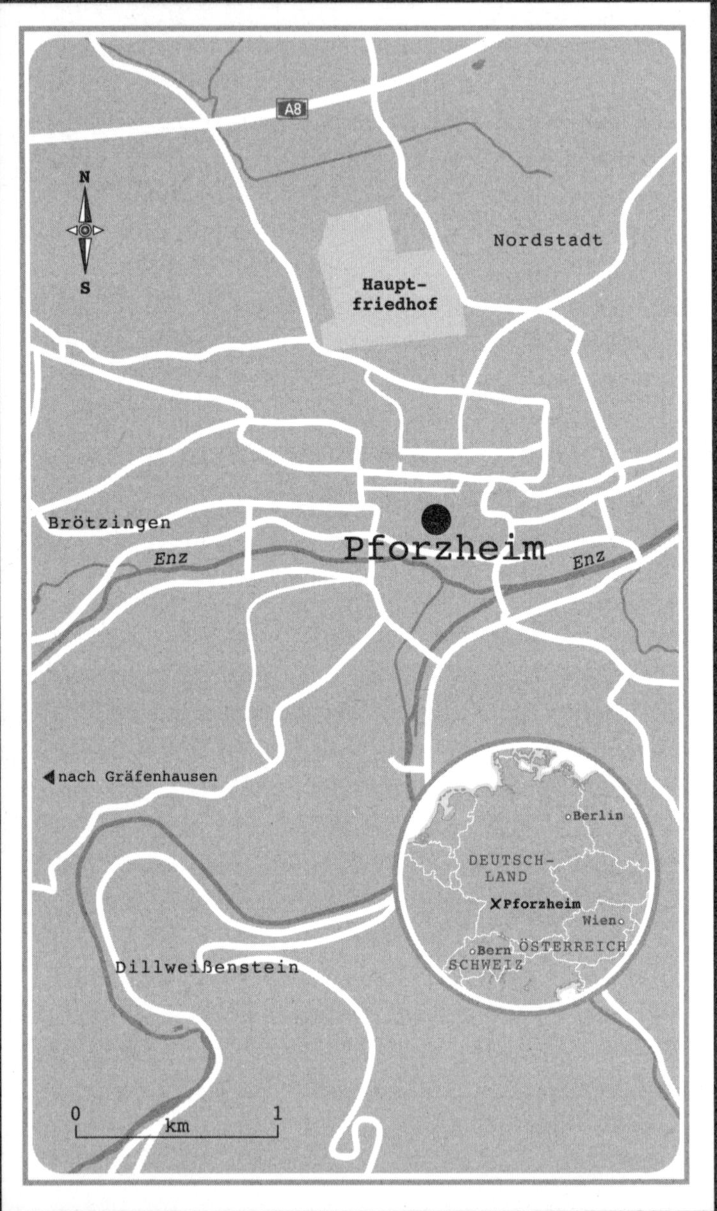

A8
N
S
Nordstadt
Haupt-
friedhof
Brötzingen
Enz
Pforzheim
Enz
nach Gräfenhausen
Berlin
DEUTSCH-
LAND
Pforzheim
Wien
Bern
ÖSTERREICH
SCHWEIZ
Dillweißenstein
0
km
1

Fall 8

Harry Wörz – Einer gegen alle

Fallname: Harry Wörz – Einer gegen alle
Zeitpunkt: 29.4.1997
Tatbestand: Versuchter Totschlag

Notruf in der Nacht

Es ist der Weckton seiner Sportuhr, der Wolfgang Zacher am 29. April 1997 mitten in der Nacht aus dem Schlaf reißt. Seit einigen Wochen piepst der schrille Alarm jede Nacht um Punkt 2:34 Uhr. Damals hatte Wolfgang Zacher auf diese Zeit eingestellt, weil er nachts ins Trainingslager nach Italien aufbrechen wollte. Seitdem hat er die Weckzeit einfach so gelassen. Jede Nacht wacht er kurz auf, denkt an seinen schönen Urlaub und schläft wieder ein.

Doch in dieser Nacht ist das anders: Aus der Wohnung seiner Tochter Andrea über ihm hört er ein lautes Klopfen. »Na ja, Andrea renoviert ja gerade«, denkt er sich. Allerdings muss er schon in wenigen Stunden wieder aufstehen – er hat Frühschicht bei seinem Job als Polizist. Eigentlich wohnt Wolfgang Zacher mit seiner Frau, Andreas Mutter, in einem Reihenhaus. Heute aber schläft er in der Einliegerwohnung im Keller bei seiner Tochter Andrea. Gestern hatte er Geburtstag und hat mit seiner Tochter abends noch ein bisschen gefeiert.

Wieder ein Klopfen. Er runzelt die Stirn. Mühsam pellt er sich aus seiner Bettdecke und tappst die Kellertreppe hinauf zu Andreas Erdgeschosswohnung. Wieder hört er ein Rumpeln. Dabei schläft doch auch Andreas Sohn, sein 2-jähriger Enkel Kai, mit in der Wohnung. »Irgendwie kommt mir das alles seltsam vor«, denkt er noch, als er vor Andreas Wohnungstür steht.

Wolfgang drückt die Klinke herunter, aber irgendwas blockiert die Tür. Mit müden Augen schaut er durch den Türspalt und sieht ein Schienbein. Andreas Schienbein. »Was ist denn da los?«, ruft er in die Wohnung hinein und öffnet die Tür noch ein Stückchen weiter.

In diesem Moment wird die Tür mit einem Ruck von innen zugeworfen, so stark, dass Wolfgang Zacher nach hinten fliegt und sich den Kopf anstößt.

Viel mehr als einen Arm hat Zacher in diesem kurzen Moment nicht sehen können, aber das reicht, um das Adrenalin durch seinen Körper zu pumpen: Irgendjemand ist bei seiner Tochter in der Wohnung! »Wer auch immer Sie sind – ich bin Polizist und gehe jetzt nach unten und hole meine Dienstwaffe«, ruft er in die Stille hinein. Aber das ist nur ein Bluff – er hat seine Dienstwaffe gar nicht dabei. Trotzdem rennt er nach unten in die Kellerwohnung, um mit dem Telefon Hilfe zu rufen. Panisch sucht er nach dem schnurlosen Telefon, findet es aber nicht. Es muss bei Andrea in der Wohnung liegen!

Sofort rennt er die Treppe wieder nach oben und wirft sich gegen die Wohnungstür. Die Tür springt auf, und er steht in Andreas Wohnung.

Es ist still hier, zu still.

Andrea liegt auf dem Rücken, ihr Nachthemd ist nach oben gerutscht und entblößt ihren Unterkörper. Ein Schal liegt stramm gebunden um Andreas Hals, sie atmet nicht mehr. In Panik reißt Wolfgang Zacher den Schal vom Hals seiner Tochter und beginnt, Andrea zu beatmen. Sie hat Schaum vor dem Mund. Der Unbekannte, der seiner Tochter das angetan hat, ist verschwunden. Um 2:40 Uhr, sechs Minuten nachdem sein Wecker ihn geweckt hat, wählt Zacher den Notruf.

Überall Polizei

Als die Polizei sieben Minuten später eintrifft, ergibt sich ein ziemlich chaotisches Bild: Die 26-jährige Andrea liegt mittlerweile im Flur. Ihr Sohn Kai sitzt wach in seinem Kinderzimmer im Bettchen, er muss alles mitangesehen haben. Sein Großvater Wolfgang Zacher nimmt ihn auf den Arm und trägt ihn nach draußen, im Haus wuseln überall Polizisten herum. Ein Notarzt kümmert sich um Andrea: Sie ist mittlerweile außer Lebensgefahr, aber in einem komatösen Zustand. Die Ärzte gehen davon aus, dass sie bald wieder aufwachen wird. Noch.

Währenddessen machen die Ermittler auf der Kellertreppe zur Einliegerwohnung, in der in dieser Nacht Andreas Vater Wolfgang geschlafen hat, eine interessante Entdeckung. Auf der obersten Stufe der Treppe finden sie eine weiße Plastiktüte. Ihr Inhalt: mehrere Einweghandschuhe, ein olivfarbenes Halstuch, je eine Schachtel Marlboro und Marlboro Light und sieben kleine Papierbriefchen mit jeweils einem Gramm Amphetamin, auch bekannt als »Speed« oder »Pep«. Wem die Drogen gehören, wird nie geklärt. Eine der Zigarettenschachteln trägt allerdings den Fingerabdruck von Wolfgang Zacher. Das kann aber auch daran liegen, dass er seinen Polizeikollegen bei der Spurensicherung geholfen hat – und zwar ohne Handschuhe.

Aber die Ermittler finden noch mehr: zwei abgerissene Finger von Plastikhandschuhen, einmal im Flur und einmal an Andreas Bett, ein Fund, der später noch sehr wichtig werden wird. Außerdem stellen sie fest, dass Andreas Nachttischlampe brennt. War sie noch wach, als der Unbekannte sie angegriffen hat? Einbruchsspuren finden die Polizisten dagegen nicht – weder an einer der beiden Haustüren noch an den Fenstern. Andrea muss den Täter also in die Wohnung gelassen haben, oder er hatte einen Schlüssel. Die Ermittler gehen davon aus, dass der Täter durch die Haustür der Einliegerwohnung gekommen ist und die Tür danach wieder verschlossen hat.

Alles in allem ist die Spurenlage ziemlich chaotisch, das liegt vielleicht auch daran, dass keiner daran denkt, den Tatort zu versiegeln. Auch einer der späteren Verdächtigen wird einen Tag nach dem Überfall am Tatort herumspazieren, in diesen Stunden verschwinden oder verwischen viele Spuren auf Nimmerwiedersehen.

Eine verhängnisvolle Affäre

Noch in der Nacht des Überfalls haben die Ermittler zwei Verdächtige. Andreas Vater hat ihnen einen wichtigen Tipp gegeben: Noch bevor die Polizei am Tatort ist, erwähnt er in seinem Notruf, dass es sich wahrscheinlich um eine Beziehungstat handelt. Und er hat auch direkt die passenden Verdächtigen dazu: Andreas Liebhaber Thomas Heim und Andreas Ex-Mann Harry Wörz.

Harry Wörz ist zu diesem Zeitpunkt 30 Jahre alt, ein schmächtiger Mann mit dunklem Mittelscheitel, dessen 1980er-Jahre-Schnauzer schon damals aus der Zeit gefallen wirkt.

Wörz wird am 3. Mai 1966 in Birkenfeld, einer kleinen Gemeinde in Baden-Württemberg, in der Nähe von Pforzheim geboren. Sein Vater ist Friseurmeister, er wächst als Scheidungskind in kleinbürgerlichen Verhältnissen bei seinem Vater und seiner Oma auf. Seine Jobs wechselt er häufig. Nach seinem Hauptschulabschluss macht er zunächst eine Ausbildung zum Gas- und Wasserinstallateur. Das scheint ihm aber nicht so viel Spaß zu machen, denn schon wenige Monate später beginnt er, bei einer Spedition zu arbeiten. Nach einem Motorradunfall müssen ihm Teile seines Ringfingers und seines kleinen Fingers der linken Hand amputiert werden. 1991 macht er dennoch eine Umschulung zum technischen Zeichner, anschließend eine Weiterbildung zum Bauzeichner, findet aber keinen Job und ist erst mal arbeitslos. Zwischenzeitlich arbeitet er als Gabelstapelfahrer und Maschineneinrichter. Und doch ist Harry ein absolut lebensfroher Mensch, ein »Alleinunterhalter« und »Lebemann«, wie ihn seine Schwester Elke beschreibt.

Wenn das Leben von Harry Wörz wie ein einziger Zickzackkurs scheint, ist das bei seiner späteren Frau Andrea eine gerade Linie, die immer nach oben geht: Andrea wird am 11. April 1971 in Pforzheim geboren, sie ist also knapp fünf Jahre jünger als Harry, den sie schon seit ihrer Jugend kennt. Andrea ist Einzelkind: Ihre aus Slowenien stammende Mutter Marjetka arbeitet als Krankenschwester, ihr Vater Wolfgang als Polizist. Mit 20 geht auch Andrea zur Polizei, sie ist »Polizistin und Sportlerin durch und durch genau wie ich«, wie ihr Vater es später beschreibt. Jedes Wochenende trainieren die beiden gemeinsam. Wenn Andrea einen neuen Freund hat, überprüft ihr Vater ihn als Erstes im Polizeicomputer.

Doch dann kommt Andrea mit dem arbeitslosen Installateur Harry Wörz zusammen, aus der Bekanntschaft der beiden ist Liebe geworden. Ein Mann, der bis zum Bauchnabel tätowiert ist und Motorrad fährt – schlimmer hätte es für Vater Wolfgang nicht kommen können. Als seine Tochter dann auch noch von »diesem Wörz« schwanger wird, versucht Wolfgang sogar, seine Tochter zu einer Abtreibung zu drängen: »Keine Arbeit, kein Geld, nur diesen Rocker-Club«, das kann nicht gut gehen, da ist sich Wolfgang sicher. Doch Andrea behält das Kind, sie heiratet Harry sogar standesamtlich und das junge Paar zieht im Herbst 1994 in die Einliegerwohnung im Keller von Andreas Eltern. Es dauert keine drei Monate, da ziehen die hochschwangere Andrea und Harry wieder aus und wohnen ab da im Haus von Harrys Vater. Am 6. März 1995 wird der gemeinsame Sohn Kai geboren, drei Monate später heiraten Andrea und Harry auch kirchlich.

Das Glück der beiden beginnt zu bröckeln, als Andrea nach ihrem Erziehungsurlaub im November 1995 wieder anfängt zu arbeiten. Als Polizeimeisterin bekommt sie im Polizeirevier Pforzheim Süd einen älteren Kollegen zugewiesen, der mit ihr auf Streife gehen und sie zur Polizeihauptmeisterin ausbilden soll, »Bärenführer« nennt man das im Polizeidienst. Dieser Kollege ist der zwölf Jahre ältere Thomas Heim. Der 37-jährige Schichtführer des Polizeireviers ist zu diesem Zeitpunkt seit 13 Jahren verheiratet und hat mit seiner Frau Daniela zwei Kinder. Und doch verbringen die beiden bald nicht mehr nur im Streifenwagen immer mehr Zeit miteinander. Das ist für die Ehe von Andrea und Harry das Ende: Am ersten Geburtstag des gemeinsamen Sohnes Kai im März 1997 trennt sich Andrea von Harry und zieht mit dem Jungen zurück in die Einliegerwohnung zu ihren Eltern. Ihr Vater schenkt ihr zur Trennung ein Reihenhaus: »Bei Zachers wohnt keiner zur Miete.«

Als Andreas Kollege Thomas Heim seiner Ehefrau Daniela von der Affäre erzählt, hat sie Tränen in den Augen. Und doch nimmt sie ihren Mann in den Arm und tröstet ihn. Vielleicht ist das alles nur eine Midlife-Crisis? Aber die Beziehung von Thomas und Andrea wird immer enger, und aus Sex werden Gefühle. Irgendwann schreibt Ehefrau Daniela Andrea einen Brief: Andrea darf Thomas' Geliebte bleiben – wenn er nur weiter bei Daniela und den Kindern bleibt. Andrea ist einverstanden, sie hat sowieso nicht vor, sich direkt wieder fest zu binden. Doch der Frieden in der Ehe von Thomas und Daniela Heim hält nicht lange: Einmal schließt ihr damals 10-jähriger Sohn die

Wohnungstür von innen ab und versteckt den Schlüssel, um zu verhindern, dass sein Papa weggeht. Der durchtrainierte Thomas zögert nicht lange, sondern tritt die Tür einfach ein. Danach fährt er weg und kommt erst am nächsten Tag zurück.

Das Verhältnis von Harry und Andrea dagegen wird nach der Trennung wieder besser: Harry darf den gemeinsamen Sohn Kai alle zwei Wochen am Wochenende zu sich holen, die Scheidung der beiden ist bereits in Planung. Harry ist zufrieden: Seit dem Sommer 1996 hat er eine neue Freundin, Claudia, und einen neuen Job in einer Metallschienenfabrik. Andrea hat währenddessen mit ihren Eltern die Wohnungen getauscht. Sie zieht mit ihrem Sohn Kai in die ehemalige Wohnung ihrer Eltern und die ziehen in das Reihenhaus, das ihr Vater eigentlich für sie gekauft hatte. Andrea will in der Wohnung einiges renovieren und umgestalten. Oft macht sie sich abends an die Arbeit, wenn ihr Sohn Kai eingeschlafen ist. Bis die Nacht zum 29. April 1997 alles verändert.

Aus Zwei mach Eins

Nach dem Hinweis ihres Kollegen Wolfgang Zacher beginnt die Polizei sofort, Andreas Ex-Mann Harry Wörz zu observieren. Um 2:54Uhr, der erste Einsatzwagen ist erst vor sieben Minuten vor Andreas Wohnung auf den Hof gefahren, sind die Ermittler vor Ort. Stundenlang warten sie vor der Mansardenwohnung in Gräfenhausen bei Pforzheim in der Dunkelheit, ohne dass irgendetwas passiert. Keiner der Polizisten kommt auf die Idee zu überprüfen, ob der Motor von Harrys Wagen noch warm ist, ob Harry also vor Kurzem mit dem Auto gefahren ist. Das wird erst mehr als zwölf Stunden später passieren, als man auf der Motorhaube schon längst keine Wärme mehr spüren kann. Außerdem klingelt auch niemand an Harrys Tür oder überprüft auch nur, ob der Hauptverdächtige zu Hause ist. Nachdem die Polizisten rund zwei Stunden von der Straße aus auf eine dunkle

Wohnung gestarrt haben, geht auf einmal das Licht im Badezimmer an. Jetzt kommt Bewegung in die Observation: Während Harry sich die Haare wäscht und die Zähne putzt, versucht einer der Polizisten, ihn anzurufen. Als Harry Wörz kurze Zeit später aus dem Bad kommt, sieht er seinen Anrufbeantworter blinken und ruft zurück. Der Polizist erklärt ihm, seiner Frau Andrea sei etwas passiert und er solle doch bitte vor die Tür kommen. Harry zögert nicht lange, er ruft nur noch kurz einen Kollegen an: »Du, ich muss hier noch was regeln, ich komme später zur Arbeit.« Dann öffnet er die Wohnungstür, geht die Treppe hinunter und tritt vor das Haus. Mehrere Polizisten werfen sich auf ihn und zerren ihn in einen Streifenwagen. Am 29. April 1997 um 5:25 Uhr wird Harry Wörz vorläufig festgenommen. Er wird seine Wohnung, seine Familie, seinen Job und seine Freunde für Jahre nicht wiedersehen.

Bei ihrem Verdächtigen Nummer zwei, Polizist Thomas Heim, lassen sich seine Kollegen mit dem Zugriff noch länger Zeit als bei Harry: Mehr als vier Stunden warten die Ermittler vor dem Haus der Familie Heim. Auch hier wird bei keinem der beiden Autos der Familie überprüft, ob es bewegt wurde. Ehefrau Daniela verlässt das Haus an diesem Morgen gegen 6:30 Uhr und fährt zur Arbeit. Die Ermittler lassen sie fahren. Erst knapp eine Stunde später schellen sie an der Haustür der Familie und nehmen ihren Kollegen, den Polizisten Thomas Heim, vorläufig fest. Der trägt noch T-Shirt und Unterhose, er ist gerade erst aufgestanden.

Thomas Heim und Harry Wörz werden beide einzeln am 29. April 1997 von der Polizei verhört – und zwar als Verdächtige. Doch Thomas Heim hat ein Alibi für die Nacht: Seine Ehefrau Daniela erzählt der Polizei, dass sie und ihr Mann die Nacht gemeinsam im Ehebett verbracht haben. Sie habe einen sehr leichten Schlaf und würde sofort aufwachen, wenn ihr Ehemann das Bett verlässt. Außerdem habe das Ehepaar an diesem Morgen gegen 6 Uhr, also als draußen schon die Polizisten warteten, Sex gehabt – zum ersten Mal seit Monaten. Für die Ermittler ist das der Beweis für die Unschuld ihres Kollegen. Niemand, da sind sie sich in Pforzheim sicher, kann nach so einer schrecklichen Tat Sex mit seiner Ehefrau haben. Aber diese brüchige Argumentation wird noch brüchiger werden: Später kommt heraus, dass Thomas Heim in dieser Nacht auf der Toilette war, ohne dass seine Ehefrau aus ihrem so leichten Schlaf aufgewacht ist – Daniela Heim ist schwerhörig. Und doch wird Thomas Heim noch am Abend des 29. April wieder auf freien Fuß gesetzt, wegen fehlender Verdachtsmomente. Thomas Heim habe Andrea Wörz geliebt und so eine Tat deshalb gar nicht nötig gehabt.

Pleiten, Pech und Pannen

Am nächsten Tag wird Andrea gerichtsmedizinisch untersucht. Der Arzt stellt an ihrem Hals Drosselspuren fest: Andrea wurde also mit Hilfe eines Werkzeuges stranguliert, was einiges an Kraft erfordert. Außerdem hat Andrea Griffspuren an den Oberarmen, die aber auch vom Notarzteinsatz kommen können. Sie ist zu diesem Zeitpunkt im Wachkoma, die Ärzte rechnen damit, dass sie bald wieder zu sich kommt – leider eine Fehleinschätzung. Durch das minutenlange Luftabschnüren hat Andrea irreparable Hirnschäden erlitten und ist bis heute ein Pflegefall. Sie kann nicht mehr gehen und weder sprechen, noch Sprache verstehen. Sie hat den Täter gesehen, aber sie wird nie sagen können, wer es war.

Auch ihr Sohn Kai muss die Tat mitangesehen haben. Monatelang versuchen Kriminalpsychologen vorsichtig, ihm seine Erinnerungen zu entlocken – vergeblich: Das Einzige, was der Junge zu der Nacht sagen kann, in der das bisherige Leben seiner Mutter endete, ist: »Mama, aua.«

Dafür findet die Polizei einen Ohrenzeugen der Tat: Andreas Nachbar Rudolf K. ist in dieser Nacht plötzlich hochgeschreckt. Die Digitaluhr auf seinem Nachttisch zeigt 2:16 Uhr, als er durch sein offenes Schlafzimmerfenster einen Mann laut schreien hört: »Ich bring dich um, ich schlag dich tot. Mit mir kannst du das nicht machen!« Eine weibliche Stimme antwortet: »Was willst du denn von mir?! Ich hab dir doch nichts getan. Mach mir doch nichts!« Zwei Streitende, die sich kennen – vielleicht ein Ehekrach in der Nachbarschaft? Der Nachbar lauscht weiter, ist sich nicht sicher, ob er die Stimmen kennt. Doch es ist still geworden. Rudolf K. zieht sich die Decke über den Kopf und versucht weiterzuschlafen.

Am 30. April 1997, nur einen Tag nach dem Überfall auf seine Frau Andrea, erlässt ein Richter Haftbefehl gegen Harry Wörz: Er ist als einziger Nicht-Polizist in diesen Ermittlungen am Ende als Hauptverdächtiger übrig geblieben.

Die Ermittler haben einige Indizien gegen Harry zusammengetragen, beginnend mit der »Tatwaffe«: Der Schal, den Andrea um den Hals trägt, als ihr Vater sie findet, gehört ihrem Sohn Kai. Auf dem Stoff finden sich DNA-Spuren von Andrea und auch von Harry. Allerdings ist die Technik damals noch so ungenau, dass das Genmaterial an dem Schal auch von Kai stammen könnte. Außerdem ist der Schal wesentlich breiter als die Drosselmale an Andreas Hals, eine Gutachterin wird später nicht hundertprozentig belegen können, dass der Schal wirklich die Tatwaffe ist. Auch an einem der Einweghandschuhe vom Tatort findet die Spurensicherung DNA-Material von Harry Wörz. Der erklärt das damit, dass Andrea, Kai und er noch einige Tage vor dem Überfall gemeinsam im Garten gearbeitet und dabei Plastikhandschuhe getragen haben.

Eine der wichtigsten Fragen, die sich die Ermittler zu diesem Zeitpunkt stellen, ist die, wie der Täter in die Wohnung gekommen ist. Das Haus, in dem Andrea überfallen wurde, hat zwei separate Eingänge. An keiner der Türen finden sich Einbruchsspuren – wenn Andrea den Täter also nicht hereingelassen hat, muss er einen Schlüssel gehabt haben. Und Harry Wörz hat einen Schlüssel für die Wohnung seiner Ex, da sind sich die Polizisten sicher. Harry schüttelt erst langsam, dann immer verzweifelter den Kopf: Er hat schon längst keinen Schlüssel mehr, schließlich ist Andrea seit ihrer Trennung bereits einmal umgezogen. Das bestätigt zuerst auch Andreas Mutter Marjetka, später ist sie sich nicht mehr so sicher. Und auch Vater Wolfgang schaltet sich in die Ermittlungen ein: Er habe in den Tagebüchern seiner Tochter gelesen, dass Andrea Angst vor Harry hatte. Doch vorlegen kann der Polizist die Tagebücher seiner Tochter nicht, er hat sie kurz nach der Tat weggeschmissen. Auch die Tonscherben, die in der Tatnacht direkt neben Andrea auf dem Boden liegen, landen am Tag nach dem Überfall im Restmüll. Die Spurenlage ist also alles andere als eindeutig, als Harry Wörz plötzlich gesteht.

Harry sitzt seit mittlerweile zwei Wochen in Untersuchungshaft. Er hat tagelang nicht geduscht, statt Kaffee gibt es nur dünnen Tee. Die Ermittler haben Harry erzählt, dass Andrea bald aus dem Koma aufgeweckt wird, dann könnte dieser Albtraum für ihn endlich enden. Sein Rechtsanwalt rät ihm zu einem Geständnis, weil er dann wieder Besuch von seiner Familie bekommen kann. Auch seine Mithäftlinge empfehlen ihm, einfach zu gestehen, um bessere Haftbedingungen zu bekommen. Harry schreibt in sein Tagebuch: »Geständnis, Geständnis, ich höre nur noch Geständnis!« Am 13. Mai legt Harry bei einer Vernehmung ein Geständnis ab, das er später auf einem Zettel notiert. Diese Notiz wird zwei Wochen später bei einer Zellendurchsuchung gefunden:

»Geständnis 13.05.1997: Hiermit erkläre ich das ich alles ohne wenn und aber im Fall Andrea Wö. war. Ich kann mich an diesen Abend nicht mehr erinnern ich hoffe auf ein schnelles Urteil. Mildernde Umstände Der Grund war wahrscheinlich mein 2 Jahre alter Sohn Kai. Alles andere regelt mein Rechtsanwalt

H. Wörz

PS: ich will nur noch meine Ruhe«

Die Sätze sind mehr eine Gefälligkeit als ein Geständnis, enthalten keine Details und kein Täterwissen. Wenige Tage, nachdem Harry diese Notiz geschrieben hat, widerruft er sein Geständnis, aber es ist zu spät.

Die Mühlen der Justiz

Der erste Prozess gegen Harry Wörz beginnt am 12. Januar 1998 und dauert nur vier Verhandlungstage. Am 16. Januar verurteilt das Landgericht Karlsruhe Harry Wörz wegen versuchten Totschlags zu elf Jahren Haft. Aus den wenig eindeutigen Indizien wie den DNA-Spuren am Schal und dem widerrufenen Geständnis auf einem Schmierzettel sind Beweise für die Schuld von Harry Wörz geworden. Auf die Möglichkeit, dass auch Andreas Geliebter Thomas Heim oder sogar ihr Vater Wolfgang Zacher als Täter infrage kommen, geht das Gericht nicht mal ein. Beide hätten einen »glaubwürdigen« Eindruck hinterlassen. In dem Urteil führt die Kammer aus, dass Harry seine Frau mindestens drei Minuten mit einem Wollschal gewürgt hat, bis sie zusammenbrach, während der gemeinsame Sohn Kai dabei zuschauen musste. Warum Harry Wörz seine Ex, von der er längst getrennt lebte, in dieser Nacht zuerst überraschend besucht und dann angegriffen haben soll, kann sich das Gericht nicht erklären. Und doch ist sich die Kammer sicher, dass Harry das Verbrechen begangen hat, das »eine sehr hohe kriminelle Energie offenbart«.

Harrys Verteidiger beantragt sofort eine Revision des Urteils und schreibt Harry Ende April 1998, dass die Chancen dafür ausgesprochen gut stehen. Doch er irrt sich: Der Bundesgerichtshof verwirft den Revisionsantrag am 11. August 1998 als unbegründet, damit ist das Urteil gegen Harry Wörz rechtskräftig. Der schmale gelernte Gas- und Wasserinstallateur mit den traurigen Augen hat den Kampf verloren, er wurde, wie es Gisela Friedrichsen später im SPIEGEL schreibt, »vom Räderwerk der Justiz zermalmt«.

Und doch landet der Fall ein weiteres Mal vor Gericht, denn Andreas Eltern Wolfgang und Marjetka wollen Geld von Harry Wörz. Ihre Tochter Andrea ist ein Pflegefall und wird es bis ans Ende ihres Lebens bleiben. Deshalb wollen sie sich die Kosten für die Pflege vom angeblichen Täter wiederholen. Im Oktober 1999, also mehr als anderthalb Jahre, nachdem Harry Wörz verurteilt wurde, verklagen sie ihn auf Schmerzensgeld und Schadenersatz in Höhe von 300.000 Mark. Und dieser Prozess bringt die Wende in dem Fall: Völlig überraschend schmettern die Richter am Landgericht Karlsruhe die Klage der Zachers am 6. April 2001 ab. In der Begründung nehmen sie jedes einzelne Indiz aus dem Urteil ihrer Kollegen am Landgericht auseinander – die Kammer sieht »keine überzeugenden Indizien für die Täterschaft« von Harry Wörz.

Damit hat Harrys neuer Verteidiger Hubert Gorka genug Munition, um beim Landgericht Mannheim eine Wiederaufnahme des Verfahrens zu beantragen. Gorka ist ein freundlicher Mann mit einem leicht schiefen Grinsen, dessen volles Haar an den Schläfen langsam grau wird. Der Verteidiger ist sich von Anfang an sicher, dass Harry Wörz unschuldig ist, und er ist entschlossen, den »offenbaren Justizirrtum« zu beseitigen, wie er später in einem Interview erzählt. Gorka will das gesamte Verfahren noch mal aufrollen, die Hauptverhandlung gegen seinen Mandanten zurück auf null setzen.

Die Chancen dafür stehen schlecht: Bei jährlich insgesamt 800.000 erledigten Strafsachen in Deutschland werden pro Jahr rund 2200 Wiederaufnahmeanträge gestellt und überhaupt nur etwa 90 Verfahren wieder aufgenommen. Und tatsächlich: Das Landgericht Mannheim lehnt eine Wiederaufnahme des Verfahrens am 3. September 2001 ab. Doch Hubert Gurka lässt nicht locker, krempelt die Ärmel hoch und reicht eine Beschwerde beim Oberlandesgericht Karlsruhe ein.

Während sein Mandant mittlerweile seit viereinhalb Jahren in Haft sitzt, werden immer mehr Medien in ganz Deutschland auf den Fall aufmerksam und berichten über den möglichen Justizirrtum. Gleichzeitig schließen sich Harrys Freunde zusammen und organisieren Demos vor der JVA Heimsheim bei Pforzheim, in der Harry mittlerweile einsitzt. Am 30. November 2001 lässt das Oberlandesgericht Karlsruhe die Wiederaufnahme des Verfahrens zu, und Harry Wörz kommt frei. Und doch hat der mittlerweile 35-Jährige keinen Grund zu jubeln. Er ist frei auf Abruf – bis in einem erneuten Verfahren über seine Schuld entschieden wird. Und damit lässt sich das Landgericht Mannheim jetzt Zeit. Wochen vergehen, Monate, Jahre, die Harry Wörz immer weiter zermürben: »Ich weiß nicht, wie lange die das noch machen wollen. Denen ist ja Geld egal. Die machen mein Leben kaputt«, sagt er in einer Dokumentation über seinen Fall mit hängenden Schultern und Mundwinkeln.

Freiheit?

Am Ende muss das Oberlandesgericht Karlsruhe das Landgericht in Mannheim dazu zwingen, die Hauptverhandlung im Fall Wörz wiederaufzunehmen. Ende Mai 2005, nach fast vier Jahren nägelkauender Ungewissheit, wird Harrys Fall ein zweites Mal verhandelt. Nach 19 Verhandlungstagen fließen am 6. Oktober 2005 in Saal 1 des Mannheimer Landgerichts die Tränen: Als der Vorsitzende Richter Karl Adam um kurz nach 14 Uhr den entscheidenden Satz »Das Urteil des Landgerichts Karlsruhe wird aufgehoben« spricht, bricht auf den Zuschauerbänken ohrenbetäubender Jubel aus. Harry steht vor dem Richter und hat Tränen in den Augen: »Hätte ich nicht so viele Freunde gehabt, wäre ich immer noch im Gefängnis«, wird er später einer Zeitung sagen.

Der Pfarrer seines Heimatdorfes Gräfenhausen lässt die Kirchenglocken läuten, damit alle 3000 Einwohner von dem Freispruch erfahren. Doch noch bevor die Glocken verklungen sind, wird im Gerichtssaal die Urteilsbegründung vorgelesen: Die Kammer habe sich in dem Prozess nicht mit der »für eine Verurteilung notwendigen Sicherheit« von der Schuld von Harry Wörz überzeugt. Es ist ein Freispruch aus Mangel an Beweisen. Als die Euphorie verflogen ist, sinken auch Harrys Mundwinkel wieder nach unten. Es macht ihn traurig, dass das Gericht in seinem Urteil die Arbeit der Ermittler ein weiteres Mal verteidigt hat: »Hätte die Polizei alles richtig gemacht, wäre mir viel erspart geblieben«, brummt er nach dem Urteil.

Harry Wörz vor dem Landgericht Mannheim im Oktober 2009

Aber es soll nicht bei dem Freispruch bleiben: Die Staatsanwaltschaft legt gegen das Urteil Revision ein, genauso wie die Anwälte der Nebenklage. Das Ganze geht wieder vor den BGH nach Karlsruhe. Der zuständige Erste Strafsenat hebt den Freispruch um Oktober 2006 auf und überweist die Sache wieder nach Mannheim zurück. Dabei gibt der Senat dem Mannheimer Landgericht Mannheim sogar eine Anleitung mit, wie das Gericht Harry Wörz doch noch verurteilen kann.

Also landet das Leben von Harry Wörz im April 2009 ein drittes Mal vor Gericht und damit auf dem Schreibtisch des Vorsitzenden Richters Rolf Glenz. Glenz ist ein hagerer Mann mit weißem Haar, hinter einer randlosen Brille schauen kluge Augen hervor. Er wird in diesem Verfahren keinen Stein, den seine Kollegen vorher eingesetzt haben, auf dem anderen lassen.

Verteidiger Hubert Gorka gelingt es, mithilfe von Zeugenaussagen verloren geglaubte Ermittlungsakten zu rekonstruieren, die dabei helfen sollen, den Fall nach mehr als zwölf Jahren endlich zu lösen.

Harry ist am ersten Verhandlungstag so aufgeregt, dass er sich nicht mal mehr an seinen Hochzeitstag mit Andrea erinnert. Seine Hände sind eiskalt. Ruhig und geduldig befragt ihn der Vorsitzende Glenz und mit derselben Ruhe nimmt der Richter die Ermittlungen auseinander: Immer wieder hakt er nach und interessiert sich auch für das kleinste Detail: Wie es sein könne, dass die Tonscherben, die neben Andrea lagen, im Müll landeten, obwohl die Polizei doch eigentlich den Tatort versiegeln sollte, fragt Glenz einen der Ermittler von damals. Der rutscht unruhig auf seinem Stuhl herum, zuckt mit den Schultern und schweigt. Da werden die Augen von Richter Glenz ganz klein hinter seiner randlosen Brille. Die Ermittler seien nach der Tat »wie eine Elefantenherde durch den Porzellanladen« getrampelt und hätten damit wertvolle Spuren vernichtet.

Das Gericht reißt Löcher in die Wand aus Verdächtigung und Vorverurteilung, die die Ermittler in dem Fall über Jahre aufgebaut haben, eine Beisitzende Richterin in dem Verfahren nennt die Arbeit der Polizei damals sogar »beängstigend«. Am 22. Oktober 2009 fällt nach 26 Verhandlungstagen der Satz, der alles ändert: »Im Namen des Volkes ergeht folgendes Urteil: Der Angeklagte Harry Wörz wird freigesprochen.« Für eine Sekunde ist es ganz still im Saal, dann brandet Jubel auf, der wie eine Welle von den hinten Besucherplätzen durch den Gerichtssaal rollt. Dieses Mal ist es ein Freispruch erster Klasse, da ist der Vorsitzende Richter Rolf Glenz ganz deutlich: »Harry Wörz hätte 1998 nicht verurteilt werden dürfen. Es gab nichts, außer den DNA-Spuren, was auf seine Täterschaft hindeutete.« Wieder Jubel im Saal, doch Glenz ist noch nicht fertig: »Es wäre unvollständig zu sagen, Herr Wörz ist nicht der Täter, wenn wir verschwiegen, dass die Kammer Thomas Heim für den wahrscheinlichen Täter hält.« Harry Wörz verlässt den Gerichtssaal zwölf Jahre nach dem Überfall auf seine damalige Frau als offiziell Unschuldiger, begleitet von einer Traube von Fotografen und Kameraleuten.

Doch immer noch gibt es Menschen, die ihn für den Täter halten, und die geben nicht auf: Staatsanwaltschaft und Nebenklage legen gegen das Urteil Rechtsmittel ein. Dieses Mal allerdings bestätigt der Bundesgerichtshof den Freispruch von Harry Wörz, und zwar am 15. Dezember 2010. Die Begründung des BGH klingt fast ein bisschen wie eine Entschuldigung dafür, dass man den Fall Wörz damals zurück nach Mannheim überwiesen hat: Die Richter am BGH hätten nicht gewusst, wie viele Fehler bei der Ermittlungsarbeit passiert sind, »vieles sei dem Senat gar nicht bekannt gewesen«.

Ein neues Leben?

Nach 13 Jahren zwischen Haft, Freiheit und ewiger Ungewissheit ist Harry Wörz rechtskräftig unschuldig. Verloren steht er in seiner viel zu großen schwarzen Jacke zwischen Kameras und Mikrofonen, die ihm Reporter ins Gesicht halten: »Ich muss mir das alles erst durch den Kopf gehen lassen«, sagt er und schaut dabei so, als ob er es selbst noch gar nicht richtig fassen kann.

Der Polizist Thomas Heim wird währenddessen vom Dienst suspendiert, eine Zeit lang ermitteln seine Kollegen wegen versuchten Totschlags gegen ihn, aber nach drei Jahren werden die Ermittlungen ohne Ergebnis eingestellt.

Für Harry Wörz ist der Kampf noch nicht vorbei: Nachdem er jahrelang um seine Freiheit kämpfen musste, ringt er jetzt um eine Entschädigung für die fast fünf Jahre, die er unschuldig im Gefängnis gesessen hat und die sieben Jahre danach, in denen er nie wusste, ob er vielleicht bald wieder in Haft muss.

Ende 2016 spricht ihm das Land Baden-Württemberg eine Entschädigung von 450.000 Euro zu, die er voll versteuern muss. Eine Entschuldigung bekommt er nicht. »Dieser Staat hat mir mein Leben kaputt gemacht«, sagt er wütend und wedelt mit den Akten. Er leidet an Angstzuständen und Depressionen, kann nicht arbeiten und geht einmal die Woche zu einer Therapeutin. Aber es gibt auch gute Neuigkeiten aus seinem Leben: Er ist wieder verheiratet und hat eine Tochter. Sein Sohn Kai ist bei seinen Ex-Schwiegereltern aufgewachsen, er ist mittlerweile erwachsen und Polizist, so wie sein Großvater und seine Mutter. Harry hat immer wieder versucht, mit ihm Kontakt aufzunehmen, aber das hat sein ehemaliger Schwiegervater Wolfgang mithilfe von psychologischen Gutachten verhindert. In einem Interview mit der Welt wird Harry Wörz 2010 von einem Reporter gefragt, was sein größter Wunsch sei. Er antwortet in breitem Schwäbisch: »Dass meine Ex-Frau Andrea wieder sprechen kann.« »Damit sie den Täter nennen kann?« »Nein. Damit Kai wieder eine Mutter hat.«

Philipps Fazit

Schon ziemlich am Anfang meines Podcasts war für mich klar, dass ich mir auch mal einen Justizirrtum als Fall vornehmen will. Eine Hörerin hat mich dann auf den Fall Harry Wörz aufmerksam gemacht. Selten habe ich für eine Recherche so viele Akten, Tagebucheinträge, Artikel und Urteile gelesen – und mit jedem Satz den ich las, wurde ich fassungsloser: Harry hätte nicht mal ein Motiv gehabt, Andrea umzubringen. Die Trennung der beiden ist zum Zeitpunkt des Überfalls ein Jahr her, beide haben das Sorgerecht für Kai friedlich aufgeteilt. Und trotzdem beißen sich Ermittler und Justiz von der ersten Minute an ihm fest und lassen ihn nicht mehr los, obwohl eigentlich fast alles gegen ihn als Täter spricht. Der Fall Harry Wörz, so drückt es der Journalist und Jurist Thomas Darnstädt aus, »ist ein Super-GAU in der bundesdeutschen Justizgeschichte« – und jahrelang hat niemand etwas getan, um die Katastrophe zu verhindern. Das macht mich wütend, und irgendwie macht es mir auch Angst: Reicht es, als einziger Beteiligter in einem Kriminalfall kein Polizist zu sein, um unter die Räder der Justiz zu geraten? Ich hoffe nicht.

Mir ist bewusst, dass Justizirrtümer wie der Fall Harry Wörz in Deutschland nicht die Regel sind. Trotzdem müssen wir genau hinschauen und darauf hoffen, dass es immer Richter wie Rolf Glenz geben wird, die bereit sind, ihren eigenen Kollegen den Spiegel vorzuhalten und die Mauer aus falschen Indizien und Verdächtigungen ohne Rücksicht auf Verluste einzureißen. Oder, wie Gisela Friedrichsen es ausdrückt: »Jeder kann einmal ohne Schuld in Verdacht geraten. Dann aber darf mit ihm niemals so umgegangen werden wie mit Harry Wörz.«

Besonders gefreut hat mich, dass sich nach Erscheinen der Folge der Freundeskreis von Harry Wörz bei mir gemeldet und sich dafür bedankt hat. Soweit ich weiß, hat Harry die Folge mittlerweile auch selbst gehört. Ich hoffe, sie hat ihm gefallen.

Interview mit Kriminalhauptkommissar Oliver Huth

Oliver Huth ist seit mehr als 20 Jahren Polizist und arbeitet als Kriminalhauptkommissar bei der Polizei in NRW. Er ist stellvertretender Landesvorsitzender beim Bund deutscher Kriminalbeamten (BDK) und war als Experte zu den Themen Organisierte Kriminalität und Polizeiarbeit bereits in verschiedenen TV-Formaten zu sehen.

Philipp Fleiter: Ich habe bei einigen meiner Fälle den Eindruck bekommen, dass es innerhalb der Polizei große Schwierigkeiten gibt, Ermittlungsfehler einzugestehen und aufzuarbeiten. Woran liegt das?
Oliver Huth: Grundsätzlich können wir uns schon Fehler bei der Ermittlungsarbeit eingestehen, aber ich glaube, da ist noch Luft nach oben. Die Fehlerkultur ist in anderen Berufen deutlich besser ausgeprägt als bei uns, zum Beispiel bei Ärzten oder Piloten. Insbesondere können wir Kollegen an unseren Fehlern teilhaben lassen, damit die sich weiterentwickeln können – da gibt es mittlerweile auch bei uns Modelle, in denen Einsätze nachbereitet werden. Aber du hast recht, unsere Fehlerkultur kann sich noch verbessern.

Gibt es die Tendenz, dass Polizisten sich gegenseitig decken, wenn etwas schiefgelaufen ist?
Wenn ich jetzt sagen würde, dass das nie vorkommt, wäre das natürlich Quatsch. Wir sind eine Gefahrengemeinschaft, und selbstverständlich gibt es auch bei uns gruppendynamische Prozesse. Das heißt, dass Führungskräfte da genau draufgucken müssen, weil das eben dazu führen kann, dass Fehlverhalten auftritt und das dann auch noch von anderen toleriert wird. Gerade hier in NRW wird da aber viel getan, deshalb bin ich optimistisch, dass wir da besser werden.

Wie könnte man das ändern?
Wir müssen uns einfach bewusst sein, dass es diese gruppendynamischen Effekte gibt. Da sind die Führungskräfte gefragt: Wir müssen Rahmenbedingungen schaffen, in denen Kolleginnen und Kollegen, die lange in schwierigen Bereichen arbeiten, innerlich nicht verbrennen. Das könnte zum Beispiel ein rollierendes System sein, in dem Kolleginnen und Kollegen nicht zu lange in Dienststellen bleiben, in denen es kritisch ist, in denen sich zum Beispiel Stereotype entwickeln können. Am Ende ist das natürlich auch eine Frage der Personalauswahl und -entwicklung. Wir müssen schauen, dass wir die Richtigen zu uns holen und dass wir, wenn sie dann bei uns in der Polizei sind, richtig mit ihnen umgehen. Junge Polizistinnen und Polizisten müssen wir stärken und schützen, auch vor den Einflüssen von außen. Das ist Aufgabe der Politik und der Führungskräfte.

Jetzt ein paar Fragen zu dir und deinem Job: Warum bist du Polizist geworden?
Wahrscheinlich aus demselben Grund, wie viele andere Polizistinnen und Polizisten: Man will Verantwortung übernehmen, hat ein ausgeprägtes Selbstbewusstsein und will für die Gerechtigkeit eintreten. Ich hatte damals einfach den Wunsch, die Welt ein bisschen gerechter zu machen.

Du arbeitest jetzt schon rund 20 Jahre bei der Polizei: Wie hat sich eure Arbeit in dieser Zeit verändert?
Die Arbeit hat sich unwahrscheinlich verändert! Die Welt ist viel digitaler geworden. Als ich angefangen habe, wurden gerade die Schreibmaschinen aus den Büros geräumt. Telefonnummern oder Postleitzahlen haben wir damals in dicken Telefonbüchern gesucht, heute reden wir über das Darknet, Cybercrime und Terrorismus. Und natürlich hat sich auch die Ausstattung der Kolleginnen und Kollegen verändert: Ich bin damals noch mit einem Gummiknüppel durch die Gassen von Düsseldorf gegangen, heute haben die Kolleginnen und Kollegen Bodycams an der Uniform, Taser und Schlagstöcke.

Teilweise führen wir sogar Kriegswaffen in den Funkwagen mit. Ich hätte mir nie träumen lassen, wie sich die Polizei in dieser Zeit entwickelt hat, und ich bin neugierig, wie unsere Welt in 20 Jahren aussieht, ein bisschen was arbeiten muss ich ja noch (lacht).

Einiges hast du ja schon angesprochen, aber welche neuen Arbeitsfelder sind in dieser Zeit für die Polizei noch dazugekommen?
Die Arbeitsfelder haben sich unwahrscheinlich ausgedehnt, weil uns die Politik immer mehr Aufgaben übertragen hat und das meist mit weniger Ressourcen als vorher. Ob das jetzt Clan-Kriminalität ist, Cybercrime, Bekämpfung von Kinderpornografie, organisierte Kriminalität – es gibt immer neue Schwerpunkte und Problemfelder. Unsere Hauptaufgabe besteht im Moment darin, mit der digitalen Welt mitzuhalten und schlaue Köpfe an die Polizei zu binden, die uns auf diesem Weg begleiten. Da kommt noch einiges auf uns zu.

Hat sich auch die Wahrnehmung der Polizei in der Bevölkerung geändert?
Die Bevölkerung steht, gerade in Pandemie-Zeiten, der Polizei zum Teil sehr kritisch gegenüber. Wir sind der lange Arm der Politik und stehen deswegen auch im Fadenkreuz von Personen, die sich mit den gesellschaftlichen Entwicklungen im Moment nicht mehr identifizieren können und sich nicht mitgenommen fühlen. Fakt ist auf jeden Fall, die Welt dort draußen ist rauer geworden und schwieriger für uns als Polizei. Wir stehen auch selber mehr im Fokus, zum Beispiel wegen Themen wie Rechtsradikalismus oder Polizeigewalt. Die Kolleginnen und Kollegen da draußen müssen einiges aushalten, da muss man schon viel runterschlucken. Auf der anderen Seite wissen wir aber auch, dass große Teile der Bevölkerung hinter uns stehen. Deshalb arbeiten wir auch gerne mit der Bevölkerung zusammen. Von amerikanischen Verhältnissen, wo schon eine Verkehrskontrolle mit vorgehaltener Schusswaffe stattfindet, sind wir zum Glück weit entfernt. Trotzdem hoffe ich, dass das Aggressionspotenzial wieder

sinkt und wir nicht mehr so häufig als Zielscheibe wahrgenommen werden.

Hat sich eure Arbeit sehr dadurch verändert, dass mittlerweile fast jeder alles mit seinem Smartphone filmen und auf Social Media stellen kann?
Total. Die Polizei steht mehr und mehr im Fokus. Jeder Einsatz wird gefilmt, egal ob beim SEK oder der Kriminalpolizei. Damit müssen wir professionell umgehen. Wenn bei den Aufnahmen Gesetze gebrochen werden, müssen wir natürlich einschreiten.

Wie groß ist deiner Ansicht nach das Thema Polizeigewalt, dass in diesem Jahr immer wieder Thema in den Medien war?
Das Thema Polizeigewalt ist in aller Munde – leider manchmal nicht differenziert genug. Klar ist, dass der Staat das Gewaltmonopol hat. Wenn wir dann unmittelbaren Zwang anwenden müssen, kommt es immer wieder zu unschönen Szenen. Wenn diese Einsätze sich später als unrechtmäßig herausstellen, wird danach ermittelt und es kommt auch zu Urteilen – auch wenn Kritiker das vielleicht anders sehen. Aber es stimmt, es gibt Einzelfälle, und die dürfen nicht vorkommen! In diesen Fällen ist es auch wichtig, dass die Kolleginnen und Kollegen verurteilt werden. Aus meiner Sicht haben wir aber in Deutschland kein strukturelles Problem mit Polizeigewalt.

Du hast mal gesagt, dass das Überbringen von Todesnachrichten für dich absolut furchtbar ist. Ist das das Schwerste an deinem Job?
Das gehört definitiv zu den schwierigsten Aufgaben bei der Polizei. Wenn man so eine Nachricht überbringt, wird man Teil des Lebens der Empfänger dieser Nachricht. Die werden sich ihr Leben lang an den Polizisten erinnern, der ihnen gesagt hat, dass ein Angehöriger ums Leben gekommen ist. Deshalb ist es wichtig, sich bewusst zu machen, dass Menschen auf verschiedene Art trauern: Manche brechen komplett zusammen, andere fangen erst mal an, Kaffee zu ko-

chen oder die Wohnung zu putzen. Damit muss man umgehen können. Aber das bleibt wirklich eine der schlimmsten Sachen, die man als Polizist machen muss.

Gibt es einen Fall aus deiner Laufbahn, der dich bis heute verfolgt?
O Gott, ich kann mich an so viele Fälle erinnern. Manche Straftäter suche ich heute noch und konnte sie trotz internationalem Haftbefehl auf der ganzen Welt noch nicht fassen. Die sollen sich niemals sicher fühlen, ich werde denen auf den Fersen bleiben. Und ich erinnere mich noch ganz genau an einen Mordfall, an dem wir drei Jahre lang ermittelt haben: Da hat ein Täter mit einer Maschinenpistole um sich geschossen und einen Menschen getötet und weitere Menschen schwer verletzt. Das Ganze spielte sich im Milieu der organisierten Kriminalität ab. Meine Kollegen und ich sind uns ziemlich sicher, wer der Täter war, aber die Beweislage hat nicht für eine Anklage gereicht – das ist schon bitter.

Was macht es mit dir, wenn du einen Fall mal ungeklärt zu den Akten legen musst?
Da machst du gleich mehrere Phasen durch: Trauer, Wut und natürlich Enttäuschung. Aber da muss man den Mund abwischen, und dann geht's weiter. Das gehört einfach dazu, man darf sich da nicht so reinsteigern und muss akzeptieren, dass die Beweislage manchmal einfach nicht reicht, um jemanden zu verurteilen. Aber es gibt auch Fälle, in denen wir es einfach nicht schaffen, die richtige Spur aufzunehmen und den Täter zu fassen. Das nimmst du natürlich mit in den Schlaf, wenn du überhaupt schlafen kannst. Irgendwie muss man dann darüber hinwegkommen, dass einem Opfer keine Gerechtigkeit zuteilwird – das ist nicht einfach, aber das muss man runterschlucken.

Was ist das Tolle am Job des Polizisten?
Dass er so unglaublich abwechslungsreich ist. Man lernt die Welt da draußen richtig kennen, mit allen Facetten. Kaum ein anderer Job bietet so viele Entfaltungsmöglichkeiten. Deshalb würde ich diesen Beruf auch allen ans Herz legen, die sich dafür interessieren.

Was sind deine Tipps für junge Menschen, die frisch im Polizeidienst sind?
Passt immer gut auf euch und euren Partner auf. Vergesst nie, das Gute im Menschen zu sehen, und behaltet ein positives Weltbild. Und denkt daran, dass uns der Steuerzahler bezahlt, der ein Recht darauf hat, dass wir professionell arbeiten und der Verantwortung unseres Berufes gerecht werden. Die Leute verlassen sich auf uns! Der wichtigste Satz ist wahrscheinlich: »Mensch bleiben.«

Wie ist dein Verhältnis zu Journalisten wie mir, die eure Arbeit auch öfter mal kritisieren?
Das Verhältnis ist gut, ich helfe denen ja sogar, Bücher zu schreiben, wie du siehst (lacht). Aber im Ernst: Journalistinnen und Journalisten begleiten unsere Arbeit konstruktiv, manchmal auch mit Kritik. Und dieser Kritik müssen wir bei der Polizei uns stellen. Klar ärgere ich mich manchmal, wenn Journalisten Ermittlungsergebnisse verraten und damit den Erfolg der Ermittlung gefährden. Mir ist auch wichtig, dass die Journalisten Respekt vor den Opfern von Verbrechen und ihren Familien haben. Ansonsten sehe ich Journalistinnen und Journalisten aber als konstruktive Begleiter unserer täglichen Arbeit. Es ist gut, dass sie da sind!

Was können die Politik und die Gesellschaft tun, um die Arbeit der Polizei zu stärken?
Die Politik muss Ressourcen zur Verfügung stellen und aufstocken, nicht immer nur neue Aufgaben für die Polizei stellen und erst danach für die nötige Unterstützung sorgen. Außerdem muss sie einen Rechtsrahmen schaffen, mit dem wir arbeiten und in dem wir erfolg-

reich sein können, auch wenn manche dieser notwendigen Maßnahmen von der Bevölkerung kritisiert werden. Da denke ich besonders an die Bekämpfung von Kinderpornografie, wo wir als Ermittler keinen Zugang zu IP-Adressen haben – so können wir die Kinder nicht schützen! Das muss die Politik erklären und ändern. Ich kann mir nicht vorstellen, dass es dann für diese Art der Vorratsdatenspeicherung keine Mehrheit in der Bevölkerung gibt. Von der Gesellschaft brauchen wir Vertrauen, das müssen wir uns erarbeiten. Aber wir brauchen auch Zivilcourage in der Bevölkerung gegen die, die uns schaden wollen: Das sind Extremisten von links und rechts und auch Personen, die das Grundgesetz mit Füßen treten, weil sie zum Beispiel andere diskriminieren. Ich würde mir wünschen, dass der eine oder die andere nicht vergisst, dass in der Uniform Menschen stecken. Wir arbeiten für den Staat und für die Bürgerinnen und Bürger. Der Blickwinkel fehlt mir manchmal, wenn über die Polizei gesprochen wird. Wir sind kein Freiwild, das man fotografieren oder mit Steinen bewerfen kann. Am Ende des Tages müssen wir froh sein, dass es Menschen gibt, die den Polizeiberuf wählen und anderen helfen wollen. Einfach ein bisschen mehr Respekt gegenüber Polizisten, aber auch Rettungskräften und anderen Personen, die sich für unsere Gesellschaft einsetzen, wäre schön.

Wie realistisch ist die Polizeiarbeit in TV-Krimis oder Thrillern?
Kommt auf das Format an! In den Formaten, in denen ich mitwirke, ist die Arbeit realistisch (grinst). Die Frage ist ja immer, was der Zuschauer oder der Leser haben will. Es gibt Formate, die sind sehr gut und die gucke ich mir gerne an und da geht es mir auch gar nicht darum, dass Schritt für Schritt richtig ermittelt wird, sondern dass der Spannungsbogen stimmt. Ich bin selber auch Krimi-Fan und mag skandinavische Krimis, aber auch True-Crime-Formate.

Warum glaubst du, sind so viele Menschen vom Verbrechen fasziniert?
Ich glaube, dass Verbrechen viel über unsere Gesellschaft aussagen. Als Verbrecher wird man nicht geboren, da spielen die Rahmenbedingungen, in denen man aufwächst, eine große Rolle. Aber bei der Beschäftigung mit dem Thema wird einem auch klar, dass fast jeder zum Verbrecher werden kann. Es gibt extreme Ausnahmesituationen, in denen man vielleicht keine anderen Alternativen mehr sieht. Sich damit auseinanderzusetzen und da genau hinzugucken macht True Crime so interessant.

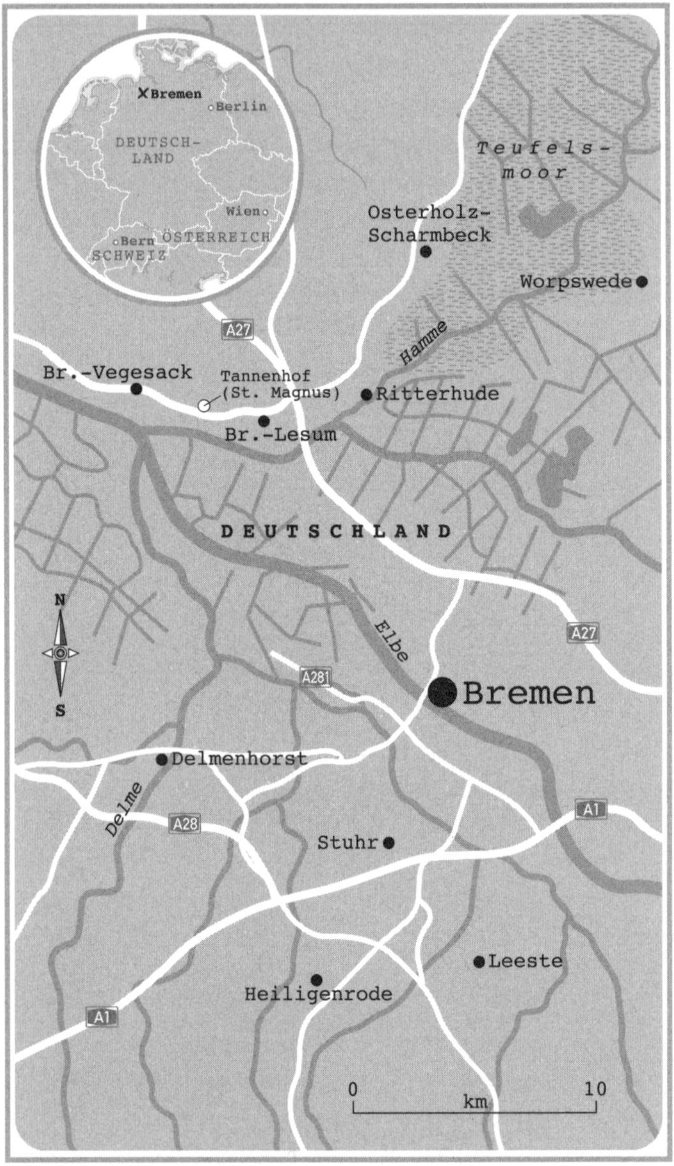
Bremen
Berlin
DEUTSCH-
LAND
Wien
Bern
ÖSTERREICH
SCHWEIZ
Teufels-
moor
Osterholz-
Scharmbeck
Worpswede
A27
Hamme
Br.-Vegesack
Tannenhof
(St. Magnus)
Ritterhude
Br.-Lesum
DEUTSCHLAND
N
S
Elbe
A27
A281
Bremen
Delmenhorst
Delme
A28
A1
Stuhr
Leeste
Heiligenrode
A1
0
km
10

Fall 9
Tod einer Lehrerin

Fallname: Tod einer Lehrerin
Zeitpunkt: 18.12.2009
Tatbestand: Nachstellung (Stalking) und Mord

Auf der Lauer

Es ist eisig kalt an diesem 18. Dezember 2009 in St. Magnus, einer ruhigen und ziemlich grünen Wohngegend in Bremen. Dicke Schneeflocken wirbeln über die Straße Tannenhof, und der Wind pfeift eisig um die Häuser. Gero sitzt in einem Gebüsch und wartet. Wartet auf sie. Über ein Jahr hat er sich auf diesen Tag vorbereitet. Er hat Kameras an verschiedenen Autobahnabfahrten installiert, um herauszufinden, wo sie nach der Schule hinfährt. Es hat nicht lange gedauert, bis er ihre Wohnung hier in St. Magnus gefunden hat. Seit Wochen sitzt er immer wieder hier in dem Gebüsch vor dem Haus und schaut ihr zu: Beobachtet, wie sie morgens vor dem Küchenfenster steht oder wie sie nach der Arbeit im Supermarkt in der Nähe einkaufen geht. Auf seinem Handy sieht er genau, dass sie jetzt auf dem Weg hierher ist. »Es war eine gute Idee, den Peilsender unter ihren silbernen Mini Cooper zu klemmen«, denkt er, und ein kaltes Lächeln zieht sich über sein blasses Gesicht. In seinem Rucksack hat er alles dabei, was er gleich brauchen wird: Kabelbinder, Salzsäure, eine Digitalkamera, eine Pistolenattrappe aus Holz und das Kampfmesser mit der 14 cm langen Klinge, das er sich im Internet bestellt hat. Dazu noch acht 100-Euro-Scheine. Die wird er ihr in den Mund stopfen, als Strafe für ihren dreckigen Lebensstil. Das Allerwichtigste für seinen Plan hat er auf dem USB-Stick gespeichert, den er heute extra mitgenommen hat: 260 Seiten mit insgesamt 6500 Fragen, die er ihr stellen will. Heute oder morgen – er hat Zeit. Er will sie fragen, wo sie ihr Auto gekauft hat, aber er will auch wissen, mit wie vielen Männern sie Sex hatte und welche Stellungen sie schon ausprobiert hat. Und sie wird ihm antworten. Sie hat keine andere Wahl. Um 14:30 Uhr sieht er, dass der Peilsender unter ihrem Auto sich nähert, dann hört er schon den Motor ihres Mini Cooper. Sie parkt den Wagen auf einem Parkplatz gegenüber, stellt den Motor ab und öffnet die Fahrertür. Jede Faser seines schmalen Körpers ist gespannt: Jetzt ist es so weit!

Zwei Leben

Das Grauen beginnt schon zwei Jahre früher. Im Oktober 2007 treffen zwei Menschen aufeinander, die unterschiedlicher nicht sein könnten: Die Lehrerin Heike Block und ihr Schüler Gero S.

Heike Block wird im Juli 1974 geboren. Sie ist im wahrsten Sinne des Wortes ein Sonnenkind: Ihre Eltern Maria und Walter Block kümmern sich liebevoll um sie und ihren anderthalb Jahre jüngeren Bruder. Heikes Kindheit ist behütet, noch als Erwachsene hat sie ein sehr enges Verhältnis zu ihren Eltern und ihrem kleinen Bruder. Heike studiert Mikrobiologie und hängt danach noch ein Aufbaustudium für Lehramt hintendran. Heike Block ist ehrgeizig, schafft ihren Uniabschluss mit 1,0. Sie genießt das Leben, geht zwischendurch ins Solarium und raucht. Nachbarn und Freunde beschreiben sie als offenen und freundlichen Menschen.

Im Herbst 2006 tritt Heike Block ihre neue Stelle als Lehrerin für Chemie und Biologie an einem Gymnasium in Osterholz-Scharmbeck in Niedersachsen an, etwa 20 Minuten mit dem Auto von ihrer Wohnung entfernt. Für sie ist das mehr als ein Job: »Sie wollte immer eine gute Lehrerin sein«, erinnert sich ihr Vater später vor Gericht. Ein Jahr später, im Oktober 2007 bekommt sie ihren ersten Oberstufenkurs: Bioethik. Als letzter Schüler im Kurs kommt ein dünner, blasser Schüler dazu, der am liebsten schwarz trägt. Sein Name ist Gero.

Das Leben dieses Schülers ist ganz anders verlaufen als Heikes, aber das weiß die Lehrerin da natürlich noch nicht.

Gero kommt 1988 zur Welt. Seine Mutter ist alleinerziehend und arbeitet in der Mediathek des Gymnasiums, das ihr Sohn später auch besuchen wird. Das Verhältnis zwischen ihr und Gero ist von Anfang an kalt, einem Psychiater wird er später sogar sagen, dass er seine Mutter hasst. Sie habe ihn mehrfach eingesperrt, berichtet er, und soll ihm mehrfach gesagt haben, er sei »nicht gewollt«. Geros Betreuungslehrerin wird später sagen, dass die Gespräche mit seiner Mutter irgendwann eingestellt wurden: »Sie brachten einfach nichts.«

Gero wächst in einem Problemviertel in Osterholz-Scharmbeck auf, zwischen ungepflegten Gärten und verlotterten Mietshäusern mit zerbrochenen Fenstern. Er selbst wird das Viertel, in dem er aufwächst, später als »Sperrmüll« bezeichnen. Seine Lehrer beschreiben ihn als ein »bedrücktes, isoliertes Kind«, das nie lächelt. Während die anderen Kinder in der Grundschule draußen auf dem Schulhof spielen, malt Gero Bilder von zerstückelten Leichen und Waffen. Niemand will etwas mit dem blassen Jungen zu tun haben.

Mit 14 stalkt er das erste Mal eine Mitschülerin. Als die ihn abweist, schreibt er ihr hasserfüllte Briefe und droht, eine Rakete auf ihren Wohnort abzuschießen. Das Mädchen hat auch noch als junge Frau Angst vor ihm.

Gero ist hochbegabt, später wird man bei ihm einen IQ von 136 feststellen, aber er ist auch unglaublich einsam. Irgendwann beginnt er, sich in seinem Kopf seine eigene Welt mit eigenen Regeln zusammenzubauen: Sex ist für ihn verboten – Fortpflanzung darf nur im Labor stattfinden. Körperliche Verschönerung wie Besuche im Fitnessstudio oder im Solarium sind für ihn genauso tabu wie Alkohol. Wer sich nicht an diese Regeln hält, soll nach seiner Ansicht mit dem Tod bestraft werden.

Eine schicksalhafte Begegnung

Gero S. fällt die junge Lehrerin mit den langen braunen Haaren und den strahlend blauen Augen sofort auf: »Ich fand sie damals schon attraktiv, ganz anders als andere Frauen«, wird er später über Heike Block sagen. Schnell wird er ziemlich anhänglich, fängt seine Lehrerin immer wieder auf dem Flur ab und will mit ihr sprechen. Er belagert die junge Frau regelrecht. Schließlich vertraut er sich ihr an und erzählt ihr von seinen Depressionen und davon, dass er sich das Leben nehmen will.

Heike Block ist hin- und hergerissen: Einerseits fühlt sie sich da schon von Gero bedrängt, andererseits hat sie natürlich Angst, dass er sich etwas antut, wenn sie ihn zurückweist. Außerdem fühlt sie sich für ihren Schüler verantwortlich. Also fragt sie ihren Vater Walter um Rat. Der gibt ihr den Tipp, jeden Kontakt mit Gero S. zu protokollieren – nur für den Fall, dass etwas passiert. Genau das macht Heike Block und tippt ab da jedes Treffen akribisch in ihren Laptop ein. Ihre Aufzeichnungen zeigen das erschütternde Bild einer Situation, die sich immer weiter zuspitzt:

20. Dezember 2007
Gero fängt mich vor dem Lehrerzimmer nach Unterrichtsschluss ab und bittet um ein Gespräch. Wir gehen zusammen in die Chemievorbereitung und reden über seine Probleme, etwa zwei Stunden lang.
Zeugen: Frau M. (Kontaktaufnahme von mir) und Frau N. mit Dr. J. vom Sozialpsychiatrischen Dienst, da ich mir nicht mehr zu helfen weiß.

9. Januar 2008
Gero steht vor dem Lehrerzimmer und wartet auf mich. Frau N. bekommt das mit und warnt mich. Ich steige aus dem Fenster.

11. Januar 2008
Gero fängt mich vor dem Lehrerzimmer ab. Finales Gespräch, Gero droht, sich umzubringen.

Der Psychologe Dr. J. rät ihr, den Kontakt abzubrechen und bei weiteren Suizid-Drohungen die Polizei einzuschalten. Genau das tut Heike Block am 11. Januar 2008. Noch am selben Abend steht die Polizei vor der Wohnung von Gero S. Familie und holt den 20-Jährigen ab. In seinem Zimmer finden die Ermittler einen Sprengstoffgürtel aus Schwarzpulver. Gero S. erzählt den Beamten, er habe sich den Gürtel um den Hals hängen und sich damit umbringen wollen. Er willigt ein, eine Therapie zu machen. Heike Block begleitet ihn sogar zum Psychiater und ist bei seiner ersten Sitzung dabei. Dort erzählt Gero, dass er eine Beziehung mit ihr will.

Allein

Die Lehrerin steht sofort auf und verlässt den Raum. Sie will Gero nicht mehr unterrichten und wendet sich an ihren Schulleiter Gerd S., der Gero aus ihrem Kurs nehmen soll. Doch ihr Vorgesetzter schüttelt nur mit dem Kopf. Heike Block schreibt damals in ihr Stalking-Tagebuch:

17. Januar 2018
Entschluss von mir, dass ich Gero nicht mehr in meinem Kurs haben möchte. Gero weigerte sich aber, das zu akzeptieren, schlug vor, dass ich ihn allein betreuen kann. Entscheidung von Herrn S. und Frau B., dass Gero in meinem Kurs verbleibt, und dass es besser für alle ist, wenn ich ihn einzeln betreue. Meine Einwände dagegen wurden nicht ernst genommen. So machte ich mit Gero Einzeltermine ab.

Heike Block, die versucht hat, möglichst viel Distanz zwischen Gero und sich zu schaffen, muss ihren Stalker jetzt regelmäßig treffen – allein in einem Klassenraum. Gero kann sich ein Lächeln nicht verkneifen. Eine von ihren Mails beantwortet er höhnisch mit »MfG, dein Ein-Personen-Kurs«.

Schulleiter Gerd S. wird später im Gespräch mit dem Stern erst abstreiten, dass es diesen Einzelunterricht überhaupt gegeben hat, gibt dann aber doch zu, dass Heike Block mit Gero Arbeiten korrigieren und besprechen sollte. Allerdings will der Schulleiter seine Mitarbeiterin nie dazu gedrängt haben, ihrem Stalker Einzelunterricht zu geben: »Ich hatte ein vertrauensvolles Verhältnis zu ihr. Ich habe ihr immer das Gefühl gegeben, sie könne zu mir kommen.« Aber warum lässt sich Heike Block dann darauf ein?

Ihr Vater und ihre Kollegen werden später erzählen, dass Heike Angst vor ihrem Schulleiter hatte – sie selbst sieht das mit dem vertrauensvollen Verhältnis also offenbar ein bisschen anders. Und es gibt auch noch einen beruflichen Grund: Heike Block will ihre Verbeamtung nicht gefährden. Sie braucht eine positive Beurteilung ihrer

Schulleitung und die will sie nicht aufs Spiel setzen, so erzählt es ihr Vater später.

Jetzt ist sie ihrem Stalker ausgeliefert. Anfang Februar 2008, also nach etwa einem Monat Einzelunterricht, notiert Heike Block in ihrem Stalking-Protokoll: »Gero gesteht mir seine Liebe. Info an Herrn S., dass ich mich mit Gero nicht mehr allein treffen kann. Unverständnis von seiner Seite.«

Schulleiter Gerd S. wird das später anders erzählen. Einmal habe er Gero ganz direkt gefragt, ob er in seine Lehrerin verknallt sei. Aber Gero streitet das ab, er sei ja gar nicht zu einer emotionalen Bindung fähig, erklärt er dem Direktor in gestelzten Worten. Der glaubt ihm. Vielleicht kann Heike Block ja etwas in dem schwer zugänglichen Jungen bewegen, denkt sich Gerd S. Irgendwann haut der Schulleiter dann auf den Tisch, zumindest wird er es selber später so darstellen: Er habe Gero S. ausdrücklich davor gewarnt, sich seiner Lehrerin zu nähern. Der kann sich an diese Ansage aber vor Gericht nicht erinnern.

Hilflos

Heike Block ist nicht allein mit ihrer Angst. Auch Kolleginnen und Kollegen fällt das beängstigende Verhalten ihres Schülers Gero S. auf.

Ihre Kollegin Cornelia N. beschreibt später, wie die Angst von Heike Block vor Gero immer größer wurde: »Sein Verhalten hatte etwas Obsessives. Er war eine tickende Zeitbombe.« Auch Lehrerin Cornelia N. wird im Januar 2008 vom Schulleiter gefragt, ob sie sich nicht ein bisschen um den Problemschüler Gero S. kümmern könnte. Die Pädagogin lehnt ab und warnt den Schulleiter schriftlich am 11. Februar 2008: »Ich empfinde die Situation als besorgniserregend und auch bedrohlich, sowohl für Gero als auch für andere, vor allem für die betroffene Kollegin. Ich mache dies hiermit aktenkundig.« Jetzt muss Schulleiter Gerd S. reagieren. Er bespricht sich mit dem Schulpsychologen, der Gero zwar für depressiv und suizidgefährdet hält, aber nicht für eine Gefahr für andere. Das Problem verschwindet mit Geros Schulakte zurück in der Schublade.

Aber Cornelia N. lässt nicht locker, am selben Tag schreibt sie eine Mail, die sie nicht nur an die Schulleitung, sondern auch an den Psychologen der Landesschulbehörde schickt: »Ich finde die Situation unerträglich. Der Knabe saß am Montag wieder in dem Kurs. Die Kollegin hat den Schulleiter nochmals darauf angesprochen. Er hat dem Schüler dann gesagt, er müsse auf Wunsch der Kollegin den Kurs wechseln … Der Schüler hat sich geweigert, den Kurs zu wechseln, und der Schulleiter wird ihn da wohl belassen (!!).« Sie bekommt auf die Mail weder vom Schuldirektor noch von der Behörde eine Antwort.

Also muss Heike Block sich selbst helfen. Ab dem Moment, in dem sie Ende Februar 2008 verbeamtet wird, will sie ihren Stalker Gero S. nur noch unterrichten, wenn andere dabei sind. Und als Gero im Juni 2008 seine Therapie abbricht, weigert sich Heike Block dann komplett, ihn weiter zu unterrichten. Nach acht Monaten Belästigung teilt die Schulleitung Gero endlich einem anderem Bio-Kurs zu, und Heike Block atmet auf.

Aber der Terror ist nicht vorbei, er verlagert sich nur – aus Heikes Klassenraum in ihr E-Mail-Postfach. Gero fängt an, seine ehemalige Lehrerin mit Mails zu bombardieren, sogar in den Ferien schreibt er ihr. Die Mails sind bis zu acht Seiten lang und werden mit jeder Seite verwirrter und auch verzweifelter: »Wärst Du nicht gewesen, könnte ich Dir heute nicht mehr schreiben, vielleicht kann ich Dir eines Tages dafür danken, dass Du mein Leben bewahrt hast.« Oder: »Du kannst wirklich sehr verletzend und kühl sein, aber manchmal auch zum Knuddeln.« Vergiftete Komplimente, die eher nach einem 11- als nach einem 20-Jährigen klingen. Neben Zuneigung mischt sich auch ein weiteres Gefühl in Geros Mails: Neid.

Ich muss zugeben, dass ich Dich um Dein Leben, das Du führst, beneide. Ich habe kein Geld, keinen Führerschein, kein Auto, so gut wie keine Möbel, (…) kaum Kleidung, und wenn, dann nur billige minderer Qualität, während das bei Dir etwas anders aussieht. Ich habe keine Eltern und

Freunde wie Du, denen ich mich anvertrauen kann und die mir helfen können. Du führst mir ein Leben vor, das für mich unerreichbar erscheint. Ich bin nicht so klug wie Du, ich sehe nicht so gut aus wie Du, vielleicht bin ich auch nicht so nett wie Du. Aber vor allem eines haben wir nicht gemeinsam: unsere Vergangenheit.

Und mit dem Neid schleicht sich ein weiteres Gefühl in die Mails, die immer länger werden: Wut. »Mir dann von verschiedenen Lehrern deren Gejammer noch anzuhören, wie anstrengend bei Euch alles manchmal ist, finde ich unverschämt.«

Heike Block wendet sich an einen Anwalt, der ihr rät, eine einstweilige Verfügung gegen Gero S. zu erwirken. Sie spricht darüber mit ihrem Vorgesetzten, dem Schuldirektor Gerd S.

Nach dem Gespräch schreibt sie am Abend des 21. August 2008 in ihr Stalking-Tagebuch: »Unverständnis von Herrn S., dass ich Gero verklagen will, da Gero schon genug um die Ohren hat.«

Direktor Gerd S. bestreitet später, Heike Block rechtliche Schritte ausgeredet zu haben. Außerdem will er auch nichts von den E-Mails gewusst haben, die Gero seiner Lehrerin geschrieben hat.

Heike Block hat aber in ihrem Protokoll ausdrücklich festgehalten, dass sie ihrem Chef die Mails übergeben und er sie ihr gelesen zurückgegeben hat.

Trotz allem entscheidet sich die Lehrerin im September 2008 dagegen, rechtliche Schritte gegen ihren Ex-Schüler zu unternehmen. Ein paar Monate wird es ruhiger, bis sich die Situation an dem Gymnasium im Frühjahr 2009 zuspitzt. Am 11. März 2009 tötet der 17-jährige Tim K. an der Albertville-Realschule in Winnenden bei Stuttgart mit insgesamt 122 Schüssen aus der Pistole seines Vaters 15 Menschen und anschließend sich selbst. Der Amoklauf von Winnenden fasziniert Gero. In einer Facharbeit schreibt Gero kurze Zeit später, wie er davon träumt für »Gerechtigkeit in Deutschland« zu sorgen. Außerdem tauchen plötzlich überall in der Schule Zettel auf, auf denen Lehrer auf das Übelste beleidigt werden.

Jetzt ruft Direktor Gerd S. den Sozialpsychiatrischen Dienst zu Hilfe, er will Gero S. zwangseinweisen lassen. Aber das Amtsgericht lehnt eine Einweisung ab. Wieder wird die Polizei eingeschaltet, die Geros Zimmer durchsucht und dabei Schwarzpulver findet. Gero wird nicht zum Abitur zugelassen und verlässt das Gymnasium. Im Juli beginnt er seinen Wehrdienst bei der Bundeswehr. Für den Schulleiter hat sich das Problem damit erledigt und auch Heike Block atmet auf – doch beide liegen fürchterlich falsch.

Ein tödlicher Plan

Gero S. fühlt sich verraten. Von seiner Schule, von seinem Direktor und vor allem von seiner Lehrerin. Er hat sich ihr anvertraut, und sie hat ihn einfach fallen gelassen. Am 3. November 2009 beschließt er, dass Heike Block sterben muss. Mit den Vorbereitungen dafür hat er schon im März begonnen. Um herauszufinden, wo Heike Block wohnt, installiert er Kameras an mehreren Autobahnabfahrten. Jetzt muss er sich nur noch so lange die Videos anschauen, bis er ihren silbernen Mini entdeckt. So verfolgt er Stück für Stück Heikes Heimweg, bis er gefunden hat, was er sucht: Ihre Wohnung in der Straße Tannenhof im Bremer Viertel St. Magnus.

Immer wieder fährt er mit seinem Fahrrad durch Regen, Schnee und Sturm in die ruhige Wohngegend. Ein Gebüsch gegenüber von Heikes Wohnung wird sein Versteck. Von hier aus hat er Heike jederzeit im Blick, beobachtet sie abends durch die erleuchteten Fenster. Wenn die Lehrerin ihr Abendessen kocht oder vor dem Fernseher entspannt, klickt Geros Kamera. Wenn sie am Wochenende zu ihren Eltern nach Hamburg fährt, folgt er ihr.

Und während Heike Block ihre Weihnachtseinkäufe erledigt, bestellt Gero S. seine Mordwerkzeuge im Internet: Zwei Messer, eines davon ein Kampfmesser mit 14 cm langer Klinge, Kabelbinder und Salzsäure. Er will seine ehemalige Lehrerin überfallen und sie dann 48 Stunden in ihrer Wohnung verhören – bevor er sie umbringt.

Insgesamt 6500 Fragen hämmert Gero in seine Tastatur und speichert sie auf seinem USB-Stick. Die Fragen decken jedes Detail von Heikes Leben ab, von ihrer Kindheit über ihre Hobbys bis zu ihrem Sexleben. Gero findet, dass Heike Block ihm einige Antworten schuldig ist.

Am Abend des 17. Dezember sitzt Gero wieder im Gebüsch und beobachtet sein Opfer: »Das ist dein letzter Tag in Freiheit«, denkt er. Am nächsten Tag ist es so weit: Morgens hat Gero am Schulparkplatz einen Peilsender unter Heikes Auto installiert und ist dann mit seinem Rad über verschneite Straßen bis zu ihrer Wohnung gerast. Während Heike sich von ihren Kollegen verabschiedet und in ihr Auto steigt, hockt Gero in seinem Gebüsch und wartet. Um 14:30 Uhr parkt Heike Block vor ihrer Wohnung und will gerade aus ihrem Auto steigen, sie hat Einkäufe dabei. Da springt auf einmal ein dünner blasser Junge komplett in Schwarz gekleidet auf sie zu und hält ihr eine Pistole vors Gesicht. Sie soll ihn mit in ihre Wohnung nehmen.

Heike Block erkennt Gero sofort. Wahrscheinlich will sie ihm in diesem Moment keine Schwäche zeigen oder sie merkt gleich, dass die Waffe nicht echt ist, jedenfalls schlägt sie dem 21-Jährigen die Pistolenattrappe einfach aus der Hand. Heike Blocks Hilferufe schallen laut durch die verschneite Wohnstraße.

Da sticht Gero zu. Mit dem linken Arm umklammert er sein Opfer von hinten, in seiner rechten Hand hält er das Messer. Immer wieder rammt er die Klinge in Heikes Hals. Ein Postbote, der die Schreie gehört hat, rennt auf die beiden zu. Heike Block schaut ihm direkt in die Augen: »Helfen Sie mir«, keucht sie, während das Blut aus ihrem Hals spritzt. Der Briefträger schafft es, Gero von Heike wegzureißen. Panisch sucht der Mann nach einer Waffe, doch da kniet Gero schon wieder auf seinem Opfer. Er hält das Messer in beiden Händen und sticht Heike Block in die Brust. »Lassen Sie die Frau in Ruhe!«, schreit ihn der Postbote an.

Und tatsächlich: Gero hört auf. Der Junge rappelt sich hoch, schaut sich sein Opfer ganz genau an, dann zieht er mit blutigen Fingern sein

Handy aus der Tasche und ruft die Polizei: »Ich habe einen Menschen umgebracht«

»Wen haben Sie umgebracht? Hallo?«

»Heike Block.«

»Der Streifenwagen ist unterwegs. Wer ist denn diese Heike Block? Ist das Ihre Lebensgefährtin? Ihre Ehefrau? Eine Bekannte?«

»Meine Lehrerin. Aber da war mehr zwischen uns.«

Die Streifenwagen und das Rettungsteam, die nach einigen Minuten durch das Wohngebiet rasen, kommen zu spät: Heike Block verblutet im Schnee vor ihrer Wohnung nach insgesamt 22 Messerstichen in Hals und Brust. Direkt neben ihr steht Gero S., sein Messer liegt auf dem Boden. Er lässt sich ohne Widerstand festnehmen.

Viele Fragen & wenige Antworten

Der Fall landet in ganz Deutschland in der Presse. Noch am selben Tag gibt die damalige niedersächsische Kultusministerin Elisabeth Heister-Neumann ein Statement ab: »Ich bin tief betroffen. Unser Mitgefühl gilt der Familie, den Angehörigen, den Freunden und dem Kollegium.« Ganz Deutschland fragt sich, wie es zu dieser grausamen Tat kommen konnte.

Das soll der Prozess gegen Gero S. klären, der am 15. Juni 2010 in Saal 218 des Bremer Landgerichts beginnt. Die Staatsanwaltschaft hat ihn wegen Mordes angeklagt. Heikes Eltern treten als Nebenkläger auf, ihre Anwältin macht dem Schulleiter Gerd S. dabei schwere Vorwürfe: »Er hat sie dem Schüler geradezu ausgeliefert«, sagt sie dem Weser-Kurier. Und auch Heikes Vater Walter Block sagt in einem Interview mit der Taz, Gerd S. hätte »viel eher und deutlich mehr tun müssen, um meine Tochter zu schützen«. So muss sich Heikes ehemaliger Chef im Prozess viele kritische Fragen gefallen lassen. Doch Gerd S. will sich an die meisten Sachen, die Heike in ihr Stalking-Protokoll geschrieben hat, nicht erinnern können. Immer wieder fragt der Vorsitzende Richter Helmut Kellermann nach, warum die Lehrerin in ihrem Tagebuch hätte lügen sollen. Der Schulleiter zuckt mit den Achseln. Seine Schule und seine Vorgesetzten haben sich längst hinter ihn gestellt. In einem offenen Brief lobt der Schulvorstand des Gymnasiums Gerd S. »für die besonnene und weitsichtige Handhabe der Problemlage« und endet mit dem Satz: »Schulleiter Gerd S. genießt unser vollstes Vertrauen.« Eine Dienstaufsichtsbeschwerde gegen den Schulleiter von Heikes Eltern weist die zuständige Schulbehörde Lüneburg zurück. Vielleicht liegt das daran, dass auch die Schulbehörde seit Februar 2009, rund zehn Monate vor dem Mord, durch den Brief von Heikes Kollegin Cornelia von dem Stalking wusste. Im Januar 2010 schreibt die Behörde in einer Antwort an Cornelia N.: »Nach Prüfung der Sachlage kann ich kein Fehlverhalten des Schulleiters Ihnen gegenüber feststellen.« Gerd S. wird bis zu seiner Pensionierung 2014 Schulleiter an dem Gymnasium bleiben.

Der Mörder von Heike Block sitzt währenddessen weiter lächelnd und mit verschränkten Armen auf der Anklagebank. Wie immer ist Gero S. ganz in Schwarz gekleidet, von den Springerstiefeln bis zum Pulli, der um seine dünnen Arme schlackert. Im Prozess kommen zwei psychiatrische Gutachter zu Wort, die Gero S. eine schizotypische Persönlichkeitsstörung, eine eingeschränkte Steuerungsfähigkeit und eine verzerrte Wahrnehmung attestieren. Gero ist also laut Gutachten vermindert schuldfähig und gehört in die forensische Psychiatrie und nicht in ein normales Gefängnis. Allerdings ist er nach Ansicht der Gutachter so schwer krank, dass es auch dort im Moment keine Therapie für ihn gibt. Gero soll in der forensischen Psychiatrie bleiben, um andere Menschen vor ihm zu schützen – Zitat: »Er ist dauerhaft gefährlich für jede Frau, die ihn als Nächstes zurückweist.«

Am letzten Tag vor der Urteilsverkündung hat dieser gefährliche junge Mann noch einen großen Auftritt: Nach den Plädoyers von Anklage und Verteidigung hat Gero S. das letzte Wort und steht auf, um eine vorbereitete Erklärung vorzulesen. Viele Angeklagte nutzen das, um sich zu entschuldigen und Reue zu zeigen, oder aber sie schweigen. Nicht so Gero S. Kerzengerade und mit lauter Stimme liest er seine

Worte von einem Notizzettel ab: »Für mich ist es eine persönliche Genugtuung, dass ich dem Schrecken ein Ende gemacht habe. Ich fühle mich innerlich befreit.« Die Eltern von Heike Block sind fassungslos, aber Gero S. ist noch nicht fertig. Seine Stimme wird lauter, wütender: »Es erfüllt mich mit tiefer Scham, dass ich sie nicht früher umgebracht habe. Ich bin stolz, meine Freiheit für diese Tat zu opfern.« Selbst der Staatsanwalt Uwe Picard ist fassungslos und unterbricht den Angeklagten: »Was machen Sie hier?«

Aber es ist schon zu spät: Heike Blocks Mutter Maria schlägt die Hände vors Gesicht. Irgendwann kann sie es nicht mehr ertragen und hält sich auch die Ohren zu.

Vor Gericht zeigt Gero S. keine Reue, immer wieder lächelt er

Das Urteil gegen Gero S. fällt am 23. August 2010: Er wird zu 15 Jahren Haft und zu einer zeitlich unbegrenzten Unterbringung in einer forensischen Psychiatrie verurteilt. In seiner Urteilsbegründung erklärt der Vorsitzende Richter Helmut Kellermann, wie schwer es für das Gericht war, ein angemessenes Urteil zu finden. Er und seine Kollegen haben sich in den Beratungen oft gefragt: »Was kann man überhaupt mit so einem Menschen machen?« Gero S. habe aus eindeutig niederen Beweggründen wie Hass und Neid gehandelt, führt der Vorsitzende in seiner Urteilsbegründung aus. Deshalb müsse die Allgemeinheit dauerhaft vor ihm geschützt werden. Und am Ende wendet sich der schlanke Mann mit den grauen Haaren dann noch an Heikes Familie: »Auch wir sind nur Menschen und sprechen den Eltern und dem Bruder unser aufrichtiges Mitgefühl aus mit der Bewunderung, dass sie so tapfer das gesamte Verfahren durchgestanden haben.«

Heikes Eltern sind mit dem Urteil zufrieden, und auch wenn beide betonen, dass der Schulleiter keine Schuld am Tod ihrer Tochter hat, sind sie doch enttäuscht von seinem Verhalten: »Wenn der Schulleiter auf uns zugekommen wäre und gesagt hätte: ›Es tut mir leid, ich habe die Situation falsch eingeschätzt‹ (...), dann hätte es nicht diese Zuspitzung gegeben«, erzählt Walter Block in einem Interview mit der Taz. »Wir haben eine halbe Stunde vor dem Gerichtssaal gewartet, und der Schulleiter stand einige Meter neben uns. Er sah meine Frau zum ersten Mal – er ist nicht gekommen, um ihr die Hand zu geben.«

Direkt nach der Urteilsverkündung verschwindet das Foto von Heike Block von der Homepage der Schule, auch ein Forum mit Beileidsbekundungen von Schülern und Lehrern wird gelöscht.

In einer Doku des NDR begleitet die Journalistin Marianne Strauch 2010 Heikes Eltern ans Grab ihrer Tochter auf einem abgelegenen Hamburger Waldfriedhof. Der schlichte graue Stein trägt einfach nur den Namen Heike Block, davor liegt Tannengrün. Immer wieder bricht die Stimme von Vater Walter Block, als er sagt: »Sie fehlt uns so sehr. Alles erinnert uns an Heike, unser Kind.« Er kann sich noch nicht mal vorstellen, ohne seine Tochter Weihnachten zu feiern: »Das Fest ohne sie – undenkbar. Wir lassen es ausfallen. Fahren weit weg und versuchen, uns irgendwie abzulenken.« Wenn sie zu Hause sind, besuchen sie das Grab ihrer Tochter Heike jeden Freitag.

In dieser Fallgeschichte wurden die Namen der Beteiligten aus Gründen der Vertraulichkeit teilweise geändert.

Philipps Fazit

Es ist wie in einem Horrorfilm: Der Mörder versteckt sich im Gebüsch, schon seit Tagen hat er sein Opfer heimlich beobachtet. Und als die junge Frau nach Hause kommt, schlägt er grausam zu. Für Heike Block ist dieser Horror zur tödlichen Realität geworden. Mich hat dieser Fall vor allem unglaublich wütend gemacht: Wütend darüber, dass diese junge engagierte Lehrerin so früh sterben musste. Nachdem ich die Folge in meinem Podcast veröffentlicht hatte, haben mir viele von Heikes ehemaligen Schülerinnen und Schülern geschrieben. Sie vermissen ihre damalige Lehrerin noch heute. Noch wütender macht mich, dass Heike Block in den letzten Monaten ihres Lebens so hilflos war. Immer wieder hat sie Kollegen und Vorgesetzte um Hilfe gebeten, am Ende war sie ganz allein mit ihrem Mörder. 2019 gab es in Deutschland fast 20.000 Ermittlungsverfahren wegen Stalking, wobei die Dunkelziffer wahrscheinlich viel höher liegt. Einige dieser Stalking-Opfer haben sich nach der Folge bei mir gemeldet. Ihre Geschichten waren unterschiedlich, ihre Gefühle aber häufig dieselben: Angst und Hilflosigkeit. Zum Glück gibt es mittlerweile immer mehr Beratungsstellen zum Thema Stalking und auch die Ermittlungsbehörden schreiten in der Regel schneller ein. Aber auch wir alle können viel mehr tun: Wir müssen einschreiten, wenn wir mitbekommen, dass jemandem nachgestellt wird. Wir müssen den Opfern ein offenes Ohr und unsere Hilfe anbieten. Und wir müssen den Tätern ganz klar zeigen, dass sie zu weit gehen. Damit sich ein Fall wie der von Heike Block nie wiederholt.

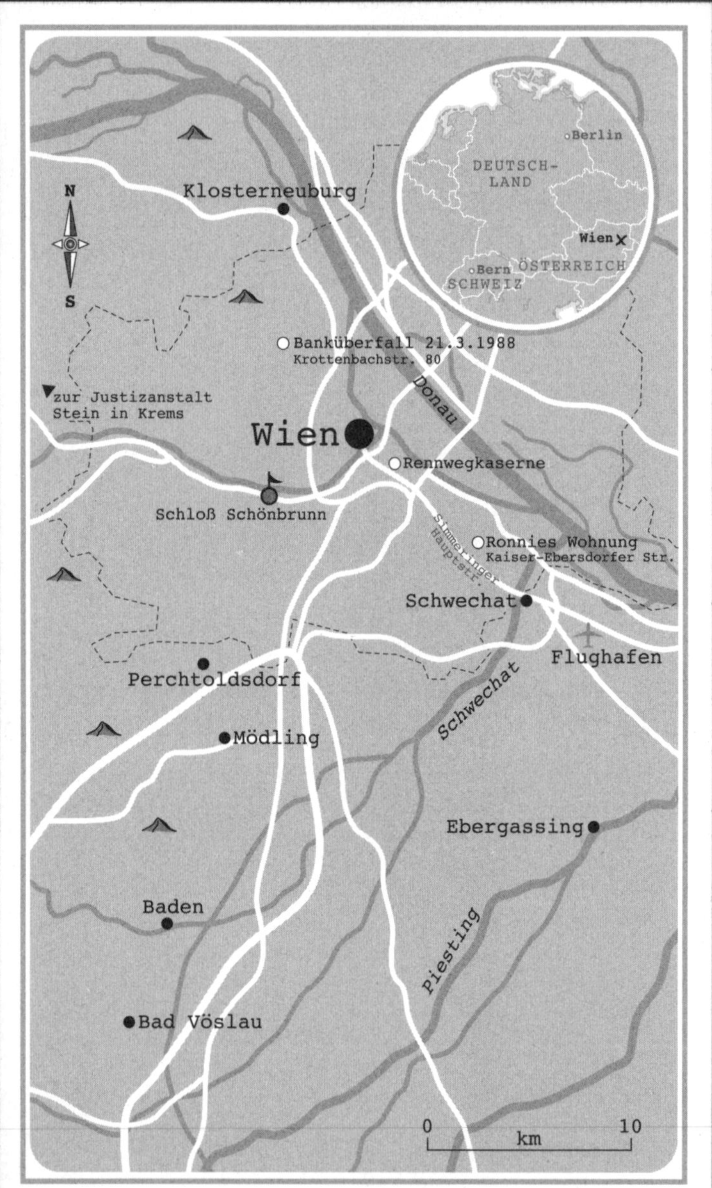

Berlin
DEUTSCHLAND
Wien
Bern
ÖSTERREICH
SCHWEIZ
N
S
Klosterneuburg
Banküberfall 21.3.1988
Krottenbachstr. 80
zur Justizanstalt Stein in Krems
Donau
Wien
Rennwegkaserne
Schloß Schönbrunn
Simmeringer Hauptstr.
Ronnies Wohnung
Kaiser-Ebersdorfer Str.
Schwechat
Flughafen
Perchtoldsdorf
Schwechat
Mödling
Ebergassing
Baden
Piesting
Bad Vöslau
0
10
km

Fall 10
Pumpgun-Ronnie

Fallname: Pumpgun-Ronnie
Zeitpunkt: 25.1.1977 – 15.11.1988
Tatbestand: Bankraub und Mord

Kurz vor der Ziellinie

Sie sind ihm dicht auf den Fersen, das weiß Johann Kastenberger. Über sich hört er den Polizeihubschrauber kreisen. Die Fahndung nach ihm ist die größte der österreichischen Nachkriegsgeschichte, mehr als 450 Beamte sind hinter ihm her. Kastenberger gibt auf der Westautobahn von Wien in Richtung der niederösterreichischen Landeshauptstadt St. Pölten noch ein letztes Mal Gas.

Der Himmel an diesem Nachmittag des 15. Novembers 1988 ist grau wie Beton. Herbstnebel krallt sich an den Bäumen fest, in der Nacht vorher hat es in Strömen geregnet. Das hat dem durchtrainierten 30-Jährigen geholfen, seine Spuren zu verwischen. Es ist nicht das erste Mal, dass Johann Kastenberger auf der Flucht vor der Polizei ist. Bisher ist er den Gendarmen immer entkommen. Er ist schneller als sie. Und wer sich ihm in den Weg stellt, den tötet er. Ganz Österreich kennt mittlerweile seinen Namen: »Pumpgun-Ronnie« nennt ihn die Presse. Aber jetzt sind sie so dicht an ihm dran wie noch nie zuvor. Und er hat ein weiteres Problem: Die Tanknadel des grünen Audi 100, den er erst vor 20 Minuten in Maria Enzersdorf gestohlen hat, steht längst im tiefroten Bereich. Er hat ein Auto mit fast leerem Tank geklaut, aber er hat keine Zeit sich zu ärgern, denn das laute Rotoren-Schrappen des Polizeihubschraubers wird immer lauter. Er muss hier raus.

Kastenberger lenkt den Audi auf den Grünstreifen, springt heraus und rennt in den Wald, ohne auch nur außer Atem zu kommen. Für einen Marathonläufer wie ihn ist dieser Spurt nur eine kleine Aufwärmrunde. In seinem schmutzig grünen Strickpulli verschwindet Kastenberger fast zwischen den Bäumen und Büschen. Auf der anderen Seite des Waldes sieht er ein Dorf, kaum mehr als ein paar Häuser: Waasen, ein Ortsteil der Gemeinde Kirchstetten. Hier kennt Kastenberger sich aus. Vor einigen Monaten hat er die örtliche Volksbank überfallen und 330.000 Schilling (heute etwa 24.000 Euro) erbeutet. Aber an Geld verschwendet der 30-Jährige gerade keinen Gedanken, er ist ganz auf seine Flucht konzentriert. Vor sich sieht er ein Haus mit der Nummer 19, auf der Einfahrt des Hauses ein VW Golf. Der Schlüssel steckt. Kein Mensch zu sehen. Johann Kastenberger hat mal wieder Glück. Es soll das letzte Mal sein.

Während der Besitzer des Autos, der 56-jährige Vizebürgermeister der Gemeinde, im Haus ist, springt Kastenberger in dessen Golf und rast los. Von Kirchstetten geht es über die Autobahnauffahrt zurück auf die Westautobahn Richtung St. Pölten. Jetzt hört er den Hubschrauber wieder, sie sind also immer noch an ihm dran.

Und dann kommt plötzlich der Stau. Direkt vor ihm werden die anderen Autos auf der Autobahn langsamer, einige bremsen ganz ab. Straßensperre. Aber so leicht werden sie Pumpgun-Ronnie nicht kriegen. Kastenberger tritt das Gaspedal durch und durchbricht mit dem Golf die Absperrung. Er hat es geschafft, zumindest für ein paar Sekunden. Dann durchschlägt eine Polizeikugel aus etwa 50 Metern Entfernung von hinten erst das Nummernschild des Golfs, dann den Fahrersitz und bleibt schließlich im Rücken von Johann Kastenberger stecken. Sein Glück ist aufgebraucht. Sie haben ihn.

Er lässt den Wagen langsam ausrollen, während um ihn herum die Schreie immer lauter werden. Die Polizei ist dabei, den Golf mit gezogenen Waffen zu umstellen. Um kurz nach 15 Uhr knallt ein zweiter Schuss. Dieses Mal hat es Pumpgun-Ronnie nicht geschafft.

Am Startblock

Schon kurz nach seiner Geburt am 1. Oktober 1958 hat der Mann, der später zum Pumpgun-Ronnie wird, das erste Mal Ärger: Johanns Vater, ein Beamter der Österreichischen Bundesbahn, zweifelt die Vaterschaft seines ersten Kindes an. Und tatsächlich wird Johanns Nachname in den offiziellen Papieren des kleinen niederösterreichischen Nests St. Leonard am Forst kurz darauf geändert – in Kastenberger, den Mädchennamen seiner Mutter. Johanns Nicht-Vater hält das aber nicht davon ab, mit seiner Mutter noch sechs weitere Geschwister zu zeugen.

Als Johann zwölf Jahre alt ist, verlässt der (Nicht-)Vater die Familie, und Johanns Mutter ist mit sieben Kindern allein. Johann muss seiner Mutter helfen, die Familie zu versorgen. Während die sich mit Aushilfsjobs durchschlägt, kümmert er sich um seine Geschwister und verdient in einer Eisenwarenhandlung etwas Geld für die Familie dazu. Seine Noten leiden darunter, er verliert in der Hauptschule den Anschluss und wird in den B-Zug der leistungsschwächeren Schüler zurückgestuft. Nur in einem Fach sind seine Noten sehr gut: Sport. Schon nach kurzer Zeit macht ihm ein österreichischer Bundesligist das Angebot, in das Fußball-Nachwuchsteam des Vereins zu wechseln. Dafür müsste Johann allerdings umziehen und seine Mutter mit seinen Geschwistern alleine lassen. Also lehnt er ab. Statt Fußball konzentriert er sich jetzt auf Leichtathletik. Die Kastenbergers wohnen direkt neben der Schule im Ort, Johann kann also jederzeit trainieren. Beim Laufen ist er ziemlich bald der Schnellste an seiner Schule. Zum ersten und nicht zum letzten Mal in seinem Leben läuft er allen davon. Sein damaliger Teamkamerad in der Schulmannschaft, Konrad Gutlederer, erinnert sich 40 Jahre später in einem Interview mit dem Berliner Tagesspiegel: »Er hat alles gewonnen, niemand konnte ihn besiegen. Sein Leben war der Sport. Dabei war er immer fröhlich. Über seine Familie hat er nie geredet. Er hat uns nie zu sich nach Hause eingeladen.« Dabei erinnert sich Gutlederer nicht nur an Johanns Talent, sondern vor allem an seinen Willen, niemals aufzugeben: »Er hatte Biss.«

Dieser Biss fehlt Johann allerdings im Rest seines Lebens: Er beginnt eine Ausbildung, bricht sie aber schnell wieder ab. Danach versucht er es an der Höheren Technischen Lehranstalt, einer berufsbildenden höheren Schule, auf der man auch das österreichische Abitur Matura machen kann. Hier schmeißt er ebenfalls nach knapp einem Jahr hin. Auch beim österreichischen Bundesheer, in der Heeressport- und Nahkampfschule, hält er es nicht viel länger aus.

Mit gerade mal 18 Jahren wird Johann Kastenberger zum Kriminellen: Er will in der österreichischen Hauptstadt Wien eine Taxifahrerin überfallen – und scheitert. Kurze Zeit später verübt er einen Überfall auf einen Supermarkt. Er schlägt einen Nachtportier nieder und versucht, den Tresor zu knacken. Wieder scheitert er. Dann kommt ihm die Idee mit den Banken. Am Dienstag, den 25. Januar 1977 um 13:52 Uhr stürmt er in die Volksbank im 4000-Einwohner-Dorf Pressbaum im Wienerwald, etwa 20 Kilometer westlich von Wien. Kastenberger hat eine Pistole in der Hand und schreit die 35-jährige Kassiererin an: »Überfall – Das Geld her! Ich mach Ernst, weil ich Angst hab!« Die Frau händigt ihm 70.000 Schilling (heute rund 5000 Euro) aus, dann soll sie sich flach auf den Boden legen. Aber die junge Frau hält sich nicht an das, was ihr der Bankräuber befohlen hat.

Kaum hat der maskierte Mann ihr den Rücken zugedreht und die Filiale verlassen, springt die Kassiererin auf und folgt dem Bankräuber. Nachdem sie gesehen hat, wie der Räuber in ein Auto gestiegen ist, ruft sie die Gendarmerie. Die reagiert sofort und findet schnell heraus, dass der Bankräuber sich mit dem Auto zum Bahnhof hat bringen lassen und dort in einen wartenden Zug nach Wien gestiegen ist. Die Polizisten verständigen ihre Wiener Kollegen, und die schlagen schon kurze Zeit später am Wiener Westbahnhof zu. Dank der Beschreibung der Kassiererin entdecken die Ermittler Kastenbeger im Zug und nehmen ihn fest, die Beute hat er noch bei sich.

Der 18-Jährige gesteht den Überfall und wird zu sieben Jahren Gefängnis verurteilt. Er kommt in die Justizanstalt Stein in Krems bei Wien, in der zu dieser Zeit auch Jack Unterweger einsitzt, der später zu Österreichs wohl berühmtestem Verbrecher werden wird. Am Anfang kommt Kastenberger in der Haft überhaupt nicht klar: Schon nach wenigen Wochen in Haft flieht er das erste Mal. Nach wenigen Metern haben ihn die Justizbeamten eingeholt. Nach insgesamt vier erfolglosen Fluchtversuchen attestiert ihm sein damaliger Gefängnisdirektor einen »pathologischen Freiheitsdrang« und ordnet höchste Sicherheitsvorkehrungen an. Damit hat sich der junge Häftling eine vorzeitige Haftentlassung selbst verbaut.

Irgendwann findet sich Johann Kastenberger dann mit der Situation ab. Er macht einen Fernkurs zum Buchhalter. Und er fängt wieder mit dem Laufen an. Jeden Tag trainiert er bei der Hofstunde, rennt

Runde um Runde im Innenhof des Gefängnisses, läuft gegen die Mauern, gegen die kleine Zelle, gegen sein Leben in Haft an. In der Justizanstalt Stein sieht man ihn nur noch in Sportklamotten. Der damalige Gefängnisdirektor erinnert sich später: »Der Trainingsanzug war sein Rückgrat. Wenn man ihm den auszog, nahm man ihm seine Sicherheit.«

Doch schon damals schlummert unter der Fassade des freundlichen und ehrgeizigen Sportlers etwas Dunkles. Jahre später werden Briefe auftauchen, die Kastenberger an Mitgefangene schreibt. In ihnen beschreibt der junge Mann verstörende Gewaltfantasien, die vor allem zwei Dinge klarmachen: Johann Kastenberger will sich nie wieder einsperren lassen. Und er würde dafür sogar töten.

Zurück auf Start

Im Februar 1984, da ist er 25, wird Kastenberger aus der Haft entlassen. Er trifft eine Freundin aus Kindertagen wieder: Veronika ist sechs Jahre älter als er und hat einen guten Job als Einkäuferin in einem feinen Wiener Hotel, wo sie sich auch im Betriebsrat engagiert. Die beiden verlieben sich und ziehen schließlich zusammen in eine Zwei-Zimmer-Wohnung in der Kaiser-Ebersdorfer Straße im 11. Bezirk. Im September 1984 beginnt Johann Kastenberger einen einjährigen Schlosserkurs am WIFI St. Pölten, einem österreichischen Weiterbildungsinstitut.

Sein bürgerliches Leben hat noch nicht mal richtig angefangen, da ist es schon wieder vorbei. Nach dem Schlosserkurs findet Kastenberger keinen Job, lebt vom Arbeitslosengeld, damals umgerechnet 400 Euro im Monat. Während seine Freundin Veronika jeden Morgen zur Arbeit fährt, macht Johann das, was er schon fast sein ganzes Leben macht, wenn er nicht weiterweiß: Er schnürt seine Laufschuhe und joggt durch die Stadt. Kilometer um Kilometer durch die Wiener Bezirke, den Prater, die Donauauen bis in die Wälder vor der Stadt. Wie ein Besessener läuft er gegen das Leben an.

Und er wird immer schneller: 1988 gewinnt er mit drei Minuten Vorsprung den Willi-Haase-Bergmarathon. Der Marathon auf 1800 Meter Höhe in Kainach in der Steiermark gilt als anspruchsvollster Berglauf in Österreich. Kastenbergers Zeit von drei Stunden, sechzehn Minuten und sieben Sekunden ist bis heute ungeschlagen. Kastenberger liebt das Glücksgefühl, nach dem sich jeder Marathonläufer sehnt – das sogenannte Runners High: Irgendwann, wenn die Muskeln nicht mehr können, flutet eine unglaubliche Energie den geschundenen Körper des Läufers. Das Hirn schaltet sich ab und die Beine rennen einfach weiter. Man fühlt sich unbesiegbar, könnte ewig weiterlaufen.

Auf einer dieser unzähligen Laufrunden kommt Kastenberger die Idee, seine Verbrecherkarriere fortzusetzen. Bald wird ganz Österreich seinen Spitznamen kennen.

Nicht mal ein Jahr nach seiner Haftentlassung besorgt sich Johann Kastenberger eine Vorderschaft-Repetierflinte. Diese Schrotflinte, Pumpgun genannt, kennt man in Österreich zu dieser Zeit eigentlich nur aus Hollywood-Actionfilmen. Die Waffe kann mit bis zu sieben Patronen geladen werden und wird zum Beispiel von Militärs genutzt, um verschlossene Türen aufzuschießen. Die österreichische Kronen-Zeitung wird später schreiben: »Eine Pumpgun hat die Wirkung einer Granate und ist auf 25 Meter absolut tödlich.« Pumpgun-Ronnie ist geboren.

Sein erster Auftritt ist direkt tödlich: In der Nacht zum 13. August 1985 besucht Kastenberger einen alten Schulfreund, den 28-jährigen Ewald Pollhammer. Kastenberger kennt Pollhammer aus der gemeinsamen Zeit am Weiterbildungsinstitut WIFI in St. Pölten, sie haben denselben Kurs besucht und sind dort direkt aneinandergeraten. Der extrem gesundheitsbewusste Marathonläufer Kastenberger, der Zigaretten und Alkohol verabscheut, stört sich extrem daran, dass Pollhammer in den Kursräumen raucht. Die beiden streiten sich. Eigentlich eine Kleinigkeit, aber Kastenberger hat jetzt eine Waffe. Um kurz vor Mitternacht klopft er an die Wohnungstür von Pollhammer in Mautern, genau auf der anderen Donauseite gegenüber von seinem ehemaligen Gefängnis in Krems. Pollhammers 24-jährige Ehefrau und sein 6-jähriger Sohn liegen um diese Zeit schon im Bett, und auch Pollhammer erwartet eigentlich keinen Besuch mehr. Als es ein zweites Mal klopft, steht der arbeitslose Kfz-Mechaniker auf und geht zur Haustür. Kastenberger schießt Pollhammer mit der Pumpgun direkt ins Gesicht, der 28-Jährige ist sofort tot.

Als seine Ehefrau durch den Schuss geweckt zur Tür rennt, findet sie ihren Mann in einer riesigen Blutlache. Sie läuft sofort zur Gendarmerie, die direkt gegenüber der Wohnung liegt, und verständigt die Polizei. Doch der Mörder ist schon längst weg. Pumpgun-Ronnie ist, wie später noch so oft, über alle Berge.

Keine acht Stunden später begeht Kastenberger das nächste Verbrechen. Um 8:25 Uhr am Morgen hält er maskiert in einem geklauten blauen BMW vor der Raiffeisenkasse in Hafnerbach bei St. Pölten, etwa 30 Kilometer vom Tatort seines ersten Mordes entfernt. Er stürmt in die Bank, doch die beiden Angestellten, ein Ehepaar, wurden bereits vorher von einem aufmerksamen Passanten gewarnt und drücken direkt den Alarmknopf. Kastenberger bekommt Panik, er rennt aus der Bank und flieht mit dem geklauten BMW.

Es dauert nicht lange, da kommt die Polizei ihm auf die Spur: Wegen seiner Vorstrafen und weil er mit dem Mordopfer Pollhammer im selben Kurs saß, fällt der Verdacht für den Mord und den Banküberfall ziemlich schnell auf Kastenberger. Aber seine Freundin Veronika gibt ihm ein falsches Alibi und behauptet, er sei die ganze Zeit mit ihr zusammen in der Wohnung gewesen. Später wird sie sagen: »Ich habe alles nur gemacht, um ihn nicht zu verlieren. In ihm habe ich den Mann gehabt, den ich so lange suchte.«

Danach wird es zwei Jahre ruhig um Pumpgun-Ronnie. Wahrscheinlich lässt sich Kastenberger Zeit, nachdem er so knapp um eine Festnahme herumgekommen ist

Runners High

Im Winter 1987 ist der Bankräuber mit der Pumpgun zurück – schneller und skrupelloser als je zuvor. Am 20. November 1987 stiehlt Johann Kastenberger vor einen Holzwarenhandlung in Groß Sierning bei St. Pölten einen Wagen und fährt damit zur Raiffeisenkasse. Um kurz vor Feierabend marschiert er in die Bank, bedroht die beiden Angestellten mit seiner Pumpgun und erbeutet 100.000 Schilling (heute rund 7000 Euro). Danach flüchtet er in dem geklauten Auto, das die Polizei kurze Zeit später auf einem Waldweg findet. Da ist Pumpgun-Ronnie schon längst zu Fuß durch den Dunkelsteinerwald geflüchtet.

Zwei Monate später landet der Bankräuber seinen größten Coup: Gleich drei Überfälle an einem Tag. Als Erstes überfällt er am Freitag, den 19. Februar 1988, morgens um acht die Creditanstalt an der Simmeringer Hauptstraße in Wien. Wieder hat er seine Pumpgun dabei und sein neues Markenzeichen: eine Plastikmaske des damaligen US-Präsidenten Ronald Reagan. Mit 1,2 Millionen Schilling (87.200 Euro) im Gepäck flüchtet er in einem weißen Mazda 323 mit Wiener Kennzeichen, den er kurz vorher vor einem Kiosk in Schwechat nahe des Wiener Flughafens geklaut hat.

Acht Stunden später und 65 Kilometer weiter westlich: Der Kassierer der kleinen Volksbank-Filiale in Kirchstetten telefoniert um 16:35 Uhr gerade mit einem Kunden, als plötzlich ein schlanker Mann die Bank betritt. Statt einer Reagan- trägt Kastenberger jetzt eine Hexen-Maske, aber seine Pumpgun hat er immer noch dabei. »Überfall! Alles Geld!«, schreit er und springt über die Theke. Er zwingt den Bankangestellten, den Tresor zur öffnen und ihm 330.000 Schilling (etwa 24.000 Euro) in eine Plastiktüte stopfen. Dann sprintet er aus der Bank, springt in einen klapprigen weißen Opel Ascona und rast über die Westautobahn knapp 30 Kilometer weiter nach Markersdorf.

Dort stürmt er um 17 Uhr in den Schalterraum der Sparkasse und bedroht den Kassierer und zwei Kunden mit seiner Pumpgun. Alle müssen sich auf den Boden legen, während Kastenberger insgesamt

300.000 Schilling (etwa 21.800 Euro) zusammenrafft. Die Gendarmerie ruft sofort Großalarm aus und fordert sogar Hubschrauber für die Fahndung an – umsonst: Pumpgun-Ronnie ist schneller als die Polizei. Kastenberger hat innerhalb von acht Stunden 1,8 Millionen Schilling (mehr als 130.000 Euro) erbeutet – so viel wie wohl noch kein Bankräuber in Österreich vor ihm. Natürlich hört er jetzt nicht auf.

Knapp einen Monat später wird Kastenberger noch mal richtig Kasse machen. Am Montag, den 21. März 1988, um kurz vor zehn morgens überfällt er die Filiale der Länderbank in der Krottenbachstraße Nr. 80 in Wien-Döbling. Wieder mit Maske vor dem Gesicht und der Pumpgun in der Hand. Er bedroht die fünf Bankangestellten mit der Waffe und zwingt einen der Kassierer, ihm zwei Millionen Schilling (etwa 145.000 Euro) in seine blaue Sporttasche zu packen. Bevor der Kassierer den Alarmknopf drücken kann, ist Pumpgun-Ronnie schon wieder aus der Bank gelaufen, in einen silbergrauen japanischen Kleinwagen gesprungen und weggerast.

Direkt am nächsten Tag schlägt er wieder zu, nur 15 Kilometer weiter, wieder in Wien. Es ist Dienstagmorgen, der 22. März 1988 um 8:32 Uhr in der Filiale der Gärtner-Bank in der Simmeringer Hauptstraße 181. Der Räuber mit der Reagan-Maske stürmt in die Bank, bedroht fünf Angestellte und eine Rentnerin mit seiner Pumpgun und schreit im Wiener Dialekt: »Göd her! Alles Göd und noch mehr!« Der Kassierer packt ihm den Inhalt des Tresors in seine braunbeige Sporttasche, insgesamt rund eine Million Schilling Beute (etwa 73.000 Euro). Wieder flüchtet Kastenberger in einem Wagen, den er erst kurz vorher gestohlen hat, dieses Mal in einem orangenen VW-Transporter. Er hat seine Chance genutzt, als der Fahrer des Wagens das Auto kurz verlassen und den Schlüssel stecken gelassen hatte.

Und Pumpgun-Ronnie hat noch nicht genug: Schon am nächsten Tag, Mittwoch den 23. März 1988, überfällt er die nächste Bank. Dieses Mal trifft es eine Filiale der Creditanstalt. Alles beginnt um halb acht morgens, als ein Salzburger Fliesenvertreter seinen roten Passat kurz an einer Straße in der Ferchergasse im 17. Bezirk in Wien stehen lässt – wieder mit dem Schlüssel im Zündschloss. Eine halbe Stunde später steht der rote VW vor der CA-Filiale in der Dornbacher Straße 81. Drinnen bedroht Pumpgun-Ronnie fünf Bankangestellte und drei Kunden mit seiner Waffe. Eine Rentnerin fällt vor Schreck fast in Ohnmacht. Wieder zwingt Kastenberger den Kassierer, ihm seine Sporttasche zu füllen, wieder erbeutet er eine Million Schilling (etwa 73.000 Euro). Einer der Kunden, ein bekannter Sänger an der Wiener Volksoper, versucht noch, den Räuber zu verfolgen, doch der schüttelt ihn schnell ab.

Innerhalb von 48 Stunden hat er vier Millionen Schilling erbeutet, also fast 300.000 Euro. Die Arbeiterzeitung schreibt damals: »Der Räuber mit der Maske hält Wien in Atem.« Der österreichische Innenminister Charly Blecha ruft nach einem Überwachungssystem für ganz Österreich, der Wiener Polizeipräsident Günter Bögl ruft die Banken auf, für mehr Sicherheit zu sorgen: »Beutehöhen im Millionenbereich sind einfach unnötig.«

Tatsächlich sind zu dieser Zeit die mangelhaften Sicherheitssysteme der Banken eine große Hilfe für Bankräuber. Die meisten Angestellten können jederzeit auf die Tresore zugreifen, in denen immer große Bargeldsummen lagern. Die heute üblichen Alarmpakete mit Färbekapseln, die das ganze Geld und meist auch den Räuber mit Farbe beschmieren, funktionieren damals noch nicht richtig.

Während die Kripo die Belohnung auf Hinweise zu dem schnellen Serienbankräuber auf satte 370.000 Schilling (rund 28.000 Euro) hochschraubt, findet die Presse einen neuen Spitznamen für den Gangster: Alle in Österreich sprechen in diesen Tagen von »Pumpgun-Ronnie«.

Finale

Auch Johann Kastenbergers Freundin Veronika kommt ihm auf die Spur: Bei seinem ersten Überfall vor drei Jahren hat sie ihn noch gedeckt, wahrscheinlich ohne genau zu wissen, was Johann in der Zeit getan hatte. Jetzt aber fällt ihr auf, dass ihr Freund auf einmal ungewöhnlich viel Geld hat, obwohl er doch eigentlich arbeitslos ist. Erst kann er sich rausreden, behauptet, er habe im Lotto gewonnen. Aber spätestens, als Veronika seine Sporttasche auf einem der Fahndungsfotos erkennt, helfen keine Ausreden mehr. Also gesteht er ihr: »Ja, ich bin Pumpgun-Ronnie.«

Damit wird aus der Freundin Veronika die Komplizin Veronika. Sie hilft ihm, die Beute anzulegen: Das Geld verteilt sie geschickt in diverse Wertpapiere und Konten bei zwölf verschiedenen Banken. Die österreichische Yellow Press wird sie deshalb später »Ronnies Finanzberaterin« nennen.

Obwohl Johann Kastenberger und seine Freundin Veronika jetzt reich sind, geben sie das Geld nicht auf einmal aus: Sie fahren gemeinsam in den Urlaub, er bezahlt ihr eine Zahnarztbehandlung und die beiden kaufen sich ein neues Auto, einen unauffälligen japanischen Kleinwagen. Als die Beute später sichergestellt wird, fehlen von den insgesamt erbeuteten 400.000 nur 30.000 Euro. Veronika ist es auch, die Johann bittet, mit den Banküberfällen auszuhören. Er hört auf sie. Pumpgun-Ronnie ist am Ende, aber das weiß Johann Kastenberger da noch nicht.

Im Herbst 1988 kommen ihm die Fahnder auf die Schliche. Sie nehmen sich den Mord an Ewald Pollhammer von vor drei Jahren noch mal vor. Kastenberger war damals der Hauptverdächtige, aber das (falsche) Alibi seiner Freundin Veronika entlastete ihn. Als die Ermittler den Fall wieder aufrollen, fällt ihnen etwas Seltsames auf: Obwohl Kastenberger seit seiner Entlassung aus dem Gefängnis vor vier Jahren nie gearbeitet hat, verfügt er offenbar über eine größere Menge Bargeld. Am Ende sind es blaue Röhrenjeans, die Pumpgun-Ronnie verraten. Viele tragen damals diese Art von Hosen, gerne extra lang. Johann Kastenberger nicht. Er krempelt seine Hosenbeine nach oben. Das fällt einem Polizisten auf, der auch die Überwachungsbilder des Serienbankräubers kennt – auf denen man ebenfalls hochgekrempelte blaue Röhrenjeans sieht. Auch die Zeugenbeschreibungen des Bankräubers passen auf Kastenberger. Aus vielen kleinen Hinweisen wird ein großer Verdacht.

Am Abend des 11. November 1988, also über ein halbes Jahr nach dem plötzlichen Ende der Raubserie, schlagen die Polizisten zu: Sie stoppen Johann Kastenberger bei seiner Joggingrunde am Wiener Handelskai am rechten Donauufer. Er trägt einen Trainingsanzug und lässt sich widerstandslos festnehmen.

Kastenberger wird in die Rennwegkaserne gebracht und stundenlang verhört. Bei der Durchsuchung seiner Wohnung finden die Ermittler zwei Schließfachschlüssel. In den dazugehörigen Bankschließfächern entdecken sie 5,5 Millionen Schilling (400.000 Euro). Als sie Kastenberger damit konfrontieren, dass sie seine Beute gefunden haben, gesteht der schließlich die acht Banküberfälle. Mit den Zinsen aus der in Wertpapieren angelegten Beute hätten er und seine Freundin für ihren Lebensabend vorsorgen wollen.

Als seine inzwischen ebenfalls verhaftete Freundin Veronika zugibt, ihm in der Nacht zum 13. August 1985 ein falsches Alibi gegeben zu haben, gesteht Kastenberger auch den Mord an Ewald Pollhammer. Die Ermittler können ihr Glück kaum fassen: Sie haben Pumpgun-Ronnie endlich geschnappt.

Mittlerweile ist es 20 Uhr am Samstagabend, und die Ermittler wollen das Protokoll aufnehmen. Doch dafür ist der gesicherte Verhörraum in der heruntergekommenen Kaserne nicht geeignet. Kurz vorher hat hier ein Einbrecher bei einer Vernehmung sämtliche Stühle und Tische zerlegt. Also ziehen die Ermittler mit ihrem Verdächtigen Kastenberger um in ein Büro der Ermittlergruppe im ersten Stock. Tee und etwas zu Essen stehen bereit, die Atmosphäre ist entspannt. Kastenberger bittet darum, etwas trinken zu dürfen, ein Beamter öffnet dazu seine Handschellen. Dann geht alles ganz schnell: Kastenberger springt auf, stößt den Beamten zur Seite, reißt das Fenster auf und springt aus dem ersten Stock auf die Straße. Er landet auf der Motorhaube eines geparkten Autos, rollt sich ab und rennt. »Es ging alles so schnell«, erinnert sich ein Beamter später in der Arbeiterzeitung.

Die Polizisten überlegen zu schießen, aber draußen sind zu viele Autos und Fußgänger. Da ist Kastenberger auch schon weg – Pumpgun-Ronnie hat seine Verfolger wieder mal abgehängt.

Der letzte Lauf

Aber die Ermittler sind Johann Kastenberger schnell ganz dicht auf den Fersen: Schon am nächsten Abend, am 13. November, meldet ein Ehepaar in der niederösterreichischen Gemeinde Sparbach, 30 Kilometer außerhalb von Wien, einen verdächtigen Spaziergänger. Die Zeugenbeschreibung passt. Sofort machen sich zwei Polizisten auf die Suche nach dem Verdächtigen. Sie nehmen den Privatwagen des Inspektors, um Pumpgun-Ronnie nicht direkt zu alarmieren. Und die Ermittler haben noch mehr Glück: Sie entdecken den verdächtigen Fußgänger an der Sparbacher Ortseinfahrt und halten ihn an. Als sie seine Personalien kontrollieren wollen, reagiert er freundlich und gelassen: Er sei als Tourist im Ort und wohne in einem nahe gelegenen Gasthaus. Seinen Ausweis? Den habe er leider gerade nicht dabei. Was die beiden Polizisten zu diesem Zeitpunkt noch nicht wissen: Es ist Kastenberger, der die Durchsuchung durch die Beamten so ruhig über sich ergehen lässt. Als die beiden Inspektoren ihn bitten, ihnen zu ihrem Zivilfahrzeug zu folgen, geht er widerstandslos mit. Kastenberger tut so, als wolle er einsteigen. Sicherheitshalber haben die beiden Gendarmen ihre Waffen gezückt. Sie denken, dass sie die Situation unter Kontrolle haben. Doch dann dreht Kastenberger sich blitzartig um, reißt einem der Gendarmen die Dienstpistole aus der Hand und rennt. Wieder einmal rennt Pumpgun-Ronnie allen davon.

Während die Polizei mit einer Großfahndung nach ihm sucht, versteckt Kastenberger sich in einem leer stehenden Haus. Nachts testet er die Waffe, die er dem Inspektor abgenommen hat, in einem Wald. Sie funktioniert.

Montagabend, um kurz vor 18 Uhr taucht er fünf Kilometer weiter in dem kleinen Örtchen Gaaden in Niederösterreich wieder auf.

Die 54-jährige Kioskbesitzerin Margit B. ist gerade von der Arbeit nach Hause gekommen und hat ihr Auto vor der Garage ihres Hauses geparkt. 100 Meter die Straße runter sieht sie ein Polizeiauto. Die Polizisten unterhalten sich mit ihrem Nachbarn, weil der einen verdächtigen Schatten vor seinem Haus gesehen hat. Plötzlich rennt ein durchtrainierter Mann auf sie zu: Pumpgun-Ronnie. Sie erkennt ihn sofort. Kastenberger schreit sie an, will ihre Autoschlüssel. Margit B. bleibt trotz ihrer Todesangst ganz ruhig und versucht, Zeit zu gewinnen: »Ich fahre Sie«, bietet sie ihm an. »Nix da«, antwortet Kastenberger, »Sie gehen in den Kofferraum.« Die Kioskbesitzerin versucht, ihn von seinem Plan abzubringen, doch Kastenberger herrscht sie an: »Wissen Sie eigentlich, wer ich bin? Wenn Sie schreien, schieße ich!«

In der Zwischenzeit hat sich das Polizeiauto in Bewegung gesetzt und rollt auf die beiden zu. Das ist die Chance für Margit B. Sie bittet Kastenberger, einen Schritt zurückzugehen, damit ihn die Scheinwerfer des Polizeiautos nicht erfassen. Und tatsächlich: Pumpgun-Ronnie tritt ein paar Schritte zurück. Margit B. reagiert blitzschnell. Sie rennt ins Haus und schließt sofort die Tür hinter sich.

Jetzt rennt auch Ronnie. Die Polizisten sind wenige Augenblicke später vor Ort, aber da ist der Bankräuber schon weg. Sie holen einen Spürhund zu Hilfe, der die Polizisten in Richtung des Ausflugslokals Anninger führt. Doch Pumpgun-Ronnie hat mal wieder Glück: Es beginnt zu regnen, und der Regen spült alle Spuren weg. Hunderte Polizisten durchsuchen die Umgebung der Gaststätte – ohne Erfolg. Pumpgun-Ronnie hat es wieder mal geschafft.

Kastenberger weiß jetzt: Seine Verfolger sind ganz nah an ihm dran. Er braucht dringend ein Auto. Damit könnte er in seine Heimatgemeinde St. Leonard am Forst.

Während am frühen Dienstagnachmittag Hunderte Polizisten nach einem anonymen Hinweis in Gaaden suchen, unweit der Stelle an der Kastenberger gestern die Kioskbesitzerin überfallen hat, ist er längst woanders: In Maria-Enzersdorf, zehn Kilometer weiter östlich, ist er auf der Suche nach einem Fluchtwagen. Er überfällt einen 57-jährigen Mann in dessen Garten, bedroht ihn mit der geklauten Polizeipistole, fesselt ihn und nimmt ihm seine Autoschlüssel ab. Außerdem klaut er ihm seinen Hut, seine Sonnenbrille und eine Hose. Dann steigt er in den grünen Audi seines Opfers und fährt in Richtung Autobahn.

Pumpgun-Ronnie ist schneller als 400 Polizisten, 34 Diensthunde und drei Helikopter. Noch. Denn Johann Kastenberger hat einen Fehler gemacht: Sein Fluchtauto hat kaum noch Sprit ihm Tank. Und sein gefesseltes Opfer kann sich befreien und ruft die Polizei. Mithilfe eines Polizeihubschraubers gelingt es den Ermittlern, den grünen Audi aus der Luft zu finden. Kastenberger ist auf der Westautobahn in Richtung St. Pölten unterwegs, als ihm das Benzin ausgeht. Er muss rechts ranfahren und durch den Wald flüchten. Das letzte Kapitel seiner Flucht beginnt.

Hinter der Ziellinie

»Von Gendarmen umstellt – Da erschoss sich Ronnie«. So titelt am Mittwoch, den 16. November 1988, die österreichische Arbeiterzeitung. Die Flucht ist vorbei, die größte Fahndung der österreichischen Nachkriegsgeschichte war erfolgreich.

Johann Kastenberger hat nicht lange gezögert. Als ihn die Kugel eines österreichischen Gendarmen aus 50 Metern von hinten in den Rücken trifft, stoppt er seinen Fluchtwagen. Der Wagen ist umstellt – er weiß, dass er jetzt keine Chance mehr hat. Also setzt er sich die Polizeipistole, die er zwei Tage vorher gestohlen hat, an die rechte Schläfe und drückt ab. Die Fotos des toten Kastenberger, zusammengesunken am Steuer seines Fluchtautos und mit Glassplittern auf seinem Pullover, sind am nächsten Tag in allen Zeitungen. Die Geschichte von Pumpgun-Ronnie ist zu Ende.

Eigentlich. Denn nach seinem Tod gehen die Ermittlungen weiter und die Polizisten stoßen auf noch mehr ungelöste Fälle, hinter denen sie Kastenberger als Täter vermuten: Am 26. Mai 1984, also knapp drei Monate nach Kastenbergers Entlassung aus der Haft, wird die 51-jährige Café-Besitzerin Helene Bubendorfer in ihrem Tankstellencafé in

Purkersdorf im Wienerwald erschossen. Kurz vor der Sperrstunde um 23 Uhr stürmt ein Mann in einem Armeeparka, eine Wollmütze ins Gesicht gezogen, in das Café und bedroht Bubendorfer und ihre Gäste mit einem Sturmgewehr. Er fordert Geld, gibt einen Warnschuss ab und verletzt dabei einen Gast. Doch die 51-jährige Cafébesitzerin ist wenig beeindruckt und greift zum Telefon, um die Polizei zu rufen. Der maskierte Mann schießt ihr aus nächster Nähe in den Unterleib. Während am anderen Ende der Leitung ein schockierter Polizist fragt, was genau passiert ist, bricht Bubendorfer zusammen und stirbt. Der Täter versucht kurz darauf, ein 500 Meter entferntes Hotel auszurauben und verschwindet dann in die Nacht.

Zwei Jahre später wird mit demselben Sturmgewehr der 58-jährige Polizist Friedrich Roger vor seinem Arbeitsplatz in der Hafenmeisterei am Freudenauer Hafen in Wien erschossen. Am 25. Juli 1986 hört Roger im Morgengrauen, wie jemand Steine ans Fenster seines Wachzimmers wirft. Er hat Nachtschicht und ist zu diesem Zeitpunkt alleine an seinem Arbeitsplatz. Als Roger draußen nachsehen will, wird er von hinten erschossen, der Täter hat sich hinter einem Transportcontainer versteckt. Der Unbekannte klaut ihm seine Dienstwaffe, sein Funkgerät und seine Autoschlüssel. Das Auto des Opfers wird am nächsten Tag auf dem Parkplatz am Hallenbad Simmering gefunden – der Mörder verschwindet unerkannt. Später finden die Ermittler heraus, dass der Tatort, das Wachzimmer des ermordeten Polizisten Friedrich Roger, direkt an der Lieblings-Laufstrecke von Johann Kastenberger liegt.

Drei Monate nach dem Mord an Friedrich Roger taucht seine Dienstwaffe wieder auf. Es ist Donnerstag, der 10. Oktober 1986, um 0:30 Uhr in der Nacht. Die 40-jährige Prostituierte Brigitte H. ist mit ihrem Auto auf der Suche nach Kundschaft in Wien-Leopoldstadt unterwegs. An der Trabrennstraße hält sie ein Mann an. Die beiden verhandeln über den Preis, werden sich einig und Brigitte R. steuert ihren Wagen mit ihrem vermeintlichen Kunden in eine dunkle Ecke. Auf einmal schaut sie direkt in den Lauf einer Pistole. Der Mann sagt ihr, dass er alle Huren hasst und sie deshalb jetzt fesseln und erschießen wird. Brigitte R. schreit um ihr Leben. Davon wird ihr Dackel auf dem Rücksitz wach, der anfängt zu bellen. Ohne zu zögern, schießt der Unbekannte auf den Hund. Diesen Moment nutzt die 40-Jährige, um sich auf den Mann zu stürzen und ihm seine Waffe zu entreißen. Als der Unbekannte auf sie schießen will, klickt es nur. Brigitte H. ist es gelungen, das Magazin aus der Waffe zu schlagen. Jetzt schafft sie es, auszusteigen und nach Hilfe zu schreien. Der Mann versucht noch, das Magazin seiner Waffe im Auto wiederzufinden, dann flüchtet er.

Später entdeckt die Spurensicherung das Magazin, das zwischen Handbremse und Gangschaltung gerutscht ist. Es gehört eindeutig zur Dienstwaffe des ermordeten Polizisten Friedrich Roger. Trotz einer Großfahndung mit Phantombild auch im österreichischen Fernsehen gelingt es der Polizei nicht, den Unbekannten zu fassen.

Und auch für Brigitte H. nimmt die Geschichte kein glückliches Ende: Zwei Jahre nach dem Vorfall, am 30. September 1988 gegen 23 Uhr, ist sie gerade wieder bei der Arbeit – dieses Mal auf dem Straßenstrich im Wiener Prater. An der Zufahrt zum Trabrennverein wird sie von einem maskierten Mann überfallen. Der schießt mehrmals auf sie – mit einer Pumpgun. Brigitte H. kann schwer verletzt flüchten. Taumelnd und voller Blut schafft sie es, einen Zeugen in seinem Auto anzuhalten, ruft: »Helfen Sie mir!« Doch da ist der Maskierte mit der Pumpgun schon hinter ihr. Er zielt kurz auf den Wagen des Zeugen, dann reißt er die Waffe herum und schießt Brigitte H. aus drei Metern Entfernung mit der Schrotflinte in den Kopf. Die Frau ist sofort tot. Dann verschwindet der Maskierte in die Nacht.

Auch hier gelingt es der Polizei trotz Zeugen nicht, den Unbekannten zu fassen. Wenn man sich aber die Zeugenaussagen anschaut, passt die Beschreibung ziemlich genau auf Johann Kastenberger: etwa 1,80 Meter groß, schlank bis durchtrainiert, bekleidet mit einem Armee-Parka und Blue Jeans. Später finden die Ermittler heraus, dass Johann Kastenberger sich am Wiener Straßenstrich am Prater ausgekannt hat, weil er dort öfter unterwegs war. Vielleicht ist Brigitte H. zum Verhängnis geworden, dass sie nach dem Überfall zwei Jahre zuvor immer noch am selben Platz gearbeitet hat, sogar das Auto, in dem sie überfallen wurde, hatte sie behalten. Hat da jemand einen Job zu Ende gebracht, den er zwei Jahre vorher nicht beenden konnte?

Johann Kastenberger könnte also nicht einen, sondern insgesamt gleich vier Menschen ermordet haben. Beweise gibt es dafür nicht. Da er nicht mehr befragt werden kann und die Tatwaffen nie gefunden wurden (seine berühmte Pumpgun hat er angeblich nach dem Ende seiner Bankräuber-Karriere in die Donau geworfen), bleiben die Fälle bis heute ungelöst.

Und noch etwas bleibt von Pumpgun-Ronnie: Die Faszination für seine Waffe. Anfang der 1990er Jahre beginnt in Österreich ein riesiger Run auf Pumpguns. Jeder volljährige Österreicher kann eine solche Waffe ohne Registrierung kaufen, zu einem äußerst günstigen Preis – eine Pumpgun kostet damals umgerechnet 400 Euro. Erst 1996 verbietet die österreichische Regierung den Besitz von Pumpguns und führt eine Registrierungspflicht für halb automatische Flinten ein. Noch heute befinden sich laut Schätzungen etwa 60.000 Pumpguns unregistriert in den Händen österreichischer Privatleute.

Philipps Fazit

Als ich meine Wiener Podcast-Kollegin Franziska Singer von »Darf's ein bisserl Mord sein?« nach ihrem liebsten österreichischen Kriminalfall gefragt habe, hat sie nicht lange gezögert: »Die Geschichte von Pumpgun-Ronnie.« So habe ich angefangen, mich in den Fall einzuarbeiten, und war sofort gefesselt: Die Lebensgeschichte von Johann Kastenberger liest sich wie das Drehbuch eines Hollywood-Films: Bankräuber, Mörder und Marathon-Rekordhalter. Tatsächlich hat der österreichische Schriftsteller Martin Prinz die Geschichte Kastenbergers 2009 in dem Buch »Der Räuber« verarbeitet. Ein Jahr später feierte der dazugehörige Film Premiere bei den Filmfestspielen von Berlin.

Ich habe mich beim Schreiben immer wieder dabei erwischt, wie ich im Stillen hoffte, dass Pumpgun-Ronnie seinen Verfolgern dieses eine Mal noch entkommt. Und das geht sicher nicht nur mir so, denn das ist eine Frage, die sich alle Leser, Hörer und Gucker von True Crime irgendwann mal stellen: Dürfen wir mit Mördern fühlen? Ich finde ja. Mitgefühl endet nicht beim Vorstrafenregister. Mir tut Johann Kastenberger ein Stück weit leid, weil er mit denkbar schlechten Voraussetzungen in sein Leben gestartet ist: ein Außenseiter, der sein ganzes Leben lang vor der Welt um ihn herum wegläuft. Heißt das deshalb, dass ich seine Taten gutheiße? Natürlich nicht. Johann Kastenberger ist ein skrupelloser Verbrecher, der mindestens einen Menschen brutal ermordet hat. Aber das Mitgefühl für seine Lebensgeschichte hilft mir, seine unglaublichen Verbrechen zu verstehen. Und das ist genau der Grund, warum ich mich mit Kriminalität beschäftige.

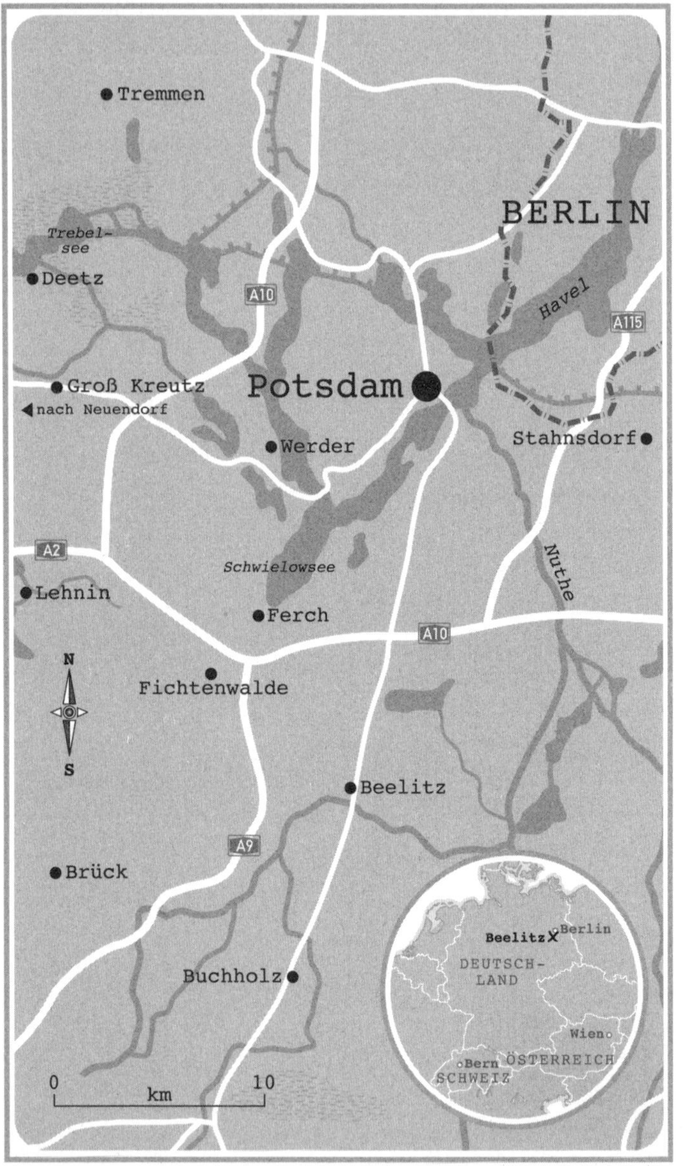

Tremmen
BERLIN
Trebel-
see
Deetz
A10
Havel
A115
Groß Kreutz
nach Neuendorf
Potsdam
Werder
Stahnsdorf
A2
Schwielowsee
Nuthe
Lehnin
Ferch
A10
N
Fichtenwalde
S
Beelitz
A9
Brück
Beelitz
Berlin
DEUTSCH-
LAND
Buchholz
Wien
Bern
ÖSTERREICH
SCHWEIZ
0
10
km

Fall 11
Die Bestie von Beelitz

Fallname: Die Bestie von Beelitz
Zeitpunkt: 24.10.1989 – 6.4.1991
Tatbestand: Mord

Ein Dorf in Angst

Die Angst macht sich breit in dem kleinen Dorf, dass die Geschichte immer wieder überrollt hat: Die 940 Einwohner von Fichtenwalde bei Potsdam haben schon vieles gesehen: 1908 wurde die kleine Siedlung am Kiefernwald gegründet, als Erholungsort für gestresste Berliner. Der Erste Weltkrieg nahm dem Dorf fast alle jungen Männer. Im Zweiten Weltkrieg wurden Kinder aus dem zerbombten Berlin nach Fichtenwalde geschickt. Und dann kamen die Kommunisten und bauten eine Datsche nach der anderen in den Waldboden. Seitdem verfünffacht sich die Einwohnerzahl des Dörfchens jedes Wochenende, wenn 4000 Ost-Berliner ihre Gartenlauben beziehen. Nach der Wende kommen auch immer mehr Westdeutsche, die die Fichtenwalder überzeugen wollen, dass die Häuser und der Grund eigentlich ihnen gehören.

All das kann dieses wunderschön gelegene Fleckchen Erde und seine Einwohner nicht erschüttern – bis im Frühjahr 1991 der Tod in das Dorf kommt. Am 13. März gegen 18 Uhr ist die 34-jährige Inge Fischer gerade auf dem Rückweg von einer Freundin, als der dichte Wald sie verschluckt. Ihre Leiche wird erst eine Woche später in einem Wald beim Nachbarort Borkheide zwischen moosbewachsenen Zweigen entdeckt. Ihr Mörder hat sie gewürgt und ihr dann fünfmal in den Hals gestochen. Danach hat er sich an der Toten vergangen. Neben der Leiche von Inge Fischer verstreut der Täter dreckige Damenunterwäsche, unter anderem einen rosafarbenen Unterrock.

Die tote Inge Fischer wurde gerade gefunden, da schlägt der Mörder schon wieder zu – dieses Mal im benachbarten Beelitz. Die 44-jährige Tamara Petrowskaja, die Frau des Chefarztes des russischen Militärhospitals in Beelitz, stirbt zusammen mit ihrem erst drei Monate alten Sohn Stanislav, den sie am 22. März 1991 im Kinderwagen durch den Wald schiebt. Der Mörder tötet den Säugling auf unfassbar brutale Art und Weise, dann wirft er sich auf die Mutter, missbraucht sie und stranguliert sie dann mit einem BH. Die »Bestie von Beelitz« nennen die Zeitungen ab jetzt den unbekannten Mörder, der durch die Wälder bei Potsdam streift und scheinbar wahllos Frauen überfällt und tötet.

Und der Mörder schlägt wieder zu: Am 6. April können im Wald bei Sputendorf zwei 12-jährige Mädchen dem Mörder gerade noch entkommen. Noch am selben Tag gibt es ein neues Opfer. Er erwürgt die 66-jährige Talita Bremer in ihrem Haus in Fichtenwalde. Ihre Leiche wird erst zwei Wochen später gefunden, weil die Verkäuferin des örtlichen Lebensmittelgeschäftes Konsum sich wundert, warum ihre Kundin schon so lange nicht mehr bei ihr einkaufen war. Auch Talita Bremer wurde vergewaltigt und mit ihrem eigenen BH erdrosselt.

Spätestens jetzt ist aus dem unguten Gefühl in Fichtenwalde nackte Angst geworden: Kein Kind darf mehr alleine in den Wald, die alten Damen fahren nur noch gemeinsam auf den Friedhof, um die Stiefmütterchen auf den Gräbern zu gießen, und im einzigen Werkzeuggeschäft des Dorfes gehen Tränengas und Sicherheitsschlösser zu Dutzenden über die Ladentheke. Die Männer in Fichtenwalde haben sogar eine Bürgerwehr gegründet, mit der sie durch die Wälder streifen – auf der Suche nach der »Bestie von Beelitz«. Auf die Polizei brauchen die Menschen hier in Fichtenwalde nicht zu hoffen. Der einzige Dorfpolizist ist gerade erst wegstrukturiert worden, die nächste Polizeiwache liegt jetzt fast 20 Kilometer entfernt in Michendorf. Und die einzige öffentliche Telefonzelle des Ortes ist schon seit Wochen kaputt. »Die Frauen hier haben eine furchtbare Angst!«, erzählt damals die Ehefrau des Bürgermeisters von Fichtenwalde der Taz. Mit der Angst ist auch das Misstrauen in das Dorf gekrochen: Hinter jedem fremden Gesicht könnte sich die »Bestie von Beelitz« verbergen. Dabei ist der Mörder längst unter ihnen.

Mehr als Stoff

Dort wo die Liebe fehlt, breitet sich oft das Böse aus. So ist das auch bei Wolfgang Schmidt. Am 5. Oktober 1966 kommt er im brandenburgischen Lehnin als Erstes von zwei Kindern zur Welt. Sein Vater ist Traktorist, seine Mutter putzt in einem Kinderheim. Wolfgang wächst zwischen Wiesen, Seen und Wäldern auf. Eine himmlische Kindheit, könnte man denken. Es ist die Hölle.

Seine Mutter ist noch sehr jung, als sie ihr erstes Kind Wolfgang bekommt, zwischen 14 und 17, so genau weiß sie das nicht, weil sie ihr eigenes Geburtsjahr nicht kennt. Wolfgangs Mutter ist eine dominante Frau, die ihren Haushalt mit harter Hand führt. Ihr Ehemann, Wolfgangs Vater, kann und will dem nichts entgegensetzen. Wolfgang ist von Anfang an ein scheues, empfindliches Kind, das einmal bei einem Arztbesuch ohnmächtig wird, weil es im Wartezimmer einen Mann mit einem eingequetschten Finger sieht. Er bleibt lange Bettnässer und fühlt sich entsetzlich einsam. Während die anderen Kinder draußen spielen, muss Wolfgang zu Hause im Garten arbeiten, mit dem sich die Familie ein paar Mark dazuverdient. Die anderen Kinder fahren mit ihren Fahrrädern zum Baden an den See, im Garten mäht Wolfgang den Rasen, zupft das Unkraut oder pflückt Beeren. Und während die Kinder in der Nachbarschaft im Sommer abends draußen spielen, bis es dunkel wird, heißt es für Wolfgang: »Ab ins Bett!« Wenn Wolfgang nicht spurt, setzt es Prügel, seine Mutter gibt ihm Ohrfeigen, versohlt ihm den Hintern. Sein Vater schlägt ihn fast nie und wenn, dann im Auftrag der Mutter.

Rückblickend erklärt er in fast schon bürokratischen Worten, er habe schon als ganz kleines Kind eine »Aversion gegen seine Mutter gehegt«. Fernsehverbot, Stubenarrest, Ohrfeigen – seine Mutter habe »immer wieder die Hand erhoben, wegen der kleinsten Dinge«. Wolfgang wehrt sich nie. Aber schon im Kindergartenalter findet er einen anderen Weg, seine Gefühle rauszulassen: Er wühlt in einem Schrank und pinkelt hinein. Eine Erzieherin erwischt ihn und bestellt seine Eltern. Wolfgang muss vor allen anderen Kindern und seinen Eltern vormachen, wie er es gemacht hat. »Das war so erniedrigend«, erinnert er sich später.

Im Alter von sieben Jahren entdeckt er noch etwas, mit dem er sich das Gefühl von mütterlicher Wärme, das er nie gespürt hat, trotzdem holen kann. Eines Tages schleicht er sich in das Schlafzimmer seiner Eltern, die gerade nicht zu Hause sind. Staunend öffnet er den Kleiderschrank: Da liegt sie, die Wäsche seine Mutter: Slips, BHs und Unterröcke, Stoff, Metallbügel und Ösen. Es fühlt sich so unglaublich gut an, über den Stoff zu streichen und ihn auf seiner nackten Haut zu spüren. Endlich fühlt er sich seiner Mutter ganz nah – die Frau, die er so sehr hasst und nach deren Liebe er sich gleichzeitig so sehr sehnt. Er streift sich ihren Slip über und zieht ihren BH an. Die ausgestopften Körbchen stehen ab. Wolfgang berührt den Stoff und seinen eigenen Körper. Er pinkelt und kotet in das Höschen und bleibt einfach liegen wie ein Baby mit voller Windel. Warm und geborgen fühlt er sich in diesem Moment, vielleicht zum ersten Mal in seinem Leben. »Es war ein wahnsinniges Gefühl«, beschreibt er diesen Moment später seinem Gutachter. Ein Gefühl, nach dem er für den Rest seines Lebens suchen wird. Wenn er die Wäsche seine Mutter trägt, dann fühlt er sich ihr nah und verbunden, aber durch das Beschmutzen der Höschen und BHs hat er jetzt auch Macht über sie. Durch das Beschmutzen der Kleidung einer Person, kann er sie erniedrigen. Später werden ihm Wäschestücke nicht mehr reichen.

Seine Eltern erfahren ziemlich schnell von der Leidenschaft ihres Sohnes. Schon im ersten Schuljahr spricht seine Mutter deswegen mit Wolfgangs Klassenlehrerin. Mit ihrem Sohn spricht sie nicht darüber. Aber plötzlich wissen auch seine Mitschüler, dass der kleine Wolfgang gerne Damenwäsche trägt.

Auch in der Schule hat der kleine Wolfgang keine gute Zeit. Er ist kein schlechter Schüler, aber auch kein guter. Für jede miese Note setzt es zu Hause Prügel, und auch auf dem Schulhof wird er oft verprügelt. Für Wolfgangs Mitschüler ist er ein Außenseiter, ein Freak der gerne Damenwäsche mag und zu Hause nicht mal fernsehen darf. Sein Vater rät ihm damals, sich einfach verhauen zu lassen, keinen Widerstand zu leisten.

Seine einzige Flucht führt ihn in die Wäscheschublade seiner Mutter. Immer wieder bedient er sich an ihren Büstenhaltern und Höschen. Mittlerweile hat er erkannt, wie er sein Lustgefühl noch weiter steigern kann, und befriedigt sich selbst, wenn er dic Wäsche trägt.

Aber er muss vorsichtig sein: Die mit Sperma, Kot und Urin beschmutzte Unterwäsche kann er nicht einfach wieder zurücklegen, er muss sie im Garten oder der Scheune verstecken. Es darf auf keinen Fall auffallen, dass etwas fehlt, denn seine Quelle in der Wäscheschublade seiner Mutter ist begrenzt.

Als er zehn Jahre alt ist, passiert genau das, wovor Wolfgang sich immer gefürchtet hat: Er hat sich auf dem Heuboden versteckt, weil er denkt, seine Eltern wären nicht zu Hause. Wieder hat er einen BH und einen Slip seiner Mutter angezogen, ihn verdreckt und genießt gerade dieses unglaubliche Gefühl, als plötzlich die Tür aufgeht. »Du Schwein«, schreit seine Mutter ihren 10-jährigen halb nackten Sohn an und haut ihm eine runter. Sie schickt ihn ins Bad, dort soll er den Dreck von seinem Körper waschen. Danach muss er sich einem Verhör unterziehen, sie habe ihn »vernommen«, geschlagen und getreten, so beschreibt er es später.

Das Ergebnis ihrer Befragung behält seine Mutter nicht für sich: Allen Nachbarn und Verwandten erzählt sie davon, dass ihr Wolfgang sich in die Hosen scheißt, er sei ein Schwein, ein Ferkel. Wolfgang wird von seiner Mutter zum Kinderarzt geschickt, er soll das Kind untersuchen. Doch der beruhigt seine Mutter, bei dem Kind sei alles normal. Aber ab diesem Moment verschließt Frau Schmidt ihren Wäscheschrank.

Wolfgang hat keine Chance mehr auf dieses warme Gefühl, von dem er jetzt schon so abhängig ist. Wie ein Hund im Zwinger, der nachts aus lauter Einsamkeit den Mond anbellt, wird er fast verrückt vor Sehnsucht nach dem weichen Gefühl von Damenwäsche auf seiner Haut.

Ein zweites Leben

Wolfgang muss sich irgendwie Befriedigung, Erleichterung verschaffen. Aber wie soll das gehen in der DDR in den 1970er Jahren? Selbst wenn Wolfgang Schmidt Geld gehabt hätte, hier im Osten kann er nicht einfach Damenwäsche anonym aus dem Katalog bestellen. Oft läuft er alleine durch die Wälder seiner Heimat und schreit die Bäume an. Und dabei macht er eines Tages eine Entdeckung, die sein Leben für immer verändern wird: Fast jedes Dorf in der DDR hat damals eine wilde Müllkippe irgendwo auf dem Feld oder im Wald, wo die Bewohner ihren Hausmüll einfach in die Natur kippen. Müllkuten nennt man das in der Gegend um Berlin. Und auf einem dieser Müllplätze findet Wolfgang Schmidt einen Sack voller Wäsche. Es sind zwar nur alte Damenslips und BHs, aber Wolfgang fühlt sich, als hätte er ein Stück vom Paradies gefunden. Immer wieder sucht er im Müll nach Unterwäsche, es wird zur Sucht. Er kann nicht aufhören, bis er etwas gefunden hat, an dem er seine Bedürfnisse befriedigen kann. Der Wald wird sein Rückzugsort: Hier legt er sich Verstecke an, in denen er die geklaute Wäsche bunkert, um nie wieder auf dieses warme Gefühl verzichten zu müssen. Nach der Schule schleicht er sich in die Wälder, befriedigt sich selbst und säubert sich danach mit Blättern. Zu Hause wäscht er sich im Bad noch mal gründlich sauber – ab der Haustürschwelle ist er wieder der brave Sohn, der seiner Mutter folgt und die Finger von ihrem Wäscheschrank lässt. Vor nichts hat er mehr Angst, als dass jemand sein Geheimnis entdeckt und ihm seine Wäsche wegnimmt. So beginnt das Doppelleben des Wolfgang Schmidt.

Nach außen hin bleibt er immer zurückhaltend und freundlich. »Frisiert, im Anzug und in seiner freundlichen Art könnte man ihn für einen Versicherungsvertreter halten«, sagt Staatsanwalt Hans Grünwald später über ihn. Auf der Volksschule in Lehnin versucht er erst gar nicht, eine Freundin zu finden. »Ich habe weibliche Personen immer als Feind gesehen, als Böses«, wird Wolfgang Schmidt einmal sagen.

Mit 17 macht er seinen Schulabschluss und beginnt eine Lehre als Maschinist im Stahlwalzwerk des VEB Qualitäts- und Edelstahl Kombinates in Brandenburg. Er wohnt weiter zu Hause, und wenn der Druck zu groß wird, dann schleicht er sich nach der Arbeit wieder in den Wald.

Mit 18 lernt er beim Baden am See seine erste Freundin kennen: Christina. Sie ist damals erst 13, die beiden lassen es sehr langsam angehen. Es dauert Monate, bis sie sich zum ersten Mal küssen, auf ihr gemeinsames erstes Mal warten die beiden fast zwei Jahre.

Nach seiner Lehre hat Wolfgang Schmidt genug von Gabelstaplern und Kränen. Er will eine weitere Ausbildung starten, er möchte zur Polizei. Freunde erinnern sich später, dass er Zucht und Ordnung liebt. Sein Wunsch nach Stärke wird zum Hass auf vermeintlich Schwächere, immer wieder schimpft er über Ausländer. Weil bei der Volkspolizei zu diesem Zeitpunkt keine Planstelle frei ist, geht Wolfgang Schmidt erst mal zur Armee. Nach einem halben Jahr in Neustrelitz wird er nach Potsdam versetzt, weg von seinen Eltern und von seiner Freundin. Wieder streift er heimlich durch die Wälder, sammelt Unterwäsche und legt sich in Erdlöchern geheime Lager an. Am Wochenende schläft er bei seinen Eltern in Städel, dem kleinen Dorf bei Beelitz, in dem er aufgewachsen ist. Seine Eltern freuen sich, weil sie glauben, dass ihr Sohn endlich auf dem richtigen Weg ist: Freundin, Ausbildung, eigenes Gehalt – ein ganz normales Leben.

Und doch hat Wolfgang Schmidt immer noch dieses dunkle Geheimnis, das er mit niemandem teilen kann – nicht mal mit seiner Freundin Christina. Einmal bringt sie ihn als Scherz dazu, einen ihrer Tangas anzuziehen. Eigentlich die perfekte Gelegenheit, ihr von seiner geheimen Leidenschaft zu erzählen. Aber Wolfgang Schmidt fehlt der Mut, er zieht den Tanga schnell wieder aus und redet mit Christina nie mehr darüber: »Schon aus der Situation, wie damals meine Mutter gegenüber mir aufgetreten ist, als sie mich mit der Wäsche erwischt hat, da hatte ich eben Angst, dass Christina mich verprügelt, mich dann rausschmeißt. Dass ich wieder alleine bin, gar keinen mehr habe«, sagt er später. Er liebt seine Freundin, will sie auf keinen Fall verlieren. Er hofft, dass ihn dieses normale Leben heilt, aber das tut es nicht. Da ist immer noch dieser unglaubliche starke Drang, dieses Verlangen, von dem er niemandem erzählen kann. Also spaltet er diese Teile seiner Seele ab, weil sie nicht zu seinem Selbstkonzept passen. Der 1,91 Meter große Mann hat jetzt zwei Persönlichkeiten: den zurückhaltenden Wolfgang Schmidt und den Mann, den die Medien später »Die Bestie von Beelitz« nennen.

Getrieben

Im April 1989 ist Wolfgang Schmidt 22 und hat endlich seinen Traumjob bei der Bereitschaftspolizei. Es sind aufregende Zeiten in einem Staat, der zu diesem Zeitpunkt längst dem Untergang geweiht ist. Die Polizisten üben mit Schutzschilden, wie sie gegen Demonstranten vorgehen soll, die es in der DDR offiziell gar nicht gibt. Da erfahren Wolfgangs Vorgesetzte, dass er gemeinsam mit seinen Kumpels ein Besäufnis zum 100. Geburtstag von Adolf Hitler am 20. April plant. Sie lassen sein Zimmer und seinen Spind durchsuchen. Im Schrank finden sie Damenwäsche. Wolfgang schämt sich unglaublich. Er gibt zu, dass er schon seit seiner Kindheit Wäsche sammelt. Dass er diese Wäsche auch selber trägt, kann er nicht mal aussprechen. Seine Vorgesetzten raten ihm, zu einem Arzt zu gehen und sich helfen zu lassen. Wolfgang Schmidt wird vom Polizeidienst suspendiert – offiziell wegen Hitler und nicht wegen der Höschen.

Jetzt muss er wieder im Walzwerk arbeiten. Christina und er verloben sich und ziehen zusammen zu ihren Eltern. Sie wird ihn später als sehr einfühlsamen und zärtlichen Mann beschreiben. Auch wenn die beiden jetzt täglich Sex haben, fehlt Wolfgang Schmidt etwas in seinem Leben. Die Fantasien sind immer noch da. Sie jagen ihn. Auf dem Müll hat er ein Foto von einer Frau mit einem Penis gefunden. Dieses Bild bekommt er nicht mehr aus dem Kopf. Immer öfter kommt ihm der Wunsch, selbst eine Frau zu werden. Er stellt sich vor, dass die BHs, die er trägt, nicht ausgestopft, sondern mit seinen eigenen, echten Brüsten gefüllt sind. Und noch ein Wunsch wird in Wolfgang Schmidt immer stärker: Er will seine Lust nicht mehr alleine im Wald oder auf Müllkippen ausleben. Er sucht eine Frau, die diese Fantasien mit ihm gemeinsam auslebt. Eine, der solche Sachen genauso Spaß machen wie ihm. Aber wie soll er die finden?

Dieser immer stärker werdende Wunsch quält ihn auch am Morgen des 24. Oktober 1989, einem warmen Dienstag, an dem die bunten Blätter in der Herbstsonne noch bunter aussehen. Wieder streift er ziellos durch die Gegend, einige Müllkippen hat er schon durchsucht und seine geheimen Wäschelager aufgefüllt. Unter seiner Jogginghose trägt er einen Damenslip. Aber heute reicht ihm das nicht mehr. Er sucht nach einer Frau, mit der er sich endlich ausleben kann.

Als er das gelbe Ortsschild »Deetz« liest, kommt Wolfgang Schmidt eine Idee: Er weiß, dass es hier eine große Mülldeponie gibt. Die DDR ist schon fast Geschichte, in wenigen Tagen wird die Mauer fallen. Vielleicht findet er auf so einer großen Deponie ja Dinge, die in der DDR verboten sind? Besonders die Vorstellung einer Gummipuppe erregt ihn sehr. Aber er findet nichts. »Ich habe in mir eine große Enttäuschung und einen großen Schmerz festgestellt, weil die Hoffnung nicht erfüllt wurde.« Also geht er zurück zu seinem Versteck, befriedigt sich selbst und kotet sich ein. Aber nicht mal das hilft jetzt noch, sein Verlangen zu stillen. Hier draußen stehen Bungalows, teilweise noch im Bau, und außer ihm ist niemand da. Da kommt ihm die Idee, auch in den Häusern nach Wäsche zu suchen. Also bricht er in einen der Bungalows ein, und wühlt dort so lange, bis er fündig wird. Er findet Unterwäsche, einen Bikini. Und einen Hammer. Als er die Datsche wieder verlassen will, sieht er Edeltraut Nixdorf.

Die 50-jährige Verkäuferin kniet im Garten ihrer Datsche, in der sie meist gemeinsam mit ihrem Ehemann jede freie Minute verbringt. Nachdem sie eine schwere Krebs-OP so gut überstanden hat, genießt sie die Arbeit an der frischen Luft ganz besonders. Es ist 10 Uhr morgens, und Edeltraut Nixdorf ist gerade dabei, Tulpenzwiebeln in den Boden zu pflanzen, als plötzlich ein 1,91 Meter großer, kotverschmierter Mann in Damenunterwäsche vor ihr steht. Sie schreit: »Schwein, Mistsau!«, schlägt mit der Harke auf ihn ein. Aber Wolfgang Schmidt ist stärker. Er drückt die Frau auf den Boden und zerrt sie ins Haus.

Dort schlägt er mit dem Hammer so stark auf ihren Kopf ein, dass ihr Schädel bricht. Er versucht, sich an ihr zu vergehen, schafft es aber nicht. Also wickelt er die Leiche von Edeltraut Nixdorf in eine Steppdecke, will sie »verstecken, um mich später mit ihr gemeinsam zu befriedigen«. Vor Gericht wird Schmidt später über sein erstes Opfer sagen: »Ich musste die Frau einfach in meiner Gewalt haben. Ich wollte sie zur Ruhe zwingen, um nicht, was ich im Prinzip schon hatte, wieder zu verlieren. Dass ich sie tödlich verletzen könnte, daran habe ich überhaupt nicht gedacht. Ich wollte nur lebende Frauen.«

Als er die Leiche der Frau gerade in eine Decke gewickelt aus dem Haus zerren will, hört er ein Rascheln. Da ist ein Nachbar, der ihn aus der Ferne beobachtet. Wolfgang Schmidt bekommt Panik, er lässt die Leiche fallen und rennt weg. Die Polizei findet später nicht viel mehr als besonders große Fußspuren. In diesen Tagen kurz vor dem Mauerfall hat die Polizei andere Dinge zu tun, als in einem Mordfall zu ermitteln. Also bleibt die erste Tat der Bestie von Beelitz lange ungeklärt. Der Ehemann von Edeltraut Nixdorf, mit dem sie seit mehr als 30 Jahren verheiratet war, erfährt nie, wer seine Frau ermordet hat. Er verzweifelt an Edeltrauts Tod und bringt sich fünf Monate später mit Pflanzengift selber um.

Am 24. Mai 1990 wird der Trieb in Wolfgang Schmidt wieder übermächtig. Er durchsucht gerade eine Müllkippe bei Ferch, einem kleinen 2000-Einwohnerdorf am Schwielowsee. Mittlerweile hat Schmidt seinen Job beim Walzwerk verloren, weil er sich kaum noch um seine Arbeit gekümmert hat. Er schlägt sich mit wechselnden Jobs durch, zum Beispiel an einer Tankstelle. Heute ist er wieder auf der Suche. Am Rande der Müllkippe hört er aus einem heruntergekommenen Bauwagen laute Schreie. Hier haust die 45-jährige Christa Naujocks. Die offenbar alkoholkranke Frau hat zu diesem Zeitpunkt 4,0 Promille und streitet sich mit einigen Männern. Eigentlich will Schmidt ihr helfen, aber er kommt zu spät: Die Männer sind schon weg. Naujocks schreit ihn an, will ihn wegjagen. Dabei berührt er ihre Brust, und bei Wolfgang Schmidt fallen alle Hemmungen: »Ich geriet dermaßen in Erregung, dass ich mich nicht mehr bremsen konnte.« Er greift sich ein Kabel und erdrosselt Christa Naujocks damit. Danach wirft er die Tote auf eine Campingliege und zieht sie mit der Liege auf die Mülldeponie, wo er sich an ihrer Leiche vergeht. Dieses Mal gelingt es ihm. Als er ein Geräusch hört, flüchtet er mit dem Fahrrad. Nach Hause zu Christina. Da, wo er der brave anständige Wolfgang Schmidt ist.

Aber der Trieb in ihm ist jetzt stärker als je zuvor, und es dauert nicht mehr lange, bis er sein nächstes Opfer findet: Wenige Wochen später, am 9. Juli 1990, ist Wolfgang Schmidt wieder auf einer Müllkippe unterwegs, dieses Mal in Wust, einem Stadtteil von Brandenburg an der Havel. Er sucht nach Unterwäsche und findet die 58-jährige Edith Weber. Er stürzt sich mit einem Messer auf sie und sticht zu. Danach nimmt er einen Holzpfahl und schlägt auf sie ein. »Ich war völlig besessen, die Frau unter meiner Kontrolle zu haben.« Auch sie will er in eine abgelegene Ecke der Müllkippe zerren, da hört er ein Geräusch.

Er versteckt sich. Vielleicht kann er sich sein Opfer später holen. Aber er hat Pech, und Edith Weber das Glück ihres Lebens: Bauarbeiter, die gerade Schutt abladen wollen, entdecken den Körper der Frau zwischen Glasscherben und Dreck. Sie rufen die Polizei. Als Schmidt die Sirenen hört, haut er ab. Edith Weber wird notoperiert und sie überlebt den Überfall der Bestie von Beelitz. Allerdings kann sie sich an nichts mehr erinnern. Die Polizei wertet die Attacke als Überfall und nicht als Mordversuch und sieht deshalb die Parallelen zu den ersten beiden Morden nicht.

Außer Kontrolle

Für Wolfgang Schmidt wird es jetzt immer schwieriger, die Fassade des freundlichen und zurückhaltenden Mannes aufrechtzuerhalten. Immer schneller verliert er seine Jobs, klaut am Arbeitsplatz oder prügelt sich mit Kollegen. Bekannte von ihm sind sich schon damals sicher: »Mit dem Kerl stimmt etwas nicht.« Weil er keinen Job mehr hat, hilft Wolfgang Schmidt in der Nachbarschaft aus und repariert Vogelkäfige. Abends geht er mit seiner Verlobten Christina in die Kneipe, danach haben die beiden Sex. Alles scheint normal. Aber sobald Christina morgens zu ihrer Arbeit als Sekretärin fährt, geht ihr Verlobter wieder auf die Jagd.

So wie am 13. März 1991: An diesem Morgen hat die 34-jährige Inge Fischer einen heftigen Streit mit ihrem Ehemann Horst. Die beiden haben sich im Örtchen Neuendorf ein Haus gekauft und sind verschuldet. Doch nach der Wende haben beide ihre Jobs verloren, sie als Köchin und er als Schlosser. Das Geld wird immer weniger und die Streitigkeiten immer häufiger. Inge Fischer zieht wütend ihren Anorak an und verlässt das Haus. Sie will zu einer Freundin. Als die kräftige, 1,70 Meter große Frau abends um 18 Uhr wieder auf dem Weg nach Hause ist, führt sie der Sandweg durch den Wald zwischen Neuendorf und Borkheide genau zu ihrem Mörder. Wolfgang Schmidt hat sich hier neben dem Weg eines seiner vielen Verstecke mit Pornoheften und Unterwäsche eingerichtet. Er trägt einen BH und einen rosa Rock über dem Damenslip. Als Inge Fischer vorbeikommt, stürzt er sich auf sie – wie im Rausch. Die 34-Jährige schreit um Hilfe, ruft nach der Polizei. Doch im Wald kann sie keiner hören. Immer wieder sticht Wolfgang Schmidt mit einem Messer auf ihren Hals sein, bis sie nicht mehr schreien kann. Inge Fischer ist bereits verblutet, als Schmidt sie ins Gebüsch zieht. Er zieht ihre Leiche aus, zieht ihr Unterwäsche an, die er vorher auf einer Mülldeponie gefunden hat, und vergeht sich an der Toten. Danach drapiert er Teile seiner Unterwäsche wie den rosa Rock um die Leiche und geht wieder nach Hause.

Ehemann Horst meldet seine Frau erst eine Woche später als vermisst, er dachte, sie sei nach dem heftigen Streit am Morgen erst mal abgehauen. Acht Tage nach ihrem Tod wird die Leiche von Inge Fischer zwischen Ästen und Moos im Wald gefunden. Auch hier ermittelt die Polizei nur sehr zaghaft und zieht keine Verbindungen zu den Überfällen der letzten anderthalb Jahre. Es ist die Zeit des Umbruchs: Die DDR ist untergegangen und die neue, vereinte Bundesrepublik in diesem Teil Deutschlands noch nicht wirklich aufgegangen. Aber es dauert keine zehn Tage mehr, bis wirklich alle in dieser Region über die »Bestie von Beelitz« sprechen werden.

Tamara Petrokowa geht an diesem 22. März 1991 im Wald von Beelitz spazieren. Ihren erst drei Monate alten Sohn Stanislaw schiebt sie im Kinderwagen vor sich her. Tamaras Ehemann ist der Chefarzt des russischen Militärhospitals in Beelitz. Nach verschiedenen Stationen für das russische Militär in Kasachstan oder der Wüste Gobi ist das Ehepaar froh, endlich angekommen zu sein. Sie mögen das ruhige Leben in der Gemeinde Beelitz mitten in der Natur. Kurz nach der Geburt ihres ersten Sohnes planen die beiden schon das zweite Kind. Ihre Freunde werden sich später fragen, warum Tamara an diesem Tag das streng bewachte Gelände des Hospitals verlässt und in den dunklen Forst geht, was sie nie tut. Im Wald steht die zierliche, dunkelhaarige Tamara auf einmal vor einem Riesen in vollgeschissener Damenunterwäsche: Wolfgang Schmidt. Vielleicht schreit der kleine Stanislaw zu laut, vielleicht ist er einfach im Weg. Die »Bestie von Beelitz« reißt den Säugling aus dem Kinderwagen und schleudert ihn aus Schulterhöhe gegen einen Baumstumpf. So steht es später in der Anklage. Wolfgang Schmidt bekommt angeblich kaum mit, dass da ein Baby war: »Ich kann mich entsinnen, dass sie was in der Hand hatte, einen Kinderwagen vielleicht«, sagt er in der Verhandlung.

»Haben Sie das Kind gesehen?«, fragt der Richter nach.

»Nein.«

»Später?«

»Nein.«

»Überhaupt nicht?«

»Nein.«

Er will sich nur noch daran erinnern können, dass Tamara Petrokowa einen Wagen bei sich hatte, den sie einfach nicht loslassen wollte: »Ich kann mich erinnern, dass er hängen blieb, und ich versuchte, ihn mitzuzerren.« Der drei Monate alte Stanislaw stirbt noch auf dem Waldboden an seinen schweren Schädelverletzungen. Schmidt reißt

Mutter Tamara die Kleider vom Leib und erdrosselt sie mit einem BH. Danach tut er, was er immer mit den Leichen tut.

Am nächsten Morgen um 9 Uhr finden russische Soldaten die Leichen von Mutter und Kind. Tamara und Stanislaw Petrokowa sind nur 500 Meter von ihrem Wohnhaus entfernt gestorben.

Jetzt endlich zieht die Polizei die Verbindungen: die Morde im Wald, die Unterwäsche am Tatort, die Kotspuren. Jetzt ist klar: Hier geht ein Serienmörder um. Jetzt schleicht die Angst durch die Kiefernwälder, die mehr und mehr zur Panik wird. Jede Zeitung schreibt über die »Bestie von Beelitz«. Irgendwann misstraut jeder jedem, und keine Frau oder kein Kind traut sich mehr in den Wald.

Für Wolfgang Schmidt wird das zum Problem: Er streift weiter ziellos durch die Wälder, ohne irgendwem zum begegnen – bis zum 5. April 1991 in einem Forst bei Sputendorf. Wieder hat er Unterwäsche von einer Müllkippe zusammengerafft und angezogen, darüber trägt er einen lila Jogginganzug und eine geblümte Schürze. Plötzlich hört er Stimmen: Es sind die beiden 12-jährigen Mädchen Jana H. und Jana W. Die beiden spielen im Wald, sie haben noch nichts von der Bestie gehört. Schmidt stürzt sich mit einem Messer auf die beiden Mädchen. Der einen sticht er in die Leber, die andere wirft er auf den Boden. Aber die beiden wehren sich, zerkratzen dem Angreifer das Gesicht. Damit hat Wolfgang Schmidt nicht gerechnet, er zuckt zurück. Jana H. und Jana W. nutzen diesen Augenblick und rennen weg.

Wolfgang Schmidt bekommt Panik: Er läuft über Felder, durch den Wald, vorbei an Bahnschienen und einer Autobahn. Langsam wird es dunkel. An einem Kiosk kauft sich Schmidt Zigaretten und etwas zu trinken. Er kann nicht aufhören, an die Mädchen zu denken. Daran, was gewesen wäre wenn. Die Vorstellung, dass er fast zwei Frauen gleichzeitig gehabt hätte, macht ihn fast wahnsinnig. Er steigt in einen Zug, wenige Stationen später ist er schon wieder draußen und will den Weg nach Hause durch den Wald abkürzen.

Dann kommt er beim Örtchen Fichtenwalde an einem unbeleuchteten Haus vorbei. In dem Haus schläft die 66-jährige Talita Bremer tief und fest in ihrem Bett. Sie hat wegen ihres hohen Blutdrucks starke Medikamente genommen und hört nicht mal, dass draußen die Hunde bellen. Die Bestie von Beelitz steigt durch ein Fenster in das Haus der Rentnerin und durchsucht es nach Unterwäsche. Im Schlafzimmer findet er noch etwas anderes, das sein Verlangen befriedigt – Talita Bremer hat keine Chance. Schmidt stranguliert sie mit einem BH und vergeht sich an ihrer Leiche. Danach klaut er Blusen und Unterwäsche von seinem Opfer. Die umgerechnet 1500 Euro Bargeld, die Talita Bremer zu Hause aufbewahrt, lässt er liegen. Die Leiche der Rentnerin wird erst zwei Wochen später entdeckt, aber da sind die Ermittler der »Bestie von Beelitz« schon längst auf der Spur.

Jagd auf die Bestie

Nicht weit von dem Ort, an dem der Unbekannte die beiden 12-Jährigen überfallen hat, finden die Ermittler ein Versteck mit Pornoheften und Damenwäsche. Und außerdem haben sie jetzt eine Personenbeschreibung: ein großer, schlanker Mann mit Schnurrbart und blonden Haaren, der rosa Wäsche trägt. Die Zeitungen nennen ihn jetzt auch »Rosa Riese«. Auf seine Ergreifung werden umgerechnet 10.000 Euro ausgesetzt. Die Polizei bekommt so viele Hinweise, dass sie kaum noch hinterherkommt. Jeder Arbeitskollege, jeder Nachbar und jeder in der Schlange an der Fleischtheke könnte der »Rosa Riese« sein. Mehrere Männer, auf die die Beschreibung passt, werden kurzzeitig festgenommen. Aber unter den Hunderten von falschen Hinweisen ist auch ein richtiger dabei: Die Eltern einer Freundin von Wolfgang Schmidt melden sich ebenfalls bei der Polizei und weisen darauf hin, wie ähnlich Schmidt dem Mann auf dem Phantombild sieht. Doch niemand geht dem Hinweis nach. Mit dem Misstrauen macht sich auch Wut in der Brandenburger Bevölkerung breit: »Todesstrafe ist noch zu milde« oder »Das alte System wäre mit einer solchen Sache besser umgegangen«, zitiert der Berliner Tagesspiegel damals Meinungen, die viele teilen.

Die »Bestie von Beelitz« ist vorsichtig geworden. Seitdem sie nach ihm suchen, hat Wolfgang Schmidt keine Frau mehr überfallen. Irgendwann im Frühsommer 1991 geht er mit seiner Verlobten Christina spazieren. Die beiden kommen an einem Fahndungsplakat vorbei, auf dem nach der »Bestie von Beelitz« gesucht wird. »Der müsste uns jetzt über den Weg laufen, den würde ich zur Polizei bringen und abkassieren. Und dann was Schönes kaufen«, sagt Schmidt zu seiner Verlobten. Ein Gutachter kann später nicht ausschließen, dass Schmidt zu diesem Zeitpunkt tatsächlich manchmal nicht mehr wusste, dass er die gesuchte »Bestie von Beelitz« war.

Vielleicht auch deshalb geht er eines Tages sogar selbst zur Polizei: Vorher hatte sich Schmidt mit seinem Schwiegervater und dessen Verwandtschaft gestritten. Der Streit eskaliert, und die Familie seiner Verlobten Christina prügelt erst auf ihn ein und jagt ihn dann mit Mistgabeln vom Hof. Wolfgang Schmidt ist so sauer, dass er zur nächsten Wache geht und dort Anzeige wegen Körperverletzung erstattet, obwohl gerade die gesamte Polizei in Brandenburg nach ihm sucht. Aber er hat Glück: Das Phantombild des »Rosa Riesen« ist nicht besonders präzise, die beiden Mädchen hatten ihn fälschlicherweise als Mann mit langen Haaren beschrieben.

Einmal ist er noch davongekommen, aber die nächsten Wochen werden für Wolfgang Schmidt trotzdem zur Hölle: Seine Lust wird stärker, sein Trieb fast unerträglich, aber wie soll er sich abreagieren? Niemand geht mehr in den Wald, die Menschen in der Region schauen misstrauisch auf jeden, der ihnen komisch vorkommt. Wieder streift die Bestie ziellos durch die Wälder wie ein ausgehungertes Raubtier auf der Suche nach Beute.

Am 1. August 1991 endet seine Jagd in einem Wald beim Dorf Schmerzke. Schmidt hat es nicht mehr ausgehalten, er muss sich im Wald Erleichterung verschaffen. Er trägt eine grünen Tarnjacke und hat ein Fernglas mitgenommen, wahrscheinlich will er damit nach Opfern suchen. Allerdings hat er nicht mit Mike Klein gerechnet. Der LKW-Fahrer hat natürlich wie alle anderen in der Gegend von dem Rosa Riesen gehört –

und von den 20.000 Mark Belohnung, die auf die Ergreifung des Serienmörders ausgesetzt sind. Und er war dem Rosa Riesen schon einmal ganz nah: Ende Juli entdeckt er beim Joggen im Wald zufällig ein Zelt. Erst denkt er, hier hätten sich vielleicht Kinder ein Versteck zwischen Bäumen und Sträuchern gebaut. Aber dann sieht er vor dem Zelt einen BH an einem Ast hängen. Jetzt wird er neugierig. Auch auf dem Boden überall um das Zelt herum sieht er Unterwäsche herumliegen. Als er den Reißverschluss des Zeltes aufzieht, findet er noch mehr Unterwäsche, alte Pornohefte – und Messer. Mike Klein denkt sofort an den Mörder, nach dem hier gerade alle suchen. Er ruft die Polizei. Kurze Zeit später breitet sich Aufregung in dem bisher so stillen Wald aus. Die Ermittler rufen ein Einsatzkommando der Polizei aus dem nahe gelegenen Potsdam, die das Versteck des »Rosa Riesen« observieren soll. Sie warten umsonst – der Wald hat den Riesen wieder verschluckt.

Das ändert sich einige Tage später am 1. August: Mike Klein ist mit seinem Kumpel Andreas Siegel gerade in einem VW Caddy auf einem Waldweg unterwegs, als ihnen ein paar Meter neben dem Weg ein riesiger Mann auffällt. Die beiden halten und sprechen ihn an: »Was machst du hier?« Als Klein näher kommt, sieht er, dass unter der grünen Armeejacke des Fremden rosa Rüschen hervorblitzen. »Ach du Scheiße, das ist er. Das ist der aus dem Zelt«, denkt der LKW-Fahrer. Sein Gegenüber ist riesig. »Wenn einer aussieht wie ein Verbrecher, dann war das er«, erzählt Klein Jahre später in einer Doku des rbb. Klein und sein Kumpel Andreas Siegel sind sich sicher: Wenn sie den Mann direkt auf ihren Verdacht ansprechen, wird er flüchten – oder Schlimmeres. Also muss Mike Klein improvisieren. Er behauptet, er käme von der Forstverwaltung: »Der Förster hat sich schon aufgeregt – da oben mit deinem Zelt da hast du eine ganz schöne Unordnung hinterlassen.« Er fordert den großen Mann auf, sie zu begleiten, um beim Aufräumen zu helfen. Und das Unglaubliche passiert: Der Riese in Damenunterwäsche steigt ruhig und ohne sich zu wehren auf die Ladefläche des VW. Klein und Siegel fahren gemeinsam mit dem Fremden zu dem Zelt, denn Klein weiß, dass dort immer noch Polizisten darauf warten, dass der »Rosa Riese« endlich aus seinem Versteck kommt. Als sie den Wagen anhalten, kommt ihnen ein Polizist entgegen und brüllt ihn an, warum er die Ermittlungen stört. Klein kann sich ein Lächeln nicht verkneifen: »Ich glaub, ihr könnt aufhören. Wir haben ihn.«

Wenige Stunden später gesteht der Fremde aus dem Wald namens Wolfgang Schmidt, dass er die »Bestie von Beelitz« ist. Seine sechs Opfer wollte er nicht töten, so erzählt er es den Beamten, er hat doch nur jemanden gesucht, mit dem er seine Lust befriedigen kann. Er ist kooperativ, beantwortet alle Fragen der Ermittler höflich, fast schon wie ein Beamter. Aus der »Bestie von Beelitz« ist wieder Wolfgang Schmidt geworden.

Ein Stück vom Riesen

Was nach der Festnahme von Wolfgang Schmidt passiert, wird die Süddeutsche Zeitung später als den »Journalismus der verbrannten Erde« bezeichnen. Besonders die Boulevardpresse schießt sich auf Wolfgang Schmidt und auch auf seine Verlobte ein, die von den Taten ihres Freundes nicht das Geringste wusste. Christina, die gerade versucht zu verarbeiten, dass sie sechs Jahre lang mit einem Serienmörder zusammen war, wird auf einmal deutschlandweit eine Berühmtheit. Die BILD schreibt: »Sie ging mit der Bestie tanzen – und dann ins Bett.« Als die Boulevardpresse erfährt, dass Christina von Wolfgang Schmidt schwanger ist, fällt auch noch der letzte Rest des Anstands: »Treib das Kind vom Rosa Riesen ab« steht wie ein Befehl auf der Titelseite von Deutschlands größter Tageszeitung. Und Christina tut, was ihr die Zeitung sagt. Später erinnert sie sich in einem Gespräch mit dem SPIEGEL: »Auf einmal meinten alle zu mir: ›Treib den Satansbraten ab. Sonst wird das Kind auch mal zum Mörder. Du weißt schon, schlechtes Blut und so.‹ Das Kind gehörte weg.«

Damals herrscht vor allem in den neuen Bundesländern ein Krieg der Boulevard-Blätter. Die großen (west-)deutschen Medienhäuser wollen den neuen Markt der ostdeutschen Leser erobern, und dafür ist ihnen jedes Mittel recht. So hat der Burda-Verlag zusammen mit dem australischen Medientycoon Rupert Murdoch gerade erst die Zeitung »Super!« aus der Taufe gehoben, die mit einer Auflage von einer halben Million Exemplare zum Stückpreis von 30 Pfennig so was wie die ostdeutsche BILD-Zeitung werden soll. Und die »Super!« (die übrigens schon nach einem Jahr wieder eingestellt werden wird) zeigt sich in diesem Boulevard-Battle als besonders skrupellos: Während die BILD die Eltern von Wolfgang Schmidts Verlobter interviewt (»Unsere Christina war dem Monster hörig«), bietet die »Super!« Christina direkt einen Exklusiv-Vertrag und einen Job als Sekretärin an. Dafür berichtet sie dann in der Zeitung über ihr Leben mit dem »zärtlichen« Mörder (»Er saugte an meiner Brust«) und erzählte, wie »er's schön fand, wenn ich ihn mal mit der Hand befriedigt hab!«

Eine Frage der Schuld

Dementsprechend riesig ist der Medienandrang beim Prozessstart: Die Staatsanwaltschaft Potsdam klagt Wolfgang Schmidt wegen vierfachen Mordes und zweifachen Totschlags an. Selbst die damalige Staatsanwältin Marianne Böhm versucht, die aufgeheizte Stimmung zu kühlen, in dem sie immer wieder betont: »Wolfgang Schmidt ist ein Mensch.«

In dieser aufgeheizten Stimmung muss das Potsdamer Bezirksgericht ab dem 20. Oktober 1992 gleich mehrere schwierige Fragen klären: Ist Wolfgang Schmidt schuldfähig? Der Forensiker Wilfried Rasch, der vorher auch ein Gutachten über den »Kirmesmörder« Jürgen Bartsch geschrieben hat, kommt zu der Einschätzung, dass Schmidt sich der Schwere seiner Schuld bewusst war. Damit ist er eingeschränkt schuldfähig, weil er seine Taten zumindest zum Teil steuern konnte. Und dann ist da noch die Frage, welches Recht in diesem Fall anzuwenden ist: Die Staatsanwaltschaft muss die drei Verbrechen, die Wolfgang Schmidt vor der Wende begangen hat, nach DDR-Recht anklagen.

Im Prozess gesteht Wolfgang Schmidt alle Taten in zögernden, hölzernen Wortstanzen. Prozessbeobachter beschreiben die Verhandlung als »bedrückend, fast lähmend«. Am 1. Dezember 1992 fällt das Urteil gegen den »Rosa Riesen«: Wolfgang Schmidt wird zu 15 Jahren Haft verurteilt, danach soll er in einer forensischen Psychiatrie untergebracht werden.

Wolfgang Schmidt ist immer noch im Maßregelvollzug in Brandenburg. Laut eigener Aussage hat er zu seinen Eltern keinen Kontakt mehr, sein Vater habe ihn 1995 zum letzten Mal besucht. 2009 beantragt Schmidt eine Namensänderung und eine Geschlechtsangleichung. Sie möchte ab jetzt Beate genannt werden. 2010 wird sie von einem Reporter der BILD interviewt. Sie nimmt jetzt Hormone, trägt lange Haare und Pumps in Größe 46. Beate Schmidt sagt der BILD damals über die Morde: »Ich sehe sie jeden Tag vor mir. (…) Ich konnte es nicht verhindern, war dermaßen außer Kontrolle. Noch mal freikommen? Das habe ich nicht verdient.«

Mike Klein hat mittlerweile seine Belohnung bekommen, allerdings nur 12.000 statt der versprochenen 20.000 Mark.

Philipps Fazit

Immer wieder fragen mich Hörerinnen und Hörer, ob ich in meinem Podcast nicht mal über diesen oder jenen Serienkiller berichten kann. Warum sind wir so fasziniert von Menschen, die andere reihenweise töten? Ich glaube, es ist gerade die Sinnlosigkeit, mit der solche Mörder zuschlagen. Meist kennen sie ihre Opfer nicht persönlich oder nur kaum, und das macht es für die Ermittler auch so schwer, solche Täter zu fassen. Und genau das macht uns Angst: Jeder von uns könnte zum Opfer werden, einfach nur, weil wir gerade zum falschen Zeitpunkt alleine im Wald spazieren gehen. Einen anderen Menschen zu töten, ist in unserer Gesellschaft (zum Glück) ein schweres Verbrechen und ein Tabubruch. Aber gleich mehrere Menschen sinnlos und voller Brutalität zu ermorden bringt uns an die Grenze des Fassbaren. Wir wollen verstehen, warum ein Serienmörder so handelt, und schaffen es doch meistens nicht mal im Ansatz. Wolfgang Schmidt (wie er zum Zeitpunkt seiner Morde noch hieß) ist kein hochintelligenter und charismatischer Super-Verbrecher wie Hannibal Lector aus »Das Schweigen der Lämmer«. Die wenigsten Serienmörder sind kriminelle Genies oder charismatische Stars im Gerichtssaal wie Ted Bundy. Aber eines haben viele von Ihnen gemeinsam: Eine Kindheit, die geprägt ist von Misshandlungen und emotionaler Kälte, genau wie bei Wolfgang Schmidt. Und in manchen Fällen macht sich dort, wo die Liebe fehlt, das Böse breit. Mir geht es, wie Dr. Leon Windscheid mal so schön in einer meiner Podcast-Folgen gesagt hat, »nicht um Verständnis, sondern ums Verstehen«. Wenn man sich Beate Schmidts Geschichte voller Ablehnung, Scham und unterdrückter Sexualität anschaut, wird aus der Bestie von Beelitz plötzlich ein Mensch, der einem eigentlich nur leidtun kann.

Interview mit Kriminalpsychologin Lydia Benecke

Lydia Benecke wurde 1982 in Polen geboren und gehört heute zu den wohl bekanntesten Kriminalpsychologinnen Deutschlands. Seit 2009 arbeitet sie als Diplom-Psychologin mit Sexual- und Gewaltstraftätern. Sie hält Vorträge und berät Institutionen wie Ermittlungsbehörden und Justizvollzugsanstalten. Außerdem hat sie einige Bestseller geschrieben, zum Beispiel über Sadisten. Lydia Benecke lebt mit ihrem Lebensgefährten in Köln.

Philipp Fleiter: Laut Gutachten ging es Wolfgang Schmidt nicht darum, seine Opfer zu töten. Er wollte vor allem seine sexuellen Fantasien ausleben. Er hat sich gewünscht, dass die Frauen dabei »mitmachen« und hat laut eigener Aussage erst danach gemerkt, dass seine Opfer tot sind. Kann man versehentlich mehrere Menschen umbringen?

Lydia Benecke: Wolfgang Schmidt scheint seit seiner Kindheit eine zunehmend stark sexualisierte Fantasiewelt aufgebaut zu haben. Ab etwa dem sechsten Lebensjahr überbrückte er offenbar unbewusst die fehlende gefühlsmäßige Nähe zur Mutter durch zunehmend fetischistische Faszination für ihre Unterwäsche. Er merkte, dass es sich sehr gut anfühlte, die Unterwäsche anzuziehen und sie wie ein Kleinkind mit Kot und Urin zu beschmutzen. Als er dabei wiederholt erwischt wurde, reagierten die Eltern mit verbaler Demütigung, Verboten und körperlicher Züchtigung. Geprägt durch diese Reaktion glaubte er nicht, durch offene Kommunikation eine bereitwillige Sexualpartnerin für seine Fantasie finden zu können. Auch unter Gleichaltrigen fühlte er sich als Außenseiter. Aufgrund dieser Gesamtsituation lernte er, auf einer Ebene ein vordergründig angepasstes Leben zu führen, während er seine verborgenen sexuellen Bedürfnisse zunächst viele Jahre heimlich und allein auslebte. In seiner Fantasiewelt erträumte er sich eine weibliche Person, die auf seine sexuellen Bedürfnisse positiv reagieren und sich mit ihm gemeinsam auf die von ihm gewünschte Art sexuell befriedigen wollte. Diese immer stärker werdende Vorstellung führte offenbar zum ersten Tötungsdelikt, als Schmidt bei einem Unterwäschediebstahl in einem Gartenbungalow auf sein Opfer traf. Dieses Erlebnis – der erste Versuch einer Umsetzung seiner drängenden Fantasien in die Realität – prägte seine weitere Entwicklung. Bezüglich seiner Taten nutzte Schmidt später Formulierungen wie »musste die Frau einfach in meiner Gewalt haben« und »wollte nur lebende Frauen«. Hier wird deutlich, dass die weiblichen Opfer nichts anderes als Projektionsobjekte für seine Fantasien waren. Solange sie lebten, zerstörten sie durch ihre abwehrende Reaktion Schmidts Fantasie. Daher waren sie nur als leblose Körper eine wirklich unbedrohliche Projektionsfläche. Durch die Tötung stellte Schmidt also für sich den Zustand der Kontrolle über das Projektionsobjekt zur Realisierung seiner Fantasie her – ohne die Tötung als solche zu genießen oder auch nur zu wünschen. Da das Töten an sich nicht zu Schmidts Fantasie gehörte und er sich selbst offenbar auch nicht als Mörder sehen wollte, verleugnete er in seiner stark fantasiegeprägten Wahrnehmung diesen Teil seines Handelns. Ob und wenn ja, wie effektiv es ihm tatsächlich gelang, die Realität durch seine Wunschvorstellung in seiner Wahrnehmung zu ersetzen, kann nur er selbst für sich beantworten.

Besonders faszinierend finde ich am Fall Wolfgang Schmidt, dass Schmidt (zumindest vordergründig) ein normales Sexualleben mit seiner Freundin hatte, die nichts von seinen Taten geahnt hat. Kommt das häufiger vor oder sind Serienmörder eher einsame Wölfe ohne Partnerschaft?

Es gibt Serienmörder, die in der Lage sind, eine funktionale Partnerschaft zu führen und teils sogar ein insgesamt unauffälliges Familienleben aufzubauen. Andererseits gibt es aber auch jene, die eher zurückgezogen und dauerhaft alleinstehend leben. Viele Menschen finden es besonders schwer nachvollziehbar, dass ein sozial unauffälliger Mensch in einer normal erscheinenden Partnerschaft gleichzeitig als Serienmörder aktiv sein kann. Der Kontrast zwischen diesen beiden Lebensbereichen erscheint kaum vereinbar. Allerdings kennen im statistischen Sinne normale Menschen ja auch unterschiedliche Rollen in unterschiedlichen Lebensbereichen: Die meisten Menschen sind im Berufsalltag in einer anderen Rolle als in ihrer Freizeit mit Freunden. Sie sind dadurch aber nicht zwei unterschiedliche Personen, sie leben nur unterschiedliche Facetten ihrer Persönlichkeit in unterschiedlichen Kontexten.

Die Abstände zwischen den Überfällen bei Wolfgang Schmidt wurden zum Ende hin immer kürzer: Wie kommt es, dass ein Mörder fast ein Jahr nicht mordet und dann plötzlich vier Taten in drei Wochen begeht?
Nicht nur bei Serienmördern können aktuelle Lebensereignisse eine Auswirkung auf die Begehung von Taten habe. Belastungssituationen, zwischenmenschliche oder anderweitige Probleme können eine Tatbegehung begünstigen. Auch die phasenweise Zunahme sexueller und/oder aggressiver Bedürfnisse kann enthemmend wirken. Entsprechend müssen in jedem Fall die relevanten Faktoren (Gefühle, Gedanken, situative Faktoren usw.) vor, während und nach der Tatbegehung möglichst genau analysiert werden, um hieraus die für den konkreten Täter relevanten Risikofaktoren abzuleiten. Dies ist ein wesentlicher Bestandteil meiner Arbeit mit – zumeist männlichen – Straftätern.

Viele Mörder in Serien oder Büchern sind Sadisten – wie viel hat das mit der Realität zu tun?
Die meisten Sexualstraftaten, selbst solche, die auf den ersten Blick »sadistisch« wirken, werden nicht von sexuell sadistisch motivierten Personen begangen. In der Medienberichterstattung wird eine grausame sexuelle Tat häufig reflexartig als »sadistisch« bezeichnet. In vielen Fällen ist diese Wortwahl aus fachlicher Sicht falsch. So gibt es beispielsweise neben tatsächlich sadistisch motivierten noch mindestens drei weitere Gruppen von Sexualmördern, deren

Taten nicht minder grausam sind, die aber nicht durch das Quälen ihrer Opfer sexuell erregt werden. Sexuellen Sadismus im Rahmen von Straftaten mit Sicherheit festzustellen oder auszuschließen kann in einigen Fällen schwierig sein. Manchmal kann anhand von Merkmalen eines Tatortes – beispielsweise bei der Tat benutzten Gegenständen und Verletzungen des Opfers – darauf geschlossen werden, ob der Täter ein sexueller Sadist ist oder nicht. In sehr auffälligen Fällen funktioniert dies auch gut, beispielsweise bei einem Täter, der sich eine regelrechte »Sex-Folterkammer« baut. Es gibt aber auch weniger eindeutige Fälle, in denen ein Täter drastische Gewalt anwendet, ohne dass sich hieraus seine Beweggründe direkt ableiten ließen. Manche Vergewaltiger und sogar Sexualmörder richten ihre Opfer grauenvoll zu, verletzen sie sehr schwer und erniedrigen sie, ohne dass es sie sexuell besonders erregt. Genau diese Täter könnten fälschlich als sexuell sadistisch eingestuft werden. Wie kann man diese Täter unterscheiden? Wie die Formulierung »sexueller Sadismus« schon nahelegt, erregt es sexuelle Sadisten, wenn andere Menschen Schmerzen und/oder Angst empfinden und/oder erniedrigt werden. Für Psychologen oder Psychiater kann es schwierig sein festzustellen, ob ein Straftäter tatsächlich ein sexueller Sadist ist, wenn dieser sich nicht offen und wahrheitsgemäß bezüglich seiner Gefühle und Bedürfnisse im Kontext der Tat/en äußert. Räumt ein Täter ein, durch Gewalt und Erniedrigung des Opfers während seiner Tat eine sexuelle Luststeigerung empfunden zu haben, ist eine Sadismus-Diagnose sicherer möglich als ohne eine entsprechende Selbstauskunft.

Jetzt ist ja nicht jeder, der auf BDSM steht gleich ein potenzieller Killer – wann wird Sadismus gefährlich?

Um sexuellen Sadismus zu verstehen, ist es notwendig, die Unterschiede zwischen einvernehmlich und gefährlich sexuell sadistischen Menschen zu begreifen: Auf der einen Seite stehen Menschen, die ihre sexuelle Neigung stets einvernehmlich leben. Sie finden die sadistischen Handlungen nur dann sexuell erregend, wenn ihr sexuelles Gegenüber dies ebenso als lustvoll empfindet. Andererseits gibt es sexuell sadistische Vergewaltiger und Mörder, die es sexuell erregt, ihre Opfer gegen deren Willen zu quälen. Für sie sind einvernehmliche sexuelle Gegenüber uninteressant und bestenfalls als »Testobjekte« zu gebrauchen, bevor sie genug »Vorerfahrung« gesammelt haben, um Verbrechen zu begehen. Der einvernehmlich sadistische Mensch kann und will sein Verhalten während einer sogenannten Session – also einem zeitlich begrenzten erotischen sexuellen Rollenspiel – vernünftig steuern. Im Kontrast dazu handelt der gefährlich sadistische Mensch zunehmend zwanghaft. Das bedeutet, er kann immer weniger vernünftig über seine sexuellen Bedürfnisse nachdenken und sie zunehmend nicht angemessen steuern oder unterdrücken. Für den gefährlich sadistischen Menschen verschwimmt die Grenze zwischen sexueller Fantasie und Wirklichkeit immer mehr, dem einvernehmlich sadistischen Menschen ist diese Grenze dagegen vollkommen bewusst. Zwar finden es einige einvernehmlich sadistische Menschen auch erregend, das Gegenüber in der Session an seine persönlichen Grenzen zu bringen, doch sie wollen ihm keinen dauerhaften schweren körperlichen oder gefühlsmäßigen Schaden zufügen. Weil ihnen der Unterschied zwischen Fantasie und Wirklichkeit stets bewusst ist, würde es ihnen den Spaß an einer Session nehmen, wenn ihr Gegenüber dauerhaft unter den Folgen leiden würde. Meistens können und wollen einvernehmlich sadistische Menschen es genießen, wenn sie während einer Session Nähe und Verbundenheit mit ihrem Gegenüber spüren. Der gefährlich sadistische Mensch ist da vollkommen anders: Er ersetzt jede zwischenmenschliche Nähe, Verbundenheit und Sympathie dadurch, dass er seine Macht rücksichtslos und gegen den Willen seines Opfers durchsetzt. Gefährliche Sadisten sehen andere Menschen nur als Spielzeug, das sie zum Spaß zerstören können und wollen. Der FBI-Profiler Robert Ressler beschrieb das Ziel gefährlicher Sadisten treffend mit den Worten: »Sie wollen jemandem etwas antun, anstatt es mit ihm zu tun.«

Was fasziniert uns Menschen so sehr an Verbrechen?
Schaurige Geschichten haben schon immer das Interesse von Menschen auf sich gezogen. Das hat auch evolutionäre Gründe: Gefahren schnell wahrzunehmen und einzuschätzen kann ein evolutionärer Vorteil sein. Außerdem ist das »Gruseln« für viele Menschen tendenziell angenehm. Diese Empfindung ist mit der Ausschüttung von Adrenalin und Glückshormonen verbunden, außerdem besteht keine reale Gefahr für die Person, und sie hat die Kontrolle über die Situation. Unter den Menschen, die True Crime interessant finden, gibt es jene, die besonders die Ermittlungsmethoden und die Lösung der Fälle interessiert, und jene, die besonders die Lebensgeschichte und Psyche von Täterinnen und Tätern nachvollziehen möchten, und natürlich auch wieder jene, die das ganze Spektrum spannend finden. Man sieht also: Es gibt nicht die eine Erklärung oder den einen typischen Menschen, der von True Crime begeistert ist. Leider gibt es dazu auch kaum Forschungsergebnisse.

Ich habe den Eindruck, dass vor allem Frauen sehr True-Crime-affin sind. Was ist deine Erklärung dafür?
Es gibt eine Studie aus dem Jahr 2010, die zu dem Schluss kommt, dass Frauen sich vom True-Crime-Konsum einen praktischen Nutzen versprechen. Demzufolge würden sie sich gewissermaßen durch den Konsum davor schützen wollen, selbst zum Verbrechensopfer zu werden. Das deckt sich allerdings nicht mit meinen Erfahrungen. Ich könnte mir vorstellen, dass das eher damit zusammenhängt, dass Frauen generell stärker an Menschen und Psychologie interessiert sind und True Crime eine Ausprägung dieses Interesses ist. Da müsste aber noch deutlich mehr geforscht werden (lacht).

N
S
Oppen
Schmelz
Graf-Haeseler-Kaserne
Lebach
Eppelborn
Landsweiler
Nalbach
DEUTSCHLAND
Dillingen
Saarwellingen
Saar
Heusweiler
A8
Saarlouis
A1
Ensdorf
Riegelsberg
A620
Püttlingen
Bous
Völklingen
Saar
Saarbrücken
A6
nach Landau
Forbach
Behren-
lès-Forbach
Berlin
DEUTSCH-
LAND
Lebach
Wien
Bern
ÖSTERREICH
SCHWEIZ
FRANKREICH
0
km
5

Fall 12
Die Soldaten-Morde von Lebach

Fallname: Die Soldaten-Morde
von Lebach
Zeitpunkt: 20.1.1969
Tatbestand: Vierfacher Mord

Tod im Schnee

Der Tod kommt nachts um kurz vor drei, während der Schnee schwer in den Baumwipfeln hängt.

Dieses Mal wird es klappen, da sind die beiden Männer sich sicher. Anderthalb Stunden waren sie mit dem Auto unterwegs, auf Bundestraßen und der Autobahn. Insgesamt zwölf Mal sind sie den Weg hierher schon gefahren. Doch immer ist irgendwas dazwischengekommen: Mal hat der Mond zu hell geleuchtet, mal war es zu dunkel, mal entdeckten sie plötzlich ein fremdes Auto am Straßenrand. In dieser verschneiten Nacht von Sonntag den 19. auf Montag den 20. Januar 1969 soll es nun endlich passieren. Ihr Ziel liegt mitten im Wald am Rande des saarländischen Städtchens Lebach mit nicht mal 20.000 Einwohnern. Die französische Grenze ist 35 Kilometer entfernt, die nächste Kaserne fünf Kilometer und die nächste Straße etwa einen halben. Sie haben den Wagen am Straßenrand geparkt, vorher haben sie die Nummernschilder getauscht. Das Auto steht auf festem Grund, nicht mal Reifenspuren sollen zurückbleiben. Das, was die Männer vorhaben, darf auf keinen Fall Spuren hinterlassen.

Beide tragen Kampfanzugjacke, Übermantel und Wintermütze – alles von der Bundeswehr. Dick eingepackt stapfen sie durch den Schnee, bis sie zu einem Zaun kommen. »Unbefugten ist der Zutritt verboten« steht auf einem Schild an dem Gitterzaun. Dahinter liegt ein Munitionsdepot der Bundeswehr. Das wird von insgesamt fünf Soldaten bewacht, um diese Zeit ist nur ein einzelner Soldat als Patrouille unterwegs, Wachhunde gibt es keine. Die beiden Männer schneiden links und rechts neben dem Tor Löcher in den Zaun, genau dort, wo das Licht der Lampen aufhört. Die Männer sind vorbereitet – dieses Mal wird es klappen.

Der Schnee schluckt alle Geräusche dieser Nacht. Um etwa 3 Uhr morgens knallen Schüsse durch die Dunkelheit, dann ist es wieder still. Die Soldatenmorde von Lebach dauern nur wenige Minuten und kosten insgesamt vier jungen Männern das Leben.

Am nächsten Tag fahren Stabsunteroffizier Schäfer und zwei weitere Soldaten zum Depot im Wald, um Munition abzuholen. Sie wollen am Schießstand in der Nähe des Depots üben. Als sie gegen 8:30 Uhr auf das Gelände des Depots kommen, fällt Schäfer sofort auf, dass die Scheinwerfer an der Baracke noch brennen. Er hupt mehrere Male und brüllt: »Machen Sie die Tür auf!«

Ein Soldat stolpert aus dem Gebäude, die nackten Beine in eine Wolldecke gehüllt. Es ist der 20-jährige Gefreite Reinhard Schulz. »Schaut euch den mal an«, sagt Unteroffizier Schäfer zu seinen Kameraden, »der scheint ja völlig besoffen zu sein.« Dann bricht der Soldat vor ihnen zusammen, er ist voller Blut. Auf dem Boden stammelt er noch: »Überfall. Es waren zwei.« Dann wird er ohnmächtig.

Schäfer und seine Männer rennen sofort zum Wachhaus. Auch dort ist überall Blut, an der Decke, an den Betten und auf dem Fußboden. Vier Soldaten liegen auf ihren Pritschen, von Kugeln getroffen in Kopf, Herz und Bauch. Die Täter haben sie im Schlaf überrascht. Einer der Fallschirmjäger, die die Soldaten gefunden haben, sagt noch am selben Tag der Zeitung »Die Welt« über die Täter: »Sie sind vorgegangen wie bei einem Kommandounternehmen – mit Methoden wie in Vietnam.«

Fünf junge Leben

Kaum einer der getöteten Soldaten ist älter als 21. Gerade volljährig und schon tot. Das Kommando an diesem Sonntag hatte der 21-jährige saarländische Unteroffizier Erwin Poh, der mit seiner Brille und seinem Seitenscheitel ein bisschen aussieht wie der junge Buddy Holly. Sein Stellvertreter, der sechs Jahre ältere Obergefreite Arno Bales, kommt ebenfalls aus dem Saarland. Außerdem gehören noch der 21-jährige Gefreite Dieter Horn aus Hessen, der 20-jährige Franke Ewald Marx und der 20-jährige Reinhard Schulz aus Dortmund zu der fünfköpfigen Gruppe, die am Sonntagmittag ihre Wachschicht angetreten hat.

Zwei Tage nach dem Überfall zeigt ein Vertreter der Bundeswehr Journalisten den Tatort

Die Soldaten, die hier mitten im Wald die Munitions- und Waffenvorräte in den Bunkern auf dem Gelände bewachen sollen, mögen die Arbeit im Depot. Zucht und Ordnung der Kaserne sind kilometerweit entfernt, und sie können es etwas ruhiger angehen lassen. Die Regeln sind klar: Mindestens ein Soldat muss immer auf dem Gelände Wache schieben, die anderen versuchen in der Zwischenzeit, hier mitten im Nirgendwo die Zeit rumzubekommen. In Deutschland herrscht nach dem Zweiten Weltkrieg seit 25 Jahren Frieden, der Vietnamkrieg ist weit weg. Die Stimmung im Munitionsdepot ist locker und gelöst. Nicht mal die Hintertür des Wachhauses ist abgeschlossen, die Schlüssel für die Tür sind irgendwann verloren gegangen. Und auch die Vordertür lässt sich ohne Probleme von außen öffnen.

Als die Mörder kommen, ist der Gefreite Reinhard Schulz aus Dortmund gerade von seinem Kontrollgang zurück. Im Wachhaus liegen seine vier Kameraden gerade schlafend auf ihren Pritschen. Die Männer haben keine Chance: Erwin Poh, Dieter Horn und Arno Bales sterben noch in ihren Betten. Der Gefreite Ewald Marx überlebt den Überfall schwer verletzt. Er stirbt sechs Wochen später im Universitätsklinikum Homburg, zu seiner Beerdigung kommen Tausende. Nur Reinhard Schulz, der am nächsten Morgen aus dem Wachhäuschen torkeln wird, überlebt die Soldatenmorde von Lebach, und doch endet auch sein bisheriges Leben in dieser Nacht. Am Ende sind vier junge Männer tot, und zwei Kinder haben ihre Väter verloren. Sieben Monate nach dem Überfall wird der zweite Sohn von Arno Bales als Halbwaise geboren und lernt seinen Vater nie kennen.

Inspektor Kugelblitz ermittelt

Schon kurz nach dem Überfall ist das einsame Munitionsdepot im Wald voller Männer in Uniform. Dutzende dreckige Stiefel stapfen über den Boden des Wachhauses, Schritte zerwühlen die Spuren im tiefen Schnee. Während die beiden schwer verletzten Soldaten erst in die Kaserne nach Lebach und dann ins Krankenhaus gebracht werden, beginnen die ersten Untersuchungen.

Noch am selben Tag schaut ein Mann mit streng gescheiteltem Haar und tief liegenden Augen besorgt in die Fernsehkameras: »Meine lieben Landsleute. In der vergangenen Nacht ist in unserem Land ein scheußliches Verbrechen begangen worden«, sagt der damalige Ministerpräsident Franz-Josef Röder mit leichtem Saarländischen Singsang in einer Fernsehansprache. Er verspricht den Menschen vor den Fernsehgeräten, dass die Polizei alles in ihrer Macht Stehende tut, um dieses Verbrechen möglichst bald aufzuklären und die Täter einer gerechten Strafe zuzuführen.

Die Schüsse auf die fünf Soldaten treffen die junge Bundesrepublik mitten ins Herz: 25 Jahre nach dem Zweiten Weltkrieg ist die Bundeswehr angegriffen worden, auf deutschem Boden sind wieder Soldaten gestorben. Die Stimmung in diesem kalten Winter könnte politisch nicht heißer sein: Im Jahr vorher haben die Studentenproteste auch die Bundesrepublik erreicht, im Mai 1968 kommt es zu schweren Ausschreitungen gegen die Polizei. Ist der Überfall von Lebach also nur der nächste Schritt auf der Eskalationsleiter?

Wahrscheinlich auch deshalb beauftragt das saarländische Innenministerium zwei ihrer fähigsten Ermittler mit der Bildung einer Sonderkommission: Oberkommissar Karl Schütz vom BKA, wegen seiner massigen Figur auch »Kommissar Kugelblitz« genannt, und den Oberstaatsanwalt Siegfried Buback. Auch Buback trägt einen Wirtschaftswunder-Bauch vor sich her – einige behaupten, er bewege sich wie ein »sächselnder Tapir«.

Gemeinsam richten die beiden die größte Sonderkommission in Deutschland seit dem Zweiten Weltkrieg ein. Die 100-köpfige Soko hat nur einen Auftrag: Die Mörder von Lebach zu finden. Schnell stellen die Ermittler Theorien und Hypothesen auf, aber die Ausgangslage ist dürftig: Die vielen aufgeregten Kameraden, die nach der Entdeckung der Leichen durch das Munitionsdepot getrampelt sind, haben für die Spurensicherung kaum noch verwertbare Spuren hinterlassen.

Während die Ermittlungen sich hinziehen, geht das Leben in der Bundeswehr weiter: Schon kurz nach dem Mord wird das Wachhaus, in dem vier Männer ihr Leben verloren haben, wieder von anderen Soldaten genutzt. Die immer noch gut sichtbaren Einschusslöcher bleiben in der Wand und in den Pritschen. Die Soldaten haben den Finger bei jedem Kontrollgang am Abzug. Am Anfang fallen noch jede Nacht Schüsse. Mal weil ein Hase durch die Büsche läuft, mal weil ein Ast in der Dunkelheit knackt. Die Kameraden der Ermordeten Erwin Poh, Arno Bales, Dieter Horn und Ewald Marx sind allein. Von ihrem Arbeitgeber, der Bundesrepublik gibt es warme Worte, vom Verteidigungsminister und für die Hinterbliebenen Grabkränze mit schwarzrot-goldener Schleife.

Die Ermittler Karl Schütz und Siegfried Buback konzentrieren sich in der Zwischenzeit auf ihren einzigen Augenzeugen: Der Dortmunder Gefreite Reinhard Schulz hat den Überfall schwer verletzt überlebt. Er war es, der seinen Kameraden am Morgen nach den Morden blutend und in eine Decke gewickelt entgegengestolpert ist. Allerdings weiß er nur noch, dass es zwei Männer waren, die ihn und seine Kameraden nachts mit Messern und Pistolen überfallen haben. Der Überfall hat nur wenige Minuten gedauert, und die Mörder haben drei Schnellfeuergewehre Typ HK G3, zwei Walter P38-Pistolen und mehr als 1000 Schuss Munition mitgenommen. Schütz und Buback fragen sich, wer für ein paar Gewehre und Pistolen vier Menschen ermordet.

Am Anfang glauben die Ermittler, dass der Überfall einen politischen Hintergrund hat: Angeblich hat kurz vorher die sogenannte außerparlamentarische Opposition, eine studentische Bewegung, die sich gegen die damals regierende große Koalition richtet, auf Demos mit Flugblättern dazu aufgerufen, sich Waffen aus Bundeswehrdepots zu besorgen. Die Spur führt ins Nichts, genau wie die 1000 Hinweise aus der Bevölkerung, die bis Ende Januar bei den Ermittlern eingehen. Die Fallakten werden immer dicker und die Aschenbecher in den Büros immer voller, aber einen Verdächtigen finden die Ermittler nicht. Bis plötzlich Doktor Sardo auf der Bildfläche erscheint.

Der schweigsame Dr. Sardo

Schon kurz Zeit nach den Morden gehen in den Redaktionen von BILD und SPIEGEL anonyme Briefe ein, voll mit Rechtschreibfehlern und noch mehr Drohungen: »Somit wird ihrem zustaendigen minister nichts anderes uebrig bleiben, als doch noch jedes depot zur festung auszubauen denn sie haben es mit der mafia zu tun.«

Karl »Kugelblitz« Schütz steckt sich noch eine von seinen dunklen Zigarren an und nimmt einen tiefen Zug. In dem Briefumschlag liegt außer dem Schreiben noch eine ausgerissene Seite aus dem Wachbuch des Munitionslagers. Nur die Ermittler wissen, dass sie gestohlen wurde – und die Mörder.

Während man in der Soko noch flucht, bekommt der bekannte Münchner Finanzmakler Rudolf Münemann ebenfalls einen Brief. Die Verfasser bieten Münemann für 800.000 Mark einen »wirksamen Schutz gegen asoziale Elemente« an. Unterschrieben ist der Brief von der »Maffia«. Und auch in diesem Umschlag steckt noch etwas anderes: ein Foto von einer der Waffen, die in Lebach gestohlen wurden.

Rudolf Münemann ist durch das Verleihen von Geld an Unternehmen reich geworden, er nennt sich selbst gerne »Industriefinanzier«. Der Mann, der sich jedes Jahr aus den USA einen frischen Cadillac bestellt, greift zum Hörer und ruft die Polizei. Die Ermittler raten ihm, zum Schein auf die Forderungen der Erpresser einzugehen. Wie in dem Brief gefordert, schaltet Münemann in der FAZ eine Anzeige mit seiner Telefonnummer.

Am 22. Februar 1969 klingelt um 21:23 Uhr in seiner Münchner Villa das Telefon. Am anderen Ende hört Münemann eine Stimme mit französischem Akzent: »Ich sage Ihnen zwei Sachen. 400.000 Mark, Autobahn München-Frankfurt.« Dann gibt es ein Rauschen in der Leitung, gerade als der Entführer den Autobahnkilometer für die Übergabe nennt. Münemann versteht nur noch ein »Bonsoir«, bevor es in der Leitung tutet. Immer wieder meldet sich der Erpresser mit dem französischen Akzent in den nächsten Tagen bei dem Mann, dessen Werbespruch »Aus kurz mach lang wie Münemann« ganz Deutschland kennt. Insgesamt drei Mal schlägt die Stimme am Telefon Orte und Zeiten für Geldübergaben vor, die alle scheitern. Nach vier Tagen, am 26. Februar 1969 flattert ein Telegramm in Münemanns Büro: »Wegen Endverhandlung im Rheinland Vorsprache Sonnabend nicht möglich. Rufen wieder an. Bei Abwesenheit bitte Nachricht hinterlassen.« Unter dem Telegramm eine Unterschrift: Dr. Sardo. Jetzt haben die Ermittler endlich einen Namen, wenn auch einen falschen. Aber die Spur ist schon wieder kalt: Nach diesem Telegramm melden sich die Erpresser nie wieder bei Rudolf Münemann.

Knapp zwei Wochen später, am 11. März 1969, gehen zwei Männer die Straße zum etwas abgelegenen Haus der Wahrsagerin Buchela auf dem Victoriaberg in Remagen bei Bonn hoch.

Zu dieser Zeit kennt fast jeder die 69-jährige Buchela, die sich selbst die »Pythia von Bonn« nennt. Die schmuckbehangene Frau mit den schwarzen Locken erzählt gerne, dass sie unter einer Buche geboren wurde. Danach sei sie als »Zigeunerkind«, wie viele Zeitungen schrieben, durch die Lande gezogen und habe schon in jungen Jahren den Tod ihres Bruders Anton vorhergesagt. 1953 dann prophezeit sie dem damaligen Bundeskanzler Konrad Adenauer seinen späteren Wahlsieg. Seitdem stehen fast jeden Tag dunkle Politikerlimousinen mit Bonner Kennzeichen auf der Straße vor dem Haus der Buchela, neugierig beobachtet von den Nachbarskindern.

Auch die beiden Männer, die an diesem Dienstag vor dem Haus der Wahrsagerin stehen, sind wegen ihrer hellseherischen Fähigkeiten gekommen. Die Buchela öffnet in ihrem wallenden Kleid ein Fenster und fragt, was die Männer wollen. Während der eine sich im Hintergrund hält, stellt sich der andere als Anwalt vor, der die Mutter der ehemaligen Kaiserin von Persien, Soraya, vertritt. Er will ein Treffen mit der Fürstin organisieren und bittet die Buchela, ihn zu begleiten. Irgendwas an den beiden kommt der Wahrsagerin komisch vor, also behauptet sie krank zu sein und das Haus nicht verlassen zu können. Vielleicht sieht sie voraus, dass die beiden Männer an diesem Tag zwei Pistolen, ein Seil und eine Spritze eingepackt haben – oder sie hat einfach eine gute Menschenkenntnis. Also ziehen die beiden Männer wieder ab.

Sie werden in den nächsten Wochen immer wieder auftauchen, bringen der Buchela sogar Blumen mit, um sie zu überreden, doch die 69-Jährige bleibt misstrauisch. So misstrauisch, dass sie sich irgendwann das Autokennzeichen des hellblauen Fiat-124-Coupé aufschreibt, mit dem die beiden Männer vorgefahren sind. Den Namen des angeblichen Anwalts der persischen Fürstin muss sie sich nicht aufschreiben, den vergisst man nicht so leicht: Dr. Sardo.

Währenddessen schläft Ermittler Karl Schütz noch weniger als sonst, er ackert unzählige Abende und Nächte durch. Mehr als 2500 Spuren haben seine Kollegen und er schon verfolgt, ohne dass sie den Mördern von Lebach auch nur einen Zentimeter näher gekommen wären. Schütz und Buback rufen das Fernsehen zu Hilfe: Am 11. April 1969 läuft in einer Ausgabe von »Aktenzeichen XY ungelöst« ein Beitrag über die die Morde von Lebach. 25 Millionen Zuschauer sitzen damals gebannt vor den Schwarz-Weiß-Fernsehern, als Moderator Eduard Zimmermann mit den Worten »Es geht um eines der schwersten Verbrechen der letzten 20 Jahre« den Fall ankündigt.

Einer der aufmerksamen Zuschauer ist der Neffe der Wahrsagerin Buchela. In dem Beitrag geht es auch um ein gewisses Telegramm, das der Münchner Finanzmakler Rudolf Münemann anderthalb Monate vorher von den Erpressern bekommen hat. Während das Originaltelegramm gezeigt wird, sagt der Sprecher Wolfgang Grönebaum mit sonorer Fernsehstimme: »Als Absender benutzte der Mann den Namen Dr. Sardo.« Genau in diesem Moment kommt die Wahrsagerin aus dem Keller hoch ins Wohnzimmer, in dem ihr Neffe gebannt vor dem Fernseher sitzt. Sie erinnert sich sofort an den seltsamen Rechtsanwalt, der ihr denselben Namen genannt hat. »Du musst die Polizei anrufen«, sagt ihr Neffe.

Aber die Wahrsagerin zögert. Jemanden bei der Polizei anschwärzen – das ist eigentlich nicht ihr Ding. Doch ihr Neffe überredet sie, und schließlich wählt die Buchela die Nummer von Heinz Wissmann, einem Polizisten in Remagen, den sie kennt und dem sie vertraut. Sie erreicht ihn erst beim zweiten Versuch zwei Tage später, und der Polizist gibt den Hinweis an die Soko weiter.

Die Ermittler prüfen das Kennzeichen und stoßen auf einen Wolfgang Diehm, der bei einem Amtsgericht arbeitet. Und genau in diesem Amtsgericht ist vor einiger Zeit eine Waffe verschwunden, die dasselbe Kaliber wie die Tatwaffe von Lebach hat. Außerdem finden die Ermittler heraus, dass auch die Erpresserbriefe der angeblichen Mafia mit einer Schreibmaschine geschrieben wurden, die in genau der Abteilung des Amtsgerichtes steht, in der Diehm arbeitet.

Bei der Überprüfung von Wolfgang Diehm stoßen die Ermittler dann auch auf einen weiteren Verdächtigen: Hans-Jürgen Faber. Diehm und Faber gelten in ihrem Heimatort als unzertrennlich, und werden deshalb »das Pärchen« genannt. Faber hat bis vor knapp vier Monaten seinen Wehrdienst in der Graf-Haeseler-Kaserne abgeleistet, zu der das Waffendepot gehört, er kennt den Tatort also ganz genau. Oberstaatsanwalt Buback und Kommissar Schütz sind sich sicher, dass sie den Mördern von Lebach auf der Spur sind. Sechs Tage lang observieren verdeckte Ermittler das hellgraue Mietshaus direkt neben einer Kneipe, in dem Faber lebt. An einem Freitagabend Ende April schlagen sie dann zu: Mehr als 50 Polizisten in Uniform und in Zivil verhaften Diehm und Faber, als sie gerade mit ihrem hellblauen Fiat-124-Coupé nach Hause kommen. Nach tagelangen Verhören erzählt das Pärchen den Ermittlern schließlich eine unglaubliche Geschichte. Und Diehm und Faber nennen noch einen weiteren Namen: Gernot Weber.

Drei gegen den Rest der Welt

Hans-Jürgen Faber ist 26 und kommt aus einer wohlhabenden Familie, sein Vater ist ein angesehener Süßwarenfabrikant in der Kleinstadt Landau. Aber genau dieses bürgerliche Leben in der Pfälzer Kleinstadt mit ihren Türmchen, Dorfplätzen und den neugierigen Blicken ist es, das Hans-Jürgen so hasst. Schon in der Volksschule überspringt er eine Klasse, dann besucht er die Handelsschule. Danach macht er eine Ausbildung zum Bankkaufmann und eine zum Fremdsprachenkorrespondenten in Spanisch und Englisch. Sein wohlhabender Vater schickt ihn für 10.000 Mark nach Spanien, aber das ist es nicht, was Faber will. Er träumt davon, sein Abi nachzuholen und Psychologie zu studieren. Das wiederum lehnt sein Vater ab. Er will, dass sein Sohn eines Tages das Familiengeschäft übernimmt. Also kommt Faber aus Spanien zurück und beginnt, sich auf Stellen als Bankkaufmann zu bewerben. Er fällt auf in der Kleinstadt Landau: Am liebsten trägt er Maßanzüge und zitiert Philosophen wie Schopenhauer und Nietzsche, während er davon träumt, Landau endlich hinter sich zu lassen. Hans-Jürgen Faber bleibt ein Einzelgänger mit einem Geheimnis: Er ist schwul.

Das ist in Deutschland im Jahr 1969 nicht nur gesellschaftlich ein riesiges Problem, sondern auch noch strafbar. Zu diesem Zeitpunkt gilt in der Bundesrepublik noch der Paragraf 175 StGb, der Sex zwischen Männern unter Strafe stellt. Eingeführt wurde dieser Paragraph schon im Kaiserreich, die Nazis haben ihn dann noch mal verschärft. Etwa 5000 Männer sterben in dieser Zeit wegen ihrer Sexualität im KZ. Und auch nach dem Zweiten Weltkrieg verfolgt der Staat schwule Männer weiter: Zwischen 1950 und 1969 kommt es in Deutschland zu 100.000 Verfahren wegen Unzucht – die Höchststrafe beträgt fünf Jahre Haft. Der Staat führt sogar sogenannte rosa Listen, in denen Homosexuelle erfasst werden. Erst 1994 wird Paragraph 175 abgeschafft. Aber das ist im Jahr 1969 in der pfälzischen Kleinstadt noch weit weg. Wenn irgendwer erfahren würde, dass Hans-Jürgen Faber Männer liebt, wäre sein Leben vorbei.

Also vertraut sich der junge blonde Mann mit dem auffälligen Grübchen am Kinn nur einem einzigen Menschen an: Wolfgang Diehm. Der ist ebenfalls 26 und stammt genau wie Faber aus einer angesehenen Landauer Familie, sein Vater arbeitet als Geschäftsführer einer Weingroßhandlung. In der Schule ist Diehm, der damals schon 92 Kilo wiegt, ein Außenseiter. Hans-Jürgen Faber lernt er in der Handelsschule kennen. Danach arbeitet Diehm als Justizsekretär und Protokollführer beim Amtsgericht. Sein Vorgesetzter erinnert sich später im SPIEGEL, dass sich Diehm bei seiner Arbeit »immer zu Höherem« berufen fühlte. Generell macht Wolfgang Diehm seinen Job offenbar nicht besonders gut. Während der Verfahren vergisst er oft seinen eigentlichen Job, das Protokollieren. Stattdessen zeichnet er mit seinen Steno-Stiften Porträts von den Angeklagten oder dem Staatsanwalt. Diese Skizzen hängt er dann über seinem Schreibtisch auf.

Faber und Diehm werden bald unzertrennlich, obwohl sie kein Paar sind: »Wir verbrachten all unsere Freizeit zusammen«, erzählt Diehm später der Polizei. Auch er tut sich schwer mit seiner Sexualität. Faber ist es, der ihn überzeugt, dass nicht die beiden das Problem seien, sondern die intolerante Gesellschaft. »Ich steigerte mich allmählich in das Bewusstsein, dass ich gegen die Gesellschaft, in der ich zu leben gezwungen war, kämpfen musste. In dieser Auffassung wurde ich von Faber bestätigt, der diese Gedankengänge ins Spiel brachte. Nach seinen Ausführungen, die mir plausibel erschienen, war es erforderlich, gegen die Gesellschaft mit den gleichen Mitteln vorzugehen, die ihr eigen sind: mit Gewalt.«

Der dritte im Bunde ist der Zahntechniker Gernot Weber. Er ist mit 23 der Jüngste des Trios. Auch er stammt aus einer angesehenen Familie, sein Vater ist leitender Beamter in Landau. 1963 lernt er im Landauer Freibad Hans-Jürgen Faber kennen. In der Silvesternacht werden die beiden ein Paar.

Wolfgang Diehm ist in dieser Zeit kaum zu Hause, er verbringt die Jahre 1962 und 1963 beim Wehrdienst. Als er danach nach Landau zurückkommt, wird aus dem Duo ein Trio, das jede freie Minute miteinander verbringt. Faber ist ohne Zweifel der Anführer der drei, wenn einer der beiden anderen nicht spurt, schlägt er zu. Diehm und Weber akzeptieren das. Der damals leitende Staatsanwalt Gerhard Schmitt beschreibt Weber später in einer Doku des Saarländischen Rundfunks als den Schwachen, der kaum einen eigenen Willen hatte und der völlig von Faber beherrscht wurde. Gemeinsam träumen die drei Männer davon, gemeinsam auf eine Südseeinsel auszuwandern. Nur raus aus der Kleinstadt Landau, in der sie niemals sie selbst sein können werden. Dafür brauchen sie ein Schiff. Wo sollen sie genug Geld herbekommen, um eine Jacht zu kaufen?

Als Erstes versuchen sie es mit einem Banküberfall. Am 8. Juni 1965 schleicht sich Faber mit Perücke und Kittel als Frau verkleidet in den Tresorraum der Sparkasse, in der er selbst früher gearbeitet hat. Aber er wird entdeckt, und der Raub scheitert. Am 26. Februar 1966 stehlen Faber und Diehm gemeinsam in einem Museum in Madrid Schmuck im Wert von 40.000 Mark. Kurze Zeit später wird der Schmuck in einem Schließfach einer Landauer Bank entdeckt, das Diehm gemietet hat. Als ihn die Polizei dazu befragt, redet er sich heraus und behauptet, er habe den Schmuck von Faber bekommen. Der sagt aus, er habe den Schmuck in der Schweiz gekauft. Die Polizei glaubt den beiden und lässt sie laufen.

1967 wird Faber zur Bundeswehr eingezogen und dient im Fallschirmjäger-Bataillon 461 der Graf-Haeseler-Kaserne in Lebach. Als ihn seine beiden Freunde Diehm und Weber besuchen, kommen sie bei einem Waldspaziergang auf die Idee, sich aus dem Munitionsdepot Waffen zu besorgen. Das würde sie in ganz Deutschland berühmt machen. Und diese Berühmtheit und die erbeuteten Waffen wären dann ihre Eintrittskarte in das ganz große Erpressergeschäft. Wochenlang überlegen sie, entwerfen Pläne und verwerfen sie wieder. Faber schafft es, bei der Bundeswehr eine Walther P38 mitgehen zu lassen und auch Diehm organisiert sich eine Pistole: eine Schmeißer 6,35 aus dem Asservatenschrank des Amtsgerichts, in dem er arbeitet. Er versteckt die Waffe zu Hause hinter seiner Stereoanlage.

Jetzt ist alles bereit für den Überfall – nur die Täter nicht. Weber will von Anfang an nicht mitmachen, aber Faber und Diehm wollen den Plan nicht aufgeben. Zwölfmal versuchen sie es, brechen aber immer kurz vorher ab. Bis zum Januar 1969: Nachdem seine Eltern Faber gezwungen haben, sich bei verschiedenen Banken zu bewerben, haben ihm gleich mehrere Bankinstitute Arbeitsverträge zugeschickt. »Unterschreib endlich!«, drängen seine Eltern. Hans-Jürgen Faber hat in den 26 Jahren seines Lebens so oft davon geträumt, der Provinz zu entfliehen. Jetzt ist seine letzte Chance, bevor er in einem Spießerleben hinter dem Bankschalter landet.

Also steigen Faber und Diehm am 19. Januar 1969 abends ins Auto, packen Messer, Pistolen, eine Polaroidkamera und eine Thermoskanne mit Tee ein. Dann fahren sie zum Munitionsdepot bei Lebach.

Massenspektakel

Als der Prozess gegen die drei am 20. Juni 1970 startet, stehen die Zuschauer schon seit morgens um acht vor der Halle Schlange. Jeder will einen Blick auf die Soldatenmörder von Lebach werfen. Die rund 1000 Schaulustigen, so schreibt damals Gerichtsreporter Hans-Joachim Noack in der ZEIT, »recken die Hälse wie gierige Fans im überfüllten Fußballstadion« und haben »das Urteil im Namen des Volkes schon in der Tasche«. Immer wieder fordern Zuschauer die Todesstrafe für die drei Angeklagten. Sie starren die drei schwulen Männer an wie exotische Tiere im Zoo. Gleichzeitig traut sich niemand, das Wort »schwul« in den Mund zu nehmen. Der SPIEGEL nennt die Beziehung der Männer eine »Intimfreundschaft«, in einem Artikel schreibt das Magazin, dass viele Menschen eine solche Veranlagung »abartig« finden.

Vor Gericht kommt es immer wieder zu absurden Szenen. So berichtet Gernot Weber stotternd von einer Szene in einem Keller, als Faber ihm den nackten Hintern versohlt. Danach schlägt Faber auch den kräftigen Diehm, der deshalb anfängt zu weinen. Die fast 1000 Zuschauer lachen wiehernd über diese Geschichte, als würden sie in einer Komödie im Kino sitzen. Als dann noch der Vorsitzende Richter Herbert Tholl die Bemerkung fallen lässt, Weber habe Faber wohl »von innen und außen gekannt«, gibt es im Publikum kein Halten mehr. Viele Zuschauer haben sich mittlerweile Ferngläser besorgt, um die Angeklagten noch besser beobachten zu können.

Irgendwann sagt der schüchterne Diehm in dem Prozess so gut wie gar nichts mehr. Weber kommt immer wieder ins Stottern, hat Schwierigkeiten, längere Sätze zu bilden. Nur Faber spricht. Mit vielen Worten beschreibt er gleich mehrere Versionen der Geschichte, die sich am Ende nur in einem ähneln: Er will bei dem Überfall gar nicht dabei gewesen sein, die Mörder von Lebach seien Gernot Weber und Wolfgang Diehm. Seine beiden Freunde reagieren entsetzt.

Das Urteil fällt am 7. August 1970. Wolfgang Diehm und Hans-Jürgen Faber werden wegen gemeinschaftlichen Mordes zu einer lebenslangen Haftstrafe verurteilt. Gernot Weber, der zwar beim Überfall nicht dabei war, aber den Plan kannte und später geholfen hat, die Tatwaffen im Wald zu verstecken, verurteilt das Gericht wegen Beihilfe zu sechs Jahren Haft. In der Urteilsbegründung wendet sich der Vorsitzende Richter direkt an die drei: »Ihr Verhalten ist menschlich nicht mehr verständlich.«

Der Fall Lebach landet noch ein weiteres Mal vor Gericht, wenn auch aus anderen Gründen: Im Februar 1972 produziert das ZDF eine Dokumentation über die Soldatenmorde von Lebach, die im Juni ausgestrahlt werden soll. In der Doku sind alle drei Männer unverfremdet und mit vollen Namen zu sehen. Gernot Weber, der damals kurz vor seiner Entlassung steht, setzt sich gegen das ZDF juristisch zur Wehr. Zuerst hat er bei mehreren Gerichten keinen Erfolg, aber er gibt nicht auf. Am Ende landet der Fall vor dem Bundesverfassungsgericht in Karlsruhe. Das untersagt dem ZDF schließlich 1973 mit einer einstweiligen Verfügung die Ausstrahlung des Films – mit dem sogenannten Lebach-Urteil.

Das ist für die deutschen Kriminalberichterstattung ein absoluter Wendepunkt: Das Gericht urteilt damals, dass Täter mit der aktuellen Berichterstattung ihrer Taten im Rahmen der Pressefreiheit und des öffentlichen Interesses leben müssen. Wenn die Tat schon länger zurückliegt und der Täter seine Strafe abgesessen hat, darf ihn eine erneute Berichterstattung über seine Taten aber nicht an der Resozialisierung hindern. Die Medien würden sonst, so schreibt es das Bundesverfassungsgericht, über den Täter »eine erneute soziale Sanktion verhängen«.

Die Dokumentation des ZDF wird niemals ausgestrahlt. Seitdem werden in Deutschland die Gesichter und vollen Namen von Straftätern, zumindest in den meisten Fällen, anonymisiert. 1996 versucht sich dann Satl an einer Doku über die Lebach-Morde. Wieder klagt einer der drei Tatbeteiligten und die Sache landet ein weiteres Mal vorm Bundesverfassungsgericht. Das erlaubt am Ende die Ausstrahlung der Doku, weil in ihr die Täter ausreichend anonymisiert werden. Vom Gericht heißt es damals: »Das allgemeine Persönlichkeitsrecht vermittelt Straftätern (...) keinen Anspruch darauf, in der Öffentlichkeit überhaupt nicht mehr mit der Tat konfrontiert zu werden.« Nur deshalb kann ich heute dieses Buch schreiben.

Gernot Weber verbüßt seine komplette Haftstrafe von sechs Jahren. Danach tritt er nicht mehr öffentlich in Erscheinung. Wolfgang Diehm wird am 31. August 1992 nach 23 Jahren Haft entlassen. Danach findet er einen Job und ist bis heute nie wieder offiziell aufgefallen. Hans-Jürgen Faber sitzt heute, mehr als 50 Jahre später, immer noch im Gefängnis, zuletzt in der Saarbrückener JVA. Justizvollzugsbeamte beschreiben ihn als höflich, aber sehr distanziert. Am liebsten ist Faber alleine unterwegs, er liest viel, besonders Fachbücher über Jura oder Psychologie.

Schon Mitte der 1990er Jahre, nach 25 Jahren Haft, hätte er das Recht gehabt, einen Prüfantrag auf Haftentlassung zu stellen. Und weil er schon so lange sitzt und wohl keine Gefahr für die Allgemeinheit mehr ist, wäre diesem Antrag ziemlich sicher auch stattgegeben worden. Aber Faber hat nie einen Antrag gestellt. Für den Prüfantrag müsste er einer Aussetzung der Reststrafe zustimmen – also erst mal die eigentliche Strafe akzeptieren. Das kommt für ihn nicht infrage. Auch 50 Jahre nach den Lebach-Morden bleibt Hans-Jürgen Faber bei seiner Aussage, dass er kein Vierfach-Mörder ist. Er habe nur auf einen der Soldaten eingestochen, umgebracht habe sie sein Partner Wolfgang Diehm. Vor einigen Jahren spricht ein ehemaliger Mitarbeiter der JVA mit der BILD über Faber: »Er ist ein komischer Kauz. Total verschroben. Er ist von seiner Unschuld überzeugt und will das Urteil nicht anerkennen. Er beharrt auf dem Standpunkt, dass er ja niemanden umgebracht hat. Würde er den Antrag stellen, so ist er der Meinung, würde er den Schuldspruch akzeptieren, den er so ablehnt.« So sitzt Hans-Jürgen Faber seit knapp 30 Jahren freiwillig im Gefängnis, inzwischen ist er Mitte 70. Während die Welt sich in den vergangenen 50 Jahren rasant geändert hat, verbringt Faber jeden Tag in seiner 10-m^2-Einzelzelle im Haus 4 der JVA Saarbrücken. Er ist der am längsten inhaftierte Häftling Deutschlands.

Unvergessen

Der Dortmunder Gefreite Reinhard Schulz kämpft nach dem Überfall von Lebach mehr als drei Monate in Koblenz im Krankenhaus um sein Leben. Aus insgesamt 13 Messerstichen hat er fast die Hälfte seines Blutes verloren. Er gewinnt den Kampf, aber er wird nie wieder derselbe sein. Als Schulz wieder nach Hause nach Dortmund kommt, kann er nachts kaum schlafen, beim kleinsten Geräusch schreckt er hoch. Sein Sohn Christian schildert das Leben seines Vaters später so: »Er hat ein richtiges Trauma gehabt. Mein Vater war ein Bulle. Aber ich habe ihn nie so wehleidig gesehen, wie wenn es um das Thema ging.« Trotzdem hat Reinhard Schulz danach so gut wie nie über die Nacht von Lebach gesprochen. Als sein Sohn sich mit 16 in einem Armyshop eine Bundeswehrhose kauft, verbrennt sein Vater sie sofort in der Badewanne. Tarnflecken sind in seiner Umgebung nicht erlaubt. Noch als erwachsener Mann wacht Reinhard Schulz nachts schweißgebadet und schreiend auf und klettert dann bei seinen Eltern ins Bett. Unterstützung, um sein Trauma aufzuarbeiten, bekommt er von seinem ehemaligen Arbeitgeber, der Bundeswehr nie. 2006 stirbt Reinhard Schulz an Krebs.

Das Fallschirmjägerbataillon 261 wird 2015 im Zuge der Bundeswehrreform aufgelöst. In Lebach – einst zur soldatenfreundlichsten Stadt Deutschlands erklärt – sind heute nur noch rund 500 Soldaten der Luftlandbrigade 1 und des Eurokorps stationiert.

Heute befindet sich auf dem Gelände der Graf-Haeseler-Kaserne in Lebach eine Gedenktafel für die vier ermordeten Fallschirmjäger. »Den Toten zum Gedenken, den Lebenden zur Mahnung« steht auf der Tafel, darunter die Namen der vier Opfer. Dieter Schneck, einer der Kameraden von Erwin Poh, Arno Bales, Dieter Horn und Ewald Marx sagt dem Saarländischen Rundfunk heute über den Schmerz der Hinterbliebenen: »Das hört nicht auf, auch wenn es 50 Jahre her ist.« Auch ein halbes Jahrhundert später sind Erwin Poh, Arno Bales, Dieter Horn und Ewald Marx nicht vergessen.

Philipps Fazit

Der Fall Lebach fasziniert mich aus gleich zwei Gründen. Zum einen ist es die Geschichte der drei Täter: Junge Männer, die davon geträumt haben, aus dem spießigen Muff ihrer Kleinstadt auszubrechen. Segeln auf dem Pazifik oder ein Drink auf einer Hacienda in Südamerika statt Nachmittagskaffee und bohrende Fragen bei Mutti. Wahrscheinlich jeder, der wie ich auf dem Land aufgewachsen ist, wo die Nachbarn mehr über einen wissen als man selbst, hat diese Gedanken schon mal gehabt. Wie muss es sich dann erst anfühlen, wenn man nicht mal lieben darf, wen man liebt? Natürlich sind wir heute in Deutschland wesentlich weiter als 1969 in der Kleinstadt Landau. Aber solange »schwul« auf Schulhöfen ein Schimpfwort ist und die Selbstmord-Rate bei homosexuellen Jugendlichen bis zu siebenmal so hoch ist wie bei ihren heterosexuellen Altersgenossen, sind wir noch lange nicht am Ziel.

Zum anderen war der Fall Lebach auch für die deutsche Kriminalberichterstattung ein Wendepunkt. Ich glaube fest daran, dass jeder Mensch eine zweite Chance verdient hat. Wer seine Strafe verbüßt hat und keine Gefahr mehr für andere darstellt, muss die Möglichkeit bekommen, wieder zurück ins Leben zu finden. Deshalb finde ich es richtig, die Namen von Tätern zu anonymisieren, wenn ihnen das die Möglichkeit der Resozialisierung gibt. Dass aber Anwälte versuchen, Journalisten ganz grundsätzlich von der Berichterstattung über Kriminalfälle abzuhalten, dürfen wir nicht zulassen. Die Opfer von Verbrechen verdienen es, dass man sich an sie erinnert.

In dieser Fallgeschichte wurden die Namen der Beteiligten aus Gründen der Vertraulichkeit verändert.

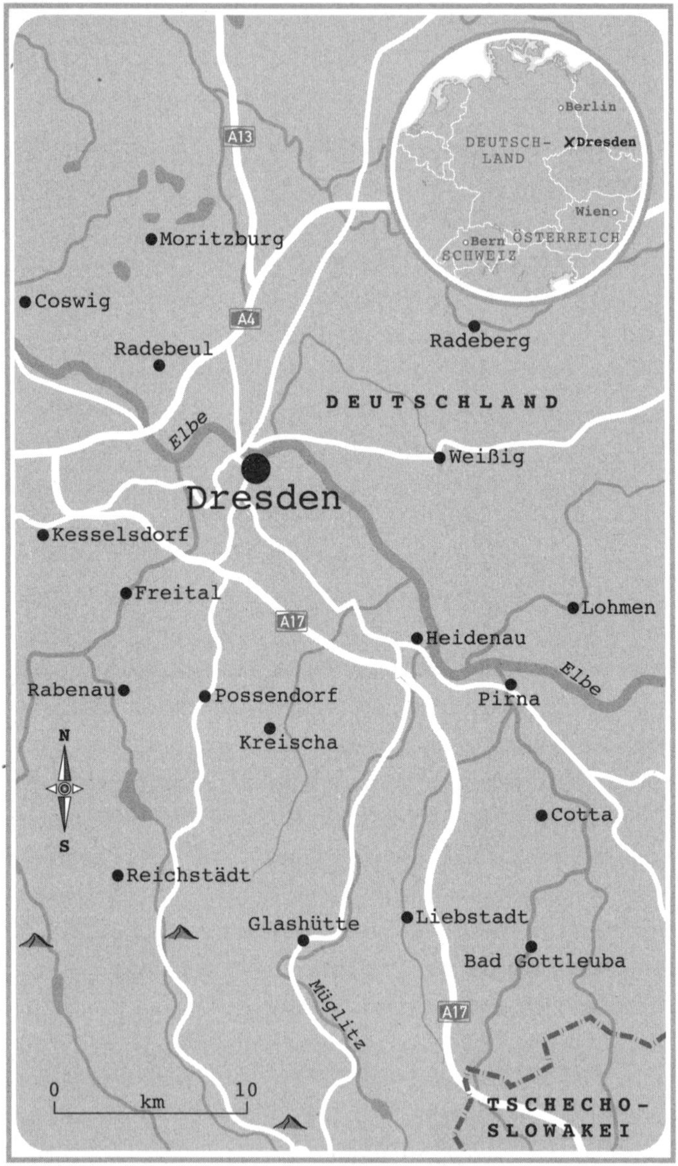
Berlin
DEUTSCH-
LAND
Dresden
Wien
Bern
ÖSTERREICH
SCHWEIZ
A13
Moritzburg
Coswig
A4
Radebeul
Radeberg
DEUTSCHLAND
Elbe
Weißig
Dresden
Kesselsdorf
Freital
A17
Lohmen
Heidenau
Elbe
Rabenau
Possendorf
Pirna
Kreischa
N
S
Cotta
Reichstädt
Glashütte
Liebstadt
Bad Gottleuba
Müglitz
A17
0
km
10
TSCHECHO-
SLOWAKEI

Fall 13
Gendarm und Räuber

Fallname: Gendarm & Räuber
Zeitpunkt: 1995
Tatbestand: Raubüberfall

Das Böse klopft an die Tür

Der Mann, der mal Sachsens berühmtester Polizist war, zieht sich eine Maske über sein Gesicht. Seine dunkle, schwere Faust donnert gegen die Tür: »Aufmachen, sofort!«

Den Tipp mit dem Dresdner Rentnerpaar hat Samuel Meffire von einem Bekannten bekommen – bei den beiden soll es ordentlich was zu holen geben. Ein älterer Herr öffnet die Tür, als er die Männer mit den Masken sieht, weiten sich seine faltigen Augen. Am Anfang wehrt er sich noch und schreit, aber der Rentner hat keine Chance gegen seinen 1,92 Meter großen muskulösen Angreifer. Dank seiner Polizeiausbildung braucht Samuel nur ein paar Handgriffe, dann ist der alte Mann gefesselt. Samuel Meffire, der noch vor drei Jahren als Vorzeigepolizist gemeinsam mit dem sächsischen Innenminister in die Kameras gelächelt hat, ist jetzt ein Verbrecher.

Eigentlich soll es bei diesem einen Überfall bleiben, aber Samuel Meffire und seine Komplizen werden noch eine Postbank, eine Disco und den Sexclub »Kolibri« ausrauben – alles innerhalb von wenigen Wochen.

Das Leben beginnt mit dem Tod

Ein Vierteljahrhundert vorher, am 11. Juli 1970 kommt Samuel Meffire in der Kleinstadt Zwenkau bei Leipzig zur Welt. Mit dem Beginn seines Lebens endet der Traum seiner Eltern. Samuels Vater wird Anfang der 1960er Jahre von der sozialistisch orientierten Gewerkschaft aus dem zentralafrikanischen Staat Kamerun in die DDR geschickt, wo er studieren soll. Er landet im sächsischen Freiberg und wird Bergbauingenieur. Dort lernt er Samuels Mutter kennen und die beiden heiraten, 1963 kommt Samuels älterer Bruder Moise zur Welt. Samuels Vater ist ein lebensfroher Mensch, der, trotz seines harten Jobs als Ingenieur an der Ostseeküste, am liebsten Zeit mit seiner kleinen Familie verbringt. Doch die Beziehung der weißen Deutschen mit dem schwarzen Studenten aus Afrika sorgt von Anfang an für Getuschel und böse Blicke, auch die Eltern von Samuels Mutter sind gegen die Heirat. Gemeinsam träumen die Eltern davon, nach Kamerun auszuwandern, sobald ihr zweites Kind auf der Welt ist.

Doch dieser Traum zerplatzt: Wenige Stunden vor Samuels Geburt stirbt sein Vater unter bis heute ungeklärten Umständen. Eine gerichtsmedizinische Untersuchung seiner Leiche ergibt als Todesursache Leberversagen, ausgelöst durch eine Vergiftung. Es gibt weitere Untersuchungen, aber was die ergeben haben, erfährt die Familie nie, zumindest wird Samuel es später so erzählen. Kurze Zeit später wird Samuels Vater anonym auf dem Leipziger Zentralfriedhof bestattet.

Als Samuels Mutter Tage später von der Friedhofsverwaltung erfährt, wo ihr Mann begraben ist, ist es schon zu spät: Irgendwer hat das Grab aufgerissen und den Sarg verschwinden lassen. Samuels Mutter ist sich sicher, dass weiße Kommilitonen ihren Mann vergiftet haben – und das in dem Staat, in dem es offiziell gar keinen Rassismus gibt. Für die überzeugte Sozialistin bricht eine Welt zusammen. Das Gift hat nicht nur ihren Mann getötet, sondern auch ihren Glauben an den Arbeiter- und Bauernstaat.

Heute nennt Samuel seine Kindheit »Hölle im Miniformat«. Samuels Mutter fürchtet ab dem Moment seiner Geburt, dass ihren beiden Söhnen etwas Ähnliches wie dem Vater passieren könnte. Doch ihre Sorge fühlt sich für die Kinder kalt und hart an: Wenn Samuel mal statt der gewohnten Eins eine Zwei unter der Klassenarbeit mit nach Hause bringt, wird seine Mutter sauer: »Versagen gibt es nicht«, sagt sie dann zu ihm.

Während seiner gesamten Kindheit in einem grauen Plattenbau in Markkleeberg, einer Kleinstadt bei Leipzig, bleibt Samuel als einziger Schwarzer in der Klasse der Außenseiter. Samuels Mutter trinkt immer mehr, sein Bruder flieht aus der Familie, sobald er alt genug ist. Aber Samuel will sich anpassen, will dazugehören. Und er weiß, dass er dafür härter arbeiten muss als alle anderen. Erst ackert er wie ein Besessener auf dem Fußballplatz, nach dem Umzug der Familie nach

Dresden im Kanuverein Laubegast e.V. Samuel träumt davon, in den Leistungskader der DDR-Profikanuten aufgenommen zu werden, und ist bereit, dafür alles zu geben: Er trainiert sechs Tage die Woche und macht nebenbei eine Maurerlehre: Morgens ab sechs schleppt er Steine und mittags direkt nach dem Feierabend sitzt er im Kanu und rudert, als ob es um sein Leben ginge. »Trainingsweltmeister« nennen sie ihn im Verein. 1987 hat Samuel das Ziel direkt vor Augen: Die Kinder- und Jugendspartakiade in Leipzig, der wichtigste Sportwettbewerb der DDR und seine Eintrittskarte in den Profisport. Aber auch sein Traum platzt, bevor er richtig angefangen hat, denn sein Trainer nominiert einen anderen für den Kanu-Vierer. Samuel schmeißt hin und wird nie wieder ein Ruder anfassen.

Schon als Kind träumt Samuel davon, Polizist zu werden. Mit 16, also noch vor seiner Maurerlehre, bewirbt er sich das erste Mal, wird aber abgelehnt. Also meldet Samuel sich zum Grundwehrdienst bei der Volkspolizei. Er will unbedingt zur 9. Volkspolizeikompanie, der streng geheimen Anti-Terror-Einheit der DDR, aber auch dort wird er abgelehnt. Doch auch ohne Dienstausweis kämpft er für das Gute: Mit 18 mischt er sich in Dresden-Johannstadt immer wieder ungefragt in Schlägereien ein und setzt seine ganze eigene Vorstellung von Recht und Ordnung durch. Er zerstreitet sich mit seiner Mutter, zieht zu einem Kumpel und wird Vater, kann sich aber nicht um das Kind kümmern. »Ich hatte den Ruf einer Arschgeige«, sagt er heute über diese Zeit. Nachts macht er manchmal ins Bett, aber das erzählt er niemandem.

1990 landet Samuel dann doch noch bei der Volkspolizei und beginnt seine Ausbildung in der 8. Volkspolizeikompanie in Dresden. Dann darf er im August 1990 in Potsdam an einem mehrwöchigen Lehrgang beim Sondereinsatzkommando VPK 9 teilnehmen. Er ist ganz nah dran an seinem Traum, als am 3. Oktober 1990 seine Einheit und die komplette Volkspolizei aufgelöst wird. In der frisch wiedervereinigten Bundesrepublik gibt es keinen Platz für den Volkspolizisten Samuel Meffire.

Samuel wechselt von Job zu Job. Er reist in die USA, schrubbt als Putzmann Toiletten oder verdient sich sein Geld als Nachtwächter. Einige Zeit lebt er in der Dresdener Neustadt und arbeitet als Streetworker.

Zu dieser Zeit ziehen junge Männer mit Glatzen und Springerstiefeln durch die Stadt und machen Jagd auf Ausländer. Am 6. April 1991, in der Nacht zu Ostersonntag, schießen Neonazis mit einer Signalpistole hinter Samuel her, während wenige Hundert Meter entfernt der Mosambikaner Jorge Gomondai von rechten Jugendlichen aus einer fahrenden Straßenbahn geworfen wird und stirbt.

Samuel Meffire steigt in keine Straßenbahn mehr, wenn ihm abends jemand entgegenkommt, versteckt er sich in Hauseingängen. Eines Abends wird er Zeuge, wie eine Gruppe Nazis einen Punker verprügelt. Sie haben den jungen Mann zu Boden getreten und wollen ihm gerade die Zähne am Bordstein ausschlagen. Samuel, der immer für das Gute kämpfen wollte, tut nichts. Er schleicht sich über Hinterhöfe in seine Wohnung und hofft, dass die Glatzen ihn nicht entdecken: »Ich schämte mich, dass ich nicht geholfen hatte. Und gleichzeitig hatte ich unglaubliche Angst«, erinnert er sich später. In dieser Zeit fängt Samuel viel an und bringt nichts zu Ende, so wie eine Ausbildung als Heilpraktiker. Er ist Anfang 20 und ihm fehlt ein Ziel.

Ein Sachse

1992 bekommt Samuel Meffire dann doch noch die Chance, für Recht und Ordnung zu kämpfen. Über ein Seiteneinsteigerprogramm bei der Kripo wird er Anwärter auf den Kriminaldienst in Dresden und darf auch ohne Abitur Kriminalistik studieren. Samuel will diese zweite Chance unbedingt nutzen und fährt auch nach seinem Schichtende freiwillig weiter Streife, nach Hause kommt er zu dieser Zeit nur, um sich Konservendosen aufzuwärmen.

Und dann kommt das Foto, das sein Leben verändern wird. Die Sächsische Zeitung sucht in diesem Jahr einen Afrodeutschen für eine

Antirassismus-Kampagne. Eine Freundin überredet Samuel zu dem Fotoshooting, bei dem das Bild entsteht, das kurze Zeit später ganz Deutschland kennen wird: Samuel trägt einen dunklen Rollkragenpullover vor einem weißen Hintergrund. Sein Kopf ist frisch rasiert, seine muskulösen Arme vor der Brust verschränkt, er schaut herausfordernd in die Kamera. Er wirkt stark, selbstsicher, fast ein bisschen arrogant – nicht wie jemand, der sich in Hauseingängen versteckt. Zuerst soll das Foto im Archiv landen. Die Glatze, die breiten Schultern, die verschränkten Arme – irgendwie wirkt das Foto den Redakteuren zu aggressiv. Der damalige Leiter der Werbeagentur Scholz & Friends rettet das Foto und macht es zum Hauptmotiv der Kampagne. »Ein Sachse« steht in dicken schwarzen Buchstaben direkt über Samuels rasiertem Schädel. Als die Anzeige mit Samuels Bild im Oktober 1992 das erste Mal erscheint, wird sie erst zur Anzeige des Monats und dann zur Anzeige des Jahres gewählt. Irgendwann hängt Samuel Meffire an Plakatwänden in ganz Sachsen. Die Dresdner Morgenpost findet heraus, dass Samuel Polizist ist und mehr noch: Er ist der erste schwarze Polizist Ostdeutschlands überhaupt. Selbst die New York Times druckt das Bild, und der damals 22-jährige wird plötzlich zum Symbol für ein modernes, weltoffenes Deutschland.

Samuel sitzt gerade in seinem Büro bei der Polizei in Dresden, als es an der Tür klopft: »Meffire! Sollst zum Innenminister!« Der junge Polizeianwärter, der beruflich kaum etwas erreicht hat, steht plötzlich auf dem polierten Parkett der prunkvollen sächsischen Staatskanzlei am Elbufer. Samuel trägt einen zwei Nummern zu kleinen Anzug, es ist sein einziger. Ob der Innenminister ihn feuern will? Aber Heinz Eggert möchte genau das Gegenteil: Der CDU-Mann mit den skeptischen Augen und der typischen Beamten-Halbglatze will reden. Über Samuels Arbeit bei der Polizei und über das, was falsch läuft in Sachsen. Lange erzählt Samuel von seinen Erfahrungen mit den Rechten in Sachsen, von den Neonazis, die auf ihn geschossen haben, und dem Punker mit dem Kopf auf der Bordsteinkante. Irgendwann sagt Innenminister Eggert: »Wir reden noch mal.« Ab diesem Moment tingeln

Samuel Meffire zeigt das Plakat,
das ihn deutschlandweit berühmt gemacht hat

die beiden gemeinsam durchs Land, treten bei Talkshows auf und werden sogar so was wie Freunde. »Damals hätte ich mich für den Mann töten lassen«, sagt Samuel Meffire über Heinz Eggert. Heute verbindet die beiden noch höchstens eine E-Mail im Jahr.

Seitenwechsel

Nach nicht mal drei Jahren ist Samuel Meffires Traum von der großen Polizeikarriere ausgeträumt. Von seinem Promistatus ist nicht mehr viel übrig. Die Zeit der Businessclass und der teuren Hotels ist vorbei, Samuel schiebt jetzt Wechselschichten im Kriminaldauerdienst. Nebenbei schreibt er noch als Auszubildender Konzepte für eine bessere Polizeiarbeit – die keiner liest. Der damals 24-Jährige will gerne sein wie Clint Eastwood in »Dirty Harry« und muss stattdessen Berichte schreiben, statt aufgeklärten Verbrechen sammeln sich bei ihm Aktenberge.

Seine Kollegen mit ihrem Dienst nach Vorschrift kann er nicht ausstehen und das beruht auf Gegenseitigkeit: »Er wollte zu viel Action«, sagt ein Kollege. Die Beschwerden gegen den ehemaligen Vorzeigepolizisten häufen sich. Schon vorher hat Samuel Meffire sich als Personenschützer für seinen Duz-Freund Heinz Eggert angeboten, doch sein Antrag auf die Spezialausbildung wird abgelehnt.

Daraufhin sucht Samuel das Gespräch mit seinem Behördenleiter und bittet ihn um seine Versetzung in eine andere Dienststelle, in der ein Kumpel von ihm arbeitet. Der Behördenleiter rät ihm erst mal, den Essay »Aussichten auf den Bürgerkrieg« von Hans Magnus Enzensberger zu lesen, dann könne man sich über eine Versetzung unterhalten. Auf knapp 100 Seiten lässt sich der Autor in dem Essay über Zerstörung, Gewalt und Hass aus, also genau das, was Samuel Meffire jeden Tag bei der Arbeit sieht. Als Meffire das Buch gelesen hat, geht er wieder zu seinem Chef. Aber der wimmelt ihn ab und will von einer Versetzung nichts mehr wissen. Beim Verlassen des Büros knallt Samuel die Tür hinter sich zu. Sachsens berühmter Polizist will nicht warten, bis er irgendwann dran ist. Kurz vor Ende seiner Ausbildung, im Herbst 1994, kündigt Samuel Meffire bei der Polizei.

Gemeinsam mit einem Polizeikollegen und Bekannten von der Sportschule gründet er eine Sicherheitsfirma, die sie Omega nennen, Griechisch für das Ende. Für Samuel Meffire wird der Name zum Programm: Es ist das Ende seiner Arbeit auf der guten Seite des Gesetzes. Alle Omega-Mitarbeiter haben einen polizeilichen oder militärischen Hintergrund, aber keiner von ihnen hat Ahnung von Buchhaltung, Bilanzen oder Betriebswirtschaft. Die Ausgaben sind hoch, die Einnahmen eher nicht: Omega braucht Geld für Dienstwagen, schusssichere Westen und Kommunikationsausrüstung, aber kaum jemand braucht Omega. Die Konkurrenz ist riesig, und außer ein paar kleinen Aufträgen kommt kaum etwas rein.

Eigentlich müsste Samuel sich jetzt eingestehen, dass seine Kündigung bei der Polizei eine schlechte Idee war. Er könnte zu seinen ehemaligen Chefs gehen, und sie um seinen alten Job bitten. Aber da muss er wieder an das denken, was ihm seine Mutter schon als Kind immer und immer wieder gesagt hat: »Versagen gibt es nicht.« Samuel entscheidet sich stattdessen, vom Beschützer zum Verbrecher zu werden, und dieser Schritt fühlt sich für ihn nicht mal besonders groß an.

Irgendwann kommt der Anruf eines bekannten Bauunternehmers. Der hat 100 Mitarbeiter und ein Problem: Einer seiner Großkunden zahlt nicht, und jetzt bekommt der Unternehmer so langsam selbst finanzielle Schwierigkeiten. Omega soll sich um den Schuldner kümmern, für einen Anteil von 15 Prozent der Summe. Wenige Tage später landen Panzerrauchgranaten in der S-Klasse und Armbrustpfeile im Fenster des säumigen Schuldners. Nicht legal, aber ziemlich effektiv.

»Ganz klar, da war der Damm gebrochen«, sagt Samuel Meffire heute. Wenn die Behörden es nicht schaffen, Dresden vor dem Untergang zu bewahren, kann er das Gesetz auch gleich selber zurechtbiegen.

An dieser Stelle kommt ein Mann ins Spiel, den Samuel schon bei einer Routinekontrolle in seiner Zeit als Polizist kennengelernt hat: der Dresdner Rotlicht-König Felix Fischer. Samuel fühlt sich dem aus München zugewanderten Bordellbesitzer, der wie er Afrodeutscher ist, sofort verbunden: »Der Felix ist ein ganz feiner Mensch, humorvoll und gebildet«, erklärt Meffire dem SPIEGEL, bei ihm habe er sofort »ein Gefühl von Nähe, von Bruderschaft« gespürt. Fischer will ihm helfen, seine Sicherheitsfirma aufzubauen, und zahlt ihm zum Beispiel ein Funktelefon und sein Auto. Die Freundschaft zu Fischer nennt Samuel heute seinen »größten Fehler«, denn er ist es, mit dem er endgültig die Grenze zum Schwerkriminellen überschreitet. Zu diesem Zeitpunkt trainiert Samuel jeden Tag die chinesische Kampfsportart Wing-Tsun, übt die Kehlkopfklammer, den perfekten Beinschlag und den Augenstoß. Sein durchtrainierter Körper ist seine Waffe, und Samuel Meffire wird zu Felix Fischers Mann fürs Grobe.

Im Januar 1995 überfällt Samuel gemeinsam mit seinen Omega-Kollegen ein Rentnerpaar in Dresden und erbeutet dabei den Schlüssel für den Safe des Paares. Weil sie aber den Safe in der Wohnung nicht finden können, ziehen sie ohne Beute wieder ab. Ab jetzt rauben und prügeln sie im Wochentakt.

Im Februar 1995 ist dann der Dresdner Sexclub »Kolibri« an der Reihe. Der Auftrag kommt von Felix Fischer, der den Club übernehmen will. Der Rotlicht-Pate stattet Samuel und seine Komplizen mit zwei Pistolen und einer Schrotflinte aus, um den Besitzer des Clubs zum Verkauf zu zwingen: »Es ging darum, so viel Angst zu erzeugen, dass die Übernahme ohne weitere Aktionen erfolgen kann«, sagt Samuel später aus. Außerdem überfallen Samuel Meffire und seine sieben Komplizen die »American Bar« im sächsischen 4000-Einwohner-Städtchen Strehla und eine Post-Filiale in Dresden-Weißig. Insgesamt erbeuten die Männer, die eigentlich für Sicherheit sorgen sollen, bei ihren Überfällen innerhalb von vier Wochen fast 60.000 Mark.

Aber irgendwann kommt die Polizei ihrem ehemaligen Kollegen auf die Spur, und Samuel Meffire muss untertauchen. Hastig sucht er sich etwas Geld und seine Kleidung zusammen und flüchtet im April 1995 mit dem Nachtzug nach Paris. Aber auch das wird langfristig nicht reichen, das weiß Samuel, schließlich hat er lange genug bei der Polizei gearbeitet. In Deutschland steht sein Gesicht längst auf den Titelseiten, die BILD titelt: »Einst war Sachsen stolz auf ihn: Vorzeigepolizist überfiel Sex-Club«. Samuel Meffire braucht einen neuen Pass und am besten direkt einen neuen Kontinent.

Zurück zu den Wurzeln

Samuel Meffire will zu seiner damaligen Freundin nach Südafrika, aber wie soll er als mittlerweile international gesuchter Räuber ein Flugticket kaufen? Da kommt ihm der beginnende Bürgerkrieg im Kongo, das damals noch Zaire heißt, zu Hilfe: Die Folgen des Völkermords im benachbarten Ruanda stürzen seit einiger Zeit auch Zaire immer mehr ins Chaos. Schon seit sechs Monaten haben die Mitarbeiter der Botschaft von Zaire deshalb kein Geld mehr bekommen und halten sich mit dem Verkauf von gefälschten Pässen über Wasser.

Über einen Bekannten in der Botschaft kauft sich auch Samuel Meffire einen falschen Pass und fliegt damit von Paris in die Millionen-Metropole Kinshasa. Eigentlich will er direkt weiter nach Südafrika reisen, aber er hat die Unruhen völlig unterschätzt.

Schon nach wenigen Tagen wird nur zehn Meter von seiner Wohnung entfernt geschossen, am nächsten Morgen findet Samuel seinen Nachbarn tot auf dem Boden liegend. Die Rebellen haben ihn erschossen, weil sie seinen Kühlschrank haben wollten. Sein romantisches Bild von Afrika und seine, wie er selbst sagt, »idealisierte Vorstellung von den guten schwarzen Menschen« zersplittern an der Realität von Leichen am Straßenrand und Halbtoten mit abgehackten Unterarmen. Trotzdem will Samuel es irgendwie nach Südafrika schaffen und irrt dabei ein halbes Jahr lang fast 1500 Kilometer durch Zaire: »Ich habe für drei Leben genug Tote, Leid und Sterben gesehen«, sagt er heute über diese Zeit. Auch körperlich leidet der athletische 1,92-Mann, er bekommt Malaria und kämpft mit mehreren Darminfektionen. »Vielleicht sollte ich mich stellen. Ich will nicht mehr kämpfen«, sagt er damals dem Stern. Ende 1995 gibt der Mann, der seit seiner Kindheit immer wieder gehört hat »Versagen gibt es nicht«, auf: Samuel stellt sich dem deutschen Konsul und landet am 15. Dezember 1995 in Zaire in Untersuchungshaft.

Zwei Wochen später wird Samuel nach Deutschland ausgeliefert. Er landet mit Maschine 493 der Belgischen Airline Sabena aus Kinshasa über Brüssel in Berlin-Tempelhof. Die LKA-Beamten, die ihn begleiten, bringen ihn von der Economyclass des Fliegers direkt an einen geheimen Ort in Ostdeutschland. Meffire soll über die Dresdner Rotlichtszene auspacken, und das tut er auch: Seine Aussagen fassen damals fast 100 Seiten, in denen Samuel schwere Vorwürfe gegen seinen ehemaligen Kumpel Felix Fischer erhebt.

Stillstand

Der Prozess gegen Samuel Meffire beginnt am 12. September 1996 vor dem Dresdner Landgericht. Als Samuel Meffire eine Viertelstunde zu spät den Gerichtssaal betritt, wird es laut im Saal. Viele der rund 60 Besucher im Gericht stehen auf, um den Star der Verhandlung besser sehen zu können: »Da ist er«, ruft einer. Samuel trägt eine umgedrehte schwarze Baseballmütze auf dem Kopf und eine verspiegelte Pilotenbrille auf der Nase. Er sieht aus wie ein Sport-Star, der gerade nicht besonders viel Lust auf ein Interview hat. Der Vorsitzende Richter Rainer Lips ist wenig begeistert und rüffelt Samuel schon zu Beginn der Verhandlung: »Nehmen Sie die Mütze ab. Und wenn Sie mit mir sprechen, wäre ich Ihnen dankbar, wenn Sie auch die Sonnenbrille absetzen würden.«

Nach neun Verhandlungstagen verurteilt das Dresdner Landgericht Samuel am 2. Oktober 1996 wegen Raubes, Nötigung und Körperverletzung zu neun Jahren und neun Monaten Haft. Sein angeblicher Auftraggeber Felix Fischer bekommt zweieinhalb Jahre Haft, die anderen Komplizen von Omega drei bis acht Jahre.

Zum ersten Mal steht das Leben von Samuel Meffire, der sonst einem Traum nach dem nächsten nachjagt, still. Fast zwei Jahre verbringt er in Einzelhaft und zerbricht fast daran. Eine Stunde Auslauf hat er zu diesem Zeitpunkt in der JVA Fuhlsbüttel in Hamburg, ganz genau 53 Schritte im Kreis auf dem Gefängnishof. Samuel Meffire macht Liegestütze an der Treppe, joggt im Kreis und nimmt starke Psychopharmaka, um nicht durchzudrehen.

Im Knast fängt er irgendwann wieder an zu schreiben. Schon als Kind hat er die Löschblätter seiner Schulhefte und ganze Schulbücher vollgeschrieben, jetzt nimmt er diese alte Leidenschaft wieder auf. Außerdem macht er im Gefängnis eine Fortbildung zum Mediengestalter.

Nach knapp sieben Jahren Haft kommt er 2002 wieder frei. Er arbeitet einige Jahre in Hamburg, Aachen und Düsseldorf mit jugendlichen Straftätern. Irgendwann zieht er nach Bonn, wird dort Assistent eines Künstlers und schreibt Thriller und Krimis. Er heiratet, und 2013 wird seine Tochter geboren. Seit 2015 arbeitet Samuel Meffire als Trainer für gewaltfreie Kommunikation und bildet dabei unter anderem Rettungssanitäter und Flüchtlingshelfer aus. Vor einigen Jahren fragt ihn ein Journalist in einem Interview, wie er, der schon Vorzeigepolizist, Sachse und Gangster genannt wurde, sich heute selber bezeichnen würde. »Einfach als Samuel Meffire« antwortet er und lächelt dabei.

Philipps Fazit

Die Recherche für diesen Fall war ganz anders als die meisten meiner Recherchen für dieses Buch oder den Podcast: Meistens finde ich ziemlich viele Details zu den einzelnen Straftaten und dem Gerichtsprozess, viel schwieriger ist es, Informationen über das Leben der Täter zu finden. Bei Samuel Meffire ist es genau andersrum. Ich habe für die Vorbereitung dieses Falls Dutzende Gespräche mit ihm gelesen und Radiointerviews gehört. Mit warmer und tiefer Stimme erzählt er da in sehr klaren Worten, wie er vom Vorzeigepolizisten zum Verbrecher wurde. Diesen Moment, in dem ein Mensch sich entscheidet, den Weg des Verbrechens zu wählen, finde ich unheimlich spannend, und die Suche nach der Antwort auf die Frage, warum jemand zum Verbrecher wird, treibt mich bei jedem meiner Fälle an. Manchmal ist der Schritt auf die andere Seite des Gesetzes klein, und wahrscheinlich könnten die meisten von uns irgendwann auf dieser falschen Seite landen, wenn wir falsche Entscheidungen treffen. Genau deshalb finde ich die Lebensgeschichte von Samuel Meffire fast noch spannender als das grausamste Verbrechen, denn er ist der Räuber *und* der Gendarm.

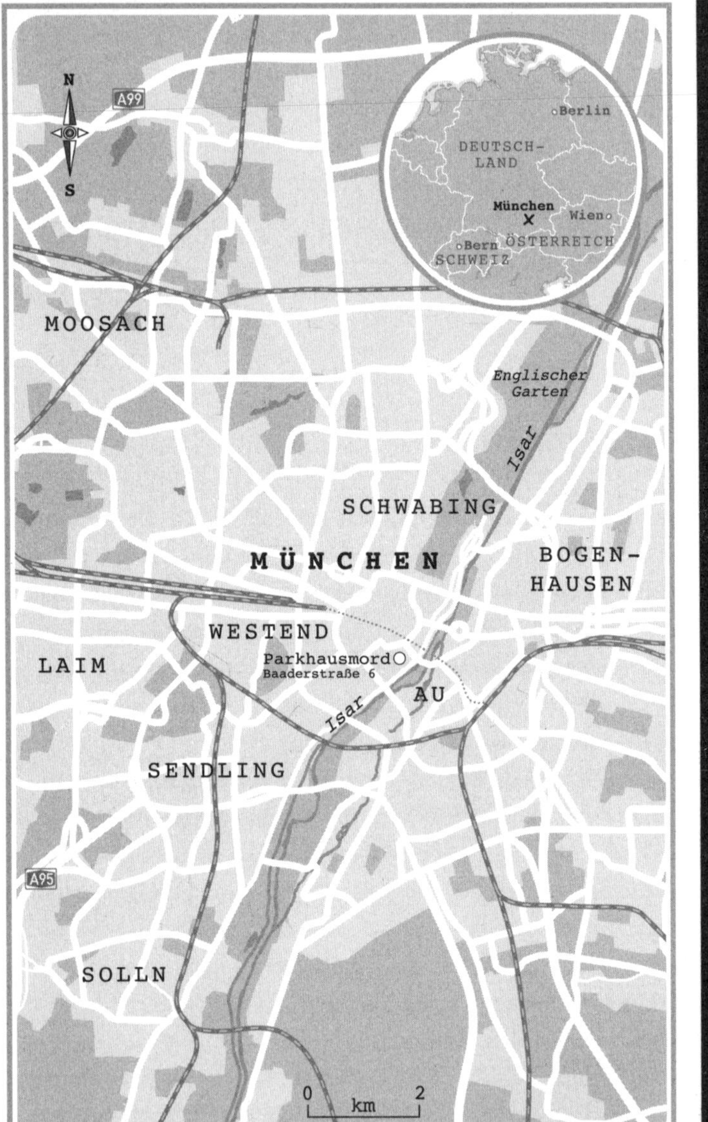

N
S
A99
Berlin
DEUTSCH-
LAND
München
Wien
Bern
ÖSTERREICH
SCHWEIZ
MOOSACH
Englischer
Garten
Isar
SCHWABING
MÜNCHEN
BOGEN-
HAUSEN
WESTEND
Parkhausmord
Baaderstraße 6
LAIM
AU
Isar
SENDLING
A95
SOLLN
0
km
2

Fall 14
Der Parkhausmord von München

Fallname: Der Parkhausmord von München
Zeitpunkt: 15.5.2006
Tatbestand: Mord

Der goldene Käfig

Das Isar-Parkhaus liegt in der besten Lage in München: Direkt an der Baaderstraße 6, in der Nähe des Viktualienmarktes und des Deutschen Museums. Im untersten Stock ist eine Tankstelle, es riecht nach Gummi und Abgasen. Auf dem obersten vierten Parkdeck versteckt sich hinter einer gelben Stahltür ein Zugang zu einer komplett anderen Welt.

Es ist der Eingang zu einem Penthouse, das über dem Parkhaus thront, und in dem die Königin dieses Reichs lebt: Die 59-jährige Charlotte Böhringer wohnt hier auf rund 400 Quadratmetern voll weißem Marmor und Gold, sogar die Lichtschalter und die Steckdosen sind golden. Es gibt eine Sauna, einen Kamin und eine Dachterrasse, von der aus man die beiden Türme der Frauenkirche sehen kann.

Charlotte Böhringer lebt zwar zurückgezogen, ist aber bestens vernetzt in der Münchner Schickeria. Sie selbst ist am 7. April 1947 in bescheidenen Verhältnissen in Ungarn geboren und aufgewachsen. 1970 wandert sie gemeinsam mit einigen Verwandten nach Deutschland aus. Hier lernt sie 1988 den fast 30 Jahre älteren Millionär Oskar Böhringer kennen, der mit Immobilien unter anderem in Würzburg und München ein Vermögen gemacht hat. Die beiden heiraten Ende der 1980er Jahre. Mit Oskars Tod 1995 erbt Charlotte ein Millionenvermögen aus Immobilien und dem Isar-Parkhaus.

Verschwunden

Es ist der Abend des 16. Mai 2006, wenige Tage bevor die Fußball-WM ganz Deutschland in ein Sommermärchen verwandelt. Niemand hat Charlotte Böhringer an diesem Tag gesehen. Normalerweise kommt sie jeden Morgen um 8 Uhr in die Tankstelle, um ihren Mitarbeitern zu sagen, was an diesem Tag ansteht. Aber sie taucht nicht auf. Trotzdem sind die Tageszeitungen, die sie sich morgens immer an einer Plastiktüte an ihre Wohnungstür hängen lässt, nicht mehr da. Hat Charlotte Böhringer also heute vielleicht einfach keine Lust auf die Tankstelle?

Am Nachmittag alarmiert Charlottes Neffe Benedikt Toth, genannt Bence, den Geschäftsführer des Parkhauses, der in Augsburg lebt und heute nicht bei der Arbeit ist. Bence arbeitet neben dem Studium ebenfalls an der Tankstelle im Parkhaus seiner Tante, für 1000 Euro netto im Monat. Er gilt als ihr Lieblingsneffe und soll irgendwann mal das Parkhaus und den Rest ihres Vermögens erben. Kurze Zeit später trifft der Geschäftsführer ein und holt den Ersatzschlüssel für Charlotte Böhringers Wohnung aus seinem Büro. Vor der Wohnungstür ruft Bence seine Tante auf ihrem Handy an und hört es irgendwo in der Wohnung klingeln. Er hat ein ungutes Gefühl.

Es ist 18:50 Uhr, als Benedikt Toth und der Geschäftsführer gemeinsam die Stahltür in das Reich der Parkhausmillionärin öffnen. Sie

Hunderte Menschen gehen jeden Tag in dem Parkhaus an der gelben Tür vorbei, ohne zu wissen, dass sich dahinter der Eingang zu Charlotte Böhringers Reich verbirgt

treten in ein Schlachtfeld. Im Wohnungsflur ist das Blut von Charlotte Böhringer bis zu 1,80 Meter hoch an die Wand gespritzt. Ihre Leiche liegt am Fuß der Treppe, halb auf dem Bauch, halb auf der Seite auf dem Marmorboden, unter ihr der völlig verschobene Teppich. Überall in der Wohnung liegen Papiere, Schubladen sind herausgezogen worden – irgendwer hat hier nach etwas gesucht. Bence geht zu seiner Tante und misst ihren Puls. »Sie ist so kalt«, sagt er.

Bence' Verlobte Frauke, mit der er seit zwölf Jahren zusammen ist, kommt sofort zum Parkhaus, als sie erfährt, dass etwas Schlimmes passiert ist. Bence sitzt weinend auf einer Treppe und ist kaum ansprechbar. Als sie ihn fragt, was denn passiert ist, wiederholt er immer wieder: »Ich weiß es nicht, da war so viel Blut.«

Peinliche Pannen

Während der Ermittlungen passieren zahlreiche Pannen, die die Gerichte und die Internetforen noch Jahre später beschäftigen. Am Tatort wird vergessen, die Körpertemperatur der Leiche und die Umgebungstemperatur zu messen. Das ist aber unbedingt notwendig, um den Todeszeitpunkt zu bestimmen. Erst nach Mitternacht, also erst am 17. Mai 2006, wird bei der Obduktion das erste Mal die Körpertemperatur von Charlotte Böhringer gemessen. Außerdem wird die Mailbox von Böhringers Handy nicht überprüft, obwohl man auf ihr die letzten Anrufe für die Tote finden könnte. Als die Ermittler die Mailbox abhören wollen, ist es schon zu spät: Alle Anrufe werden nach 14 Tagen automatisch gelöscht. Einige potenzielle Verdächtige aus dem Umfeld von Charlotte Böhringer werden nicht vorgeladen, sondern ihre Alibis nur telefonisch überprüft.

Auch bei der Rekonstruktion von Charlotte Böhringers letztem Tag bleiben einige Fragen offen: Der 15. Mai 2006 beginnt mit Regen, aber als die Sonne dann doch noch hinter den Münchner Wolken hervorkommt, wird es ein schöner Tag. Charlotte Böhringers erster Termin ist gegen halb 11 Uhr am Vormittag mit ihrem Steuerberater.

Er bleibt circa drei Stunden bei ihr in der Wohnung. Danach geht Charlotte mit ihrer Freundin Marianna zum Mittagsessen bei ihrem Stammitaliener »Lago di Garda«. Sie bestellt Rigatoni Arrabiata, ein Glas italienischen Weißwein und ein Wasser. Anschließend gehen die beiden Freundinnen zurück in Charlottes Penthouse-Wohnung. Marianna soll in der Wohnung Handwerkerarbeiten begutachten. Auf der Dachterrasse bietet Charlotte Böhringer ihr ein Glas Wein an. Der Freundin schmeckt der Wein nicht, sie trinkt nur einen kleinen Schluck. Charlotte Böhriger erzählt ihr, dass sie später noch Besuch von ihrem Anwalt bekommt. Allerdings hat der das Treffen schon am Vormittag abgesagt. Marianna verlässt das Penthouse laut eigener Aussage gegen 17:20 Uhr. Um 18 Uhr telefoniert Charlotte eine Viertelstunde mit dem stellvertretenden Geschäftsführer der Parkgarage. Es geht ums Geschäft. Direkt danach versucht sie, die Hausverwaltung ihrer Mietshäuser in Würzburg zu erreichen – allerdings ohne Erfolg. Danach steht, wie immer montags, der Stammtisch im »Weißen Brauhaus« direkt neben dem Marienplatz auf Charlottes Terminkalender. Eigentlich will sie um 19:30 Uhr da sein, taucht aber nie dort auf. Als die Spurensicherung die Weinflasche zwei Tage später findet, ist sie fast komplett leer. Laut Gerichtsmedizin kann Charlotte Böhringer so viel Wein nicht alleine getrunken haben, sonst wäre ihr Blutalkoholwert höher gewesen. Wer ist also der rätselhafte Besucher, mit dem Charlotte Böhringer Wein kurz vor ihrem Tod getrunken hat?

Die ersten Erkenntnisse aus dem Fall kommen aus der Obduktion: Der Gerichtsmediziner stellt fest, dass der Täter mit einem harten, scharfkantigen Gegenstand mindestens 24 Mal auf Charlotte Böhringer eingeschlagen hat. Er geht davon aus, dass der Angriff direkt an der Tür passiert ist und die 59-Jährige kaum eine Chance hatte, sich zu wehren. Es gibt nur leichte Abwehrverletzungen, zum Beispiel einen gebrochenen linken Ringfinger, alles muss also ziemlich schnell gegangen sein. Als Todeszeitpunkt hält der Gerichtsmediziner den Zeitraum zwischen 18:15 Uhr und 19 Uhr für am wahrscheinlichsten. Allerdings kann er auch einen Todeszeitpunkt nach 19 Uhr nicht ausschließen, da ihm dafür wichtige Daten wie die Körpertemperatur der Leiche am Fundort fehlen.

Der Hauptverdächtige

Nach dem Mord hat der Mörder das Büro von Charlotte Böhringer durchsucht. Auf ihrem Schreibtisch finden die Ermittler einen Umschlag, auf dem der Name »Bence Toth – Benedikt Toth« steht. In dem Umschlag finden sich unter anderem drei verschiedene Testamente. In zwei Versionen setzt sie Bence und seinen Bruder Mate als Alleinerben ein, in einem Testament aus dem Oktober 2002 steht, dass das Erbe zu jeweils einem Drittel unter Bence, seinem Bruder Mate und einem dritten Mann aufgeteilt werden soll. Auf dem Umschlag finden die Ermittler Fingerabdrücke von Benedikt Toth. Sie sind sich sicher: Das ist ihr Hauptverdächtiger.

Drei Tage nach dem Leichenfund, also am 18. Mai 2006, geht Benedikt Toth morgens zu einer Vernehmung ins Münchner Polizei-Präsidium – als Zeuge. Es ist sein letzter Tag in Freiheit, aber das weiß er zu diesem Zeitpunkt noch nicht. Spätestens ab dem späten Nachmittag gilt er bei der Vernehmung als Beschuldigter. Obwohl ihm jetzt ein Verteidiger zusteht, bekommt er keinen.

Ein Freund von Toth macht sich Sorgen, weil er so lange nichts von ihm hört, und verständigt den Münchner Strafverteidiger Peter Witting. Der wird von der Polizei erst gar nicht zu seinem neuen Mandanten vorgelassen. Witting lässt sich nicht abwimmeln und gerät mit dem damaligen Chef der Münchner Mordkommission Josef Wilfling in einen heftigen Streit. Der sagt zu dem Anwalt, so erinnert sich Witting später: »Unter uns Pfarrerstöchtern – von Ihnen lass ich mir nicht in die Suppe spucken.« Doch der Strafverteidiger lässt sich auch davon nicht beeindrucken und es gelingt ihm, mit Benedikt Toth zu sprechen. Der aber ist zu diesem Zeitpunkt noch völlig entspannt und schickt ihn wieder weg. Toth will die Befragung alleine zu Ende bringen, er habe ja nichts zu verbergen.

Keine drei Stunden später wird er festgenommen – als Hauptverdächtiger im Mord an seiner eigenen Tante. Der 31-Jährige kommt in Untersuchungshaft und hat seitdem keinen Tag mehr in Freiheit verbracht.

Was hat die Polizei auf seine Spur gebracht? Als erstes Indiz führen die Ermittler an, dass bei Toth insgesamt 2000 Euro in vier 500-Euro-Scheinen gefunden werden, also das doppelte seines Monatslohns. Auf den Geldscheinen findet sich DNA der Ermordeten. Zu der von den Ermittlern errechneten Tatzeit war er laut eigener Aussage zu Hause – er hat also kein Alibi.

Auch ein Motiv finden die Ermittler schnell: Auf Wunsch seiner Tante beginnt Benedikt Toth im Wintersemester 1996/1997 ein Jura-Studium an der LMU München. Charlotte, die keine Kinder hat, will, dass Benedikt einmal ihr Parkhaus und ihre Immobilien übernimmt. Als Voraussetzung dafür fordert sie von ihrem Neffen ein abgeschlossenes Jura-Studium. Aber Benedikt hadert mit seinem Studienfach: Schon nach einem Jahr wechselt er in den Studiengang Theaterwissenschaften, scheitert jedoch an der Aufnahmeprüfung einer privaten Schauspielschule. Auf Druck seiner Tante nimmt Benedikt 1999 sein Jura-Studium wieder auf, allerdings eher lustlos. Schon 2004 hätte er eigentlich sein erstes Staatsexamen ablegen sollen, doch an der Prüfung nimmt er gar nicht erst teil. Er erzählt niemandem davon und lädt seine Familie sogar zum Weißwurstessen zur Feier seines Examens ein, das er in Wirklichkeit nie abgelegt hat. Acht Monate vor dem Mord, am 30. September 2005, hat ihn die Uni wegen der fehlenden Prüfung exmatrikuliert. Auch das verschweigt er seiner Familie und seinen Freunden.

Toth selber sagt, dass ihm dieses Versteckspiel noch heute leidtut. Für die Ermittler liegt genau darin das Motiv für die Bluttat: Benedikt Toth habe Angst gehabt, dass seine Tante ihn enterben könnte, wenn sie von dem Abbruch erfährt. Sie gehen davon aus, dass er seiner Tante im Flur zu ihrer Wohnung aufgelauert hat, als sie gegen 19 Uhr zu ihrem Stammtisch aufbrechen wollte. Er überfällt sie und schlägt sofort zu, denn es gibt nur leichte Abwehrverletzungen, keine Spuren eines Kampfes. Nach dem Mord durchsucht er das Büro seiner Tante und flüchtet danach unerkannt aus dem Parkhaus.

Mammutprozess

Am 2. Mai 2007 beginnt vor dem Münchner Landgericht die Hauptverhandlung gegen Benedikt »Bence« Toth. Der Vorsitzende Richter Manfred Götzl, der später auch den NSU-Prozess leiten wird, gilt als harter Hund, aber fair.

Als Benedikt den Gerichtssaal betritt, klicken die Kameras der Reporter im Sekundentakt. Alle wollen ein Foto vom »Mörder der Parkhaus-Millionärin«. Er ist schmal geworden. In einem dunklen Anzug mit blauem Hemd geht er mit hängenden Schultern und noch tiefer hängenden Mundwinkeln zur Anklagebank.

Was zu diesem Zeitpunkt noch keiner weiß: Dieser Prozess wird viel länger und komplizierter werden als gedacht. Ursprünglich sind 13 Verhandlungstage angesetzt, am Ende werden es 93.

Im Prozess wird das Bild von Charlotte Böhringer gleichzeitig klarer und verschwommener. Ihre Freunde erinnern sich an »Charlottchen« als fröhliche Frau, die gerne Ski fährt und viel lacht. Ihre Mitarbeiter im Parkhaus zeichnen ein ganz anderes Bild ihrer toten Chefin: Sie schildern Charlotte Böhringer als misstrauische und cholerische Frau, die »mal nicht nett, mal noch weniger nett« war. Ihre Geschäfte, so schildern es mehrere Zeugen, überfordern Charlotte Böhringer. Weil ihr selbst die Wirtschaftskompetenz zur Führung ihres geerbten Unternehmens fehlt, ist sie auf mehrere Berater und Angestellte angewiesen, denen sie aber nie ganz vertraut. Außerdem soll Böhringer manchmal schon morgens betrunken und dann besonders laut gewesen sein – »Happy Hour« nannten ihre Mitarbeiter diese Momente hinter ihrem Rücken.

Eine Gesellschaftskolumnistin der Münchner Abendzeitung erzählt in dem Prozess von Gerüchten, Charlotte Böhringer hätte einen Liebhaber gehabt. Einen verheirateten Schweizer, Vater von zwei Kindern und der Bruder eines berühmten Deutschen Konzernchefs. Sogar Kontakte ins ungarische Rotlichtmilieu werden Charlotte Böhringer nachgesagt.

Am Dienstag, den 12. August 2008 fällt nach einem 15-monatigen Mammutprozess das Urteil im Mordfall Charlotte Böhringer: Das Münchner Landgericht verurteilt Benedikt Toth wegen Mordes an seiner Tante Charlotte Böhringer zu lebenslanger Haft. Außerdem stellt es die besondere Schwere der Schuld fest, das heißt, eine frühzeitige Haftentlassung ist ausgeschlossen. Das Gericht ist sich sicher, dass Benedikt Toth aus Habgier gehandelt hat, weil er sich sein Erbe sichern wollte. Außerdem sieht das Landgericht bei ihm das Mordmerkmal der Heimtücke, weil das Opfer Charlotte Böhringer völlig arglos war, als ihr Mörder sie attackierte. Benedikt Toth muss also bis mindestens 2028 in Haft bleiben.

Jetzt bricht alles aus ihm heraus: Schon während der Verhandlung hat Bence mehrfach die Fassung verloren, er beschuldigt die Richter zum Beispiel, kein Gericht zu sein, sondern ein »Exekutionskommando«. Als er das Urteil hört, ist er außer sich. Immer wieder unterbricht er den Vorsitzenden Richter Manfred Götzl, ruft: »Das ist falsch, jeder Satz ist falsch.« Später erinnert sich Benedikt Toth in einem Interview so an den Moment, als ihm klar wurde, dass er nach zwei Jahren U-Haft auch die nächsten Jahrzehnte im Gefängnis verbringen muss: »Es war wie ein Donnerschlag, (...) wenn buchstäblich der Boden unter dir aufgeht. Deine Knie gehen weg und alles verschwimmt.« Auch seine Freunde können das Urteil nicht fassen. Nach dem letzten Verhandlungstag sitzen sie noch lange zusammen, viele weinen.

Der Indizienring

Das Gericht argumentiert in seinem Urteil mit einem sogenannten Indizienring aus insgesamt 14 Hinweisen: »Jedes in der Beweisaufnahme gewonnene Indiz reicht für sich alleine gesehen noch nicht aus, den vollen Beweis dafür zu crbringen, dass der Angeklagte das Opfer Charlotte Böhringer in seiner Wohnung getötet hat. Allerdings erbringt die Gesamtschau aller Indizien diesen Beweis.« Jedes Indiz für sich genommen reicht also nicht, um Benedikt Toth zu verurteilen, doch in ihrer Gesamtheit sollen die Indizien laut Gericht klar auf Benedikt Toth als Mörder hinweisen.

Aber ist das wirklich so? Aus Sicht der Verteidigung soll mindestens die Hälfte der Indizien Benedikt Toth nicht be-, sondern entlasten. Deshalb habe ich mir vorgenommen, hier in diesem Buch die wichtigsten Indizien und Zeugenaussagen aus dem sogenannten Indizienring für und gegen Benedikt Toth zu sortieren.

Was für Benedikt Toth als Täter spricht:

- Benedikt Toth war von seiner Tante finanziell völlig abhängig. Sie finanzierte sein Studium, sein Auto und hatte ihm den Job bei der Tankstelle besorgt. Außerdem sollte er der Erbe ihres Vermögens von geschätzt drei Millionen Euro werden. Laut Staatsanwaltschaft hatte er Angst, all das zu verlieren, wenn Charlotte Böhringer erfahren hätte, dass er sein Jura-Studium längst abgebrochen hatte.

- Benedikt Toth hat definitiv seine Freunde und sogar seine Verlobte belogen und so getan, als sei er kurz vorm zweiten Staatsexamen, obwohl er längst exmatrikuliert war. Er selber sagt, dass seine Tante die Einzige aus seiner Familie war, der er vom Abbruch seines Studiums erzählt hatte. Auch Charlotte Böhringers Steuerberater sagt im Prozess aus, dass die Parkhaus-Millionärin ihm von dem Studienabbruch ihres Neffen erzählt hatte, als es um den steuerlichen Status von Benedikts Nebenjob im Parkhaus ging. Sie sei darüber

»verärgert« gewesen. Diese Aussage wurde vom Gericht allerdings nicht verwertet.

- Laut Anklage hat Benedikt Toth seine Tante zwischen dem 18. und dem 25. Februar 2006, also kurz vor ihrem Tod, dreimal bestohlen. Insgesamt geht es um eine Summe von mehr als 3000 Euro. Am 2. März entdeckt der Geschäftsführer des Parkhauses, dass in dem Kassenautomaten Geld fehlt, und spricht Benedikt Toth darauf an. Der erklärt daraufhin, dass ein Geldschein im Automat festgeklemmt und er den Automaten deshalb von Hand geleert habe. Kurze Zeit später legt er die Summe von etwas mehr als 1000 Euro wieder zurück in die Bargeldkasse der Tiefgarage. Das Geld soll er vorher vom Konto seiner Verlobten abgehoben haben. Vor Gericht gibt der Beschuldigte zu, den Automaten insgesamt sogar fünf- bis sechsmal entleert zu haben. Den Auftrag dazu will er von seiner Tante Charlotte Böhringer bekommen haben. Die wollte, nach Benedikts Aussage, ihren Geschäftsführer loswerden. Weil ihr eine Abfindung zu teuer war, wollte sie dem Geschäftsführer mithilfe ihres Neffen eine Unterschlagung in die Schuhe schieben, um ihn dann fristlos kündigen zu können. Diese Begründung glaubt das Gericht Benedikt nicht, weil er immer kurz nach den Diebstählen eine ähnlich hohe Summe auf sein Konto eingezahlt hat. Aber selbst wenn Benedikt Toth seine Tante bestohlen hat, muss er sie deshalb auch ermordet haben? Oder ist die Angst, dass seine Tante seinen Diebstählen auf die Spur kommen könnte, vielleicht sogar ein weiteres Motiv für einen Mord?

- Wenn man, wie das Gericht, von einer Tatzeit von etwa 19 Uhr am 15. Mai 2006 ausgeht, hat Benedikt Toth kein Alibi. Er war an diesem Tag erkältet und hat laut eigener Aussage zu Hause in seiner Wohnung in Schwabing ein Erkältungsbad genommen. Seine Verlobte Frauke ist zu diesem Zeitpunkt auf einer Geburtstagsfeier, von der sie erst um 22 Uhr zurückkommen wird. Um 19:34 Uhr ruft Benedikt zweimal die Mutter seiner Verlobten zurück, allerdings ist bei ihr besetzt. Ab 19:38 Uhr telefoniert er mit seinen Eltern. Es gibt also keine Zeugen, die bestätigen können, dass Benedikt Toth zum vom Gericht festgelegten Tatzeitpunkt von kurz vor 19 Uhr wirklich bei sich zu Hause war. Allerdings hätten die Ermittler auch prüfen können, ob Benedikt Toth zum Tatzeitpunkt wirklich in der Badewanne lag, zum Beispiel durch Rückstände am Wannenrand oder einen mutmaßlich höheren Wasserverbrauch. Diese Prüfung bleibt aus.

- Am Sakko der toten Charlotte Böhringer wird später, wie auch an anderen Stellen in der Wohnung, DNA-Material von ihrem Neffen Benedikt Toth gefunden. Das Gericht ist sich sicher, dass dieses Material von dem Mord stammt. Die Verteidiger von Benedikt Toth argumentieren, dass diese DNA-Spuren nichts Ungewöhnliches sind, weil Bence und seine Tante regelmäßig Kontakt hatten. Sie haben sich regelmäßig mit Umarmung und Wangenküssen begrüßt, auch dabei kann es zu einer Übertragung der Spuren gekommen sein. 2019 kommt außerdem heraus, dass die Genspuren auch von anderen Mitgliedern der Familie hätten stammen können.

- Ein weiteres Rätsel in diesem Fall versteckt sich in einer unscheinbaren Plastiktüte. Charlotte Böhringer ließ sich jeden Morgen, so erinnern sich ihre Angestellten, drei Tageszeitungen aus der Tankstelle nach oben an ihre Wohnungstür bringen. Auch am Morgen des 16. Mai 2006, als Charlotte Böhringer bereits tot ist, hängt ein Mitarbeiter der Tankstelle eine Plastiktüte mit der jeweils aktuellen Ausgabe der Süddeutschen Zeitung, der BILD und der Abendzeitung an ihre Wohnungstür. Als Benedikt Toth und der Geschäftsführer der Tankstelle am Abend desselben Tages die Tür zur Wohnung von Charlotte Böhringer öffnen, ist diese Tüte mit den Zeitungen weg. Bei einer Durchsuchung von Benedikt Toths Wohnung in Schwabing finden Ermittler unter einem Stapel alter Zeitung genau diese Auswahl an Tageszeitungen vom 16. Mai 2006. Wenn Benedikt Toth seine Tante ermordet hätte, wäre er der Einzige gewesen, der an diesem Tag schon gewusst hätte, dass seine Tante nicht mehr lebt. Hat er also die Zeitungen von der Türklinke gestohlen, damit nicht direkt auffällt, dass Charlotte Böhringer längst ermordet im Flur liegt?

- Im Prozess sagen mehrere Zeugen aus, dass sich das Verhältnis zwischen Charlotte Böhringer und ihrem Lieblingsneffen in den letzten Wochen vor ihrem Tod deutlich abgekühlt habe: Anfang Mai 2006 kommt es zwischen Bence und seiner Tante an der Tankstelle zu einem heftigen Streit. Laut Zeugen war Charlotte Böhringer zu diesem Zeitpunkt wieder Mal im Happy-Hour-Modus. Die beiden brüllen sich an. Er schreit: »Leck mich am Arsch«, und sie gibt ihm Hausverbot. Benedikt Toth muss sofort seine Schlüssel und sein Auto abgeben, das seine Tante ihm finanziert hat. Er soll sich in der Firma nicht mehr blicken lassen: »Wenn ihr ihn hier seht, sagt mir sofort Bescheid«, schärft Charlotte Böhringer ihren Mitarbeitern ein. Gleichzeitig denkt sie laut darüber nach, ihr Vermögen nicht ihrem Neffen, sondern einer Stiftung oder dem Tierschutzverein zu vererben. Ist das der Moment, in dem die Parkhausmillionärin ihr Schicksal besiegelt hat, ohne es zu merken?

Was gegen Benedikt Toth als Täter spricht:

- Das Gericht geht davon aus, dass Benedikt Toth im Flur zwischen Parkhaus und der Wohnungstür auf seine Tante gewartet hat, weil er wusste, dass sie an diesem Abend noch zu ihrem Stammtisch wollte. Als Charlotte Böhringer aus ihrer Wohnungstür kommt, schlägt er sofort zu. Er drängt seine Tante zurück in den Wohnungsflur, wo er so lange auf sie einprügelt, bis sie tot ist. Benedikt Toth wusste zwar (wie viele andere auch), dass seine Tante wie jeden Montag zu ihrem Stammtisch wollte. Er konnte aber nicht wissen, ob sie an diesem Abend alleine war, denn Charlotte Böhringer hatte regelmäßig Besuch, auch an ihrem letzten Tag. Außerdem ist der Flur vor der Zugangstür zur Wohnung von Charlotte Böhringer vom Parkhaus gut einsehbar, Benedikt hätte also jederzeit erwischt werden können. Warum hätte er dieses Risiko eingehen sollen? Er hätte doch einfach bei seiner Tante klingeln können. Der renommierte Profiler und ehemalige Leiter der Bremer Mordkommission Axel Petermann hat sich 2019 die Ermittlungsakten noch mal angeschaut. Er interpretiert die Blutspuren völlig anders als die damaligen Ermittler: Laut Petermann wurden die ersten Schläge nicht an der Wohnungstür, sondern mindestens zwei Meter weiter innen im Flur ausgeführt. Das würde bedeuten, dass der Mörder Charlotte Böhringer nicht vor ihrer Wohnungstür aufgelauert haben kann, sondern schon mit ihr in der Wohnung gewesen sein muss, bevor er zuschlug. Das könnte dafür sprechen, dass Charlotte Böhringer an diesem Abend doch noch einen Gast hatte, der mit ihr in der Wohnung war und sie dort umgebracht hat. Natürlich hätte auch Benedikt Toth dieser Täter sein können, doch der Mord wäre ganz anders abgelaufen, als das Gericht in seinem Urteil vermutet hat. Charlotte Böhringer wurde, das haben spätere 3D-Analysen des Tatortes ergeben, höchstwahrscheinlich von einem Rechtshänder erschlagen. Sogar im Urteil steht, dass die mindestens 24 Schläge auf ihren Kopf, die zum Tod geführt haben, »ausnahmslos« von rechts ausgeführt wurden, eventuell zum Teil mit Unterstützung der linken Hand. Benedikt Toth ist, das beweisen zahlreiche Videos und Zeugenaussagen, eindeutig Linkshänder. Das Gericht hat diesen Widerspruch mit der Ermüdung von Benedikt Toth begründet, er soll also während der Tat die Hand gewechselt haben.

- Nach dem Mord hätte Benedikt Toth mit seinem Fahrrad zurück in seine Wohnung fahren müssen, denn seine Tante hatte ihm ja sein Auto abgenommen. Die Fahrt dauert mit dem Rad etwa eine Viertelstunde. Aufgrund der Verletzungen hätte Bence voller Blut sein müssen. Ein blutbeschmierter Mann, der auf seinem Fahrrad durch das belebte Münchner Glockenbachviertel fährt, hätte doch eigentlich jemandem auffallen müssen. Trotzdem gibt es keinen einzigen Zeugen, der so etwas beobachtet hat.

- Eines der Hauptindizien in dem Prozess sind die insgesamt vier 500-Euro-Scheine, die bei Benedikt Toth gefunden werden. Zwei davon hat er sogar dabei, als er am 18. Mai zu seiner Zeugenvernehmung bei der Mordkommission geht. Sie tragen DNA-Spuren von Charlotte Böhringer. Wenn Benedikt seine Tante ermordet hätte, wäre ihm in diesem Moment bewusst gewesen, dass er der Erbe ihres Millionenvermögens ist. Würde er wirklich eine so vergleichsweise geringe Menge Bargeld vom Tatort klauen, wenn er in absehbarer Zeit Millionen auf dem Konto hat? Und würde ein Mörder wirklich die Beute seines Opfers und damit einen Beweis für seine Tat mit zur Polizei nehmen?

- In der hintersten Ecke von Charlotte Böhringers Spülmaschine findet sich wohl das größte Mysterium in diesem Fall. Fast ein Jahr nach der Tat, am 7. Mai 2007, sichern Ermittler an einem Glas, das immer noch ganz hinten links in der Spülmaschine im Penthouse steht, eine DNA-Spur. Es ist das Genmaterial eines unbekannten Mannes, doch das ist nicht das Spektakuläre. Dieselbe DNA taucht auch in einem anderen berühmten Kriminalfall aus Bayern auf, der zu diesem Zeitpunkt schon ein Vierteljahrhundert zurückliegt: die Entführung von Ursula Herrmann. Die 10-jährige Ursula wird am 15. September 1981 auf dem Heimweg am Ammersee entführt. Die Eltern bekommen zwei Erpresserbriefe mit einer Lösegeldforderung von zwei Millionen Mark, danach bricht der Kontakt ab. Drei Wochen später finden die Ermittler Ursulas Leiche in einer im Wald vergrabenen Holzkiste. Sie ist erstickt. An einer Schraube der Kiste, die für die kleine Ursula zum Grab werden sollte, findet sich dieselbe DNA wie an dem Glas in Charlotte Böhringers Spülmaschine. Wie ist die dort hingekommen? Ist sie von dem unbekannten Besucher, der Charlotte Böhringer offenbar kurz vor ihrer Ermordung noch in ihrem Penthouse besucht hat? Auf diese Frage haben weder die Ermittler noch das Gericht eine Antwort, also wird die Spur einfach für unwichtig für den Fall erklärt: »Die DNA-Spuren in der Wohnung Böhringer an Kommode und Glas haben keinen unmittelbaren räumlichen Bezug zur Tat.« Weil das Glas so weit hinten in der Spülmaschine steht, kann es mit dem Mord nichts zu tun haben – so die Argumentation des Gerichts.

Direkt nach dem Urteil kündigen Benedikt Toths Verteidiger an, in Revision gehen zu wollen. Am 23. Februar 2009 geht dieser Revisionsantrag fristgerecht beim Generalbundesanwalt in Karlsruhe ein. Um diese knappe Frist einzuhalten, kündigt die Verteidigung dem Generalbundesanwalt in einem Brief an, weiteres Material nachzuliefern, doch dazu kommt es nicht mehr: Am 19. März erhält der Generalbundesanwalt die Gegenerklärung der Münchner Staatsanwaltschaft. Nur fünf Werktage später beantragt der Generalbundesanwalt, die Revision zu verwerfen. Er hat es also geschafft, in fünf Arbeitstagen den 255 Seiten starken Antrag sowie 14 Bände Strafakten und 25 weitere Bände Akten durchzuarbeiten. Auf den bereits angekündigten Rest des Materials von der Verteidigung wartet der Generalbundesanwalt nicht.

In der Süddeutschen Zeitung zeigt sich Verteidiger Peter Witting damals entsetzt: »Das kann mir niemand erzählen, dass sich jemand in nur fünf Tagen in ein derart kompliziertes Prozessgeschehen einarbeiten und sich fundiert mit unseren Argumenten auseinandersetzen kann. Das Recht ist auf der Strecke geblieben. Die Anwaltschaft hat zu Recht schon lange ihr Vertrauen in das Rechtsmittel der Revision verloren.« Die Verteidiger reichen Beschwerde beim Bundesgerichtshof und beim Europäischen Gerichtshof für Menschenrechte ein – ohne Erfolg.

Wieder vor Gericht

Trotzdem landet der Fall ein weiteres Mal vor Gericht: Im April 2011 verklagt Mate Toth seinen immer noch in Haft sitzenden Bruder Benedikt wegen Erbunwürdigkeit. Mit diesem Schritt will Mate seinen Bruder aber nicht um das Geld bringen, sondern ihm helfen. Die

Klage hat für Bence und seine Familie, die ihn nach wie vor unterstützt, zwei Vorteile: Erstens hat das Landgericht München I in seinem Urteil vom 12. August 2008 den Anteil von Benedikt Toth am Erbe seiner Tante Charlotte Böhringer für »verfallen« erklärt. Laut ihrem letzten Testament hätte Benedikt die Hälfte ihres auf drei Millionen Euro geschätzten Erbes zugestanden. Mit dem Münchner Urteil wäre dieser Anteil eigentlich an den Staat gefallen. Das will Familie Toth mit dieser Klage verhindern.

Zweitens zwingt die Klage die Münchner Justiz dazu, sich zumindest zivilrechtlich noch einmal mit dem Verfahren auseinanderzusetzen. Und das gelingt sogar: In dem Zivilprozess werden zahlreiche Zeugen erneut gehört.

Am Ende kommt die Kammer zu dem Urteil, dass die Beweiswürdigung der Strafkammer im ersten Prozess zumindest fragwürdig war. So können die DNA-Spuren von Benedikt Toth laut der vierten Zivilkammer auch außerhalb des Mordes an das Sakko von Charlotte Böhringer gekommen sein. Zivilrichterin Brigitta Steinlehner-Stelzner sagt in dem Verfahren, dass sie erhebliche Probleme mit der Urteilsbegründung des Strafgerichts habe: Für sie sind »entscheidende Indizien bislang nicht überzeugend nachgewiesen«.

Damit haben Benedikt und Mate Toth erreicht, was sie erreichen wollten. Benedikt Toth zieht seinen Widerspruch zurück, der dieses Verfahren überhaupt erst möglich gemacht hat. So fällt sein Erbteil am 23. Januar 2012 an seinen Bruder Mate, der damit zum Alleinerben des Millionenvermögens der Unternehmerin Charlotte Böhringer wird.

Benedikts Verteidiger hoffen jetzt, genug Material für eine Wiederaufnahme des Verfahrens zu haben. Am 1. Oktober 2012 beantragt die Verteidigung von Benedikt Toth die Wiederaufnahme des Verfahrens. Dieses Mal lässt sich die Justiz länger Zeit. Nach mehr als zwei Jahren verwirft das zuständige Landgericht Augsburg am 5. Dezember 2014 eine mögliche Wiederaufnahme. Eine Verfassungsbeschwerde gegen diese Entscheidung lehnt das Bundesverfassungsgericht Mitte April 2016 nach langem juristischen Hin und Her ab.

Am 1. Februar 2019 wagen die Verteidiger von Benedikt Toth einen weiteren Versuch und beantragen zum zweiten Mal eine Wiederaufnahme des Verfahrens. Ihr Mandant sitzt mittlerweile seit 13 Jahren im Gefängnis. Als Verstärkung hat sich Toths Verteidiger Peter Witting den Hamburger Rechtsanwalt Gerhard Strate mit ins Team geholt, den wohl bekanntesten Spezialisten für Wiederaufnahmeverfahren in Deutschland. Außerdem stößt auch Profiler Axel Petermann zum Team, der lange die Mordkommission in Bremen geleitet hat.

Fast zwei Jahre lang untersucht Petermann die Fallakten und Zeugenaussagen. Dabei konzentriert er sich vor allem auf die Blutspuren im Flur von Charlotte Böhringer und findet dabei unter anderem heraus, dass die Millionärin höchstwahrscheinlich nicht an ihrer Wohnungstür, sondern noch im Flur ihrer Wohnung attackiert wurde. Petermann sagt damals dem SPIEGEL über die Indizien im ursprünglichen Prozess: »Weder die Polizei noch das Gericht haben Erkenntnisse berücksichtigt, die ihn entlastet hätten.« Auch zu den DNA-Spuren von Benedikt Toth, die das Gericht damals als eines der Hauptindizien gegen ihn gewertet hatte, gibt es neue Erkenntnisse. Laut Gutachten müssen die Spuren nicht unbedingt direkt von Benedikt Toth stammen, sondern können auch von seiner Mutter oder seinem Bruder sein. Damit erhält der sogenannte Indizienring aus dem ursprünglichen Urteil des Münchner Landgerichts ziemlich dicke Dellen.

Und doch hat auch der zweite Wiederaufnahmeantrag keinen Erfolg: Das Landgericht Augsburg lehnt ihn am 28. Mai 2020 ab.

Benedikt Toth sitzt heute in einer Einzelzelle im Hochsicherheitstrakt der JVA Straubing. Mittlerweile ist er seit mehr als 15 Jahren in Haft und wird nach jetzigem Stand frühestens 2028 freikommen. Tagsüber arbeitet er in der Gefängnisbibliothek, abends probt er als Regisseur mit der Theatergruppe der JVA. Immer noch bekommt Benedikt Toth viel Besuch: Von den vier Stunden Besuchszeit, die ihm jeden Monat zustehen, ist bisher erst eine einzige ungenutzt geblieben. Darauf ist er ein bisschen stolz, schließlich zeigt das, dass er nicht vergessen wurde. Wahrscheinlich ist es diese Tatsache, die ihn durchhalten lässt: »Alles was einen Menschen ausmacht, wird einem genommen«, sagt Benedikt Toth in einem ZDF-Interview, »es interessiert auch niemanden. Es interessiert vielleicht die Betroffenen, fertig.«

Philipps Fazit

In den Recherchen für meinen Podcast bin ich immer wieder auf Fehlurteile von Gerichten in Bayern gestoßen, an denen die Bayrische Justiz ohne Rücksicht auf Verluste festgehalten hat, zum Beispiel der Fall Rudolf Rupp aus Folge 33. Auch der Fall Gustl Mollath gehört zu den größten Justizskandalen der deutschen Nachkriegsgeschichte. Hält die Justiz auch im Mordfall Charlotte Böhringer an einem Fehlurteil fest, weil sie der Öffentlichkeit unbedingt einen Täter präsentieren will? Über diese Frage wird seit Jahren heftig gestritten.

Auch mir fällt es schwer, zu einer eindeutigen Antwort zu kommen. Benedikt Toth hatte eindeutig ein Motiv: Er war von seiner Tante finanziell abhängig und musste nach dem Streit mit ihr fürchten, dass sie ihm den Geldhahn zudreht oder ihn sogar aus dem Testament streicht. Und er hatte die Gelegenheit, ihr aufzulauern und sie zu erschlagen. Gerade die Anzahl von mehr als 24 wuchtigen Schlägen und die Art der Verletzungen spricht dafür, dass Täter und Opfer sich kannten, und dass sich in diesem Moment der unglaubliche Hass des Täters entladen hat. Auf der anderen Seite ist es sehr schwer vorstellbar, dass ein über und über mit Blut bespritzter Fahrradfahrer an einem sonnigen Sommertag durch die Münchner Innenstadt radelt, ohne dass es irgendwem auffällt. Interessant ist für mich auch, dass die Staatsanwaltschaft Benedikt Toth während des Verfahrens einen Deal angeboten hat: Wenn er die Tat gestehen würde, werde man ihn wohl nur wegen Totschlags verurteilen. Dann hätte er wahrscheinlich sechs bis sieben Jahre bekommen und wäre heute längst wieder frei. Benedikt Toth hat abgelehnt. Handelt so wirklich jemand, der schuldig ist? Auch nach wochenlanger Recherche zu diesem Fall kann ich persönlich diese Frage nicht eindeutig für mich beantworten. Ich bin mir nicht sicher, ob er der Mörder ist oder nicht. Aber muss ich das überhaupt? Ich denke, am Ende geht es gar nicht so sehr darum, ob Benedikt Toth wirklich seine Tante Charlotte Böhringer ermordet hat. Sollten wir uns nicht viel eher fragen, ob er aufgrund der vorliegenden Indizien hätte verurteilt werden dürfen? Ob es uns jetzt moralisch passt oder nicht: Wenn jemandem eine Tat nicht nachgewiesen werden kann, dann darf kein Gericht ihn verurteilen. »In dubio pro reo« – im Zweifel für den Angeklagten. Selbst wenn wir sehr sicher sind, dass der Angeklagte schuldig ist – einen Zweifel an seiner Schuld darf es nicht geben. Wenn es solche Zweifel gibt, und sollten sie auch noch so klein sein, dann *muss* das Gericht den Angeklagten freisprechen. Und von diesen Zweifeln gibt es im Fall von Benedikt Toth mehr als genug.

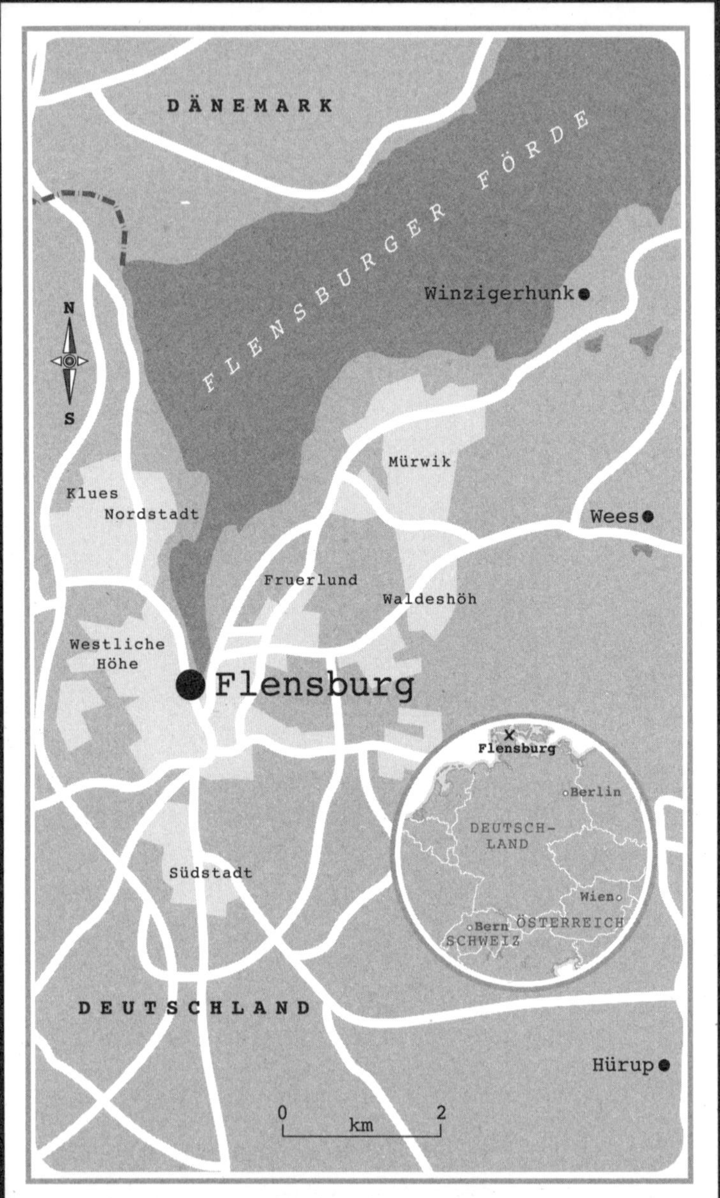
DÄNEMARK
FLENSBURGER FÖRDE
Winzigerhunk
N
S
Mürwik
Klues
Nordstadt
Wees
Fruerlund
Waldeshöh
Westliche
Höhe
Flensburg
Flensburg
Berlin
DEUTSCH-
LAND
Wien
Bern
ÖSTERREICH
SCHWEIZ
Südstadt
DEUTSCHLAND
Hürup
0
km
2

Fall 15
Mister Money

Fallname: Mister Money
Zeitpunkt: 1985-2010
Tatbestand: Betrug

Über den Wolken

An einem Freitagnachmittag in den 1990er Jahren sitzt Jürgen Harksen in seinem Privatjet nach Ibiza, wo er eine Finca besitzt. Harksen ist keine Schönheit, aber eine Erscheinung: Wache Augen hinter einer runden Brille, dünnes Haar, Aknenarben am Kinn. Oft tritt er auf wie eine lebende Ampel: Roter Ferrari, orangener Anzug und gelbe Socken. Das fällt auf in einer Stadt wie Hamburg, in der die bunteste Farbe bei Anzügen Braun ist. An diesem Freitag nimmt Harksen in seinem Flieger einen seinen Anleger mit, einen der Menschen, die ihn »Mister Money« nennen, weil er so gut mit Geld umgehen kann. Kurz vor dem Abflug hat ihn sein Anleger angerufen: »Kann ich noch zwei Leute mitnehmen? Einer davon ist Finanzvorstand einer großen Versicherung.« – »Kein Problem, ich will nur während des Fluges meine Ruhe haben«, antwortet Harksen.

Die Ruhe hält nur bis kurz hinter Salzburg: Nach dem zweiten Glas Wein will der Finanzvorstand unbedingt wissen, was das nächste Projekt von »Mister Money« ist. Harksen kaut weiter an seiner Frikadelle: »Ich will euer Geld nicht«, brummt er. Aber die Männer lassen nicht locker, mittlerweile stehen sie zum sechsten Mal vor ihm. »Ich fliege zum Mond«, sagt Harksen dann irgendwann. »Ich habe eine ausgemusterte Discovery-Raumfähre gekauft und lasse sie gerade umbauen, sodass zehn Leute mitfliegen können. Vier bis fünf Tage vor dem Jahreswechsel 1999/2000 heben wir ab, damit wir pünktlich zum Millennium da sind. Ich bin da schon mit einigen der größten Firmen der Welt im Gespräch, die die Reise sponsern wollen. Zehn Personen können mitfliegen, ein Ticket zum Mond kostet fünf Millionen US-Dollar.« Seine potenziellen Anleger sind kurz still, dann beginnen sie zu rechnen: Alleine durch die Übertragungsrechte für das Fernsehen könnte man mit der Reise zum Mond mehr als 500 Millionen Dollar verdienen. »Wir sind auf jeden Fall dabei«, freuen sich die Männer im Flugzeug, »denn bisher hat ja alles, was sie gemacht haben, geklappt.«

Dabei würde ein einziger Anruf bei der NASA in den USA genügen, um das Weltraummärchen von Jürgen Harksen abstürzen zu lassen. Natürlich hat der Flensburger der US-Raumfahrtbehörde keine Rakete abgekauft. Er hat sich die Geschichte mit dem Trip zum Mond in der Sekunde ausgedacht, in der seine zukünftigen Opfer ihn danach gefragt haben. Aber keiner seiner schwerreichen Mitflieger greift zum Telefon.

Jürgen Harksen bei einem Talkshow-Auftritt im Jahr 2011.

Aufstieg

Jürgen Harksen wird am 30. Dezember 1960 in Flensburg geboren – weit weg vom großen Geld. Sein Vater ist Spediteur, seine Mutter eine dänische Friseurin. Harksen und seine zwei Brüder und eine Schwester wachsen in einer Wohnung im dritten Stock eines Mehrfamilienhauses in einem Flensburger Arbeiterviertel auf. Direkt neben der Wohnung der Familie liegt die Werft der Flensburger Schiffbau Gesellschaft. Es riecht nach Öl, Salzwasser und harter Arbeit. »Schon als

Junge hab ich gemerkt, dass arme Menschen überhaupt keine Chance haben«, erzählt er später in einer Talkshow. Harksens Vater ist Alkoholiker, seine Mutter psychisch krank. Aus dieser grauen Umgebung flüchtet er sich damals mit immer bunteren Geschichten. Im Unterricht kämpft der junge Jürgen Harksen mit seiner Legasthenie, auf dem Schulhof trägt er am liebsten Trenchcoat. Wegen seiner Lese- und Rechtschreibschwäche schicken seine Eltern ihn irgendwann auf eine Sonderschule.

Jahre später wollen seine Eltern, dass Jürgen auf einem dänischen Internat seinen Realschulabschluss nachholt. Er ist kaum in Dänemark angekommen, da stirbt sein Vater. Harksen ist damals 17 Jahre alt. Mit 23 verliert Jürgen Harksen auch seine Mutter. Jetzt muss der Junge aus Flensburg sich in Dänemark alleine durchkämpfen.

Zu dieser Zeit lernt Harksen auch die 81-jährige Karen Margarethe Gregersen kennen, eine fröhliche Frau, die ihr Geld mit einem Teppichgeschäft verdient. Sie wird Harksens erstes Opfer werden. Für sie ist Jürgen Harksen wie ein Enkel. Am 1. Februar 1985 zieht er zu ihr in ihren großzügigen Ein-Familien-Bungalow in bester Wohngegend. Er benutzt ihr Scheckbuch und ihre Kreditkarte, als wären sie seine eigenen. Selbst als die Schulden der alten Dame so groß werden, dass sie ihr Teppichgeschäft verkaufen muss, hält sie zu ihm. Die beiden ziehen gemeinsam in ein kleines Holzhäuschen, das Harksen aufwendig renovieren lässt. Auch dieses Haus muss sie kurze Zeit später verkaufen, und beim Käufer stapeln sich die Rechnungen: Harksen hat keinen einzigen der von ihm bestellten Handwerker bezahlt.

Aber da ist Harksen schon weitergezogen, ab Dezember 1985 wohnt er zur Miete im dänischen Küstenort Kerteminde auf der Ostseeinsel Fünen. Obwohl Harksen offiziell von Sozialhilfe lebt, stehen ständig teure Limousinen vor der Tür. Die Autos hat er auf den Namen von Karen Gregersen gemietet, die dem freundlichen jungen Mann immer noch Geld schickt. Vor seiner damaligen Vermieterin Elisabeth Ryge gibt sich der junge Flensburger da schon als großer Geschäftsmann aus. Er lädt sie nach Flensburg ein. Während der gesamten Autofahrt erzählt er ihr von den großen Projekten, die er plant. In Flensburg angekommen führt der junge Harksen seine Vermieterin in ein Restaurant. Leider hat er seine Geldkarte vergessen, also muss Elisabeth Ryge das Essen, zu dem sie eingeladen wurde, selbst bezahlen. »Wir hatten das Gefühl, dass etwas nicht stimmte, aber wir waren geschockt darüber, wie viel es war«, wird sie später sagen.

Karen Gregersen bleibt nicht das einzige Opfer von Jürgen Harksen in Dänemark: 1986 wird er wegen Betruges, Veruntreuung und verschiedener Zoll-Vergehen mehrfach verurteilt. Unter anderem schmuggelt Harksen Videogeräte aus Deutschland nach Dänemark. Insgesamt 50 Fälle zählen die Ermittler. Erst wird Jürgen Harksen zu mehreren Geldstrafen verurteilt, dann muss er erst für einige Wochen in Untersuchungshaft und wird schließlich in sein Heimatland Deutschland ausgewiesen.

Harksen ist jetzt Mitte 20 und hat jetzt ein neues Ziel: Hamburg. In der Hansestadt arbeitet er zuerst als Gerichtsvollziehergehilfe. Hier kommt er das erste Mal mit Menschen in Kontakt, die ganz anders aufgewachsen sind als er: Internat statt Realschule, Villa in Blankenese statt kleiner Wohnung im Mehrfamilienhaus. Es ist die große Zeit der Hamburger Kaufleute. Viele dieser »Pfeffersäcke« haben ihr Vermögen vom Urgroßvater über den Großvater über den Vater vererbt bekommen. Durch den Bau- und Börsenboom wird das alte Geld immer mehr, und die wilden 1980er Jahre spülen die hanseatische Bescheidenheit und Zurückhaltung einfach davon. Eine geschlossene Gesellschaft, in der jeder jeden kennt und die nur noch um sich selbst kreist. Luxusautos, Champagner aus 15 Liter- Flaschen und eine tiefe Abneigung gegen Menschen, die sich so ein Leben nicht leisten können. Für einen aus der Arbeiterstadt Flensburg wie Jürgen Harksen gibt es hier keinen Platz. Also muss er so wie die anderen werden: Er befördert sich selbst vom Gerichtsvollziehergehilfen zum Vermögensberater. Das Studium dafür überspringt er. Harksen gründet die Firma »Nordanalyse«, trägt jetzt Anzüge von Armani und fährt teure Autos. Dass seine Fingernägel abgekaut sind, fällt niemandem auf.

Jürgen Harksen behauptet, mit der Nordanalyse andere Firmen zu »durchleuchten« und so riesige Aktiengewinne zu erzielen. Mit 28 erfindet er dann das »Skandinavien Investment«. Durch Aktiengeschäfte, Transaktionen und den An- und Verkauf von Firmen hat Harksen, so erzählt er es in Hamburg, innerhalb weniger Monate aus fünf Millionen Mark 19 Millionen gemacht. Da ziehen selbst die feinen Hamburger Herren in ihren teuren Anzügen die Brauen hoch: »Donnerwetter!«

Sobald der erste bekannte Hamburger investiert hat, steigen direkt die nächsten Anleger ein. Man kennt sich untereinander, und wenn ein so seriöser Geschäftsmann bei Harksen investiert, muss das Ganze ja ein gutes Geschäft sein. Doch die Geldmaschine Nordanalyse ist nicht mehr als ein Schneeballsystem: Solange Harksen immer wieder neue Anleger findet, kann er mit dem frischen Geld seinen alten Anlegern den versprochenen Gewinn auszahlen.

Das spricht sich rum in der Hansestadt, auch bei Dietrich Liedelt. Liedelt hat sein Vermögen als Sanitärgroßhändler in Norderstedt bei Hamburg gemacht und bei Immobiliengeschäften gute Gewinne eingefahren. Mehr als genug Geld, aber Liedelt will mehr davon. Bei einer Flasche Wein erzählt ihm ein Freund von einem Finanzberater, dem die Reichen vertrauen. Einer, der aus 1000 Mark 13.000 machen kann, ein absoluter Geheimtipp. Dieser Mann heißt Jürgen Harksen.

Am 9. August 1989 um 9 Uhr morgens hat Liedelt einen Termin im Büro von Harksens Firma Nordanalyse am Harvestehuder Weg. Das Büro liegt in feinster Alsterlage und bester Nachbarschaft, ein paar Häuser weiter lebt Fernsehstar Klaus-Jürgen Wussow. Eine dezent geschminkte Assistentin empfängt ihn: »Einen kleinen Moment bitte, Herr Harksen ist gleich für sie da.«

Als dieser Liedelt die Hand schüttelt, hat er ein breites Grinsen auf dem Gesicht: »Sie haben Glück!«, sagt er. »Gerade erst ist bei mir ein Anleger aus Liquiditätsgründen ausgestiegen. Wenn Sie mir bis heute Mittag um 12 Uhr 520.000 Mark vorbeibringen, sind sie dabei.« Dietrich Liedelt zögert keine Minute. Er rennt zu seiner Bank und hebt das Geld ab. Die Bankangestellten schauen etwas ungläubig, aber niemand sagt etwas. Wenige Stunden später ist Dietrich Liedelt um eine halbe Million Mark ärmer, später wird er noch mehr investieren. Viel Geld, aber was ist das schon, wenn man die 13-fache Summe zurückbekommt? Insgesamt wird Liedelt 776.000 Mark an Harksen verlieren.

Faktor 13

Harksens angebliche Geldvervielfältigungsmethode »Faktor 13«, wird seine Eintrittskarte in die gesellschaftlichen Kreise, in die ein Sohn aus einer Arbeiterfamilie aus Flensburg normalerweise nie Zugang hätte. Seine Kunden rennen ihm das Büro ein, bringen kofferweise Bargeld mit und betteln darum, bei ihm investieren zu dürfen. Ab Anfang der 1990er Jahre gibt es kein Halten mehr. Harksen erinnert sich später: »Ich hätte dem Kunden ins Gesicht sagen können: Du bist ein Arschloch, und der hätte mir trotzdem 'ne Million gegeben.« Mittlerweile stehen mehrere Porsches und Ferraris vor seiner Fünf-Millionen-Villa im Nobelstadtteil Poppenbüttel, alle mit dem Kennzeichen HH – JH, bezahlt von der Gier nach Geld seiner reichen Kunden und seiner Gier nach Anerkennung.

Besonders gute Kunden lädt er zu seinen privaten Partys in seine Villa, zu Kurztrips auf seine Yacht vor Ibiza oder im Privatjet nach London ein. Am Londoner Flughafen werden die Investoren dann von Harksens englischem Chauffeur in einem weißen Bentley mit weißen Polstern abgeholt. Einer von Harksens späteren Opfern, ein berühmter Hamburger Juwelier mit Geschäft am Jungfernstieg, erinnert sich später daran, wie er im Bentley vom Flughafen zu einem Konzert von Paul McCartney chauffiert wurde: »Man dachte schon, Bill Gates sei im Spiel.«

So beeindruckt Jürgen Harksen selbst die reichen Hamburger Kaufleute, die seit Jahrhunderten auf ihrem Geld sitzen. Selbst der nicht gerade als großzügig bekannte Pop-Titan Dieter Bohlen investiert drei seiner Pop-Millionen bei »Mister Money«.

Unter dem Schreibtisch von Jürgen Harksen muss zu dieser Zeit immer eine Kiste Cola stehen. Das süße Koffein lässt ihn die Nächte durcharbeiten. Immer häufiger bekommt er Schwierigkeiten, den Anlegern ihr Geld zurückzuzahlen, und muss sie vertrösten.

Aber Jürgen Harksen ist ein kreativer Mann, der seine angeblich todsicheren Investments immer auch mit einer spannenden Geschichte verbindet: Besonders gerne erzählt er von seinem Projekt »Scan 1000«: Als er eines Tages in einem kleinen norwegischen Fischerdorf am Hafen stand, so erzählt es Harksen seinen Anlegern mit ausladenden Bewegungen, habe er tief eingeatmet. Und da sei ihm aufgefallen, dass der Wind, der durch die Fischernetze weht, nicht nur nach Salzwasser, sondern auch nach Öl riecht. Sofort habe er sich die Schürfrechte für den norwegischen Fjord gesichert und dabei mal eben das größte Ölvorkommen Norwegens entdeckt. Jetzt habe er die Rechte an die norwegische Regierung verkauft und fantastische Gewinne eingefahren. »Und wo ist das Geld jetzt?«, fragen dann die meisten Anleger. Und wieder holt Harksen aus: Das Geld müsse durch die »skandinavische Börse« an den Steuerbehörden vorbei nach Deutschland geschafft werden und das dauere halt etwas. Und wenn die Anleger Monate später wieder fragen, dann findet Harksen immer einen bockigen Zollbeamten irgendwo im Norden, eine fehlende Genehmigung oder eine ungeklärte Steuerregel, die die Ausschüttung der Millionen noch verhindert. Bei misstrauischen Anlegern kommt wieder der weiße Bentley in London zum Einsatz. Dort präsentiert Harksen versiegelte Bücher mit den Worten. »Die Siegel mache ich nur für Sie auf.« In den Büchern stehen die Listen der eingezahlten Gelder und die vorgesehenen Auszahlungen. Wirtschaftsprüfer bescheinigen Jürgen Harksen in dieser Zeit ein Vermögen von 1,9 Milliarden Mark: Das Geld anderer Menschen für Investitionen, die es nicht gibt.

Flucht nach vorn

An einem Morgen im Jahr 1993 wacht Jürgen Harksen auf und sieht im Garten seiner Villa plötzlich ein Kreuz stehen. Sein Name steht darauf und direkt darunter »1960-1993«. Er hat sich mit den falschen Leuten angelegt und Geld aus dem Hamburger Rotlichtmilieu angenommen. Und das bleibt nicht Harksens einziges Problem: Am 22. Oktober 1993 erlässt die Hamburger Staatsanwaltschaft Haftbefehl gegen ihn. 20 Tage später sollen seine Büroräume an der Harvestehuder Straße durchsucht werden.

Einen Tag vor der geplanten Durchsuchung startet am Hamburger Flughafen ein Privatjet, in dem Jürgen Harksen, seine Frau Jeanette und seine Kinder sitzen. Irgendjemand muss ihm einen Tipp gegeben haben. Das Haus ist da schon leer geräumt, nur den Hund der Familie kann Harksen so schnell nicht mitnehmen. Also chartert er später eine Boing 707, um den Familienliebling einfliegen zu lassen.

Familie Harksen lebt ab sofort im südafrikanischen Kapstadt. Im Nobelvorort Constantia in den Hängen des Tafelbergs bezieht die Familie für umgerechnet 230.000 Euro Jahresmiete die »Villa Musica«, ein riesiges Anwesen mit Pferdekoppel, vor dem nach kurzer Zeit wieder ein Maserati und ein Mercedes stehen. »Hamburg sieht mich nie mehr wieder. Ich bleibe in Kapstadt«, sagt Harksen. Und die Chancen dafür stehen nicht schlecht, denn Südafrika hat kein Auslieferungsabkommen mit der Bundesrepublik Deutschland.

In Südafrika arbeitet Harksen weiter an seiner Legende als »Mister Money« und gründet ein neues Unternehmen: »South Analysis«. Natürlich sei er nicht geflohen, erklärt er damals in Interviews. Er habe nur nach den vielen Drohungen Angst um seine Familie bekommen. »Alle Anleger bekommen ihr Geld zurück«, verspricht er im bunten Hemd und mit lässig übereinandergeschlagenen Beinen.

Aber nicht alle seiner Investoren wollen ihm das glauben. Siegfried Lowack, ein Unternehmensberater, verliert 1994 die Geduld und fliegt nach Kapstadt, um sein Geld persönlich von Harksen zurückzufordern. Jürgen Harksen empfängt ihn wie einen alten Freund. Während die beiden bei Wein und gutem Essen in Harksens Villa sitzen, öffnet sich plötzlich die Tür und ein seriös aussehender Herr Ende 60 kommt herein. Der Mann stellt sich als Lars-Peter Arnemann Paulsen vor. Den Namen kennt Lowack aus den zahlreichen Rundschreiben, mit denen Harksen seinen Gläubigern in den vergangenen Monaten erklärt hat, warum sich die Auszahlung aus seinen angeblichen Millionen-Investments in Skandinavien verzögert. Paulsen sei der »staatsautorisierte Revisor des Investments« in Skandinavien, erklärt Harksen seinem Investor Lowack. Der ist »total begeistert« von dem Mann, den vorher noch nie jemand zu Gesicht bekommen hat. Schließlich wirkt Paulsen »so seriös« und »bestätigt alles, was Harksen sagte«.

Siegfried Lowack ist beruhigt: Ein hoher skandinavischer Beamter hat ihm versichert, dass bei seinem Investment alles mit rechten Dingen zugeht. Er fliegt wieder zurück nach Hamburg, und auch Lars-Peter Arnemann Paulsen kehrt zurück in seine Heimat. Er ist in Wirklichkeit ein Farmer aus Namibia, mit dem Harksen befreundet ist. Einen Lars-Peter Arnemann Paulsen gibt es ebenso wenig wie die Position eines staatsautorisierten Revisors in Skandinavien.

Später wird Harksens Verteidiger, Gerhard Strate, den Zeugen fragen, ob er wirklich geglaubt hat, dass es eine skandinavische Börse oder skandinavische Behörden gibt: »Meines Wissens besteht Skandinavien aus vier Staaten.« Alle Zeugen erklären, dass das für sie absolut plausibel geklungen habe. »Unfassbar«, murmelt der Richter.

Briefpost

Seinen Gläubigern aus Deutschland schickt Harksen Briefe aus Kapstadt, in denen er erklärt, dass die Staatsanwaltschaft seine Unterlagen beschlagnahmt hat und sich die Auszahlungen der versprochenen Rendite deshalb verzögert – aber nur noch ein bisschen.

Am 1. Dezember 1993 bekommt auch Dietrich Liedelt so einen Brief, jeder Buchstabe trieft vor Selbstmitleid: »Diesen Brief schreibe ich zu einem Zeitpunkt, an dem ich kaum noch etwas zu verlieren habe, weder einen Ruf, noch materielle Güter. (…) Warum schreibe ich Ihnen diesen Brief? Ich möchte Ihnen die Zeit, Kosten, Mühe und Ärger ersparen, die sie haben werden, wenn Sie weitere Schritte gegen mich unternehmen wollen.« Liedelt glaubt ihm kein Wort. Als Jürgen Harksen ihn nach Kapstadt einlädt, um ihm zu beweisen, dass es das Investment wirklich gibt, fährt Dietrich Liedelt nicht – er zeigt Jürgen Harksen an: »Ich habe das endlose Geschreibe und Gesabbel satt«, schreibt er Harksen am 11. Oktober 1994, »zahlen Sie mich endlich aus!!!!« Vier Ausrufezeichen. Für ihn stehen 776.000 Mark auf dem Spiel. Jürgen Harksen antwortet, jetzt schon weit weniger freundlich: »Ich habe es auch satt, mich von Ihnen und anderen Personen unbegründet und unbeweisbar als Betrüger beschimpfen zu lassen.«

Aber auch andere Anleger wollen sich nicht mehr länger hinhalten lassen. Deshalb bestellt Harksen am 2. März 1995 seine Gläubiger in den Spiegelsaal des noblen Hotel Atlantic an der Hamburger Außenalster. Auch Dietrich Liedelt ist an diesem Vormittag dabei. Harksen lässt sich per Satelliten aus einem Fernsehstudio im 10.000 Kilometer entfernten Kapstadt zuschalten. 14.000 Mark hat Harksen sich das Spektakel kosten lassen. Er hat sogar extra einen bekannten Moderator engagiert, der die Fragerunde vor Ort leiten soll. Der Moderator kündigt den Star des Tages mit einer Glocke in der Hand und lauter Stimme an: »Meine Aufgabe ist die eines Lotsen für Jürgen Harksen, der mich als Kapitän um Hilfe gebeten hat.« Und dann ist Mister Money an der Reihe: Mit runder Brille, Anzug und dünnem Haar verliest er seine »Ehrenerklärung«. Auf einer riesigen Leinwand verspricht er seinen Anlegern mit belegter Stimme, dass sie ihr Geld spätestens bis Juli 1995 zurückbekommen. Um seine Liquidität zu belegen, hat er extra den Kölner Wirtschaftsprüfer Dirk H. engagiert, der Harksen ein Vermögen von 1,8 Milliarden Mark bescheinigt. 600 Millionen davon sollen an seine Anleger gehen. Das Ganze habe nur so lange gedauert, weil er den Ablauf steuerlicher Fristen abwarten musste. Jetzt aber bekämen seine Gläubiger das 13-fache ihres Geldes zurück. Das sei, so verteidigt ihn sein Wirtschaftsprüfer Dirk H., nur »unglaubwürdig, wenn man die wirtschaftlichen Zusammenhänge nicht kennt«. Auch Harksens Rechts-

Am 2. März 1995 wird Jürgen Harksen bei einer Pressekonferenz im Hotel Atlantic live aus Südafrika zugeschaltet

anwalt Ernst H. ist an diesem Tag in Hamburg dabei. Er geht davon aus, dass die Staatsanwaltschaft Hamburg die Betrugsvorwürfe gegen seinen Mandanten bald fallen lässt. Nach einer Stunde ist das Spektakel vorbei. Die Fragerunde ist beendet und die Satellitenverbindung wird gekappt – denkt Jürgen Harksen. Sobald die Scheinwerfer im südafrikanischen Fernsehstudio ausgehen, klatscht er sich mit seinem Berater Dirk H. ab wie zwei Sportler nach einem gewonnenen Match.

Als Dietrich Liedelt das auf der großen Leinwand im Nobelhotel Atlantic sieht, fragt er die anderen Anleger neben sich: »Wollt ihr noch mehr sehen von dem Betrüger?« Aber nicht jeder ist so misstrauisch wie der Sanitärgroßhändler. Viele wollen weiter an das große Geld glauben, das irgendwann kommt, wenn sie nur geduldig genug warten. Einige schicken Harksen sogar noch mehr Geld, weil sie immer noch hoffen, das 13-fache ihrer Investition zurückzubekommen: »Ich bin in den Sog eines Schwarzen Loches geraten«, erklärt einer von Harksens Gläubigern später.

Abrechnung

Die Hamburger Staatsanwaltschaft lässt sich von Harksens Rundschreiben an seine Anleger und seinem großen Auftritt via Satellit nicht beeindrucken. Schon Ende 1994 hat Deutschland in Südafrika die Auslieferung von Jürgen Harksen beantragt. Der betrügerische Financier wird festgenommen, kommt jedoch anschließend auf Kaution wieder frei.

Zu dieser Zeit arbeiten sechs Anwälte in drei Anwaltsteams für ihn. Einer seiner Verteidiger zu dieser Zeit ist Staranwalt George Bizos, der auch schon Nelson Mandela verteidigt hat. Harksen schafft es immer wieder, eine Haftstrafe in Südafrika in letzter Minute abzuwenden, stattdessen muss er sich lediglich dreimal die Woche auf einer Polizeiwache melden. Mittlerweile hat Jürgen Harksen mächtige Freunde in Südafrika, auch zwielichtige Gestalten aus der Unterwelt sind dabei. Fast zehn Jahre lang wohnt »Mister Money« mehr oder weniger unbehelligt in seiner Villa in Kapstadt, während seine Gläubiger im kalten Deutschland immer verzweifelter auf ihr Geld warten.

Kurz vor Ostern 2002 hat Jürgen Harksen sein Glück dann überstrapaziert: Die südafrikanischen Behörden werfen ihm vor, auch in Südafrika Anleger betrogen zu haben. Jetzt geht alles ganz schnell. Aus Angst vor der drohenden Untersuchungshaft im berüchtigten Kapstädter Poolsmoore-Gefängnis stimmt Harksen einer Auslieferung nach Deutschland zu. Am 30. Oktober 2002 wird Jürgen Harksen nach Deutschland ausgeliefert – Zeit für die Abrechnung.

Als der Prozess gegen Jürgen Harksen am Hamburger Landgericht im Frühjahr 2003 beginnt, füllt die Anklage gegen ihn 90 Ordner. Auch seine Frau Jeanette ist mitangeklagt, genauso wie der Kölner Wirtschaftsprüfer Dirk H. und ein Treuhänder aus der Schweiz. Weil viele der Fälle verjährt sind, kann ihn die Hamburger Staatsanwaltschaft Harksen nur noch wegen eines Schadens von rund 30 Millionen Mark anklagen, den er drei Hamburger Anlegern zugefügt hat. Einer der drei ist Dietrich Liedelt.

Vor Gericht fallen die unglaublichen Erfolgsgeschichten von »Mister Moncy« ihn sich zusammen. Jürgen Harksen schaut verschämt zum Richtertisch, als er den Satz sagt, der bei seinen Gläubigern auch noch das letzte bisschen Hoffnung wegfegt: »Ein Investment hat es nie gegeben.« Einige Aktiengeschäfte, die etwas Gewinn abgeworfen haben und eine Handvoll Firmen mit schicken Namen und teuren Adressen, aber kaum Gewinn. Das ist alles, was vom Mythos »Faktor 13« übrig bleibt. Mehr als 70 Millionen Mark soll Harksen mit dem Versprechen, es zu verdreizehnfachen, eingesammelt haben. Als der Vorsitzende Richter Harksen fragt, was er mit dem ganzen Geld gemacht hat, antwortet der: »Ich habe es für meine verschwenderische Lebensart ausgegeben.« Dabei schaut er so zerknirscht, dass ihm keiner der Zuschauer im Gerichtssaal wirklich böse sein kann.

Auch der Vorsitzende Richter kann kaum fassen, mit welcher Naivität sich Harksens Opfer haben einlullen lassen. Vor allem am Schluss hat nicht »Mister Money« nach Opfern gesucht, seine Opfer haben sich ihm an den Hals und das Geld hinterhergeschmissen. »Ich an ihrer Stelle hätte das nicht getan«, sagt Harksen in dem Prozess über seine Opfer, aber »wenn diese Gier kommt, sie macht einen blind«. Das greift auch Harksens Verteidiger Gerhard Strate in seinem Schlussplädoyer auf: »Ist das Betrug, wenn der Betrüger zu seinem Opfer sagt: Ich will dich betrügen und das Opfer antwortet: Ich glaub es dir nicht?« Und Dietrich Liedelt sieht das heute ebenfalls so: »Wenn ich ehrlich bin, sind wir alle wütend, dass wir auf den reinfallen.«

Bevor am 11. April 2003 das Urteil fällt, hat Jürgen Harksen das letzte Wort. Er senkt den Blick, als er sagt: »Ich möchte das Thema ein für alle Mal hinter mich bringen und ein neues Leben beginnen.« Das Hamburger Landgericht verurteilt »Mister Money« wegen Betrugs in 52 Fällen zu sechs Jahren und neun Monaten Haft. Damit liegt das Gericht sogar neun Monate über der Forderung der Staatsanwaltschaft. Den ersten Teil seiner Haft sitzt Harksen im Hamburger Gefängnis Fuhlsbüttel, bekannt als »Santa Fu«, ab. Dort schreibt er an seiner Autobiografie »Wie ich den Reichen ihr Geld abnahm«. Ein Vorabdruck des Buches landet auch bei den Richtern, die über

Harksens vorzeitige Entlassung entscheiden sollen. Bisher stehen seine Chancen gut, doch in den Memoiren erkennen die Richter Harksens »Geltungsdrang« und »eine erhebliche Schamlosigkeit im Umgang mit seinen Straftaten«. Und so kostet sein Buch ihn seine vorzeitige Haftentlassung, Harksen wird sogar kurzzeitig von dem offenen in den geschlossenen Vollzug zurückversetzt.

Am 12. Februar 2008 wird er aus der Haft entlassen. Inklusive seiner U-Haft hat Harksen seine komplette Strafe von sechs Jahren und neun Monaten abgesessen. Er zieht mit seiner neuen Frau, einem südafrikanischen Fotomodel, nach Mallorca und nimmt ihren Namen an. Jürgen Harksen nennt sich jetzt Jürgen Smith und arbeitet als Weinhändler. In einem Interview erzählt er damals, dass er in Mallorcas Hauptstadt Palma ganz bescheiden zur Miete lebt: »Den einzigen Luxus, den ich mir leiste, sind die Schulgebühren für meinen Sohn, der auf eine Privatschule geht.«

Im Februar 2015 eröffnet er mit seinen Söhnen aus erster Ehe das Nobelrestaurant »Nuru« in Palmas In-Viertel Santa Catalina. Es sieht ganz so aus, als wäre aus dem Millionenbetrüger ein ehrlicher Geschäftsmann geworden.

Dann steht er am 8. September 2015 wieder vor dem Hamburger Landgericht. In Saal 390 muss er sich erneut wegen Betruges verantworten. 2010 hat er auf Mallorca seinem wohlhabenden, alleinstehenden Freund Thorsten M. versprochen, ihm mithilfe seiner Kontakte nach Südafrika ein Adoptivkind zu besorgen. Thorsten M. gibt ihm Geld dafür und bekommt zu dieser Zeit sogar Mails vom 5-jährigen Philipp aus Kapstadt, der sich darauf freut, seinen neuen Papa endlich kennenzulernen. Insgesamt 120.000 Euro zahlt der Mann, der so gerne Vater werden würde, an Jürgen Smith. Aber das Kind hat es nie gegeben. In dem Prozess sagt der Vorsitzende Richter zu dem Ex- und dann Wieder-Betrüger: »Das war vielleicht noch schlimmer als die Taten, die Sie damals begangen haben. Damals ging es nur um Geld.« Jürgen Smith sagt dazu nicht viel. Nur dass es ihm leidtut. Am Ende verurteilt ihn das Gericht zu 15 Monaten Haft auf Bewährung und einer Geldstrafe von 5000 Euro. Außerdem zahlt Jürgen Smith seinem ehemaligen Freund Thorsten M. einen Großteil des ergaunerten Geldes zurück.

Auch Dietrich Liedelt, der insgesamt umgerechnet 370.000 Euro an »Mister Money« verloren hat, bekommt am Ende noch Geld: 1850 Euro aus einem von Jürgen Harksen gegründeten Wiedergutmachungs-Fonds.

Philipps Fazit

Bei der Geschichte von Jürgen Harksen sollten wir uns selbst fragen, ob wir nicht ein bisschen Schadenfreude empfinden, wenn es »die da oben« trifft? Ein Dieter Bohlen kann es ja vielleicht vertragen, wenn er mal ein bisschen Kohle verliert, oder? Genau das ist es, was in der ganzen Berichterstattung über »Mister Money« und seine Opfer mitschwingt – zusammen mit dem Erstaunen darüber, dass all die reichen, cleveren Geschäftsleute auf die unglaublichen Märchen eines ehemaligen Sonderschülers hereinfallen.

Ende der 2000er sitzt Harksen in jeder Talkshow von Plaßberg bis Lanz. Ja, er ist ein verurteilter Verbrecher – aber auch sehr unterhaltsam. Doch Jürgen Harksen ist kein Robin Hood. Als ZEIT-Journalistin Sabine Rückert ihn nach seinem ersten Prozess im Gefängnis besucht und ihn fragt, ob er nicht mit den Gefühlen seiner Anleger gespielt hat wie ein Heiratsschwindler, antwortet der: »Ich bin kein Heiratsschwindler. Ich spiele nicht mit der Liebe und den Herzen von Menschen. Ich spielte mit ihren Millionen.« Knapp sieben Jahre später gaukelt er einem verzweifelten Freund vor, ihm ein Adoptivkind besorgen zu können, nur um ihn um ein paar tausend Euro zu bringen. Spätestens da hat Jürgen Harksen den Ruf des Gentleman-Gangsters, der nur die betrügt, die betrogen werden wollen, für mich verloren.

Interview mit der forensischen Psychiaterin und Gutachterin Nahlah Saimeh

Dr. Nahlah Saimeh wurde 1966 in Münster geboren und ist eine der bekanntesten forensischen Psychiaterinnen und Gutachterinnen Deutschlands. Mehr als zehn Jahre lang leitete sie das Zentrum forensische Psychiatrie in Lippstadt, außerdem hat sie als Gutachterin in zahlreichen Prozessen wie in dem um den »Oma-Mörder« Olaf D. oder um das Horrorhaus von Höxter gearbeitet. Außerdem hat sie zahlreiche Bücher geschrieben. Nahlah Saimeh lebt und arbeitet in Düsseldorf.

Philipp Fleiter: Der Fall Jürgen Harksen klingt aus heutiger Sicht wie das etwas unglaubwürdige Drehbuch eines Hollywood-Films. Wie gelingt es Hochstaplern, ihre Opfer über lange Zeit zu täuschen?

Nahlah Saimeh: Am Fall Jürgen Harksen ist ja vor allem unglaubwürdig, dass er Anlegern 1300 Prozent Rendite versprach, und dass ihm Menschen diese absurde Rendite geglaubt haben. Da könnte ein Eselhändler auch erzählen, dass seine Tiere bei Wasser und Stroh Dukaten ausscheiden. Aber die Ursache, warum das funktioniert, liegt tiefer: Wir gehen mit dem Wunsch nach Reichtum, der in Wahrheit für den Wunsch nach Sorglosigkeit steht, nicht ehrlich um. Die Vorstellung, einfach so sehr viel Geld zu bekommen, treibt Millionen von Menschen zum Lottospiel. Andere haben viel Geld, wollen aber noch mehr. Top-Betrüger vom Kaliber wie Herr Harksen haben ein exzellentes Gespür für die Sehnsüchte und die tieferen Bedürfnisse von Menschen. Sie erkennen die inneren Motive, und das ist ihr Material, Menschen zu manipulieren. Außerdem beherrschen sie mit einer bestimmten Art extrem hoher sozialer Kompetenz, genau die Verhaltensweisen und Stile zu imitieren, die ihre Opfer ihnen vorleben. Es ist die perfekte Anpassung an bestimmte soziale Schichten.

Sind Hochstapler ein besonderer Typ Mensch?
Ja, sie haben im Regelfall hochgradig psychopathische Eigenschaften. Sie sind angstfrei, für sie ist das Leben und jede Situation im Grunde ein Spiel, ein Sport, ein Wettkampf gegen die eigene Chuzpe.

In meinen Recherchen fällt mir immer wieder auf, dass es Kriminellen gelingt, andere zu täuschen und zum Beispiel die Fassade des netten Nachbarn von nebenan aufzubauen. Zeichnet das einen Verbrecher aus?
Also das kommt darauf an, um was für ein Verbrechen es geht. Als Betrüger müssen Sie perfekt täuschen können. Bei einem Totschlag im alkoholisierten Zustand muss man nicht täuschen. Da misslingen die Affektregulation und die Impulskontrolle. Einige Vergewaltiger verwenden kleine kommunikative Tricks, um Frauen in ihre Gewalt zu bringen, andere nicht. Und wir tun immer so, als ob der Nachbar von uns alles wüsste und wissen könnte. Aber das ist doch nicht so. Wenn jemand seine krebskranke Frau mit einer viel jüngeren Kollegin betrügt, ist das nicht verboten, aber auch nicht nett. Trotzdem kann er ja als Nachbar freundlich und unkompliziert sein.

Sie begutachten in ihrem Beruf als forensische Psychiaterin andere Menschen – werden Sie dabei oft belogen?
Was heißt schon oft? Ich würde sagen, gelegentlich, aber vielleicht viel weniger, als man das annehmen könnte. Wenn Delikte zweifelsfrei feststehen und jemand sagt, dass er das nicht war, dann werde ich natürlich belogen, aber das ist ja nicht mein Problem. Der Proband weiß bei Prognosegutachten, dass ich vom rechtskräftigen Urteil auszugehen habe. Anders ist es bei Gutachten, wenn jemand noch vor Gericht steht. Da gibt es Personen, die einiges verschweigen, aber auch andere, die sehr offen ihre Taten schildern und sich die Last von der Brust reden, aber z.B. bei ihrer Biografie immer etwas Unterschiedliches erzählen. Das hat dann mit der Persönlichkeit zu tun. Außerdem müssen Sie bedenken, dass Sie ja nicht wissen, auf was ich achte und was für mich diagnostisch relevant ist. Manchmal

interessiert mich der konkrete Inhalt im Detail viel weniger als die Art, wie sie über Dinge sprechen. Das wissen Sie ja nicht.

Wie erkennen Sie eine Lüge?
Also zunächst muss ich ja die Akten kennen. Die enthalten schon einige grundlegende Informationen, an denen man sich entlanghangeln kann. Dann gibt es Probanden, die erzählen jedem Gutachter etwas anderes. Da wissen Sie nicht, was an welcher Stelle wirklich stimmt, aber das ist da nicht entscheidend, sondern der Umstand, dass Sie ständig neue Geschichten bekommen, ist relevant. Dann gibt es auch einfach Dinge, die so nicht stimmen können. Wenn z.B. ein Kind schwerste Misshandlungszeichen aufweist, kann man mir eben nicht erzählen, dass es von der Wickelkommode gefallen ist. Wenn man Zigtausende von Kindesmissbrauchsbildern auf dem Rechner hat und wiederholt wegen sexueller Gewalt an Kindern verurteilt wurde, dann ist es zwecklos zu behaupten, dass man mit Kindern sexuell gar nichts am Hut hat. Wenn man behauptet, man habe den Osterhasen gesehen, ist das ja wundervoll, aber ich muss das ja nicht glauben.

Warum haben Sie sich dafür entschieden, forensische Psychiaterin zu werden?
Meine Entscheidung fiel 1999, also vor 22 Jahren und meine Begründung bzw. meine Motive haben sich entwickelt, so wie auch ich mich in den 22 Jahren natürlich entwickelt habe. Ursprünglich war es das Motiv, eine psychiatrische Aufgabe in einem sehr speziellen Bereich gesellschaftlicher Verantwortung zu übernehmen. Normalerweise sind Sie als Arzt dem Patienten und vielleicht noch seinen Angehörigen verpflichtet. Als forensischer Psychiater sind Sie dem Patienten und der Allgemeinheit verpflichtet. Seit zehn oder zwölf Jahren wird mir immer mehr klar, dass die Kraftquelle für meine Liebe zu dieser Arbeit daher rührt, dass ich die Mechanismen menschlichen Scheiterns begreifen will, und dass jeder Mensch, der mir gegenübersitzt, wirklich jeder, eine Variante von Menschsein ist, die man selbst unter

anderen, unglücklicheren Umständen, auch hätte sein oder werden können.

Wenn Sie einen Straftäter begutachten – wie muss ich mir das vorstellen?
Ich bekomme die Aufträge von der Justiz, erhalte die Akten, die ich vorher studiere. Dann mache ich Gesprächstermine, je nach Störung, je nach Thema, nach Komplexität können das – ich sage mal ganz grob – zwischen drei und 20 Stunden sein. Mehr als 20 Stunden sind extrem selten und auch nicht notwendig, weil ein Gutachten keine Therapie ist. Im Grunde sind da 20 Stunden Gespräche, verteilt auf vier bis fünf Termine, schon sehr viel. Und dann kommt die zeitlich intensivste Arbeit, nämlich die schriftliche Ausarbeitung des Gutachtens.
Im Regelfall sitze ich mit den Probanden in einem Raum im Vieraugengespräch. In meinen 22 Jahren hatte ich es insgesamt vielleicht sechs- oder siebenmal, sicher unter zehnmal, dass ich einen Beamten im Gespräch dabeihaben musste – aus Sicherheitsgründen. Sonst spreche ich alleine mit den Personen und wenn irgend möglich auch nicht hinter einer Trennscheibe. Das ist immer blöd.

Gibt es auch Patienten, die sie bei einer Exploration (also einer Begutachtung) nicht durchschauen können?
Ja, es gibt undurchsichtige Leute. Dann kann man aber günstige Prognosen auch nicht stellen. Sie können keine Landschaft beschreiben bei Nebel mit 20 Metern Sichtweite. Man muss dann aber beschreiben und begründen können, was undurchsichtig bleibt.

Wenn wir von schweren Sexualvergehen oder grausamen Morden hören, denken wir ja oft »Dieser Täter ist krank«. Wie viele der Menschen, die sie begutachten, sind tatsächlich krank im klinischen Sinne?
Ich antworte mal mit dem Verhältnis zwischen Haftplätzen und Behandlungsplätzen in forensischen Kliniken: Nur zehn Prozent aller Plätze des Freiheitsentzuges entfallen auf die Behandlung psychisch

kranker Menschen. Wie viele Personen im engeren Sinne psychisch krank sind (also schizophren), hängt bei der Beauftragung für ein Gutachten auch stark von der Erfahrung des Gutachters ab. Je erfahrener, desto eher bekommen Sie die komplizierten Fälle, und das sind meistens nicht Personen mit eindeutigen psychischen Erkrankungen.

Sie tragen in Ihrem Beruf eine große Verantwortung, Ihre Gutachten entscheiden oft über das weitere Leben der Menschen. Wie gehen Sie damit um?
Das ist so, aber ich lege Wert auf die Feststellung, dass es zum Erwachsensein dazugehört, Verantwortung zu tragen und auch tragen zu dürfen. Mir widerstrebt ein infantiles Verständnis vom Leben. Und Verantwortung tragen viele Leute in vielen Berufen und das ist Teil der Identifikation mit den Berufen. Das gilt für Piloten, für Jugendamt-Mitarbeiter, für Lehrer, Bergführer, Feuerwehrleute, Richter, nicht zuletzt für Journalisten und natürlich in ganz besonderem Maße für Politiker. Also ich wüsste nicht, was da an der Forensik besonders wäre.

Kann man überhaupt ausschließen, dass jemand wieder straffällig wird?
Es gibt im menschlichen Leben überhaupt gar nichts, das man ausschließen kann, außer den Umstand, dass Sie älter als 120 Jahre werden. Von daher ist der Kern dieser Frage absurd. Aber darum geht es auch nicht. Es geht bei Kriminalprognosen um Risiko-Profile, also um die Beschreibung, unter welchen Umständen mit welcher Wahrscheinlichkeit welche Person wieder welche Straftaten in welcher Art und Weise mit welchen Opfern begehen wird. Und die Justiz muss dann entscheiden, wie viel Risiko die Gesellschaft zu tragen hat. Das nennt man normative Entscheidung. Man kann aber diese Risikoprofile relativ genau beschreiben. Man kann aber niemals sagen, ob jemand, der ein hohes Rückfallrisiko hat, faktisch rückfällig wird. Man kann nur über das Risiko sprechen.

Viele Menschen ärgern sich, wenn ein Sexualstraftäter z.B. nicht ins Gefängnis, sondern »nur« in die forensische Psychiatrie kommt. Was sagen Sie denen?
Die forensische Psychiatrie ist kein Wellness-Hotel und der Aufenthalt übersteigt von der Dauer her – je nach Erkrankung und Straftat – die zeitlich befristete Haftstrafe um ein Vielfaches.

Kann wirklich jeder Mensch zum Mörder werden?
Nein, natürlich nicht. So konkretistisch, also so wortwörtlich, ist aber auch der Titel meines Buches nicht gemeint. Es geht nicht darum, ob von 100 Leuten in einem Raum 100 zum Mörder werden, sondern ich beschreibe gänzlich unterschiedliche Schicksale von Menschen, die aus ganz unterschiedlichen Motiven getötet haben. Einige schuldlos, andere sehr rational und kaltblütig.

Sie beschäftigen sich in ihrem Beruf tagtäglich mit furchtbaren Verbrechen. Wie schaltet man da nach Feierabend ab?
Ich habe vorhin den Begriff der »Kraftquelle« benutzt und das nicht zufällig. Ich bin das, was ich tue. Ich muss nichts abschalten, ich liebe ja, was ich tue. Ein Fisch schaltet ja auch seine Kiemenatmung nicht ab. Ich unterliege ja keinem Zwang, sondern kann den Inhalt meiner Gedanken ja selbst bestimmen, glücklicherweise.

In Filmen oder Romanen sind Serienmörder oft hochintelligente Psychopathen. Wie realistisch ist das?
Also der talentierte Mr. Ripley aus dem bekannten Roman von Patricia Highsmith ist doch ziemlich selten. Die meisten Psychopathen, die ich kenne, sind nicht unbedingt dumm, aber *hochintelligent* ist doch ein großes Wort. Richtig ist aber, dass unter Serienmördern in der Tat mehr Personen mit Psychopathie sind, und vor allem in der Sicherungsverwahrung ist der Anteil von Psychopathen wirklich auffällig hoch.

Wie sieht für Sie das Böse aus?
Böse ist für mich, die Einzigartigkeit eines jeden einzelnen Menschen zu negieren oder zu ignorieren und ihn daran zu hindern zu realisieren, wer er sein könnte, wenn er seine Ressourcen nutzt. Als Menschen sind wir in unserer Unterschiedlichkeit gleich, und diese Unterschiedlichkeit hat ein Anrecht auf Realisierung, solange man anderen damit nicht schadet.

Können wir als Gesellschaft mehr tun, um dieses »Böse«, also schwere Straftaten, zu verhindern?
Ich denke nicht, dass nur schwere Straftaten Ausdruck von etwas »Bösem« sind. Das ist leider zu einfach. Unsere Gesellschaft ist sehr viel mehr bedroht durch die globale Vernetzung von Verschwörungstheoretikern und Demagogen aller Couleur, durch die wieder erstarkende Verbreitung dämonisierenden Denkens und faschistoider Ideologien – ebenfalls jedweder Farbe. So entsetzlich ein einzelnes Gewaltdelikt eines Individualtäters gegen ein Opfer ist: die Gesellschaft bedroht das nicht. Das sind andere destruktive Kräfte, die man wirklich ernst nehmen muss. Dazu muss man aber natürlich in der Gesellschaft auch darum ringen, welche Werte mehrheitlich wirklich geteilt werden wollen.

Warum glauben Sie, sind so viele Menschen vom Verbrechen fasziniert?
Das frage ich mich auch und richtig verstehen tue ich es nicht. Menschen, die wirkliche Verbrechen begehen, übertreten absolute Tabus. Vielleicht leben sie stellvertretend eine Rücksichtslosigkeit und damit auch Macht aus, die andere Menschen gerne hätten, sich aber nie trauen würden, allein schon aus Angst vor den Folgen. Ein anderes Motiv könnte sein, dass es die simpelste Art ist, sich selbst moralisch überlegen vorzukommen. Und dann ist da noch die Entlastung, die wir in Krimis haben: das Verbrechen hat uns selbst noch einmal verschont, wir haben wieder Glück gehabt.

Anhang

Danksagung

Jetzt sitze ich hier am Schreibtisch, die Sonne scheint durch das Fenster meines Arbeitszimmers und ich will eine Danksagung schreiben. Dabei weiß ich gar nicht, wie das geht. Google spuckt mir zwar Anleitungen darüber aus, wie man mit Zahnseide eine kaputte Brille repariert oder sich aus Klopapier Lockenwickler bastelt, aber wie man eine richtige Danksagung schreibt, steht da nicht. Vielleicht sollte ich erst mal damit anfangen, mich bei der Person zu bedanken, die diese Seiten überhaupt erst möglich macht – und das bist du! Du hast dieses Buch gekauft. (Ich hoffe sehr, dass du das Buch gekauft hast, sonst wäre das definitiv ein Verbrechen von nebenan.) Du hast aus meinem kleinen Hobby-Podcast einen Job gemacht, den ich liebe und von dem ich leben kann. Du gehst vielleicht auch zu meinen Live-Auftritten, schaust dir meine TV-Show an oder kaufst sogar meinen Merch. Ohne dich würde es weder diesen Podcast noch dieses Buch gegen. Fühl dich also durchs Papier (oder durch den E-Book-Reader) gedrückt. Danke!

Aber so ein Podcast und auch dieses Buch sind natürlich immer Teamwork, deshalb gibt es noch ein paar mehr Leute auf meiner Dankesliste. Als Allerersten danke ich dir, Joel, dass du mich schon so lange aushältst, obwohl du dich nicht mal für True Crime interessierst. Ich könnte mir keinen besseren Menschen an meiner Seite vorstellen. Das gilt genauso für meinen besten Freund und Partner in Crime Ralf. Dafür, dass ich ohne dich nie auf den Namen des Podcasts gekommen wäre und dafür, dass du mir im Podcast immer dazwischenredest. Auch für mich gab es Zeiten, in denen alles mal so gar nicht lief und »Verbrechen von nebenan« auf der Kippe stand. Da war meine Familie immer an meiner Seite. Mama, Papa, Mario, Clara und Katharina – danke dafür. Und natürlich danke Oma Eva, ohne dich gäbe es mich schließlich gar nicht.

Gibt es eigentlich eine Maximal-Länge für Danksagungen? Mir fallen da nämlich noch jede Menge Menschen ein, ohne die ich dieses Buch nie hätte schreiben können, und zwar:

Judith, Birte und Tanina: Danke, dass ich euch meine Freunde nennen darf.

Johannes: Ich hatte vorher keine Ahnung, was ein Lektor so macht, aber jetzt freue ich mich sehr darauf, mit dir weiße Seidenschals zu tragen. Und denk immer daran: Bienvenidos heißt Willkommen.

Carla: Danke für deine klugen Hinweise, dein Adlerauge, deine Kommentare, die mich immer wieder zum Lachen gebracht haben. Und danke, dass du mir manchmal auch zum Bier rätst.

Franka: Wenn mir vor anderthalb Jahren jemand gesagt hätte, dass ich mal eine Literaturagentin habe, hätte ich ihm oder ihr einen Vogel gezeigt. Jetzt, wo ich dich hab, kann ich mir eine Arbeit ohne gar nicht mehr vorstellen.

Katrin und das gesamte Goldmann-Team: Ich hätte mir keinen besseren Verlag für mein erstes eigenes Buch wünschen können – danke!

Mirijam, Luisa, Vivi und alle anderen bei der Audio Alliance: Ich bin sehr glücklich darüber, Teil dieser Podcast-Familie zu sein. Danke für all eure Unterstützung, eure Hilfe und euer Vertrauen in den Podcast.

Nina: Danke, dass du dich mit so viel Energie und Hingabe um mein Management kümmerst und auch dafür, dass du manchmal nur anrufst, um zu tratschen.

Carsten: Danke, dass du mich als Chef immer so unterstützt hast, sogar als ich mit der bekloppten Idee zu dir kam, einen Podcast zu starten.

Leon: Danke für deine Tipps (für eigentlich alle Lebenslagen) und dafür, dass du noch müder aussiehst als ich.

Marion: Seit meiner Kindheit habe ich in deiner Buchhandlung meine ersten Bücher gekauft (na gut, kaufen lassen). Danke, dass du meine Leidenschaft fürs Lesen befeuert hast und jetzt tatsächlich mein erstes eigenes Buch bei dir im Laden im Regal steht.

Die Sonne scheint immer noch durch mein Fenster, aber ich habe gerade meine allererste Danksagung geschrieben. War eigentlich ganz okay, finde ich. Falls du bis hierhin durchgehalten hast: Respekt! Freu dich schon mal auf mein nächstes Buch – bis dahin habe ich dann Übung im Danksagungen schreiben.

Quellen

Ein Leben als Lüge

Befragung der Zeugin Mareen G. am 15.12.2015
Befragung des Zeugen Björn R. am 15.12.2015
Einführung in die Regeln von Shadowrun 6 – online unter: https://www.shadowrun6.de/index.php/produkte-2/regelwerke/17-sr6-grundregelwerk.html
Engelberg, Michael & Wegener, Andreas: »Mumien-Bankräuber gesteht vor Gericht« In: BILD Online vom 17.8.2016 https://www.bild.de/regional/ruhrgebiet/mullbinde/prozessauftakt-mullbinden-bankrauber-47361608.bild.html
Erste Polizeiliche Vernehmung von Hanno M. am 15.12.2015
Gantenbrink, Nora: »Die Lüge« In: Stern Crime 9/2016
Großekemper, Tobias: »Mumien-Räuber unterrichtete zum Thema Banküberfall« In: Westfälische Rundschau vom 15.9.2016 https://www.wr.de/staedte/dortmund/mumien-raeuber-unterrichtete-zum-thema-bankueberfall-id12196393.html
Schulz, Benjamin: »»Mumien-Räuber« zu Bewährungsstrafe verurteilt« In: SPIEGEL Online vom 23.8.2016 https://www.spiegel.de/panorama/justiz/dortmund-mumien-raeuber-zu-bewaehrungsstrafe-verurteilt-a-1109122.html
Urteil des Dortmunder Landgerichts vom 23.8.2016
Wegener, Andreas: »Mann überfällt Bank mit Mullbinden um den Kopf« In: BILD Online vom 4.12.2014 https://www.bild.de/regional/ruhrgebiet/bankueberfall/mullbinden-statt-sturmmaske-38840652.bild.html
Wegener, Andreas: »Mullbinden-Räuber scheitert mit Pflaster-Masche« In: BILD Online vom 16.12.2015 https://www.bild.de/regional/ruhrgebiet/ueberfall/mullbinden-bankraeber-festgenommen-43830894.bild.html
Wette, Stefan: »Bankräuber tarnte sich als Mumie – Dortmunder vor Gericht« In: Westfälische Rundschau vom 17.8.2016 https://www.wr.de/staedte/dortmund/bankraeuber-tarnte-sich-als-mumie-dortmunder-vor-gericht-id12107160.html
Wette, Stefan: »Der Mumienräuber und seine Lebenslüge« In: WAZ vom 18.8.2016 https://www.waz.de/region/rhein-und-ruhr/der-mumienraeuber-und-seine-lebensluege-id12109849.html

Der Kreuzworträtsel-Mord

Girod, Hans: »Der Kreuzworträtselmord und andere Kriminalfälle der DDR« erschienen bei Das Neue Berlin, Berlin 2004, S.150-173

Leber, Sebastian: »Der Kreuzworträtsel-Mord« In: Berliner Tagesspiegel vom 17.8.2012 https://www.tagesspiegel.de/gesellschaft/panorama/geschichte-der-kreuzwortraetsel-mord/7014654-all.html

Magdeburger Volksstimme: »Kreuzworträtsel-Mörder starb in Magdeburg« In: Magdeburger Volksstimme vom 11. Februar 2013

Graue Gangster

BILD.de: »Mit einem Trick entkam ich meinen Entführern« In: BILD.de vom 23.6.2009 https://www.bild.de/news/2009/spricht-ueber-seine-gefangenschaft-8781544.bild.html

BILD.de: »Rentner-Bande als Geiselnehmer vor Gericht« In: BILD.de vom 8.2.2010 https://www.bild.de/news/2010/als-geiselnehmer-vor-gericht-11396050.bild.html

Effern, Heiner: »Inkasso Brutal« In: Süddeutsche Zeitung vom 8.12.2009 https://www.sueddeutsche.de/bayern/rentner-gang-in-traunstein-inkasso-brutal-1.138576-0#seite-2

Effern, Heiner: »Senioren üben Selbstjustiz« In: Süddeutsche Zeitung vom 8.2.2010 https://www.sueddeutsche.de/bayern/entfuehrung-eines-anlageberaters-senioren-ueben-selbstjustiz-1.58262

Götting, Markus »Die wollten mich umbringen. Was sonst?« In: Stern 32/2009 https://www.stern.de/panorama/stern-crime/amburn-entfuehrung--die-wollten-mich-umbringen--was-sonst---3531324.html

Kadach, Marlene: »Rentnergang vom Chiemsee: Das Buch der Unschuld« In: Münchner Merkur vom 1.8.2012 https://www.merkur.de/lokales/miesbach/miesbach/rentnergang-chiemsee-buch-unschuld-2441062.html

Krippl, Carmen: »Wir waren keine Gang, sondern Opfer!« Bei: chiemgau24.de vom 17.5.2013 https://www.chiemgau24.de/chiemgau/traunstein/gerhard-fleischner-mitglied-rentnergang-chiemsee-noch-immer-kaempft-seinen-guten-2911651.html

Osang, Alexander: »Das gefesselte Kapital« In: SPIEGEL 8/2010 https://www.spiegel.de/spiegel/print/d-69174709.html

»Rentner-Gang muss für Geiselnahme büßen« In: SPIEGEL Online vom 23.3.2010 https://www.spiegel.de/wirtschaft/soziales/anlageberater-entfuehrt-rentner-gang-muss-fuer-geiselnahme-buessen-a-685248.html

Sabinsky, Holger: »Geisel der Rentner-Gang: Gefangen im Altenheim« In: Augsburger Allgemeine vom 25.2.2010 https://www.augsburger-allgemeine.de/bayern/Geisel-der-Rentner-Gang-Gefangen-im-Altenheim-id7374606.html

Schneider, John: »Rentnergang: Haft in Stadelheim hat ihn krank gemacht« In: Abendzeitung München vom 17.2.2016 https://www.abendzeitung-muenchen.de/muenchen/rentnergang-haft-in-stadelheim-hat-ihn-krank-gemacht-art-329018

Stern Online: »Komplize gibt Entführung des Anlageberaters zu« In: Stern Online vom 26.2.2010 https://www.stern.de/panorama/prozess-wegen-geiselnahme-komplize-gibt-entfuehrung-des-anlageberaters-zu-3896718.html

Walter, Dirk: »Rentnergang vom Chiemsee: Ärztin verklagt Bayern« In: Münchner Merkur vom 14.12.2011 https://www.merkur.de/bayern/rentnergang-chiemsee-aerztin-verklagt-bayern-mm-1529415.html

Der St.-Pauli-Killer

Haarmeyer, Jan: »Mucki Pinzner: Das Ende eines Auftragsmörders« In: Hamburger Abendblatt vom 29.7.2011 https://www.abendblatt.de/hamburg/article108065670/Mucki-Pinzner-Das-Ende-eines-Auftragsmoerders.html

Harrich-Zandberg, Danuta & Harrich, Walter: »Der St. Pauli-Killer« Dokumentation für den NDR aus der Reihe »Die großen Kriminalfälle«, Erstausstrahlung am 30.9.2002 https://www.youtube.com/watch?v=H0iA-dqTiJY

Hirschbiegel, Thomas: »Die blutige Spur des Rotlicht-Killers Werner ›Mucki‹ Pinzner« In: Hamburger Morgenpost vom 30.7.2011 https://www.mopo.de/hamburg/er-ermordete-fuenf-zuhaelter-die-blutige-spur-des-rotlicht-killers-werner--mucki--pinzner-17411864

»Klatten, Hitler-Tagebücher und Kiez-Größen«, Doku von Kabel 1 aus der Reihe »Die Spektakulärsten Kriminalfälle«, Folge 23, Ausstrahlung am 19.7.2020

Lindlau, Dagobert: »Der Lohnkiller: Eine Figur aus dem Organisierten Verbrechen«, erschienen bei Droemer Knaur, München 1994
Maurer, Marco: »Gottes Kinder« In: Stern Crime 24/2019
Mauz, Gerhard: »Staatsanwalt Bistry ist tot …« In: Der SPIEGEL 27/1988 https://www.spiegel.de/spiegel/print/d-13528060.html
Mauz, Gerhard: »und, und, und, und, und, und, und, und, und« In: Der SPIEGEL 10/1988
https://www.spiegel.de/spiegel/print/d-13526602.html
Mittelacher, Bettina: »Wie der ›St.-Pauli-Killer‹ die Polizei ins Mark traf« In: Hamburger Abendblatt vom 24.4.2020:
https://www.abendblatt.de/podcast/dem-tod-auf-der-spur/article228971249/Werner-Mucki-Pinzner-St-Pauli-Killer-Hamburg-Kiez-Polizei-Prof-Klaus-Pueschel-Podcast-Profikiller-Dem-Tod-auf-der-Spur-Rechtsmedizin.html
Steinhoff, Malte: »Der Tag, an dem St.-Pauli-Killer ›Mucki‹« Pinzner Amok lief« In: Hamburger Morgenpost vom 13.7.2013
https://www.mopo.de/hamburg/st-pauli-killer-der-tag--an-dem-st-pauli-killer--mucki--pinzner-amok-lief-6643846
Platz, Björn: »Als die Killer auf den Kiez kamen«, Dokumentation für den NDR aus der Reihe »Die Nordstory«, Erstausstrahlung am 9.11.2012
https://www.youtube.com/watch?v=EXwnOZnFKgA&has_verified=1
Roggenkamp, Viola: »Pinzners erdrückendes Erbe« In: Die ZEIT 11/1988
https://www.zeit.de/1988/11/pinzners-erdrueckendes-erbe/seite-1
Rosin, Ralf: »Das Blutbad des Kiez-Killers Werner »Mucki« Pinzner« In: BILD vom 29.7.2011
https://www.bild.de/regional/hamburg/mord/25-jahre-kiez-killer-werner-mucki-pinzner-19118952.bild.html

Tod der Sonnentempler

Bergkraut, Eric: »Die Sonnentempler: Eine Reise in den Tod« – Dokumentation von 1996
https://www.youtube.com/watch?v=hDkYwrA3FiE&feature=youtu.be
Der SPIEGEL: »Transit zum Sirius« In: Der SPIEGEL 1/1996
https://www.spiegel.de/spiegel/print/d-8871748.html
Der SPIEGEL: »Wir verlassen diese Erde« In: Der SPIEGEL 41/1994
https://www.spiegel.de/spiegel/print/d-13683601.html
Neujahr, Gaby; »Sterben für den Wahn« In: Focus 41/1994
https://www.focus.de/politik/ausland/schweiz-sterben-fuer-den-wahn_aid_149239.html

Ritter, Pascal & Maurer, Andreas: »Trauriger Jahrestag: Vor 25 Jahren massakrierten Gurus Dutzende Mitglieder der Sonnentempler-Sekte« In: Aargauer Zeitung vom 5.10.2019
https://www.aargauerzeitung.ch/leben/leben/trauriger-jahrestag-vor-25-jahren-massakrierten-gurus-dutzende-mitglieder-der-sonnentempler-sekte-135747811

Schell, Michèle: »Vor 25 Jahren: Massensuizid der Sonnentempler in der Romandie« In: NZZ Online von 5.10.2019
https://www.nzz.ch/panorama/vor-25-jahren-massensuizid-der-sonnentempler-in-der-romandie-ld.1508729

Schwepcke, Barbara: »Tod im Wald« In: Focus 1/1996
https://www.focus.de/politik/ausland/schweiz-frankreich-tod-im-wald_aid_156796.html

SPIEGEL TV: »Sonnentempler: Sekten-Selbstmord in der Schweiz und in Kanada« – Reportage von SPIEGEL TV von 1994
https://www.youtube.com/watch?v=kw6BZIWdPMI

Der Kindermord von Darmstadt

Albrecht, Alexander: »Ganze Familie habe gemeinsam entschieden, zu sterben«. In: Rhein-Neckar-Zeitung vom 9.5.2019
https://www.rnz.de/nachrichten/metropolregion_artikel,-moerlenbacher-familiendrama-ganze-familie-habe-gemeinsam-entschieden-zu-sterben-_arid,438893.html

Eisenhardt, Uta: »Papa zieht in den Krieg« in Stern Crime 27 (11/2019) S.76-83

Jüttner, Julia: »Dr. Dr. Tod« In: Der SPIEGEL 16/2019, erschienen am 12.4.2019
https://www.spiegel.de/panorama/moerlenbach-im-odenwald-kinder-toeten-haus-anzuenden-einfach-so-a-00000000-0002-0001-0000-000163403852

Lache, Anette: »Sie starben im Kinderzimmer – wer tötete Anton und Emilia?« In: Stern 25/2019
https://www.stern.de/p/panorama/stern-crime/prozess-um-den-tod-zweier-kinder--wer-toetete-anton-und-emilia--8752822.html

Zum Urteil: Jüttner, Julia: »Tödlicher Deal« In: SPIEGEL Online vom 19.06.2019
https://www.spiegel.de/panorama/justiz/urteil-gegen-aerztepaar-in-moerlenbach-toedlicher-deal-a-1273283.html

Dagobert

Bauwerk-Magazin: »Das Geldversteck unter der Spüle – im Interview mit Dagobert« In: Bauwerk Magazin 04/2019
https://www.list-gruppe.de/journal/detailansicht/das-geldversteck-unter-der-spuele-im-interview-mit-dagobert/

Friedrichsen, Gisela: »Viele Mäuse – der Katze Tod« In: Der SPIEGEL 4/1995
https://www.spiegel.de/spiegel/print/d-9157716.html

Funke, Arno: »Mein Leben als Dagobert«, erschienen im Christoph Links Verlag, Berlin 3. Auflage März 2010

Geisler, Anika: »Wer bist du?« – Interview mit Claudia Brockmann In: Stern Crime 22/2018

Heise, Helene: »Chronologie: Der Fall ›Dagobert‹« In: NDR Online vom 13.6.2017
https://www.ndr.de/geschichte/chronologie/Chronologie-Der-Fall-Dagobert,dagobert118.html

Kruse, Kuno & Polatschek, Klemens: »Der schrullige Typ im alten Mercedes« In: Die ZEIT 18/1994
https://www.zeit.de/1994/18/der-schrullige-typ-im-alten-mercedes/komplettansicht

Pfaffenzeller, Martin: »Erpresser Arno Funke alias Dagobert: »Ich bin ja wie ein Zombie durch die Gegend gelaufen« In: SPIEGEL Online vom 22.4.2019
https://www.spiegel.de/geschichte/kaufhaus-erpresser-arno-funke-sein-leben-nach-dagobert-a-1263268.html

Slaski, Jacek: »Karstadt, Karikaturen und die DDR: Arno Funke alias »Dagobert« im Gespräch zu seinem 70. Geburtstag« In: Tip Magazin vom 16.3. 2020
https://www.tip-berlin.de/stadtleben/arno-funke-dagobert-interview/

Vehlewald, Hans-Jörg: »Mal in Talern schwimmen« In: Der SPIEGEL 21/1994
https://www.spiegel.de/spiegel/print/d-13684649.html

Vernier, Robert (u.a.): »Dagobert schnatterte gleich los« In: Focus 17/1994
https://www.focus.de/politik/deutschland/erpressung-dagobert-schnatterte-gleich-los_aid_146038.html

Der Fall Harry Wörz

Darnstädt, Thomas: »Der Richter und sein Opfer: Wenn die Justiz sich irrt«, erschienen im Piper Verlag, München 2013

Dippold, Katharina: »Dreizehn Jahre gestohlenes Leben« In: Cicero vom 29.1.2014
https://www.cicero.de/innenpolitik/harry-woerz-justizirrtuemer-hubert-gorka/56938

Friedrichsen, Gisela: »Lebenslänglich Justizopfer« In: SPIEGEL Online vom 15.12.2010
https://www.spiegel.de/panorama/justiz/freispruch-fuer-harry-woerz-lebenslaenglich-justizopfer-a-734867.html

Friedrichsen, Gisela: »Triumph des Richters« In: SPIEGEL Online vom 22.10.2009
https://www.spiegel.de/panorama/justiz/freispruch-im-fall-harry-woerz-triumph-des-richters-a-656792.html

Haendle, Rainer: »Freispruch mit Tränen und lauten Kirchenglocken« In: Pforzheimer Zeitung vom 7.10.2005
https://harrywoerz.de/neuimages/051007_110_HP_005.pdf

Jüttner, Julia: »Die machen mein Leben kaputt« In: SPIEGEL Online vom 29.6.2010
https://www.spiegel.de/panorama/justiz/fall-harry-woerz-die-machen-mein-leben-kaputt-a-703361.html

Jüttner, Julia: »Wenn du jetzt gehst, ist alles aus!« In: SPIEGEL Online vom 8.5.2009
https://www.spiegel.de/panorama/justiz/prozess-gegen-harry-woerz-wenn-du-jetzt-gehst-ist-alles-aus-a-623749.html

Keck, Christine: »Ein zerstörtes Leben« In: Stuttgarter Zeitung vom 17.1.2017
https://www.stuttgarter-nachrichten.de/inhalt.justizopfer-harry-woerz-ein-zerstoertes-leben.4014423d-f456-4674-aebe-8a51c1d75fd2.html
https://www.welt.de/vermischtes/article4938294/Nach-dem-Freispruch-weinte-Harry-Woerz-leise.html

Röhn, Tim: »Ich kann jetzt nicht so gut mit Menschen« In: Die Welt vom 27.12.2010
https://www.welt.de/print/welt_kompakt/print_politik/article11839310/Ich-kann-jetzt-nicht-so-gut-mit-Menschen.html

Rückert, Sabine: »Lügen, die man gerne glaubt« In: Die ZEIT 28/2011
https://www.zeit.de/2011/28/DOS-Justiz

Scholz, Gunter: »Leben unter Verdacht – Der Fall Harry Wörz« Dokumentation, Erstausstrahlung am 29.6.2010 um 22.45 Uhr in der ARD
Stieber, Benno: »Almosen für ein kaputtes Leben« In: taz vom 10.1.2017 https://taz.de/Der-Fall-Harry-Woerz/!5370726/
Urteil des LG Mannheim vom 6.10.2005 https://harrywoerz.de/neuimages/lgmannheim-urteil2005.pdf
Urteil des Strafprozesses gegen Harry Wörz am Landgericht Karlsruhe vom 16.1.1998 https://harrywoerz.de/?pg=10
Urteil des Zivilprozesses am Landgericht Karlsruhe vom 6.4.2001 https://harrywoerz.de/?pg=32
Viehweg, Christiane: »Erst Schweigen – dann brandet Beifall« In: Pforzheimer Kurier vom 23.10.2009 https://harrywoerz.de/neuimages/pk-20091023-03.jpg
Weisenburger, Roland: »Die Löcher sind gewaltig« In: Pforzheimer Kurier vom 4.7.2009 https://harrywoerz.de/neuimages/pk-20090704-02.jpg
Witzel, Holger: »Der ewige Verdächtige« In: Stern vom 3.5.2009: https://www.stern.de/panorama/stern-crime/angeblicher-moerder-harry-woerz-der-ewige-verdaechtige-3561902.html
Wörz, Harry: Tagebuch aus der Untersuchungshaft vom 3.5.1997 bis zum 26.9.1997 https://harrywoerz.de/?pg=47

Tod einer Lehrerin

»Angeklagter verhöhnt sein Opfer« In: SPIEGEL Online vom 20.8.2010 https://www.spiegel.de/panorama/justiz/eklat-in-mordprozess-angeklagter-verhoehnt-sein-opfer-a-712981.html
Bundesinnenministerium: »Polizeiliche Kriminalitätsstatistik 2019« https://www.bmi.bund.de/SharedDocs/downloads/DE/publikationen/themen/sicherheit/pks-2019.pdf?__blob=publicationFile&v=10
Gerdts-Schiffler, Rose: »Schwere Vorwürfe gegen den Schulleiter« In: Weser Kurier vom 24.5.2010 https://www.weser-kurier.de/bremen/bremen-stadt_artikel,-Schwere-Vorwuerfe-gegen-den-Schulleiter-_arid,95774.html
Herrnkind, Kerstin: »Behörde wusste von Stalker – und tat nichts« In: Stern vom 19.12.2010 https://www.stern.de/panorama/stern-crime/mord-an-bremer-lehrerin-behoerde-wusste-von-stalker---und-tat-nichts-3873256.html

»Ich habe sie verachtet und gehasst« In: BILD Bremen vom 16.2.2010 https://www.bild.de/news/2010/er-toetete-lehrerin-mit-messerstichen-12946152.bild.html

Junck, Volker: »Verurteilt ohne Aussicht auf Entlassung« In: Weser-Kurier vom 23.8.2010 https://www.weser-kurier.de/bremen_artikel,-Verurteilt-ohne-Aussicht-auf-Entlassung-_arid,284735.html#nfy-reload

Jüttner, Julia (A): »Gero war eine tickende Zeitbombe«, In: SPIEGEL Online vom 18.8.2010 https://www.spiegel.de/panorama/justiz/lehrerin-als-stalking-opfer-gero-war-eine-tickende-zeitbombe-a-712298.html

Jüttner, Julia: »Tod einer Lehrerin« In: SPIEGEL Online vom 30.11.2010 https://www.spiegel.de/panorama/justiz/stalking-tod-einer-lehrerin-a-731831.html

Sievert, Astrid: »Die kranke Welt des Messer-Killers« In: BILD Bremen vom 19.8.2010 https://www.bild.de/regional/bremen/die-kranke-welt-des-gero-s-schockierende-psycho-gutachten-13673994.bild.html

Strauch, Marianne: »Tod einer Lehrerin« – Dokumentation aus der Reihe »45 Minuten« für Radio Bremen & NDR vom 30.11.2010

»Mord mit Vorgeschichte« In: taz vom 20.5.2010 https://taz.de/STALKING/!5142367/

Sievert, Astrid: »So qualvoll starb die junge Lehrerin« In: BILD Bremen vom 21.7.2010 https://www.bild.de/regional/bremen/so-qualvoll-starb-die-junge-lehrerin-13368542.bild.html

Wolschner, Klaus: »Fürsorgepflicht verletzt« In: taz vom 16.12.2010 https://taz.de/Archiv-Suche/!5130306&s=heike%2Bblock/

Wolschner, Klaus: »Kein Mitleid, keine Reue« In: taz vom 15.6.2010 https://taz.de/Archiv-Suche/!5140926&s=heike%2Bblock/

Zier, Jan: »Das letzte Wort« In: taz vom 20.8.2010 https://taz.de/Prozess/!5136979/

Pumpgun-Ronnie

Arbeiter-Zeitung: »Opfer öffnete seinem Mörder die Wohnungstür«. In: Arbeiter-Zeitung vom 14. August 1985

Berauschek, Gabi (u.a.): »Flucht ist zu Ende: ›Ronnie‹ erschoß sich in St. Pölten« In: Arbeiter-Zeitung vom 16.11.1988

Fischer-Wickenburg, Uwe: »Polizist lief seinem Mörder direkt vor den Gewehrlauf« In: Arbeiter-Zeitung vom 26. Juli 1986

Fischill, Franz: »Kein sicheres Verhörzimmer: So konnte ›Ronnie‹ flüchten«. In: Arbeiter-Zeitung vom 14. November 1988
»Der Räuber mit der Maske hält Wien in Atem« In: Arbeiter-Zeitung vom 24.3.1988
http://www.arbeiter-zeitung.at/cgi-bin/archiv/flash.pl?seite=19880324_A05;html=1
Fischill, Franz: »Künstlicher Stau wurde Ronnies Verhängnis« In: Arbeiter-Zeitung vom 17. November 1988
Fischill, Franz: »Ronnie wollte Geisel nehmen« In: Arbeiter-Zeitung vom 15. November 1988
Heigl, Gernot: »Pump Gun: Gefährlich wie Granaten und auf 25 Meter absolut tödlich« In: Kronenzeitung vom 25.3.1988
Huber, Markus & Winroither, Eva: »Ronnie rennt« In: Tagesspiegel vom 7.3.2010
https://www.tagesspiegel.de/gesellschaft/panorama/die-geschichte-ronnie-rennt/1713644.html
Höller, Markus: »Die Geschichte von ›Pumpgun-Ronnie‹ – dem Bankräuber, Mörder und Marathon-Rekordhalter« In: VICE vom 21.6.2018
https://www.vice.com/de/article/evk9vw/die-geschichte-von-pumpgun-ronnie-dem-bankrauber-morder-und-marathon-rekordhalter
Karny, Thomas: »Vom Outlaw zum Mörder« In: Wiener Zeitung vom 10.11.2018
https://www.wienerzeitung.at/nachrichten/wissen/geschichte/1000955-Vom-Outlaw-zum-Moerder.html
Perry, Mark: »›Pumpgun-Ronny‹: Die Realität war brutaler als der Film« In: Kronen-Zeitung vom 25.2.2010
https://www.krone.at/187215
Prager, Tessa: »Großer Bahnhof für den Räuber« In: Arbeiter-Zeitung vom 26.1.1977
Wunderlich, Dieter: Kurzbiographie von Johann Kastenberger
https://www.dieterwunderlich.de/Johann-Kastenberger-Pumpgun-Ronnie.htm

Die Bestie von Beelitz

Bias, Beate: »Vom Außenseiter zur Bestie von Beelitz« In: Märkische Oderzeitung vom 25.10.2018
https://www.moz.de/nachrichten/brandenburg/krimiserie-vom-aussenseiter-zur-bestie-von-beelitz-49097264.html

Der SPIEGEL: »Depp der Deppen« In: Der SPIEGEL 39/1991
https://www.spiegel.de/spiegel/print/d-13492323.html
Der SPIEGEL: »Tanz mit der Bestie« In: Der SPIEGEL 33/1993
https://www.spiegel.de/spiegel/print/d-13488260.html
Friedrichsen, Gisela: »Ein Ausholen zum Gegenschlag« In: Der SPIEGEL 45/1992
https://www.spiegel.de/spiegel/print/d-13680463.html
Lugert, Verena: »Rosa Riese« In: Stern Crime 25/2019
rbb: »Der besondere Fall: Die Beste von Beelitz«, In: »Täter-Opfer-Polizei«, Folge 30 (2017/2019) im Rundfunk Berlin Brandenburg rbb (Erstausstrahlung am 7.2.2018)
https://www.youtube.com/watch?v=PdDyTzkl9Fc
https://www.youtube.com/watch?v=N93QLDfI944
Malzahn, Claus Christian: »Fichtenwalde – Ein Dorf sucht einen Mörder« In: taz vom 3.5.1991
https://taz.de/Archiv-Suche/!1721386&s=malzahn%2Bbeelitz&SuchRahmen=Print/
Malzahn, Claus Christian: »Welche Schuld trägt Wolfgang Schmidt« In: taz am Wochenende vom 18.7.1992
https://taz.de/!1661480/
Mauz, Gerhard: »Keine Fragen an den Psychiater« In: Der SPIEGEL 50/1992
https://www.spiegel.de/spiegel/print/d-13682125.html
Pitzke, Marc: »Da habe ich plötzlich meine Mutter gesehen« In: Neues Deutschland vom 21.10.1992
https://www.neues-deutschland.de/artikel/383103.da-habe-ich-ploetzlich-meine-mutter-gesehen.html
Sauerbier, Michael: »BILD auf der Spur des Rosa Riesen« In: BILD Online vom 17.7.2013
https://www.bild.de/regional/berlin/mord/bild-auf-spurensuche-im-leben-des-rosa-riesen-31369892.bild.html
Schütz, Jan: »Die Taten des Rosa Riesen« In: BILD Online vom 16.7.2013
https://www.bild.de/regional/berlin/berlin/die-taten-des-rosa-riesen-31359230.bild.html
Wehmeier, Jan: »Der Rosa Riese spricht« In: BILD vom 14.9.2010
https://www.bild.de/news/2010/gefaengnis/spricht-in-bild-lasst-mich-nie-wieder-frei-13951056.bild.html

Die Soldaten-Morde von Lebach

Bädorf, Marc: »Das Trio« In: Stern Crime 28/2019
Beschluss des Bundesverfassungsgerichtes vom 25.11.1999 – 1 BvR 348/98 https://www.bundesverfassungsgericht.de/entscheidungen/rk19991125_1bvr034898.html
Der SPIEGEL: »Der dritte Mann« In: Der SPIEGEL 20/1969: https://www.spiegel.de/spiegel/print/d-45741420.html
Der SPIEGEL: »Der Revolver« In: Der SPIEGEL 17/1959 https://www.spiegel.de/spiegel/print/d-42625286.html
Der SPIEGEL: »Neue Sicht« In: Der SPIEGEL 19/1969 https://www.spiegel.de/spiegel/print/d-45741523.html
Der SPIEGEL: »Nur Ausgelacht« In: Der SPIEGEL 28/1971 https://www.spiegel.de/spiegel/print/d-43144821.html
Der SPIEGEL: »Späte Milde« In: Der SPIEGEL 20/1969 https://www.spiegel.de/spiegel/print/d-45741408.html
Kleikamp, Antonia: »Der Tod kam nachts um 3« In: Die Welt vom 20.1.2019
https://www.welt.de/geschichte/article187313788/Bundeswehr-in-Lebach-1969-Der-Tod-kam-nachts-um-drei.html
Lempert, Peter: »Vom Aufstieg der Madame Buchela« In: Saarbrücker Zeitung vom 16.4.2010
Lorenz, Udo: »Die unvergessene Bluttat von Lebach« In: Saarbrücker Zeitung vom 18.1.2019
https://www.saarbruecker-zeitung.de/nachrichten/politik/topthemen/der-soldatenmord-von-lebach-ereignete-sich-heute-vor-50-jahren_aid-35746191
Mauz, Gerhard: »Warum So und später anders …?« In: Der SPIEGEL 29/1970
https://www.spiegel.de/spiegel/print/d-44906390.html
Meyer, Steffen: »Haupttäter will im Knast sterben« In: BILD vom 10.4.2016
https://www.bild.de/regional/saarland/saarland/haupttaeter-der-lebacher-soldaten-morde-will-im-knast-sterben-45295336.bild.html#fromWall
Noack, Hans-Joachim: »Das Unbegreifliche blieb ohne Erklärung« In: Die ZEIT vom 14.8.1970
https://www.zeit.de/1970/33/das-unbegreifliche-blieb-ohne-erklaerung
Noack, Hans-Joachim: »Gekicher im Saal« In: Die ZEIT vom 10.7.1970
https://www.zeit.de/1970/28/gekicher-im-saal

Noack, Hans-Joachim: »Nicht Apo und nicht Mafia« In: Die ZEIT vom 3.7.1970
https://www.zeit.de/1970/27/nicht-apo-und-nicht-mafia
Tomic, Mirco: »Der Soldatenmord von Lebach«, Dokumentation aus der Reihe »SAARTHEMA«, ausgestrahlt am 14.05.2020 im Saarländischen Rundfunk
Urteil des Bundesverfassungsgerichtes vom 05.06.1973 – 1 BvR 536/72
https://openjur.de/u/177284.html
ZDF: »Aktenzeichen XY ungelöst« im ZDF vom 11.April 1969
https://www.youtube.com/watch?v=mNgxLfcvzLs

Gendarm und Räuber

Boyes, Roger: »Fall of the Black Saxon« In: The Times Magazine vom 2.3.1996
Buntrock, Tanja: »Auf die harte Tour« In: Tagesspiegel vom 4.1.2010
https://www.tagesspiegel.de/berlin/auf-die-harte-tour/479044.html
Chemnitz, Peter: »Setzen Sie bitte die Sonnenbrille ab« In: Die Welt vom 13.9.1996
https://www.welt.de/print-welt/article655188/Setzen-Sie-bitte-die-Sonnenbrille-ab.html
Hartwig, Sonja: »Es gibt Dinge, auf die habe ich keine Antwort« In: FAZ vom 15.2.2014
https://www.faz.net/aktuell/gesellschaft/menschen/samuel-meffire-im-gespraech-es-gibt-dinge-da-habe-ich-keine-antwort-12769467.html?printPagedArticle=true#pageIndex_2
Krell, Detlef: »Ein Prozess mit kleinen Prominenten« In: taz vom 13.9.1996
https://taz.de/!3206840/
Krell, Detlef: »Heimkehr des verlorenen Polizisten« In: taz vom 8.1.1996
https://taz.de/Archiv-Suche/!1477611&s=meffire&SuchRahmen=Print/
Krell, Detlef: »Mit Schirmmütze und Tarnkappe« In: taz vom 25.7.1995
https://taz.de/Archiv-Suche/!1499625&s=meffire&SuchRahmen=Print/
Löffler, Monika: »Spektakuläre Kriminalfälle in Dresden: Der kurze Weg eines Vorzeigepolizisten zum Verbrecher« In: Dresdner Neueste Nachrichten vom 13.8.2020
https://www.dnn.de/Dresden/Lokales/Spektakulaere-Kriminalfaelle-in-Dresden-Der-kurze-Weg-eines-Vorzeigepolizisten-zum-Verbrecher
Niewel, Gianna: »Räuber und Gendarm« In: SZ Magazin vom 6.8.2017

https://www.sueddeutsche.de/leben/was-wurde-aus-samuel-meffire-raeuber-und-gendarm-1.3614851?reduced=true
Pfaff, Jan: »Ganz sicher?« In: Der Freitag vom 29.9.2010
https://www.freitag.de/autoren/jan-pfaff/ganz-sicher
Pieper, Dietmar: »Was nehmen wir hier weg?« In: Der SPIEGEL 1/95
https://www.spiegel.de/spiegel/print/d-9158421.html
Schade, Thomas: »Immer noch Ein Sachse.« In: Sächsische Zeitung vom 16.2.2014
https://www.saechsische.de/plus/immer-noch-ein-sachse-2775701.html
Siering, Frank: »Brisante Details« In: FOCUS 5/96
https://www.focus.de/politik/deutschland/kriminalitaet-brisante-details_aid_158195.html
Tepper, Daniela: »Der Seitenwechsler – Gespräch mit Samuel Meffire« In: Deutschlandfunk Nova »Dein Sonntag« vom 7.9.2014
https://www.deutschlandfunknova.de/beitrag/der-seitenwechsler-samuel-meffire

Der Parkhausmord von München

Darnstädt, Thomas: »Der Richter und sein Opfer – Wenn die Justiz sich irrt«, erschienen im Piper Verlag, München 2013
FAZ: »Unbekannte männliche Person« In: FAZ vom 15.05.2007
https://www.faz.net/aktuell/gesellschaft/kriminalitaet/mord-an-parkhaus-millionaerin-unbekannte-maennliche-person-1434787.html
Focus Online: »Parkhaus-Mord – Tumult während des Urteilsspruchs« In: Focus Online vom 09.09.2015
https://www.focus.de/panorama/welt/parkhaus-mord-tumult-waehrend-des urteilsspruchs_aid_324306.html
Hagen, Kimberly: »War es ein Komplott?« In: Abendzeitung Online vom 19.2.2019
https://www.abendzeitung-muenchen.de/promis/mord-an-millionaerin-charlotte-boehringer-war-es-ein-komplott-art-464201
Job, Nina & Kettinger, Natalie: »Toth-Anwalt Peter Witting: Die Haft hat ihn hart gemacht« In: Abendzeitung Online vom 21.12.2019
https://www.abendzeitung-muenchen.de/muenchen/toth-anwalt-peter-witting-die-haft-hat-ihn-hart-gemacht-art-484084
Job, Nina: »Neun Jahre nach dem Mord: AZ im Böhringer-Penthouse«, In: Abendzeitung Online am 15.11.2015
https://www.abendzeitung-muenchen.de/muenchen/neun-jahre-nach-dem-mord-az-im-boehringer-penthouse-art-313359

Jüttner, Julia: »Dein Freund, der Mörder« In SPIEGEL Online vom 20.5.2010
https://www.spiegel.de/panorama/justiz/mysterioeser-kriminalfall-dein-freund-der-moerder-a-695789.html
Kettinger, Natalie: »Ein Justiz-Skandal« In: Abendzeitung Online vom 18.5.2016
https://www.abendzeitung-muenchen.de/muenchen/familie-des-verurteilten-im-az-interview-ein-justiz-skandal-art-342486
Kilian, Thomas: »Mordsschichten – Die größten Fälle der Münchner Kriminalgeschichte«, Podcast von Radio Gong 96.3 vom 14.10.2019-17.1.2020
https://www.radiogong.de/mordsgschichtn-crime-podcast
Krug, Alexander: »Das Geheimnis von Spur J73.03.3« In: Süddeutsche Zeitung vom 31.5.2008
https://www.sueddeutsche.de/muenchen/mordfaelle-ursula-herrmann-und-charlotte-boehringer-das-geheimnis-von-spur-j73-03-3-1.199639-0#seite-2
Müller-Jentsch, Ekkehard: »Verurteilter Parkhaus-Mörder hofft auf neuen Prozess« In: Süddeutsche Zeitung vom 25.1.2012
https://www.sueddeutsche.de/muenchen/parkhaus-mord-verurteilter-hofft-auf-neuen-prozess-1.1266119
Reinhard, Daniel: »Der Münchner Parkhausmord« erschienen bei BOD Books On Demand 2018
Winter, Steffen: »Spur J 73.03.3« In: SPIEGEL 19/2013
https://www.spiegel.de/spiegel/print/d-94139265.html

Mister Money

Adolph, Alexander: »Die Hochstapler«, Dokumentation 2007 https://www.youtube.com/watch?v=VhHMJedwbYE
Bohlen, Dieter: »Nichts als die Wahrheit«, Heyne Verlag. München 2002
Freiburg, Friederike: »Das Schweigen des ›Mister 1300 Prozent‹« In: SPIEGEL Online vom 28.2.2003
https://www.spiegel.de/panorama/prozess-wegen-millionenbetrugs-das-schweigen-des-mister-1300-prozent-a-238322.html
Hamburger Morgenpost: »Der Preis für den Luxus war Angst« In: Hamburger Morgenpost vom 29.1.2009
Knemeyer, Thomas: »Das Warten auf die Millionen« In: Hamburger Abendblatt vom 4.2.1995

https://www.abendblatt.de/archiv/1995/article201886409/Das-Warten-auf-die-Millionen.html

Knemeyer, Thomas: »Ist Jürgen Harksen unschuldig?« In: Hamburger Abendblatt vom 21.10.1994
https://www.abendblatt.de/archiv/1994/article201845897/Ist-Juergen-Harksen-unschuldig.html

Neitz-Eliès, Kathrin: »Abgezockt: Der Hochstapler Jürgen Harksen«, Doku von ZDFInfo, Erstausstrahlung am 9.11.2019
https://www.zdf.de/dokumentation/zdfinfo-doku/abgezockt-der-hochstapler-juergen-harksen-102.html

Rückert, Sabine: »Darfs noch etwas mehr sein?« In: Die ZEIT vom 16.4.2003
https://www.zeit.de/2003/17/Doppelseite_2fHarksen

Spanner, Elke: »Der ewige Spieler« In: Zeit Online vom 19.9.2015
https://www.zeit.de/2015/38/juergen-harksen-betrueger-landgericht/komplettansicht

Spanner, Elke; »Die Gier, die blind macht« In: taz vom 31.3.2003
https://taz.de/Diese-Gier-die-blind-macht/!794753/

Spanner, Elke: »Harksens Eigentor« In: Die taz am Wochenende vom 25.2.2006
https://taz.de/Harksens-Eigentor/!469742/

SPIEGEL Online: »Sechs Jahre und neun Monate für Millionenbetrüger Harksen« In: SPIEGEL Online vom 11.4.2003
https://www.spiegel.de/panorama/urteil-sechs-jahre-und-neun-monate-fuer-millionenbetrueger-harksen-a-244328.html

Weber, Holger: »Millionenbetrüger Jürgen Harksen: ›Gierig waren nur meine Kunden‹« In: Mallorca Zeitung vom 14. Januar 2010
https://www.mallorcazeitung.es/gesellschaft/2010/01/14/millionenbetruger-jurgen-harksen-gierig-waren-nur-kunden/16591.html

Bildnachweis

Karten-Illustrationen
Peter Palm

Vignette von Philipp Fleiter für »Philipps Fazit«
Sebastian Lörscher

Fotos im Innenteil
Picture Alliance
S. 45 (ZB | Klaus Winkler), S. 68 (Tobias Hase), S. 85 (dpa Polizei), S. 103 (Damien_Meyer), S. 134 (Silas Stein), S. 163 (Christoph Soeder), S. 181 (Ronald Wittek), S. 208 (Carmen Jaspersen), S. 268 (Roland Witschel), S. 291 (Thomas_Lehmann), S. 323 (ZB | Karlheinz Schindler), S. 332 (Markus Beck)

Imago Images
S. 301 (argumx/xFalkxHeller)

Register